孟山都的过去与
人类粮食的未来

［美］巴托·J. 埃尔莫尔 著
黄泽萱 译

SEED
MONEY

种子帝国

Bartow J. Elmore

**Monsanto's
Past and Our
Food Future**

雅理

生活・讀書・新知 三联书店

Simplified Chinese Copyright © 2024 by SDX Joint Publishing Company.
All Rights Reserved.
本作品简体中文版权由生活·读书·新知三联书店所有。
未经许可，不得翻印。

图书在版编目（CIP）数据

种子帝国：孟山都的过去与人类粮食的未来 /（美）巴托·J. 埃尔莫尔著；黄泽萱译． —北京：生活·读书·新知三联书店，2024.4 （2025.2重印）
（雅理译丛）
ISBN 978-7-108-07761-5

Ⅰ.①种… Ⅱ.①巴… ②黄… Ⅲ.①转基因食品－食品工业－跨国公司－研究－美国 Ⅳ.① F471.268

中国国家版本馆 CIP 数据核字 (2023) 第 257097 号

Seed Money: Monsanto's Past and Our Food Future
Copyright © 2021 by Bartow J. Elmore
Published by arrangement with W. W. Norton & Company, Inc., through Bardon-Chinese Media Agency
Simplified Chinese translation copyright © 2024 TZYY Culture Co., Ltd.
ALL RIGHTS RESERVED

特约编辑	张　婧
责任编辑	王晨晨
责任校对	张国荣
责任印制	董　欢
出版发行	生活·讀書·新知 三联书店
	（北京市东城区美术馆东街 22 号 100010）
网　　址	www.sdxjpc.com
经　　销	新华书店
印　　刷	北京隆昌伟业印刷有限公司
版　　次	2024 年 4 月北京第 1 版
	2025 年 2 月北京第 3 次印刷
开　　本	880 毫米 × 1092 毫米　1/32　印张 15.5
字　　数	305 千字　图 17 幅
印　　数	09,001 - 12,000 册
定　　价	79.00 元

（印装查询：01064002715；邮购查询：01084010542）

种子帝国

孟山都的过去与人类粮食的未来

[美] 巴托·J. 埃尔莫尔 著

黄泽萱 译

献给 乔娅·埃尔莫尔
纪念 苏珊·埃尔莫尔

图1　1901年，40出头的约翰·弗朗西斯·奎尼在密苏里州的圣路易斯市创立了孟山都化工厂。这张照片拍摄于他生命的最后，当时他已经取得了商业上的成功。据说，到那时为止，他每天的午餐显然喜欢"肉和土豆，以及三到四杯马提尼酒"。对于一个用毕生积蓄建起第一家工厂，又在19世纪90年代亲眼看它付之一炬的人来说，苦难日子终于远去。

图 2 奥尔加·孟山都与她的孩子的合照。她来自一个富裕的家庭,她的德国母亲艾玛·克利夫斯在孟山都的发展早期发挥了重要作用,为约翰·奎尼雇佣的欧洲化学家担任翻译。

图 3 埃德加·奎尼(1897—1968 年)。他在 1928 年接任父亲成为公司总裁,收购了多家化学公司,对孟山都进行彻底的产品多样化改革,使孟山都在第二次世界大战结束时一跃成为美国第五大化学公司。埃德加·奎尼喜欢穿正装,曾与弗雷德·阿斯泰尔、亨利·福特的儿子埃德塞尔一起登上过"美国最佳着装男人"排行榜。

图4 20世纪70年代孟山都位于西弗吉尼亚州奈特罗的化工厂的照片。该公司在这里生产2,4,5-T,用于制造橙剂。橙剂是美军在越南战争中使用的一种含毒素的脱叶剂。

图5 20世纪80年代,这些奈特罗工人约翰·海因、詹姆斯·雷·博格斯、琼·马丁、吉恩·托马斯和查尔斯·法利(从左至右)与170多名其他原告一起并肩作战,因在奈特罗工厂接触二噁英所造成的损害而向孟山都索赔。

图6　居住在美国亚拉巴马州安尼斯顿的大卫·贝克站在17岁时因罕见疾病去世的弟弟特里的坟墓前。贝克在21世纪初的艾伯纳西诉孟山都案中与孟山都打过官司。在该案中,数千名居民提起诉讼,认为这家圣路易斯的公司用多氯联苯——如今与一系列严重的健康问题有关的有毒化学物质——污染了他们的家乡,危害了他们的生命。

图7　2017年，越南岘港机场的橙剂清理现场。在越南战争期间，该机场是美国的军事基地，美国军队在此处储存并喷洒了大量的橙剂——一种含有有毒物质二噁英、与许多健康疾病有关的落叶剂。在这里，美国国际开发署和越南国防部挖出了大约9万立方米被二噁英污染的土壤。这项修复工作始于2012年，于2018年完成，最终耗资1.16亿美元，其中大部分是电费，因为清理土壤需要在混凝土容器中的1250个加热井里"蒸煮"土壤。虽然孟山都是越南战争期间二噁英污染源橙剂的最大销售商，但该公司没有为这个清理项目或目前正在其他地方进行的类似补救努力提供任何资金。

目 录

第一部分 种子

引言 "千万别这样做，不然就等着吃官司吧！" ……… 2

第二部分 根茎

1 "参议员，您现在谈到化学了，这个主题
  我知之甚少" …………………………………… 20
2 "煤焦油之战" ………………………………………… 39
3 "弱肉强食规则的铁杆粉丝" ………………………… 56

第三部分 植物

4 "奇妙的东西！2,4,5-T！" …………………………… 86
5 "所以你看，我准备为任何一方辩护" …………… 109
6 "能卖多久卖多久" ………………………………… 122
7 "战略性撤退渠道" ………………………………… 144

8 "他们可以拿走我的房子，只需要给我 30 天的
  时间搬离" ………………………………………… 157
9 "未经允许擅入我们自己的领地" ……………… 182
10 "你需要的唯一除草剂" ………………………… 199
11 "我必须替他们哭泣" …………………………… 222

第四部分　杂草

12 "天哪！利润真的非常、非常、非常高" ………… 240
13 "他们正在兜售一个我们本来没有的问题" ……… 278

第五部分　丰收

结语　"恶意代码" ……………………………………… 306

致谢 …………………………………………………… 322
注释 …………………………………………………… 331
图表来源 ……………………………………………… 448
索引 …………………………………………………… 450

图表目录

第 200 页　图 1　美国抗草甘膦转基因作物种植率：玉米、棉花和大豆种植面积百分比，1996—2016 年

第 215 页　图 2　抗 ALS 抑制剂杂草品种的数量增加趋势，1982—2000 年

第 252 页　图 3　美国草甘膦农业估算量，1992 年和 2017 年

第 259 页　图 4　抗草甘膦杂草物种数量的增长，1996—2019 年

第 264 页　图 5a　大豆除草剂使用量趋势，1992—2016 年：每英亩草甘膦磅数和每英亩其他除草剂磅数比较；

　　　　　　图 5b　草甘膦磅数与所有其他除草剂磅数比较

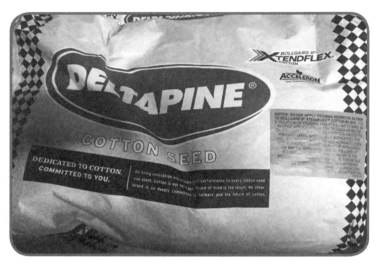

孟山都公司从它生产的除草剂农达®中赚得盆满钵满，并最终进入生物技术领域，制造了获得专利的抗农达®种子系统。但不到20年，这个种子系统就开始崩溃瓦解。对此，孟山都说他们找到了解决之法，即图片中的升级版抗农达®种子。

第一部分
种子

引 言
"千万别这样做,不然就等着吃官司吧!"

黑色越野车拐进位于密苏里州开普吉拉多县老拉什·哈德森·林堡联邦法院的停车场。贝弗·兰德尔回忆道,"那个排场就像是联邦政府的人到了"。贝弗是堪萨斯城"兰德尔与施普利特格贝尔"律师事务所的律师,年近50,是个土生土长的密苏里人,就在距离开普吉拉多县几公里远的一个农场长大。对她来说,到这里开庭就跟回家一样。[1]

那天浓雾笼罩,代表德国化工和制药的两大巨头——巴斯夫公司和拜耳公司的十几名律师身着深色西服从车里鱼贯而出。法院坐落在密西西比河的河岸,庄严敞亮,贝弗称其为"宫殿"。他们即将在这里与联邦法官小斯蒂芬·林堡见面。林堡家族名人辈出,他的爷爷是密苏里州著名的律师老拉什·林堡(这座法院便是以他的爷爷命名),他还有一个堂兄是广为人知的保守派脱口秀主持人。这里就是林堡乡村地区,位于圣路易斯以南一个多小时车程的肥沃农田里,就在密苏里人所说的"州的鞋跟"以北。[2]

一场重要的法律大战即将在这个小镇打响,虽然前来报道的记者并不多。这一天是2020年1月27日,巴德农场诉孟山都和巴斯夫案陪审团审判正式拉开帷幕。贝弗和她的丈夫比利正在准备发起他们职业生涯中最大的一场战役。[3]

这对夫妻代理的比尔·巴德是密苏里州的一个桃农。巴德早在2016年便提起这场诉讼,那时距离拜耳收购孟山都这一大型并购案登上全球各大新闻头条还有大概一年半。那时贝弗正忙着以共和党人身份竞选副州长,希望成为第一个当选州级公职的黑人政治家。她到巴德的农场拍宣传照,逛了很久,发现农场的桃子长势不佳,叶子枯萎凋零,许多桃树奄奄一息。当巴德告诉她,他坚信巴斯夫和孟山都销售的除草剂是罪魁祸首时,贝弗主动提出想要帮忙。[4]

巴德所说的除草剂叫麦草畏。早年孟山都公司的拳头产品是另一款叫作农达的除草剂,于20世纪70年代上市,其中有一种强大的除草化学物质叫作草甘膦。同时在1996年,孟山都公司研发了抗农达技术,通过对大豆、玉米和棉花等大宗商品作物进行转基因改造而实现农达抗药性。如果播种这种转基因种子,同时使用农达除草剂,就可以在整个生长季节喷洒农药以去除任何杂草而不会影响农作物的生长——这套方法广受农民欢迎。然而,没过几年,杂草开始对农达产生抗药性,使得孟山都公司不得不把目光转向麦草畏——自20世纪50年代就存在的另一种强效除草剂。孟山都开始积极研发能够同时抵抗农达和麦草畏的作物。2007年,孟山都从内布拉斯加大学获得了能够让植物产生麦草畏抗药性的基因序列。8年后,孟山都推出第一批能同时抗农达和抗麦草畏的转基因棉花种子，第二年紧接着推出转基因大豆种子，这些具有双重特性的种子被命名为"升级版抗农达种子"。[5]

但这里面有一个严重的问题——麦草畏比农达更容易挥发。当种植大豆和棉花的农户喷洒麦草畏时，这种化学物质会挥发，特别是在高温下。挥发后的麦草畏会飘到邻近的农场和生态系统中，破坏其他植物——从西瓜到无花果树，无一幸免。这对于没有种植抗麦草畏转基因作物的农民来说是致命打击，特别是像比尔·巴德这样的果农。由于没有桃树能够抵挡得住麦草畏的毒性，当桃林附近的农户在自己的田地上喷洒麦草畏时，巴德的损失根本无法避免。[6]

比利描述这场庭审时说："这是我参加过的最恶劣的诉讼。"这一描述意味深长。要知道，比利可是代理过烟草公司菲利普莫里斯的律师，而那时候的烟草公司还在努力否认吸烟与癌症之间的联系。比利毕业于哈佛大学法学院，执业已有30年，还竞选过密苏里州州长。他擅长公众演讲，甚至还在堪萨斯城浸信会教堂担任兼职传教士。但比利和妻子贝弗都从未担任过这种大案件的首席律师。[7]

随着孟山都公司被拜耳公司收购，拜耳是如今孟山都技术的拥有者，一旦诉讼失败，于拜耳而言便是灭顶之灾。为此，拜耳公司派出了最顶尖的诉讼专家到开普吉拉多与这对夫妻组合开战。拜耳/孟山都公司的首席律师简·米勒（Jan Miller）深知这一诉讼成败的意义，因此早在审判前便已向林堡法官申请禁言令，以防止巴德的法律团队与媒体交流。林堡法官同意了这一申请。[8]

对于法官的这一决定,旁听席上的观众不免感到惊讶。但当比利发表开庭陈述时,大家都明白了公司律师在害怕什么。比利开始展示一系列公司内部备忘录和文件,其中的内容相信没有哪一家公司希望被曝光。此时,他的妻子贝弗坐在原告席上,眉头紧锁,旁边是四年前她答应帮助的那个果农。

"千万别这样做,不然就准备吃官司吧!"庭审一开始,比利便引用了孟山都一个顾问小组得出的这个结论。孟山都曾成立审查委员会,试图了解麦草畏产品的真实反馈。而该顾问小组得出的结论便是,孟山都的种子将造成严重危害后果,特别是对那些种植"特种作物"的果农和菜农。受孟山都公司邀请加入顾问小组的番茄种植者史蒂夫·史密斯声称,抗麦草畏的作物是"我所见过的对所有特种作物最严重的威胁"。他给孟山都的管理层发了一封言辞激烈的电子邮件,说:"虽然我知道你们在听我和其他人的意见,但我不确定你们是否真的**听进去了**。"[9]

这些文件显示,孟山都很清楚麦草畏这种容易挥发的属性可以帮助他们赚钱。因为,飘移的麦草畏也会伤害那些没有使用孟山都转基因种子的大豆农、棉花农和玉米农。如果他们想要保护自己的作物不受麦草畏飘移的影响,他们也不得不使用孟山都的新种子,使作物既抗农达又抗麦草畏。2013年,孟山都准备推出这一新产品时,公司用PPT指导销售人员如何说服那些不受抗农达杂草困扰的大宗商品作物种植者购买这一款具有麦草畏抗药性的新种子。如果农户质疑"我为什么要购买我不需要的东西",该怎么办呢?一张

PPT上教大家：你们就回答"可以保护你们的作物免受来自邻居农场的侵扰"。这显示了，该公司负责人不仅知道麦草畏的飘移属性会对周边农场和生态系统造成影响，还将其视为能够迫使农场主购买这些种子的优点。[10]

2013年，孟山都公司尚未拥有自己的麦草畏除草剂，德国化工企业巴斯夫才是麦草畏产品的主要生产商。但当时的美国环境保护署（下称美国环保署）并未批准在抗麦草畏作物的夏季生长期喷洒巴斯夫生产的除草剂，其中一个原因就是担心这些农药的挥发问题。一直到2017年，孟山都才推出一种经过美国环保署批准的麦草畏新配方，称为"抑挥发型升级版麦草畏"，号称它的挥发性比原有的其他麦草畏品牌要小得多。

也就是说，当孟山都在2015年第一次出售抗麦草畏的棉花种子和2016年推出大豆种子时，市面上还没有经过美国环保署批准的、可以在这些作物的生长季节使用的麦草畏除草剂。为了遵守美国环保署的规定，孟山都在种子外包装上贴上一个粉色标签，提醒农民不要在这批升级版抗农达作物上喷洒麦草畏。但公司的内部通讯显示，公司员工清楚这是徒劳无功的。升级版抗农达团队的一名成员在2015年的一封邮件中说："跟我共事的是一帮罪犯……以为一个标签就能让我们避免牢狱之灾。"负责处理麦草畏产品投诉的工作人员博伊德·凯里说："让我们面对现实吧，不管是否合法，总会有人喷洒麦草畏的。"巴斯夫公司2016年的销售报告也佐证了这一点："对麦草畏的需求与抗麦草畏属性密切相关。"[11]

本案的八名陪审员大多属于来自密苏里州的工薪阶层，他们正全神贯注地听着。正如比利在结案陈词中说的，他们现在是"这个世界上对麦草畏问题最清楚的人"，因为他们"看到了其他人从未看过的公司文件"。[12]

这些文件还包含着孟山都试图阻止大学获取抑挥发型升级版麦草畏产品数据的记录。2015年的内部通讯显示，公司决定"撤回部分对升级版抗农达和升级版麦草畏产品配方的学术测试，以确保这些配方在接受美国环保署审查时保持'干净'状态"。凯里后来证实，这种阻止大学的杂草科学家分析除草剂挥发性的情况是30年一遇的罕见情形。但孟山都公司对外声称，"这是因为难以生产出能够进行广泛测试的数量"。但在内部，这个理由被当作笑话。"哈哈哈，"孟山都的一名职员在2015年的一封电子邮件中嘲讽道，"难以生产足够的产品进行实地测试？哈哈哈！胡说八道！"[13]

作为原告的比尔·巴德面有愠色。他是这个法庭里唯一没有打领带的人，坐在椅子上听着比利朗读孟山都公司的机密内部通讯。这些内部通讯显示了这家公司打算如何处理他的投诉。在2015年和2016年巴德的问题开始恶化时，他曾打电话给孟山都，但公司拒绝派人来他的农场查看。[14]

这都是计划的一部分。"如果飘移的受害人不是我们的客户，就不要搭理他的咨询。"凯里在2017年一份被标记为高度机密的指令中说。由于公司已经公开否认麦草畏飘移是个问题，凯里小心翼翼地注明了："注意这里的'飘移受害人'只是一个内部术语。"比尔·巴德现在终于明白,孟山都从未打算回应他的求助。[15]

比利紧接着又引用另一封机密电子邮件,邮件中孟山都的一名职员开玩笑说,如果巴德的案子上了法庭,"自会有体面的律师跟巴德先生好好玩玩"。他们的计划是"把矛头指向疾病"——这正是孟山都的团队正在做的——聚焦在巴德农场的根腐病和其他害虫问题上,说它们才是造成桃子毁损的罪魁祸首。"否认、否认、再否认!"凯里在孟山都的另一份文件中强调。公司的政策就是决不承认有严重的飘移问题。[16]

但作为孟山都在麦草畏系统中的伙伴,巴斯夫公司很清楚问题的严重性。比利向陪审团提交了一份2016年巴斯夫公司的报告,里面写着:"一定有一大片麦草畏云笼罩在密苏里州'鞋跟'区域的天空中。一直在滴答倒计时的定时炸弹终于爆炸了。损害的范围巨大,各类种植者的指责声将从四面八方涌来。"[17]

然而,即使损害越来越严重,孟山都仍在继续推广其升级版抗农达种子系统。正如比利所展示的,公司继续将飘移问题当成推销种子的方法。孟山都员工约翰·坎特韦尔在一封机密邮件中概述了这一策略:"我认为,如果我们能够去联系那些受害者……我们的业务就可以显著增长,2017年的销售报告会很漂亮。大多数受害者对这项技术是感兴趣的,可以把他们……发展成新的用户。"[18]

这一切的背后是待挖掘的金山银山。2017年孟山都的一次销售会议在一片赞美声中结束:"产品升级、美味可口、生机勃勃、成就非凡、财源滚滚、无限可能。"[19]

在距离林堡乡村地区几千公里远的旧金山湾区,已退休的校园管理员德韦恩·约翰逊命不久矣。多年来,约翰逊负责为位于伯克利北部的贝尼西亚联合学区喷洒农药以去除杂草,用的就是孟山都的草甘膦除草剂。有一次,一根软管爆炸,导致他整个人都浸泡在除草剂中。2018年8月,约翰逊打赢了一场具有里程碑意义的诉孟山都的官司。陪审团裁定,约翰逊长期接触农达是他身患非霍奇金淋巴瘤的"重大促成因素"。虽然后来上诉到加州高等法院时,法官将2.89亿美元的赔偿金额减少到7800万美元,但没有推翻下级法院的裁决。全国各地还有数以千计与此类似的案件,到2020年,尚有超过12万件诉讼悬而未决。[20]

对于约翰逊来说,这一结果苦乐参半。几年前,当他告知年幼的儿子们他被诊断出癌症时,他崩溃大哭。医生告诉他,他可能很难撑过2020年。再多的钱也改变不了这一结果。但约翰逊希望他的诉讼可以帮助其他人,揭露这个世界上最广泛使用的除草剂的危害。[21]

在庭审中,约翰逊的律师展示了孟山都之前从未向公众公开过的文件。最具冲击性的内容是,尽管孟山都的高管一直坚持声称公司的农达配方是无害的,但至今无法拿出无害的证据。而这一产品目前在美国种植的超过90%的大豆和玉米上使用，并喷洒在全球数百万英亩的广袤农田上。"你不能说农达不是致癌物"，孟山都毒理学家唐娜·法默在2003年的一封电子邮件中说，"我们目前对这一配方的检验尚不足以允许我们做出这样的声明。"七年过去了，情况依旧如此。"关于我们配方的致癌性，"另一位孟山都的科学家2010年曾在内部表示，"我们没有直接进行过此类测试。"[22]

这些内部备忘录表达了其他科学家公开表达过的观点：尽管关于草甘膦对健康的影响已有大量研究，但大部分研究并未考虑其中使得草甘膦渗入植物的所谓"表面活性剂"。这无疑令人担忧，特别是考虑到孟山都自己的科学家已经确定表面活性剂，如牛脂胺聚氧乙烯醚"能够增加皮肤对草甘膦的吸收"。威廉·海登斯博士是孟山都公司中与农达团队合作密切的毒理学家。他曾希望避免涉及表面活性剂的研究，因为"这项工作可能会破坏农达的风险评估（获得比我们以前见过的更高的皮肤渗透性结果）"。[23]

2014年，在抗农达技术被引入近20年后，世界卫生组织下属的国际癌症研究机构表示，将在下一轮癌症研究中研究草甘膦。在内部通讯中，孟山都的高管承认现有的草甘膦研究"在流行病学领域存在脆弱性"，在"国际癌症研究机构将考虑的其他领域也存在潜在脆弱性"。"草甘膦目前受到挑战不仅仅只是因为倒霉。"[24]

尽管孟山都的科学家拒绝公开承认，但这个问题的证据几十年前就已存在。1999年，孟山都公司资助威尔士大学的詹姆斯·帕里教授进行了一项研究。研究表明，在实验动物身上,"草甘膦能够产生遗传毒性",或对遗传物质造成损害。显然孟山都对这一结果并不满意。海登斯博士说,他想"找到/发展另一个人",愿意对草甘膦进行更正面的评估。"帕里目前并非合适的人选,要让他为我们所用相当费时费力。"[25]

2015年3月,当国际癌症研究机构宣布,已经找到足够的证据将农达列为可能的人类致癌物时,孟山都开始发布以其他专家名义虚假署名的报告,试图挽救公司的这一拳头产品。但并非所有人都同意这一做法。孟山都公司曾告知一名前员工和顾问,要在他的草甘膦论文中删除他的名字,替换成外部独立专家的名字,他拒绝了,"我不能参与到别人署名我的研究报告或出版物的阴谋中……我们称之为虚假署名,这是不道德的"。但其他人对这个计划没有异议,比如孟山都的大卫·萨米拉斯博士就曾在2015年的工作总结中写道:"撰写了由格雷姆等人虚假署名的癌症评论文章。"[26]

在国际癌症研究机构做出这一结论后,美国环保署快速跟进,对草甘膦的活性成分进行了重新评估,并在2016年9月发表了"草甘膦对人类致癌的可能性不大"的结论。但在2019年,美国疾病控制与预防中心进行了自己的评估,得出一个有细微区别的结论。在所发布的报告题为"致癌后果"的章节中,美国疾病控制与预防中心指出,统计分析显示草甘膦的使用与特定淋巴造血系统癌症之间的正相关性。美国疾病控制与预防中心还引用了其他一些研究,显示"草甘膦暴露与非霍奇金淋巴瘤或多发性骨髓瘤风险之间的风险比大于1"。尽管在2020年尚无明确的证据证明是农达导致了加州园丁约翰逊的淋巴瘤或其他农达诉讼当事人的癌症,但显然还有很多未解之谜需要回答。[27]

最终,约翰逊一案的陪审团并没有要求无可辩驳的科学证据来证明草甘膦与癌症之间的联系。尽管国际癌症研究机构的调查结果与美国环保署的结论不同,他们还是判决孟山都必须支付约翰逊赔偿金。一名陪审员透露,孟山都公司通过虚假署名干涉科学的做法令他非常恼火:"他们这样捍卫这款产品,只是为了赚钱。"[28]

未来依旧会如此。尽管有该案的裁决,农达仍然是美国环保署批准的产品,种植者也将继续在数亿英亩的农场上喷洒它。2019年,由特朗普总统任命的美国环保署负责人安德鲁·惠勒在重申他们对草甘膦的批准决定时表示:"美国环保署没有发现目前已许可使用的草甘膦对公众健康有风险。"美国农业部部长、前佐治亚州州长桑尼·珀杜也表示:"农业部同意环保署的决定……如果到2050年我们要养活100亿人,我们需要掌握更多的手段,其中就包括草甘膦的使用。"[29]

在地球的另一边,在越南胡志明市市中心造型优雅的中央大厦里,销售人员正在努力推广孟山都的抗农达系统。2014年,孟山都的转基因种子在越南获批。几个月后,孟山都为抗农达转基因玉米在越南历史上的首次丰收举行庆祝大会。这些玉米预示着孟山都在越南的锦绣"钱"程。但这不过是孟山都将种子帝国扩张到发展中国家的宏伟蓝图中的又一次胜利而已,估计公司高管们早就在楼上时髦的屋顶酒吧里喝着昂贵的鸡尾酒庆祝过了。[30]

要让胜利的旗帜插遍越南的土地,种子销售员必须解决孟山都公司过往的死神形象。在越南战争期间,橙剂的使用摧毁了越南数百万英亩茂密的热带森林,并使全国各地的社区出现了严重的健康问题。而孟山都公司便是橙剂最大的生产商。2015年,当孟山都的玉米从越南的田地里冒出头时,美国政府仍在解决着橙剂污染的历史旧账,将数以百万计的美国纳税人的钱花费在清理40年前被橙剂污染的重点区域的昂贵项目上。很少有美国人知道这项工作至今还在继续。更少有人知道的是,孟山都没有为这些修复活动花费一分钱,尽管越南人民曾努力试图让这家公司就环境污染问题承担其应有的责任。[31]

在距离中央大厦几个街区的地方,越南公民和外国游客仍然可以参观战争遗迹博物馆,阅读有关橙剂导致人类畸形的指控。一名盲人正在电子钢琴上演奏,欢迎进来参观的游客。他旁边放着一块牌子暗示他的残疾是美国在越南战争期间的除草剂战役造成的。在楼上,参观者会看到一个鬼屋:整个房间展示的各种悲剧均疑为橙剂造成的,包括浸泡在甲醛中的畸形胎儿,以及据称是被美国这场化学风暴蹂躏的毁容男子、妇女和儿童的可怕照片。博物馆的管理员们指名道姓地谴责战争罪犯,在照片和展览说明文字中,孟山都公司赫然在列。

回到街上,电话响起,孟山都的销售人员正在兜售转基因种子。这些种子必然再一次为越南引来另一种除草剂——农达。而紧跟农达之后的,便会是麦草畏。

❧

橙剂、农达和麦草畏。孟山都这些除草剂的历史是相互纠缠的，就像它们与用它们来杀死的杂草的进化谱系一样纠缠不清。这些人造化学物质已经有半个多世纪的历史了，然而，正如上述故事所揭示的，我们今天仍与它们带来的后遗症共存着，无法摆脱。在越南，污染物二噁英依然留存在边和（Bien Hoa）乃至更远的空军基地下。作为橙剂中的活性成分之一，2,4-D（2,4-二氯苯氧乙酸）仍在世界各地的农场中被用于去除杂草。如今，草甘膦在美国被广泛使用，包括脆谷乐（Cheerios）* 在内的许多加工食品中都能检测出大量草甘膦。而麦草畏飘移意味着，即使是试图避免购买孟山都升级版抗农达种子的农民也别无选择，只能加入这一场基因工程革命。[32]

事情本不应该是这样的。农用化学品本该提供的是自由——至少广告是这么说的。当孟山都公司在20世纪90年代引进抗农达种子时，他们告诉农民，这将是一个"带给你们自由的系统"。橙剂也曾被视为一种解放的工具，通过清除丛林庇护所，帮助拯救美国人和南越人的生命。拜耳公司最近解释说，他们开发的升级版抗农达系统就是为了给予农民"按需控制杂草"的"自由"。宣传语承诺："农民应该享有选择权。"[33]

然而，当孟山都的客户被告知他们购买的是尖端创新产

---

* 一款谷物加工食品，又称麦圈。——译者注（凡以此星号标注的均为译者注，不再一一注明。——编者）

品时，实际上这些产品不过是"新瓶装旧酒"而已。如今喷洒在孟山都转基因作物上、以解决草甘膦抗药性的救星形象登场的麦草畏，其实比草甘膦更早出现。事实证明，农业的未来在很大程度上依赖化学制品的悠久历史。正是过去的化学制品造成了今天最紧迫的农业问题。

这就是我们一路走来的故事，走到今天，许多农民和消费者觉得他们别无选择，只能从那些制造了他们现在奋力应对的难题的公司那里购买"解决方案"。这本书追溯了孟山都从制造滴滴涕（DDT）杀虫剂到基因重组的非凡历程，研究它如何对我们的粮食系统产生如此巨大的影响，并在21世纪成为世界上最大的种子销售商。如今，孟山都被拜耳收购，这个名字可能已经成为历史。但历史依然在创造着未来——人类粮食的未来。这就是为何对我们如今生活其中的粮食体系进行寻根溯源是一件很重要的事情。[34]

在大多数美国化学企业都依赖德国和瑞士公司供应原料的年代，孟山都赚到了第一笔启动资金来资助它的种子帝国。当约翰·奎尼在1901年创建孟山都时，他正在探索将美国经济从欧洲化学企业的束缚中解放出来。他把目光投向了美国丰富的自然资源，尤其是煤炭和石油，试图将这些矿藏转化为能够推动全球经济的合成产品。

在追求崇高的自由——或许曾崇高过——的过程中，孟山都和它在美国的许多化学领域的竞争对手协力创造了一种新的化学经济。但这种新的化学经济依赖深埋地下的化石，并不牢靠。这些化学企业看似创造了一个神奇的世界，在这个世界里，新塑料、农药、纺织品和纤维似乎凭空出现。但事实上，看似无限的收益最终来自有限的资源。即使是在拥有煤炭、石油、天然气、磷酸盐，以及其他矿物的美国广袤大地上，这些资源也是有限的。

15　　这本书将带领读者到达西弗吉尼亚州的奈特罗、亚拉巴马州的安尼斯顿、爱达荷州的苏打泉等小镇，在这些地方，从地球挖掘出来的化石成为我们赖以生存的化学物质。这本书还考察了俄亥俄州及越南、巴西等地的农村地区，那里的农民辛勤劳作生产出我们的食物。换句话说，这是一个故事，把工人的历史与农民的历史联系起来，平行呈现他们的生活。这本书是为了纪念他们，并记录下他们的感悟。这些感悟可以帮助我们规避曾经摧毁他们的身体且仍威胁着我们的健康的化学时代的危害。[35]

这就是为什么这本书也面向活着的人，特别是拜耳内部的员工。这不是又一本宣扬转基因技术阴谋论或试图将孟山都塑造成绝对恶人的"弗兰肯食物"*的宣传书。由于孟山都制造的有毒物质的遗留问题，这家公司一直在美国最令人讨厌的公司名单上，一些人把它称为孟撒旦（Monsatan）。这样的标签降低了这个品牌背后人类故事的复杂性。过去多

---

*　弗兰肯食物（Frankenfood）是指代转基因食品的贬义词。波士顿学院英语教授保罗·刘易斯（Paul Lewis）于1992年参考玛丽·雪莱（Mary Shelley）的小说《弗兰肯斯坦》（*Frankenstein*）中弗兰肯斯坦博士创造的怪物，将"弗兰肯（斯坦）"和"食物"合并为"弗兰肯食物"一词，意指转基因食品是实验室里被制造出来的怪物。

年,孟山都中很多人做出了不道德的决定,导致灾难性的、影响深远的生态和人类健康问题。那些故事都被记录在这里。但孟山都中也有一些人,比如人们叫他鲍勃的罗伯特·夏皮罗、欧内斯特·贾沃斯基和约翰·弗朗茨,他们也致力于创造一个更美好的世界。今天,在拜耳公司的实验室中,人们投身研发的新药很可能可以帮助治疗癌症,拯救像提起诉讼的约翰逊这种病人的生命。还有一些人正在对抗旱作物进行基因改造,真诚地相信这些努力将养活美国农业部部长桑尼·珀杜在为草甘膦辩护时说的那100亿人。[36]

我们没有理由怀疑许多拜耳科学家和研究人员为养活全世界和治愈疾病而从事工作的诚意。许多人带着尊严和智慧执行着任务,追求公共利益。但是,如果这些充满善意的人们没有从实验室的显微镜上抬起头来,以更宽广的视野审视他们所处的历史,他们就看不到这些种子可能带来的后果。[37]

自孟山都掀起一个永远改变人类粮食体系的转基因种子热潮至今已有25年。现在正是回顾这段历史的合适时机。在搞清楚我们未来将走向何方之前,有必要回顾一下我们曾去过的地方。

旅程从密苏里州圣路易斯南二街的一家小工厂开始。这家工厂位于密西西比河沿岸,在开普吉拉多往北仅一小时路程的位置。当时,孟山都的创始人约翰·奎尼正在那里修理二手化工设备。他夜以继日地工作,决心有一天要自己当老板。一个美好的愿景驱动着他,那便是让美国人摆脱对一家叫作拜耳的德国公司的依赖。

18 这张全家福中有约翰·奎尼和他的妻子奥尔加·孟山都,以及她的儿子埃德加和女儿奥尔吉塔。据一位消息人士透露,约翰·奎尼将自己的公司以奥尔加的姓氏命名,部分原因是他当时仍在迈耶兄弟药品公司工作,希望避免在该公司任职期间却经营另外一家以他的姓氏命名的化学公司的冲突风险。

第二部分
根茎

1
"参议员,您现在谈到化学了,
这个主题我知之甚少"

1902年2月寒冷的一天,在圣路易斯的托尼·浮士德餐厅市中心店的酒吧里,可能有一杯老式波旁威士忌正在等着约翰·奎尼。在某种程度上,这显然成了一种习惯。那时的奎尼40多岁,留着小胡须,大约六英尺(1英尺约为0.3048米,下同)高,喜欢带上他信赖的同事——瑞士化学家路易斯·韦隆到浮士德餐厅吃午餐,一起讨论建造化工厂的问题。那天是特殊的一天,奎尼带来了一份特别的礼物:一小撮白色粉末样品。[1]

一直以来,韦隆觉得这些午餐吃得有点奇怪,原因之一就是经常只有他一个人喝酒。每次奎尼跟他入座后,通常会劝韦隆买瓶啤酒,然后自己离开去洗手间。奎尼一回来,就会向服务员要一杯热咖啡,而韦隆则喝他的精酿啤酒。[2]

韦隆一直困惑这位午餐伙伴的这一习惯,有一天他终于忍不住跟着奎尼去厕所,还特意保持几步距离以免被发现。令他惊讶的是,他发现奎尼竟然绕道去了一家酒吧。韦隆说,"我看见他在那里喝一种老式酒"。原来这就是奎尼的午间消遣方式。[3]

这一切就说得通了。那些认识奎尼的人都很清楚,他可能会喝得酩酊大醉,有时甚至到了不得不从聚会上被"扛回家"的地步。但奎尼想要隐瞒这一点,可能是因为他滴酒不沾的妻子奥尔加·孟山都对此非常反感。奎尼嗜酒的习惯还延伸到办公室里,据说他办公桌旁的壁炉上有个"药瓶",里面装的其实是酒,他经常偷喝一小口。[4]

但今天,奎尼可以正大光明地在中午喝一杯了,因为今天有一个值得庆祝的理由,那便是韦隆和奎尼刚刚发现他们制造出了第一批糖精,一种人造甜味剂。据说,餐厅服务员亲身证实了这一成果,他喝了一杯加了奎尼白粉的水,说是甜的。而韦隆和奎尼则不太确定,因为他们的味觉早被工厂里飘浮在空气中的糖精微粒熏得麻木了。[5]

确切的细节已被遗忘在历史中,但传说韦隆把盘子下面的桌布扯出来,在头上挥舞,就像一个刚赢得一场比赛的职业拳击手,引起了一阵骚动。他们实现了!他们终于成功了!这是一个跟糖精一样甜蜜的开端。[6]

奎尼如今又年长几岁了,那种想要干一番大事业、想要独立经营自己商店的欲望,肯定不断搅扰着这个在美国中西部长大的人。熟悉他的人形容他性格"暴躁"、"顽强"、像一只"斗牛犬"、一个真正的"拍桌官"。他的儿子有一次说:"他内心有一种不间断的骚动。"[7]

年轻的时候,奎尼醉心的是销售而非化学,但销售这条职业道路的选择,与其说是基于喜好,不如说是出于需要。他是一个有五个孩子的家庭的长子,在芝加哥长大。他的母亲萨拉·弗莱厄蒂和父亲老约翰·奎尼从爱尔兰戈尔韦县来到美国。1859年,长子小奎尼出生,父亲也找到了一份建筑承包商的稳定工作。通过省吃俭用,这个家庭用储蓄购买了房子用于出租,租金成为这个家庭的主要收入来源。然而,1871年,悲剧发生了。一场芝加哥大火,烧毁了这座城市超过三平方英里(1平方英里约为2.59平方公里,下同)的地方,也烧毁了这个家庭用于收租的房产投资。这让小奎尼不得不出去找工作。[8]

他此时只有12岁,有六年在公立学校接受教育,对自己未来没有什么打算。但在1871这一年,他自己的想法已经无关紧要,因为他的家庭需要钱——急需要钱。多年以后,约翰·奎尼解释了他为什么最终选择托尔曼和金(Tolman & King)批发药品公司:"我的第一份工作是在一家药品公司做勤杂工,每周2.5美元,因为那是我碰巧遇到的第一份工作。"生活的偶然性让奎尼投身药品行业。[9]

大家都说他工作很卖力。他的第一份工作是做"库存跑腿人",就是负责装好马鞍,驾着马车去拜访各个批发商,拿到托尔曼和金公司所需的少量药品。奎尼的雇主兜售的东西五花八门,从发酵粉、止痛药吗啡、抗疟药奎宁,到没有专利的药品和骗人的万灵药。以布鲁克尔牌的祛风香膏为例，它是"治疗婴儿烦躁、出牙、夏令吐泻病，以及成人的腹泻、欧洲霍乱、亚洲霍乱、胃充血或胃肠道出血的最佳疗法"。在一个还没有制定"纯净食品与药品法"的时代，制药公司可以在各种药水药膏上做出这样荒诞的声明。[10]

并不是所有人都接受这种天花乱坠的宣传，包括奎尼的老板约翰·金。当被《芝加哥论坛报》问及是否出售专利药时，他回答说："当然，但不推荐。我想它们大部分都不是什么好药。它们几乎在承诺能让一个死人复活，而人们竟然相信。我不知道这些药是用什么做的，但我绝对相信其中一些成分能把铁壶溶掉。"[11]

虽然货物不一定是好东西，但奎尼的运货效率很高。通过与各个主要交通要塞的交警打好交道，他送货的速度非常快。据说他的老板还惊叹："奎尼比其他任何员工都更能磨损马车。"这份工作并不赖，满足了奎尼养家糊口的紧迫需求。但在芝加哥干了十年后，奎尼跳槽到里昂（I. L. Lyons & Company），新奥尔良的另一家药品公司。跟上一家公司一样，这家公司主要也是靠从其他制药公司进货来卖的批发商。[12]

这个时期是化学时代的开端。当时的德国大公司，比如被称为"三巨头"的巴斯夫、拜耳和赫斯特，正在超越从外来植物中提取专利药物的阶段，引领一个合成有机化学时代的到来（这里的有机仅指由碳基资源合成的化学物质）。这些公司一开始大多生产染料，但在19世纪80年代和90年代先后从煤焦油中研发出拳头药物产品，开始实现产品多样化拓展。煤焦油是煤转化为焦炭时产生的黏稠的黑色副产品（焦炭是没有杂质的煤）。多样化拓展的实现得益于这些企业的地理位置。三巨头的位置靠近一流研究型大学，且位于19世纪煤炭输送管道的莱茵河沿岸。从这些化石残留物中，拜耳生产出了阿司匹林，赫斯特公司则开发出了普鲁卡因，这种强大药物能够减轻在高速工业化世界中生活的人的疼痛。[13]

瑞士还有一些小型公司，如汽巴、盖吉和山德士，与这些德国大型对手竞争，尽管他们的大部分原材料（估计有80%）来自德国供应商。在英国，以瑞典化学家阿尔弗雷德·诺贝尔的名字命名、拥有炸药技术专利的诺贝尔工业公司极大发展了化学品生产业务。当然，它的规模从未达到莱茵河畔那几家公司的水平。[14]

美国也有自己新兴的化学工业，但在合成有机化学方面远远落后于欧洲。杜邦公司于1802年由杜邦·德·内莫尔在特拉华州的白兰地酒溪创立，早期业务一直是生产火药和爆炸品，直到20世纪才开始涉足多元化学产品的销售。陶氏化学公司于1897年由赫伯特·陶在密歇根州米德兰市创立，在19世纪90年代末成为从盐水中生产氯和溴的领先者，但也很晚才进军有机化学领域。辉瑞公司由德国移民查尔斯·辉瑞和查尔斯·厄哈特于1849年在布鲁克林创立，后来发展成美国医药产品的领军企业，但它最初并没有投资煤焦油化学，而是生产从未成熟的水果中（后来通过霉菌发酵）提取的柠檬酸等。礼来上校的礼来公司于1876年在印第安纳波利斯成立，华莱士·阿伯特博士的芝加哥实验室于1888年成立，两者都从欧洲的大公司采购化学品。默克是一家德国公司，于1887年在纽约开设了办事处，直到第二次世界大战，它一直是美国最大的药品供应商之一。[15]

这就是奎尼，一个年轻销售员所看到的世界。在这个世界里，美国在从煤焦油中提取有机化学品方面主要依赖外国供应商，而这种化学品在全球经济中正在变得越来越重要。

奎尼在新奥尔良待了大概十年，为里昂公司采购药物和专利药品，其中很多承诺可以治疗有害依赖和上瘾。19世纪90年代里昂公司发布的镀金时代广告上写着："服用海恩斯博士研发的黄金特定剂，醉酒或酗酒习惯得到了积极治疗。"这种成分没有公开的灵丹妙药承诺，"无论病人是适度饮酒者还是酗酒者"，都能够"实现快速根治"。根据奎尼所在的这家药品公司的宣传，亚拉巴马州乔克托县的瓶装泉水也有类似的魔力，可以治疗"皮肤疾病、酗酒和来自女性的抱怨"[16]。

但即使里昂公司声称一些药物能够抑制各种上瘾，其实它又通过推销其他药物加剧这些瘾疾。例如有一种药叫作兰草波旁补酒，主要成分是纯正的陈年肯塔基威士忌，却被宣传为"疟疾解药"以及可以"缓解消化不良，恢复食欲，特别适合过度劳累的牧师、孱弱的妇女和老人"的万灵药。吗啡也是如此，美国的制药公司一边推出能够治疗"吗啡上瘾"的药物，一边继续销售能够放松神经的吗啡注射专利药。里昂和其他公司就是这样，一边制造问题，一边通过解决问题赚钱。[17]

1891年，30岁出头的奎尼离开了新奥尔良，不久便成为美国最大的药品批发商之一、位于圣路易斯的迈耶兄弟药品公司的采购员。1894年，他接受了德国化学公司默克的美国子公司在纽约的销售经理职位。到目前为止，他仍然几乎没有任何化学制造的经验，对药品行业的认识仅来自其销售和采购经验。[18]

约翰·奎尼在默克公司的时间相对较短，平淡无奇，除了期间他向奥尔加·孟山都求婚。新娘的娘家姓就是他后来的品牌名。奥尔加出身上流社会，有些人说她有点自命不凡，其血统可以追溯到西班牙和德国的精英家庭。（根据研究孟山都公司历史的专家的说法，她的祖父是唐·伊曼纽尔·门德斯·德·孟山都，一个被伊莎贝拉女王封为爵士的贵族。19世纪30年代，他第一次来到西印度群岛，在今天的波多黎各经营一个糖料种植园。）奥尔加和奎尼在圣保罗教堂举行了有600多名宾客参加的天主教婚礼——据说连《纽约论坛报》和默克公司的《市场报告》都报道了这一奢华事件。之后，二人回到圣路易斯，奎尼又重新加入了迈耶兄弟药品公司。[19]

从这个时期开始，奎尼肩负起了更多责任。1897年，儿子埃德加出生；两年后，在奎尼 40 岁的时候，他的女儿奥尔吉塔出生了。现在，奎尼家有两个孩子要照顾，还有一个对生活质量要求不低的富家女人。[20]

此时，约翰·奎尼用他所有的积蓄，大约 6000 美元，在伊利诺伊州密西西比河边的东圣路易斯开设了一个硫酸工厂。硫酸是许多工业都需要用到的基础大宗化学品之一，从化肥生产到炼油和制药，利润前景非常好。而且，路易斯安那州附近的硫黄矿是世界上硫黄储量最丰富的地方之一，密西西比河提供了一条输送这些矿产的大动脉。但为了给自己留一条后路，奎尼与雇主协商保留他的职位，以防这项投资最终无法成功。[21]

事实证明奎尼的担忧是正确的。硫黄精炼厂开业当天，据说奎尼正在迈耶兄弟公司的办公室里，他接到了河对岸工厂经营者打来的电话。"什么也救不了了！"电话另一端的一名男子尖叫道，他无助地看着大火吞噬了工厂。公司同事说，奎尼随后放下电话，平静地回去工作，后来回到家参加晚宴，一句也没提他那天承受的巨大损失。[22]

这个故事是否属实尚不得而知，但有一点很清楚，那就是报纸上从来没有报道过这场火灾。事实上，在 19 世纪 90 年代末，经常登上媒体的是奥尔加·奎尼而非约翰·奎尼，因为奥尔加是一位颇有天赋的钢琴家，全国音乐教师协会的杰出成员。她的儿子埃德加也继承了这一天赋。除了宣布约翰·奎尼与奥尔加的婚姻和 1898 年他的父亲去世的消息，媒体对约翰·奎尼唯一实质性的提及，是一篇详细记录了奎尼如何抓住一个在圣路易斯南部住宅旁窥探的小偷的报道。就他的化学生意而言,并没有什么关注度。[23]

约翰·奎尼就是这样一个人：40岁,花光了积蓄,父亲已去世,家里还有两个不到三岁的孩子。也许这就是为什么他经常早上去酒吧,和他的老板卡尔·迈耶一起喝五美分的啤酒、吃三明治的原因吧。[24]

尽管奎尼经历了一些投资失败,但担任全国最大的药品批发公司之一的采购员也不是一份无关紧要的工作。到了1899年,奎尼已在全国批发药剂师协会中小有名气,任反掺假委员会的主席。[25]

今日的孟山都公司因反对可能影响其业务的联邦法规而闻名,但在1899年,作为这家公司的创始人,奎尼认为,法规是唯一能够拯救这个行业的东西。他在担任反掺假委员会主席时,曾努力推动制定一部"纯净食品与药品法"。他相信这将有助于淘汰那些销售受污染产品或功效可疑的专利药品的腐败公司,从而恢复公众对药品公司的信任。[26]

许多药品行业的人反对监管,但奎尼清楚,没有政府的许可监管,他的行业将失去公众的信任。1899年他在委员会发布的一份要点报告中指出,在医药行业"制定一项全国性法律,禁止销售不纯和掺假的药品以及医药用化学品"是"绝对有必要的"。他无法"理解为何药品行业中真正关心人类福祉的人，无论他多么见多识广"，会反对"为他所经营的商品的可靠性提供额外的保障"。很难说奎尼发表这一声明是多么真心实意。毕竟，为了填充迈耶兄弟公司的仓库，他也购买了许多药效极不可靠的所谓万能药，包括被宣传为"脑力工作者"之"健脑食品"的鱼肝油混合物，号称可以治疗从结核病到"身体虚弱"的各种疾病。但即便如此，他确实是极力倡议制定一部"纯净食品与药品法"的主要声音。奎尼指望着依靠这部立法为他在行业内赢得更多尊重。[27]

为了证明自己的观点，奎尼提到了农业和种子业务。他指出，美国农业部"通过监管确保农民能够获得大量优质种子的做法是值得称道的"。而相比农业，药品行业的风险要高得多，制药公司理应更欢迎类似的监管才对。"质量下乘或掺假的种子只会给农民造成损失，而劣质药品则会造成难以描述的痛苦和死亡。"[28]

这位委员会主席遭到许多协会会员的强烈反对。明尼阿波利斯的一位药商写信给奎尼，说"只要行政官员是一帮政治划水人和忽悠者"，他就不会支持药品法。其他人也提出了类似的抗议。[29]

但奎尼也有支持者，其中最著名的就是哈维·威利。威利是美国农业部化学局富有魅力但又饱受争议的局长，也是一位在纯净食品呼吁战中冉冉升起的明星人物。他称赞奎尼敢于揭露"药品交易中的欺诈行为"，敦促奎尼和他的支持者游说国会进行改革。奎尼确实也这样做了，甚至到美国众议院做证支持《纯净食品与药品法》。[30]

但那是后来发生的事情了。奎尼暂时仍在继续为迈耶兄弟打工,尽管他对建立自己的事业和品牌的渴望依然强烈。到了 20 世纪初,他再一次向理想进发。但这一次,他选择了一种他认为必然会成功的产品:人造甜味剂糖精。

1879 年,在美国留学的德国研究生康斯坦丁·法赫伯格首次发现了糖精,一种比糖甜 300 到 500 倍的白色粉末。从化学性质上讲,它本质上是从煤焦油中蒸馏出来的邻苯甲酰磺酰亚胺。在 19 世纪 80 年代,一些人认为这种煤炭提取物对人体健康有害,但到 1893 年,当它出现在芝加哥的哥伦比亚世界博览会上时,一个巨大的美国市场已清晰可见。[31]

在开拓消费者市场方面,奎尼游刃有余,非常清楚自己要做什么。他的前半生都在全国各地奔波,匆匆记下那些在他的火车车厢旁边举着广告牌、吹着口哨的新药品公司。他知道糖精是一种能让他大赚的热销产品。当时,一个新兴的软饮料行业正在蓬勃发展。胡椒博士(1885)、可口可乐(1886)和百事可乐(1898),以及其他许多品牌已在美国家喻户晓,而这些公司都需要大量的糖来生产自己的产品。到 20 世纪第一个十年,可口可乐吹嘘自己是地球上最大的糖消费方,每年消耗约 1 亿磅(1 磅约为 453.6 克,下同)糖。这些甜味剂可不是一笔小数目,对于软饮料公司来说意味着巨大的成本。如果他们能找到一种方法减少这笔开销，比如使用国内生产的糖精替代进口的糖或糖精，必将是一项巨大的经济利益。1897年的《丁利关税法》对进口糖精和糖都征收了高额关税，施加在糖精上的关税导致其价格翻了一倍。奎尼的糖精作为软饮料的甜味剂不用交这笔关税，将比在美国销售的需缴纳关税的糖便宜得多。因为即使孟山都的糖精每磅的售价（1902年是2.5美元）比糖更贵（每磅仅几美分），但由于糖精的甜度远高于糖，这些企业如果转向这种免进口税的人造化合物，将极大节省生产成本。[32]

但问题是，当涉及产品生产时，奎尼就不知道自己该做什么了。他不是化学家，也不是发明家，之前从未真正制造过任何一种化合物。事实上，在他的一生中，他都承认自己缺乏科学训练。在1924年的一次美国参议院听证会上，奎尼打趣地说："参议员，您现在谈到化学了，这个主题我知之甚少。"而即使奎尼在创业前接受过化学方面的培训，他面临的另一个挑战是，包括默克公司在内的少数几家德国和欧洲公司制造并控制着生产糖精成品所需的中间化学品。[33]

好消息是他有了买家。1901年，芝加哥的液态碳酸公司的老板雅各布·鲍尔愿意借给奎尼3500美元，帮助他在圣路易斯建造一家糖精工厂。这家公司是软饮料行业知名的碳酸和其他原料供应商。多年来，奎尼一直向鲍尔提供泻盐，因此已有牢固的合作伙伴关系。除了投资奎尼的业务，鲍尔还同意购买奎尼首批人工甜味剂成品。这将是一个大合同，每年大约有8000磅糖精以2.5美元一磅的价格出售。[34]

如果奎尼和鲍尔的交易成功,来自圣路易斯的糖精将最终出现在全国成千上万瓶饮料中,而大多数美国消费者不会知道这一点。当时,没有任何标签规则要求瓶装商品标明产品成分,所以除非你有一条经过专业训练的舌头,否则不太可能知道是什么让你喝的饮料变甜。奎尼意识到,他并不一定要让世界相信糖精是一种好东西;他只需要说服一些大企业购买他的产品就行了。这一思路带来彻底的改变。奎尼把营销重心放在企业而非消费者。这个基本的销售策略也最终凝聚为孟山都在 20 世纪中叶所吹嘘的品牌口号——"服务行业……最终服务全人类"[35]。

但谁能为奎尼生产甜味剂呢?他需要一个知道如何经营化工厂的人。他不想重蹈几年前硫黄工厂火灾的覆辙。

就在这时,他认识了 20 多岁的瑞士化学家路易斯·韦隆。韦隆刚刚从苏黎世理工学院获得博士学位,任职于瑞士巴塞尔的山德士化学公司。这家公司是德国之外生产合成糖精所需中间化学品的主要制造商之一。奎尼在担任迈耶兄弟公司的采购员时,跟他们打过交道。奎尼找到山德士的高管,问他们是否愿意把这个年轻英才借给他来启动他的工厂。作为交换,奎尼同意从这家瑞士公司购买原料。[36]

山德士接受了这项协议。于是,韦隆先乘船来到美国,在 1900 年的新年前夜,穿着皮大衣,蓄着亨利四世的大胡子,抵达了圣路易斯火车站。据韦隆所说,奎尼对他的出现感到不安,不清楚这个说着蹩脚英语的年轻人是否"已经准备好撸起袖子加油干"。但第二天,这两个人就干劲十足地开始在城市里寻找最合适建厂的地方,并且当天便决定购买南二街上钻石火柴公司的旧仓库。当时仓库墙边还堆满了火柴,考虑到奎尼之前已经遭遇过一次灾难性的火灾,不知他是否担心过在这个与火焰关系密切的房子里,会不会发生另一场大火再次吞噬他的梦想。[37]

据说第一个工厂建设得极其简陋。奎尼购置的东西——锅炉、蒸汽机、管道、过滤器和木水箱——几乎都是二手货。最昂贵的设备是一台从瑞士进口、价值1000美元的离心机。奎尼的经营和美国大部分化学企业一样,完全依靠从国外进口的必要人才、机器和化学制品。[38]

才不过几个月,这个工厂便开始生产化学品了。1902年2月,韦隆和奎尼在浮士德餐厅享用了一顿午餐以庆祝糖精研发成功。那时的奎尼,站在拥有近1.4万美元资产的孟山都化工厂门前,一定感到无比自豪。这是他自己的生意,他自己的品牌。[39]

奎尼对奥尔加的感情使他决定用妻子的娘家姓来命名公司,但除此之外,可能还有其他更实际的考虑。此时奎尼还保留着在迈耶兄弟公司的职位,如果他使用自己的姓氏来命名的话,在旁人看来并不光彩。在接下来的三年里,奎尼在迈耶兄弟公司的办公桌和南二街的新工厂之间来回奔波,因此有人认为,为了避免混淆,命名为孟山都而不是奎尼是一个明智的选择。[40]

真实情况如何也许不得而知,但可以确定的是,在奎尼化学事业早期取得的成功中,除了在品牌命名这件事情上,奎尼身边的女性还发挥了至关重要的作用。其中最关键的人物，就是奥尔加的母亲、出生于德国的艾玛·克利夫斯。艾玛充当着类似于翻译的角色，帮助韦隆和奎尼处理运营过程中的各种细节问题。韦隆的英语主要来自在学校里学过的几门课程，他和他的苏格兰姐夫闲聊时也学了一点，但是说得并不好，因此也不太愿意说，平时更喜欢说德语。而德语正是艾玛的母语。韦隆自己也说，"奎尼想从我这里了解很多技术方面的事情，但我只会德语"。而奎尼又不会说德语，也不会说任何其他外语，因此到了晚上回到家，艾玛便在餐桌上把韦隆的话翻译给奎尼。在孟山都化工厂里，管理工作基本由男人担任。韦隆最初雇用的三个人都是男性。一直到1916年，250名员工中也只有四名女性在南二街的车间工作，这种情况在整个化学工业中是很典型的。但是，像艾玛这样在公司历史上往往被边缘化的女性，却是奎尼事业成功的关键。[41]

1902年2月，在一场工厂的庆祝仪式上，奎尼向每个员工发放了雪茄和2美元奖金，这是这一年中奎尼唯一的高光时刻。4月5日，韦隆在日记里草草写下："钱越来越少了。"几天后又补充了一句："钱还是不够，工资还没有发完。"到那年年底，公司已经出现了大约1500美元的赤字。情况继续恶化到1903年初，韦隆已经对他们是否能维持工厂运转表示怀疑了："问题在于怎么停止美国制造商从竞争对手那里购买糖精。"[42]

问题就出在德国生产商身上。由于担心有新厂商进入他们的市场,德国大型糖精生产商将批发价格从每磅4.5美元大幅降至不到1美元,给孟山都施加了极大压力。不愿再次重蹈失败覆辙的奎尼暴躁不安,想尽一切办法不让自己破产,包括变卖他的马和马车、抵押他的人寿保险来筹集资金,试图熬过来自国外竞争对手的冲击。[43]

不久便有好消息降临。韦隆在日记中写道:"1903年全部糖精都提前售出了。"因为奎尼找到了一个买家,一个大买家——那就是佐治亚州亚特兰大的可口可乐公司。为了降低成本,可口可乐公司一度在其神圣的秘密配方中加入糖精,但时至今日,它对此只字不提。虽然外界不知,但对于孟山都来说,那可是一个大新闻。有了可口可乐的合约,奎尼的亏损终于在1904年减少到了63美元。[44]

但公司仍然没有盈利。孟山都需要一种能够扭亏为盈的新产品。

担负这一使命的是咖啡因。奎尼一边继续寻找着糖精的销路,一边开始把目光转向咖啡因。他找到了一个非常熟悉咖啡因生产的瑞士化学家——和韦隆同一母校的加斯顿·杜布瓦。1903年,奎尼在欧洲参观化工厂时第一次见到杜布瓦,是奎尼一位有钱朋友的儿子拉尔夫·赖特介绍的,其父亲早期对孟山都进行了投资,被一些人称为孟山都的"金融天使"。赖特曾在苏黎世与杜布瓦一起学习,知道杜布瓦将是一个很好的向导,于是推荐他当奎尼的翻译。奎尼对这个向导印象深刻,很快就向他伸出橄榄枝,邀请他来圣路易斯,薪水是每月75美元。此后不久,杜布瓦便帮助孟山都启动了咖啡因生产。[45]

咖啡因生产是一个引人入胜的过程。核心原理是用一种溶剂，通常是"精炼汽油"，从"茶叶废料"——主要是茶茎和茶叶贸易中的其他"垃圾"中提取其中的少量咖啡因。提取出咖啡因后，用过的茶渣有时会成为员工花园中的"肥料"（孟山都早期对农业的一个贡献），但大部分都与其他化学副产品一起打包后，就像孟山都的一名员工说的，简单地"扔进河里"。所以从一开始，密西西比河就成了孟山都公司的垃圾场。[46]

1904年7月，韦隆在日记中兴致勃勃地写道："与可口可乐公司签订了1905年的产量合同。"他指的可能是又一笔糖精交易，也可能是一笔新的咖啡因合同。如果是后者，他理应感到高兴。这意味着可口可乐公司再一次成为孟山都的救主，成为其主要的咖啡因买家。但可口可乐对于产品成分和秘密配方向来非常谨慎，因此也没有公开宣布与孟山都的合作关系。事实上，多年以后，当埃德加·奎尼在讲述他公司的早期历史时，采访他的记者做了一个特别的笔记："奎尼说，不要强调可口可乐。"[47]

但他怎么可能不强调呢？可口可乐的合同让孟山都扭亏为盈，在1905年首次获利10600美元。那一年，糖精的总销售额略高于3.3万美元，而咖啡因销售额超过6.3万美元，几乎是糖精的两倍。1908年，可口可乐公司同意在未来三年内购买孟山都公司所有的咖啡因产品，此时按照迈耶兄弟公司的售价，咖啡因售价为每磅4.1美元。到1910年，孟山都每销售一磅咖啡因就能获利1美元。[48]

孟山都还希望把其他一些新产品变成摇钱树。1904年12月，韦隆和杜布瓦研发出一套能够合成香兰素（一种香精化合物）的生产装置。这个过程很复杂，需要从非洲东部的桑给巴尔岛进口丁香，然后从中提取出与香草味相关的芳香化学物质。所有这些自然都很烧钱。1905年6月，韦隆报告说："我们出售香兰素严重亏本，竞争非常激烈。"问题症结再一次出现在德国生产商身上。他们与美国调味品公司等美国合作伙伴联合，将香兰素的价格从每磅2.5美元压到1.25美元。[49]

奎尼很沮丧。他想从欧洲的束缚中解放出来，而唯一的出路就是想办法在国内合成他需要的原材料。从亚洲进口茶叶废料或从桑给巴尔岛进口丁香既昂贵又危险，生产糖精所需的中间化学品也还无法靠自己生产。是时候通过合成来寻找解脱之路了。

就在那时，他找到了朱尔斯·贝比，也就是后来在孟山都被称为瑞士"三巨头"的第三位瑞士化学家。贝比在韦隆十几岁的时候和他一起上学，并一起参加了一个强制性军事训练项目。他是另外两位成员在苏黎世理工学院的同学。但与杜布瓦和韦隆不同的是，贝比有生产糖精原料的经验。当韦隆接受孟山都的工作时，贝比正在瑞士布鲁格的齐默尔曼化工厂工作，以便近距离照顾身体不好的母亲。在那里，他学会了合成生产糖精所需的中间化学品的细节。[50]

为了吸引贝比来美国，奎尼不得不付给他一笔不菲的薪水——每月175美元。"贝比博士发电报说接受我们的提议，"韦隆在1905年7月的日记中写道，还加上了一句哀叹，"薪水……比我还高。"这是奎尼认为他必须付出的代价。他希望贝比能成为团队中关键的一员，帮助他从欧洲企业联盟手中解脱。在接下来的几个月里，贝比努力追求这一目标，建造了合成糖精全过程所需的机器。1906年，贝比成功合成一种之前从国外进口的、制造糖精所需的化合物。与此同时，他还开始生产一种当时很流行的消炎止痛药物非那西汀。[51]

1907年，奎尼决定辞去迈耶兄弟公司的职位。48岁的他正式独立了。一年前，他向投资者支付了第一次股息，这些投资者现在持有他的公司600多股股票。奎尼利用5000美元起步资金，发展出现在净资产7.5万美元的企业。但公司仍严重依赖与可口可乐的咖啡因合同，这被孟山都公司的化学家称为公司的"奶牛"。1907年，韦隆继续在日记中潦草地写道："财政困难仍在继续，需要更多资金。"对于一家正在进行重大投资的成长型公司来说，财政紧张是必然的。几年后，钻石火柴公司附近的仓库发生了一场火灾，是大楼的喷水灭火系统其中一个水塔倒塌引发的。奎尼商店附近起火，但大火很快被扑灭，没有对化工厂造成严重损害。此时的奎尼已从可口可乐的合同中大赚，为了扩大了他的生意，又购买了钻石火柴公司的一些地产。这一次，大火非但没有烧毁他的商业欲望，甚至助长了他的野心。奎尼估计还给自己斟上了一杯庆祝酒。[52]

但此后，一切就开始失控了。

2
"煤焦油之战"

1911年对奎尼来说是一场噩梦。首先是美国农业部化学局局长哈维·威利。此人曾写信给约翰·奎尼，感谢他对《纯净食品与药品法》的支持。但如今，威利带领该机构新成立的禁毒小组，也正是利用这部法律，试图禁止糖精在美国的销售。1911年，他取得了很大的成功。美国农业部发布了《第135号食品检验决定》，禁止"含糖精食品"的州际和国际贸易。同一年，威利发起的"美国诉40大桶和20小桶可口可乐"案打响。在该案中，农业部认为可口可乐是一种掺杂产品，其中一个理由是这种饮料"添加"了会导致上瘾的咖啡因。而这些受到争议的咖啡因，大部分是孟山都生产的，还有一些是可口可乐从其他供应商采购的，比如新泽西州的梅伍德谢弗生物碱工厂。最后，还有关于降低进口化学品关税的讨论。一旦关税降低，外国竞争对手将以更有吸引力的价格向美国消费者提供产品，这意味着孟山都面临的竞争将更加激烈。[1]

这些乌云笼罩着年轻而脆弱的孟山都公司。现年52岁的奎尼经过不懈努力、历经重重险阻才走到今天这一步。他不得不反击。

可口可乐的诉讼是一件大事,因为咖啡因是孟山都公司的盈利来源。当时,咖啡因是公司最畅销的产品,收益几乎是糖精的七倍。其他产品,比如非那西汀、香草醛、水合氯醛镇静剂的收益都远不及咖啡因。因此,为了避免失去这份合同,奎尼在3月前往查塔努加市为可口可乐案做证。[2]

审判场面十分壮观。哈维·威利如今已是全国名人,被称为"十字军化学家"。他带着新婚妻子安娜·凯尔顿,媒体到处跟踪报道他们的这趟"蜜月"之旅,其中包括在瞭望山和奇卡莫加内战战场的短暂停留。在庭审中,大名鼎鼎的可口可乐之父——阿萨·坎德勒发表了充满激情的证词,声称他的饮料有益健康,如今在美国各州都有销售。但国际知名科学家出庭做证咖啡因对人体具有影响,还有政府证人声称给青蛙和兔子注射稳定剂量的咖啡因,它们就会死亡。对此,可口可乐的律师提出抗议,认为这非常荒谬,因为给这些实验室动物注射的咖啡因含量远大于任何人通过喝可口可乐所能摄入的量。但这些反驳显然阻止不了正在找寻爆炸性新闻的报纸。耸人听闻的头条新闻铺天盖地而来——"八种可口可乐中的咖啡因会致命","危险的'软饮料'","可口可乐含有咖啡因,对内脏器官致命"。[3]

案件还有更多引人入胜的内幕被曝光,包括可口可乐的秘密配方及其与可卡因的关联。在一个全国瞩目的听证会上,政府明确提出,可口可乐曾在1903年左右与梅伍德谢弗生物碱工厂签订合同,从该公司的招牌饮料中去除微量可卡因,约为"每盎司1.4格令*"。阿萨·坎德勒的哥哥、可口可乐的辩护律师约翰·坎德勒解释说,公司确实找了梅伍德谢弗生物碱工厂的路易斯·谢弗博士,创建了一个"去可卡因"版本的5号配方,秘密成分包括古柯叶香料提取物(1903年后无可卡因)和可乐果粉(含微量咖啡因)。新闻界大为惊讶。这意味着可口可乐不仅承认它的饮料曾经含有一种禁忌的麻醉剂,而且还承认它所谓的神圣不可侵犯的秘密配方实际上是改变过的。[4]

但在这起案件中,政府的主要目标是咖啡因,而不是可卡因。政府律师辩称,咖啡因是一种添加成分,目的是刺激上瘾。他们邀请了众多医疗专家做证,其中包括来自纳什维尔的医生约翰·威瑟斯彭。威瑟斯彭做证说他治疗过每天喝"8瓶、10瓶、15瓶甚至20瓶"可口可乐的人,他们就像"吗啡常客"一样,无法控制对可口可乐的渴望,而且没有人能够逃脱。来自孟菲斯的医生路易斯·勒·罗伊在证人席上声称,他自己也对可口可乐上瘾,"每天要喝掉大约六瓶"。他就是"离不开它"。[5]

但是最终,可口可乐和奎尼都不需要证明添加到软饮料中的咖啡因是无害的,因为首席法官爱德华·桑福德从未允许陪审团讨论这个问题。当庭审进行到第四周时,可口可乐的法律团队在法官席前主张案件应该被驳回,因为原告从未

---

* 1格令=0.064799克。

证明咖啡因是被人为"添加"到可口可乐里面的。法官桑福德同意这一观点,最终指示陪审团做出了有利于可口可乐的裁决。在那些指示中,桑福德间接提到了奎尼的证词。他说:"一种天然食品不能被认定为掺假,比如咖啡。虽然一杯咖啡平均的咖啡因含量远高于一杯普通的可口可乐……但里面的咖啡因……是天然和正常进入其配料的基本成分之一。"可口可乐的情况也是如此,它的咖啡因也是原材料中自带的,因此"没有咖啡因的可口可乐就不是公众理解的可口可乐……如果它以'可口可乐'的名义出售却不含咖啡因,那么就等于在欺骗那些购买'可口可乐'的消费者"[6]。

在一个化学公司开始改变美国人饮食成分的时代,这对孟山都来说是一个关键的胜利。桑福德法官将一种实际上由很多不为人知的秘密成分(包括糖精)组成的产品理解为纯天然产品,如此便不需要再进一步调查咖啡因引起的潜在健康问题了。4月6日,被告初审获胜。[7]

但政府的法律团队并没有就此偃旗息鼓。他们提出上诉,并将此案一直打到最高法院。1916年,最高法院首席大法官查尔斯·埃文斯·休斯发表了法庭意见,推翻了初审法官桑福德的裁决。休斯在判决书中写道,《纯净食品与药品法》的全部意义在于"保护公众免受有害成分带来的潜在危险"。而桑福德的判决使该法案"变得荒谬。例如,制造商可以随意将砷或士的宁……添加到合成食品中,只要(它们)是按照配方制造的,并冠以一些别具一格的独特名称"。

休斯法官将案件发回下级法院,要求陪审团最终应该讨论咖啡因是否真的对人体健康有害。[8]

可惜案件最终并没有走到那一步。1918年,可口可乐与政府达成了一项协议,农业部同意撤诉,作为交换,可口可乐同意减少饮料中的咖啡因含量。又一次,不为人知的权钱交易改变了整个软饮料行业,而美国消费者对此一无所知。对奎尼来说,这当然是个好消息。可口可乐的发展如此之快,以至于咖啡因含量的减少对孟山都的业务几乎没有影响。在接下来的几十年中,奎尼的咖啡因工厂继续机器轰鸣,为可口可乐生产着这一白色粉末。[9]

咖啡因危机暂时化解,但还有两场战斗即将来临,其中包括令人头疼的糖精禁令。在这方面,奎尼找到了世界上最有权力的人之一——西奥多·罗斯福总统,让罗斯福总统帮他粉碎威利的"十字军"。1911年7月,就在可口可乐案结束几个月后,他写信给罗斯福总统:"我们知道您食用糖精很多年了。"问他是否愿意为支持糖精而发言。四天后,罗斯福回信说:"我不想公开这封信。"但是补充说:"我一直都不同意威利先生关于糖精的看法,无论是标签问题还是关于其有害的定性……多年来,我自己也用它来代替糖,在茶和咖啡中使用,但没有感到任何不适。"[10]

11月,奎尼派孟山都的律师沃里克·霍夫带着罗斯福的信——总统不想公开的那封信——来到国会。霍夫向国会展示了总统对威利调查结果的否定，并试图平息那些将德国限制糖精视为有害物质证据的批评者。霍夫解释说，这些限制措施与健康问题无关，而是德国政府依赖甜菜制糖业获得税收，有意压制糖精的结果。同样的事情也发生在美国。正如霍夫在对政府的多次申诉中解释的那样，《第135号食品检验决定》仅仅是一场"食糖托拉斯阴谋"。[11]

这是孟山都表明对美国农业立场的最早实例之一。早在20世纪，农民，特别是受关税保护的美国糖农，是孟山都的敌人。奎尼和霍夫律师认为，这些行业私利剥削着美国的消费者，特别是为食糖支付关税的女性消费者。具有讽刺意味的是，恰是产糖植物的种植者争取的关税造成了价差，给奎尼的糖精带来了更大的市场吸引力。但孟山都却不是这样看待问题的。沃里克·霍夫提出，"个人消费者"应该"有权利和机会选择"如何让食物变甜。这是化学工业所能提供的——选择的自由。但其实，消费者并非有意识地主动选择转向糖精；1918年可口可乐案结束后，他们也没有意识到可口可乐中咖啡因的减少。在这两件事中，商人都是在消费者不知情的情况下做出这些决定的。[12]

孟山都在农业领域倒是有一些盟友，尤其是在美国南部的烟草领域，因为1911年农业部那个禁令并不涵盖添加糖精的咀嚼烟草。禁令主要针对食品和饮料，理由是糖精会"损害"特定食品的"质量和浓度"。但烟草不是食物，从本质上讲不属于这项法规的监管范围。因此除了糖尿病产品之外,烟草是孟山都的另一个大市场。在第一次世界大战前后,烟农一直是奎尼生意的支持者。[13]

尽管如此,奎尼还是把与食糖托拉斯有关联的农业说客描绘成一个致力于破坏美国自由的阴谋集团。1912年,他告诉糖精使用者:"要捍卫自己的权利。没有一个血管里流着鲜红血液,或者灵魂里注入祖先精神的人会乖乖服从"这个"非法的规定……""这样做的唯一结果就是为本已充盈的托拉斯金库注入更多金钱"。奎尼解释说,孟山都的化学品是对抗垄断势力的武器。糖精之争是一场从"食糖八爪鱼"手中夺回自由的斗争。他还坚称,这场斗争能够媲美导致英国《大宪章》诞生的那一场争论。[14]

几十年后,孟山都宣称化学制品是生产更多食物以让饥饿的人群获得温饱的最佳方式,但它在20世纪第二个十年却提出了完全相反的观点。沃里克·霍夫在1912年感叹道:"这个国家的人民正遭受着食物价值过剩的痛苦,而不是食物价值匮乏的痛苦。"换句话说,糖精对于因补贴和关税而变得暴饮暴食的食品体系来说是一种化学纠正剂。美国人已经吃得很饱了,而化学物质可以帮助他们保持苗条。这是进步时代孟山都给这个世界的信息。[15]

然而,尽管在20世纪第二个十年,奎尼用尽浑身解数试图打破糖精禁令,最终还是失败了。他继续抗争了近十年,花费数十万美元的法律费用,直到1925年美国农业部才最终取消了禁令。尽管在这个过程中他已将业务扩展到其他化学品,但糖精的问题一直是一个令他恼火的问题。[16]

除了糖精，还有关税问题。1913年，民主党主导的国会为了控制海外商品价格，通过了更低水平的《安德伍德-西蒙斯关税法》，导致孟山都失去了足够的关税庇护。[17]

由于没有强有力的关税保护，奎尼不得不停止1908年开始的水合氯醛工艺。水合氯醛本来是很受欢迎的镇静剂，也是孟山都一个很有前途的产品线，但如果没有高关税的庇护，奎尼根本无法与德国制造商竞争。他虽有怨言但无可奈何。外国对手在不遗余力地卷土重来，未来看起来并不光明。[18]

但接下来，奎尼时来运转。1914年6月，弗朗茨·斐迪南大公被暗杀，这一事件成为第一次世界大战的导火线。很快，几个月内，与欧洲的贸易线路就被切断了，德国化学公司被阻挡在美国市场之外。

之前，奎尼遭遇海外寡头无数次的猛烈打击。疲软的关税对阻止拜耳和默克这种大公司对美国小型化工公司的压制几乎没有作用。而这一次，战争似乎给了奎尼一个渴求已久的、从外敌手中解脱的机会。[19]

然而，第一次世界大战对孟山都来说也是坏消息，因为生产多种产品所需要的原材料供应也停止了。尽管"瑞士三巨头"朱尔斯·贝比、加斯顿·杜布瓦和路易斯·韦隆已尽了最大努力，但始终无法以有竞争力的价格自己生产原材料。贝比确实在1906年成功启动了一个自下而上的原料生产流程,制造一些合成糖精所需的基础化合物,但没过几年,孟山都又转向从外国供应商进口基础化学品原料,因为直接采购成本更低。这一情况一直持续到1914年,这段时间孟山都基本完全依赖欧洲提供关键原料。但随着第一次世界大战的爆发,这样的日子一去不复返了。[20]

"那是孟山都真正开始投入研发的时候。"加斯顿·杜布瓦说。当时的条件非常恶劣。"我们几乎没有原材料。"杜布瓦回忆道,连公司的玻璃器皿都是进口的。孟山都不得不在新设备和机器上投入大量资金,以便开始从国内的煤焦油中生产中间化合物。[21]

但奎尼并不乐意这样做。他是那种为了省几分钱,会保留旧信件当作废纸来用的人。他曾对一名显然不了解他的节俭作风的员工大叫:"你为什么需要用六把扫帚?"在杜布瓦、韦隆和贝比的不断恳求下,奎尼才被迫开始投资。之所以最终点头,是因为他终于也觉得,除此之外别无他路。[22]

于是,为了一劳永逸地摆脱对欧洲的依赖,一场慌乱而快速的进程开始了。这个过程尽是大量的粗制滥造而非精心制作,还有许多可能导致人员伤亡的仓促举动。但没有办法,孟山都的化学家们没有时间可以浪费。他们也不知道如何达成目标,只能硬着头皮往下走。"瑞士三巨头"去了图书馆,寻找他们能找到的任何信息碎片,试图了解德国人是如何用煤焦油制造化学制品的。奎尼曾指控欧洲人蓄意破坏,声称当他们获得某些教科书时,"涉及煤焦油衍生品的页面**被剪掉了**"！那是一段艰苦的工作时间，多年后路易斯·韦隆说，在战争期间，他一天也没有休息过。[23]

一分耕耘一分收获。1915年，经过几个月的实验，杜布瓦终于找到了一种从煤焦油中高效提取糖精所需的关键中间体——邻甲苯磺酰胺——的方法。这可是件天大的喜事。尽管有美国农业部的糖精禁令，孟山都从未放弃为这一产品寻找市场，尤其是当时处于战时，食糖供应不足迫使世界各地的公司和消费者都在寻找新的方法来增加食品和饮料的甜味。糖精价格暴涨，到1917年达到了每磅45美元。在第一次世界大战这段时期，孟山都能够继续在美国市场销售糖精，部分原因是有被豁免的产业，比如烟草，部分原因是奎尼所说的，除了特定地区的几个特殊个案外，美国农业部"并没有依据自己的这部法规提起诉讼"。在美国之外，孟山都也找到了新买家，包括中国。1918年，孟山都开始在中国销售糖精。总而言之，在1916年至1919年间，孟山都的糖精销量几乎增加了两倍。[24]

这个问题算是解决了，但孟山都还有很多其他化学产品，其中最重要的一个就是非那西汀——一种被认为是对抗流感效果最佳的退烧药。奎尼声称，如果不从欧洲进口中间化合物的话，"美国没有一个人知道如何制造非那西汀"。而且，全国的库存低得危险。如果流感在战争期间爆发会发生什么？孟山都公司第一次把自己产品的重要性提高到美国的国家安全层面。1916年，几位瑞士化学家开始研制一种装置，可以将煤焦油衍生物转化成这种药物。[25]

就是这时，工人死亡的情况开始出现。

奎尼在描述三名负责生产非那西汀的工人死亡时说："他们是在没有伤口的情况下活活流血至死的。"这一点也不夸张。这些人体内的血细胞实际上已经"分解成一种水样血清"。还有另外20多个被分配到这条生产线上的人，据奎尼说，"已经奄奄一息了"。孟山都的化学家们在一旁看着，被眼前发生的事情"完全吓呆了"。多年后，奎尼说，"那一刻是我经历过的最艰难的时刻"。[26]

问题本不难发现。负责生产化合物这一繁重工作的低薪工人，不夸张地说，一直被各种污染物喷溅着。奎尼解释说："化学品会溢出容器，溅到工人的鞋子和衣服上。"孟山都内部经常有这种报告。他们拿工厂的黑人洗衣工打趣，说她经常抱怨衣服上的化学污渍。路易斯·韦隆还讲过一个工人的故事，说这个人在下班后去洗澡，在做土耳其蒸汽浴时把一缸水泡成了红色。这就是这家公司当时的情况：为了偿还努力推进各项工作的过程中背负的债务，公司没有时间小心翼翼地控制化学污染。这些污染物被工人带到公司以外的浴室和洗脸台，又进一步扩散到负责打扫这些浴室和洗脸台、从未进入过孟山都工厂的清洁人员。奎尼回忆起他为此做的改变。"补救方法很简单，"他说，"我们安装了淋浴器，当他们完成工作后，会在医生的监督下洗澡和治疗，我们**每天**都为他们提供新的内裤、袜子和衬衫。"问题解决！[27]

但一切没那么简单。问题之所以持续存在，是因为一直担心成本问题的奎尼迟迟不肯聘请真正了解化学物质暴露对工人的影响的专家。正如孟山都的一位高管所解释的那样："在1927年之前，公司的技术队伍中并没有任何在生物学或化学结构-生物活动关系方面受过训练或有经验的人。"1915年，奎尼的确聘请了当地一位医生开始监测工人的健康状况，但这位德姆科医生按照"雇佣关系"收取劳务费，并非正式员工，对孟山都工厂里四处飞溅的化合物知之甚少。他又如何能够解决问题？连主管的化学家们也只顾在图书馆里埋头研究基础知识。[28]

孟山都里恶劣的生活现实对劳动者来说是残酷的，尤其对于黑人。"把××放在外面！"孟山都医疗部门的负责人咆哮着，指的是一个已经去世的工人，其尸体刚刚从街对面搬过来。这个场景着实吓坏了伯特·朗莱克，一位1917年加入孟山都的员工。他讲述了他所目睹的一切。那天，朗莱克正在和那个当电工的黑人交谈，突然一声爆炸把他震晕了。朗莱克醒过来后，自己朝医务室走去，在那里他看到电工的尸体被抬到了路边。[29]

正如朗莱克的故事所揭示的那样，孟山都寻求摆脱外国控制的自由，依赖于那些在进步时代的美国被严重限制自由的人所付出的劳动。黑人和移民劳工从事肮脏和危险的工作，才使奎尼的公司得以运转。"大多数员工一句英语也不会说。"孟山都的一位高管解释说，工人们主要来自意大利、波兰、德国、匈牙利等地。奎尼可能一直在寻求摆脱欧洲公司的束缚，但欧洲移民对他公司的早期发展至关重要。一位曾编纂公司历史的作者指出，奎尼不会讲能跟工人"成为朋友所必需的语言"。1916年，孟山都向美国政府报告称，在公司几乎都是男性的劳动力中，有40%是"非美国人"。[30]

在战时劳动力短缺的情况下，这家公司还极大地（尽管可能并不情愿）利用了黑人群体。韦隆说，孟山都不得不雇用黑人劳工，"而且我还被指责说导致第二街房地产贬值，（因为黑人劳工）都住到了原本是白人聚集的这个地方"。韦隆所描述的这种白人对黑人的强烈抵制并不令人惊讶。当时，在第一次世界大战期间，许多黑人劳工从美国南部迁移到圣路易斯，寻找到工厂打工的机会。为了应对越来越多的黑人涌入，这个城市的白人居民在1916年进行了全国第一次全民公投，立法规定种族居住隔离。1917年，东圣路易斯大屠杀中，白人劳工杀害了数十名，甚至可能是数百名（历史记录不详）黑人公民。换句话说，这是一个圣路易斯历史上种族冲突非常严重的时期。然而，像孟山都这样的公司如果没有这些被白人居民视为流浪者的劳动力，就不可能生存下来。这些黑人在南二街的二等身份使得他们只能从事危险的化学制造工作。[31]

1917年，孟山都再次扩张，收购了密西西比河对岸的东圣路易斯商业制酸公司。这次收购，是奎尼想从路易斯安那州下游的丰富矿藏开采出来的硫黄矿石中提取，自己生产硫酸。在这个后来被称为第二厂的新工厂里，孟山都很快开始用从堪萨斯州的盐井和路易斯安那州的矿井里运来的盐水生产氯。[32]

硫矿、盐井、煤矿——孟山都终于获得了这些不用依赖德国生产商的生产独立性。但其中的悖论在于，这些独立性其实并不是真的独立，因为它们都依赖一些深埋在地下的关键原材料。但当时，奎尼并不一定想到了这一点。在谈到孟山都可以轻易获得在南圣路易斯经营的莱克莱德天然气公司的煤焦油副产品时，他说，那里有"丰富的煤焦油，其化学衍生物的种类数以百计"。公司的一份出版物指出，圣路易斯"在地理上特别幸运"，因为它非常"接近伊利诺伊大煤田"。至于盐和硫，也在圣路易斯附近。未来似乎是无限的，在某种程度上确实如此。在接下来的几十年里，孟山都和其他化学公司利用这些资源生产了一系列令人眼花缭乱的化学物质，包括新药和制造塑料的原材料。[33]

但不管怎么说，从本质上来讲，孟山都生产的所有这些高端化合物不过来自几种有限的资源。在这些资源中，最有价值的当属煤焦油。[34]

在第一次世界大战期间，孟山都声称其对煤炭的利用实际上是在保护环境。这种说法也有一定的道理。毕竟，多年来，生产用于炼钢的焦炭的美国公司只是把黑色黏稠的焦油当作不值得回收的废物处理。而孟山都认为，化学工业可以在回收这些被直接丢弃的资源方面发挥关键作用。1916年，公司估计，美国只有25%的焦炉在对煤焦油进行再利用。这一状况是不合理的："这是对自然资源可耻的不必要的浪费，是令国家蒙羞的事情。"据当时的经典环保主义者所说，孟山都的负责人敦促美国政府对工业部门做出妥善利用这种副产品的要求,确保"这种广泛的自然资源能够得到保护"。[35]

可口可乐公司似乎接收到了这一信息。1918年,美国关税委员会报告称,1913年以来,被收回利用的煤焦油数量增加了一倍多。在接下来的几年里,这股黑色液体成为孟山都帝国的生命线。[36]

"现在的欧洲战争被称为化学之战,"一位孟山都公司的员工惊叹道,但"更恰当的说法应该是煤焦油之战"。没有这种原料的充足供应,就不会有美国的化学工业:"煤焦油就是化学制造商们的垃圾堆。"这是一种"食腐资本主义",在那个以化学为基础的新经济萌芽年代,因战时之需而生,以早已死去的动植物的化石为食。[37]

战争结束时,横跨密西西比河两岸的孟山都公司已经将业务扩展到众多化学品的合成业务。除了硫酸,这家公司还生产另一种香草香精化合物香豆素(1914年),一种生产泻药的中间体邻苯二甲酸酐(1918年),以及一种多用途化学物质苯酚(1916年),它在战争期间被用来制造杀菌剂和炸药,后来成为早期塑料的关键成分。1917年,拜耳的乙酰水杨酸(俗称"阿司匹林")专利过期,孟山都迅速将这种利润丰厚的化学药品列入了自己的生产清单。和非那西汀一样,这种药能够帮助感染西班牙大流感的人退烧,因此广受美国人欢迎。[38]

1920年，孟山都横跨大西洋，在海外进行了第一次资本投资——收购罗伯特·格雷瑟有限公司。格雷瑟公司是一家位于威尔士鲁阿本附近塞芬莫尔地区的化学公司。奎尼在英国进行投资，部分原因是他想利用英国的关税保护措施，使英国公司免受外国竞争的影响。但格雷瑟公司吸引奎尼的另一个原因是，鲁阿本位于登比郡富饶的威尔士煤田附近。想要征服全球，就必须获得这种化学制造所需的关键原料。[39]

这种跨国投资是非常烧钱的。奎尼通过银行贷款获得扩张的大部分资金，但当炽热的战时经济冷却时，问题也接踵而来。1920年，奎尼负债120万美元，还欠公司债券投资者200万美元。[40]

负债的日子太难熬了。战后的经济衰退已经够糟糕了，但更令人不安的是，德国的化学公司在美国卷土重来，新一轮竞争又开始了。1921年，孟山都公布当年亏损13.2万美元，偿还债权人的债务近乎无望。奎尼自身的状况也不太好。埃德加·奎尼提起那个时候的父亲时说："我知道战争结束那段时间他非常苦闷和沮丧。"1922年，约翰·奎尼悲叹连连："你和我正在见证……这个世界最动荡、最令人沮丧的时期之一。后人必将指责第一次世界大战带来的这个混沌局面。"有好几个月，由于没有钱维持工厂的运转，奎尼别无选择，只能关闭东圣路易斯的第二厂。1921年，为了降低成本，他不得不取消几个月前刚刚启动的员工牙科检查的福利。到了1923年，公司最大的债权人国民城市银行给了公司一个最大的打击，提出要选一位国民代理人接管公司领导权。一位公司高管回忆说，那段时间是"公司最黑暗、最耻辱的日子"[41]。

但到了1924年，奎尼重新担任公司董事长，并有效偿还了债务。这得益于1922年共和党最终通过的一项关税法案为美国制造商提供了强有力的关税保护。还有一个好消息是，金融市场表现强劲。在接下来的几年里，孟山都没有通过银行贷款，而是通过发行债券和股票来为其发展提供资金。到20世纪40年代，已经可以明显看出，孟山都的实力与其说来自它的关键发明，不如说来自它依靠证券交易融资而实现的战略性收购。[42]

这是一段美好的时光，尽管奎尼只剩下短短几年时间来享受。此时60多岁的奎尼头发花白，体重接近220磅，过着奢侈的生活。据说这个曾经节俭朴素的男人如今"每顿午餐都要吃肉、土豆，喝三四杯马丁尼酒"。酗酒之外又增加了嗜烟，在奎尼戴着血石的手指上永远夹着一根马拉多纳科罗娜雪茄。这一切都预示着这个肥胖身体的糟糕状况。不久后奎尼中风了，无法说话。更严重的是，1928年，他被诊断出患有舌癌，他自己也清楚所剩日子只有几年了。[43]

是时候把公司交给他的儿子埃德加了。作为这个化学帝国的继承人，埃德加将继续出售化学制品，让它们继续在我们的血管里流淌。

3
"弱肉强食规则的铁杆粉丝"

从驾驶舱往外看,情况不太妙。飞行员拉尔夫·派珀即将驶入如波浪般翻滚的乌云。这是一场巨大的暴风雨,覆盖了密苏里州西部和内布拉斯加州东部。而最糟糕的是,这架飞机没有雷达。但这一刻并没有太多选择。飞机上的孟山都高管们要去西部开会,这意味着派珀只能硬着头皮,穿过冷锋盲区。尽管他以前做过很多次这样的事,但这一次,他也无法保证飞机能从另一边安全出来。派珀降低了飞行速度,祈祷着最好的结果,驾驶飞机一头扎进了前方的黑暗之中。[1]

就在这时,埃德加·奎尼——现在是他父亲公司的掌舵人——冲进了前舱。有一个严重的问题需要解决——刻不容缓!"鲍勃,"埃德加问,"冰在哪里?"派珀的副驾驶鲍勃·海因兹一听,立刻红了脸,知道自己犯了大错。眼前这个孟山都公司最重要的人,手里拿着一个马丁尼调酒器,却没有不可或缺的冰块。鲍勃忘记在他们起飞前给制冰机加水了。[2]

埃德加·奎尼喜欢喝摇匀的杜松子马丁尼,特别是冰镇的。作为孟山都公司的明星飞行员,拉尔夫·派珀深知他老板的这个喜好。几十年来,他驾驶着一架名为"草原之翼"的飞机,载着孟山都的这位豪门少爷四处飞行。凭借航空时代的优势,公司比以往任何时候更快、更远地播散着商业种子。而在这些旅途中,飞机舱里往往回荡着冰块碰撞的清脆声。[3]

同伴回忆说,有一次在从得克萨斯前往加利福尼亚海岸的航班上,这位公司老板一路喝着冰镇杜松子酒。他酩酊大醉,以至于在洛杉矶转机时,上错了飞机。转到派珀的"草原之翼"时,他忘记带合适的衣服,无奈只能穿着卧室拖鞋在圣克拉拉会见记者。这段经历让埃德加很不舒服,他在驾驶舱向派珀坦白说他"被吓坏了"。"离开得克萨斯后,我什么都不记得了。"他对他信任的飞行员承诺几个星期内都不喝酒了。[4]

"他有好几次都吓坏我们了。"派珀承认。公关主管詹姆斯·麦基回忆起一次公司聚会,他和其他人搀扶着埃德加去搭货运电梯,因为他们不想让旁边客运电梯里参加活动的客人看到酩酊大醉的公司领导。他们不得不保护品牌形象。埃德加似乎也知道他得把这个恶习隐藏起来。他曾对一位密友说:"下次拍照摆姿势时,我会小心藏起我从不离手的酒杯!"[5]

所以那天早上,当埃德加进入驾驶舱索要冰块时,派珀知道他必须帮老板解决这个问题。"等一下,奎尼先生,"派珀说,"您先回去坐下,我一会儿准备好冰块就叫您。"[6]

过了一会儿,飞机上下颠簸,冰雹和雨水猛烈地拍打着挡风玻璃。现在可不是处理马丁尼冰块的时候,但派珀已有对策。他决定干一件歪门邪道的事情——不喷洒用于清洁挡风玻璃的酒精除冰液。几分钟后,挡风玻璃和飞机前部的管道上开始结起了冰。[7]

过了半个小时,派珀终于看到乌云中露出蓝天的喜人景象。雨过天晴,暴风雨被他甩到身后。派珀打开窗户,伸手去抓酒精管上的冰。把冰块掰下来后,派珀欣喜地发现冰块脱落成了一个完美的圆柱形,非常适合放入马丁尼调酒器里。[8]

"老板,上来吧。"听到派珀的呼喊,埃德加又把他的调酒器拿了上去。派珀把冰扑通一声放进调酒器,发现它与瓶子完全吻合。埃德加颇为满意,咧嘴一笑。"我在阿拉斯加喝过用最古老的冰——从那里的冰川取出来的——酿的马丁尼酒,"他高兴地喊道,"现在,我喝上了用最新的冰调出来的马丁尼酒。"[9]

这个疯狂的马丁尼事件充分展现了埃德加·奎尼高高在上的上流社会生活方式。但这种生活方式并非与生俱来。和他的父亲一样，埃德加·奎尼出生后不久，全家的经济情况就遭遇一场重创。囊中羞涩加上一毛不拔，约翰·奎尼把儿子送到公立学校接受早期教育，无法或者说不愿承担私立学校的高昂学费。但到了埃德加读高年级时，孟山都的销量在第一次世界大战期间激增，埃德加才转学到了著名的波林学校，一所位于哈德逊河河谷丘陵乡村地区的寄宿学校。从这所学校毕业后，埃德加去了康奈尔大学，是一个表现平平的化学工程专业学生——他曾经承认在伊萨卡时经常"逃课"，"不用考试就通过了微积分课"——还加入了需要付费的兄弟会。这个年轻人，被一些人描述为"英俊得引人注目"，开着一辆花哨的斯图兹跑车，还从他才华横溢的母亲那里学会了弹钢琴。很多人认为，他的母亲帮助他获得了他父亲所缺乏的贵族气质。在常春藤盟校接受了两年教育后，随着美国加入第一次世界大战，埃德加也离开学校加入了海军。[10]

战争胜利后，埃德加回到祖国，在1919年成为孟山都公司的第一位广告经理。和他的父亲一样，他也是冲着销售和市场营销去的，对生产化学品的实验室工作不为所动。在接下来的十年里，他担任了各种各样的管理职位，但都与科学研究无关。1928年，他的父亲任命他为公司总裁。那一年，他才30岁。[11]

此时的孟山都公司市值超过1200万美元，拥有三家化工厂，生产着100多种化学品。这个年轻的继承人拥有了他父亲多年前梦寐以求的东西——金钱和权力，而对于这种富贵生活，他也怡然自得享受其中。[12]

埃德加·奎尼个头很高，头顶上的深色头发向后梳，露出浓密的黑色眉毛。他是那种穿着昂贵的袜子，一天刮两次胡子，喜欢穿正装的人。1935年，一个"纽约裁缝委员会"将埃德加评为"全国11位最佳着装男人之一"，其他人包括舞蹈家、好莱坞明星弗雷德·阿斯泰尔以及亨利·福特的儿子埃德塞尔等。这一荣誉引来朋友们的嘲笑，比如可口可乐的老板罗伯特·伍德拉夫曾私下揶揄埃德加说："有钱又帅气，生活如地狱。"埃德加装出一副谦虚的样子回答道："我不过是尽量穿得得体一点而已。"[13]

用埃德加自己的话来说，他是一个"冷酷无情的丛林法则的信徒"，也是一个"十字军理想主义者"。他认为自己的成功是自然选择的结果。他是亚当·斯密的虔诚信徒，是与安·兰德同为自由意志主义者的罗斯·怀尔德·莱恩的笔友，是坚定的社会达尔文主义者。他最喜欢阅读赫伯特·斯宾塞和威廉·格雷厄姆·萨姆纳的著作。他鄙视新政，认为让美国伟大的是"个人主义"。正如他所说："美国的经济和精神气候与世界其他国家的唯一不同之处，就在于美国人享有一项不可剥夺的权利，那就是不受国家干涉地自由追求幸福。"在他看来，美国伟大的关键在于自由竞争。而自由竞争之所以可能，是通过解放个体而使得他——而不是她——可以"以他自己的方式追求他的幸福"。他警告说："当人民变得软弱时，当个人失去竞争精神，不再自力更生，躲在被巴克尔称为政府的'保护精神'——'这种有害的精神会削弱它所碰触的任何东西'——中寻求庇护时,国家就会衰落。"这是经典的亚当·斯密式的逻辑:"如果这个新的、更好的世界的建筑师能够原封不动地把所有欲求直接变成现实所得,那将是一场悲剧。这意味着野心的终结。我们的国家就会像一群心满意足的奶牛在常绿的草地上安静地吃草。"[14]

仇外和种族主义充斥在他关于自由和经济的言论之中。埃德加不相信移民能够"完全理解美国的自由概念"。当他提到移民时,他指的不是他自己在 19 世纪初来到美国的爱尔兰祖父母,而是"一群目不识丁、说着我们沿海国家听不懂的各种语言——波兰语、意大利语、俄语、希腊语、匈牙利语、意第绪语和斯洛伐克语——的鱼龙混杂的人"。他担心美国变成一个"由 40 多个不同的民族,杂糅着不止 40 种的语言、宗教、意识形态和政治制度,且不同人的生活水平参差不齐复杂多样"的国家。尽管自己经营的企业可以说是依靠移民之力发展壮大的,但埃德加将他们视为在他的资本主义祖国滋生叛乱的一股潜在力量。[15]

这个"弱肉强食规则的铁杆粉丝",决心把孟山都变成一个可以改变世界的巨头公司。据说,约翰·奎尼非常担心儿子的野心,警告说埃德加想要"改变一切",这会"毁了孟山都"。他说对了前半句。[16]

❧

埃德加·奎尼最初的计划是通过收购而不是内部创新来壮大自己。1929年，他发起了一系列并购，通过股票交换来融资，这永远地改变了孟山都的面貌。那一年，孟山都先是买下了位于俄亥俄州阿克伦和西弗吉尼亚州奈特罗的橡胶服务实验室，然后又购买了马萨诸塞州波士顿的梅里马克化学公司。收购位于阿克伦和奈特罗的工厂，可以使公司参与到处理橡胶制品所需的加速剂、抗氧化剂、柔软剂和其他化学品的生产之中。随着汽车的规模化生产，橡胶制品生产自然成为一个蓬勃发展的产业。亨利·福特广受欢迎的T型车曾经是精英阶层才能负担得起的奢侈品，如今由于流水线生产，许多美国中产阶级都买得起了。通用汽车总裁小艾尔弗雷德·斯隆每年都在为自家的汽车推出新设计，以吸引消费者卖掉旧车，购买新车。在这种商业环境下，销售橡胶制品是一笔大生意。[17]

另一方面，梅里马克化学公司为孟山都提供了新的生产能力，以满足纺织、造纸和制革工业对制革化合物、染料和其他化学品的需求。从一家专注食品添加剂的精细化学品公司起步，孟山都经过了漫长的发展终于成为一个多元化的公司。[18]

就在这些收购行动不久后，经济就陷入了大萧条。但埃德加·奎尼非但没有畏缩后退，反而更加进取。一些化工企业因为大萧条而负债累累，孟山都则乘势收购了它们。

自然，对于公司的发展方向，老一辈和新一代之间存在一些分歧。现年50多岁的加斯顿·杜布瓦与埃德加·奎尼争论说，化学行业的合并只是"一时狂热"，孟山都不应该把精力花在这方面。杜布瓦在1932年写给埃德加的信中说："作为一个技术人员，相比那些对技术发展了解不深的人，我自然能够更清楚地预见从内部发展的可能性。"这是对埃德加缺乏实验室经验的一种不那么含蓄的抨击，但杜布瓦希望他的直言可以让他的新老板把钱投入内部研究，而不是外部收购。[19]

他们之间的关系出现了裂痕。那些目睹过那几年埃德加和杜布瓦辩论的人都说那场争论异常激烈，有时甚至需要约翰·奎尼的介入。但最后，固执而坚定的埃德加·奎尼得偿所愿。事实证明，公司的许多董事会成员，包括刚被收购的梅里马克公司的查尔斯·贝尔克纳普在内，都对收购持积极态度。在获得董事会支持后，尽管杜布瓦依然对此持保留态度，埃德加已经将目光投向了下一宗大型收购。[20]

在这个时候，孟山都仍然远远落后于美国许多领先的化学公司。1932年，已将业务扩展到多种日用化学品领域的杜邦公司以超过5.6亿美元的资产（包括其在通用汽车公司的大量财务权益）位居榜首。联合碳化物公司以3.04亿美元的资产排名第二。紧跟着的是联合化学公司，资产为2.85亿美元。孟山都排名靠后，位列美国氰胺公司、空气还原公司、陶氏化学和马西森化学之后的第八位。孟山都拥有的1760万美元资产与杜邦或者联合碳化物公司相比微不足道,但仍是竞争对手维实伟克的两倍多,是总部位于新泽西州的海登化学公司的五倍多。这类公司正是埃德加的目标猎物。[21]

1933年,埃德加找到负债累累的西奥多·斯旺,亚拉巴马州安尼斯顿的斯旺化学公司的所有者,商谈收购这家南方公司的股份。斯旺公司有多种业务,其中最核心的是从佛罗里达和田纳西开采的磷矿中提取化学物质。数百万年前,这一片领域曾有水生生物在内海中畅游。如今,它们富含磷酸盐的骨骼为一个崭新的化学工业埋下了种子。斯旺公司从这些化石储备中提取出磷酸,供许多食品和饮料公司使用,还有几十条以磷酸盐为原料的其他生产线,包括磷酸盐洗涤剂、钢铁防锈配方和阻燃剂等,看起来很有发展前途。1935年,孟山都完成收购。[22]

进入磷酸盐行业的决定对孟山都有着深远的影响。公司后来最畅销、利润最高的一些产品,包括农达和鳄牌(ALL)洗衣粉,核心成分都是从磷矿中提纯的元素磷。立竿见影的回报令人兴奋。在收购斯旺公司的那一年,孟山都吹嘘说,它的食品级磷酸产量已占据全国第一位。磷酸被用于各种产品中,它可以为软饮料提供浓烈的风味,有助于保存果酱,也被用作烘焙食品的膨松剂。到1936年,磷矿已经成为公司非常重要的资源,以至于埃德加愿意豪掷300多万美元在田纳西州纳什维尔南部一个叫哥伦比亚的小镇上垂直整合磷矿开采和加工业务。这个小镇后来甚至由于这家化学公司在当地的巨额投资而被命名为孟山都，但在20世纪60年代，在美国环保署开始关注磷矿开采造成污染的几年前又被改回哥伦比亚。[23]

从磷矿中提取元素磷是一项艰苦的高温工作。公司在哥伦比亚建造了几座大型电炉，能够将磷矿加热到2700华氏度以上，这样就能从开采的矿石中分离出纯净的元素磷。这些热量需要大量的电力。据估计，1958年工厂一年消耗的电力就足够供应孟菲斯这样一个拥有近50万人口的大都市用电。[24]

如果不是罗斯福总统通过田纳西河谷管理局在该地区进行的新政投资，用田纳西矿生产元素磷的能源成本可能会高得令人望而却步。但这并没有阻止埃德加·奎尼对政府机构的抱怨。1935年，他把国家"经济复苏缓慢"的原因归结为设立田纳西河谷管理局等新政举措已经"引起了许多认真的人的严重焦虑"。他认为，这正是会阻碍有进取心的美国人的竞争精神的那种大政府计划。在接下来的几十年里，埃德加对罗斯福的复兴计划发起了无情的攻击，尽管新政点燃了为孟山都带来利润的熔炉。[25]

通过磷矿业务，孟山都再次依赖着从地球上开采的有限资源，而田纳西州很快就被证明满足不了这家公司的需求。不到20年，公司又开始在爱达荷州寻找新的磷矿，以保持其盈利的生产线正常运转。[26]

与此同时,公司还在开发其他地下资源,为自己的未来铺路。从大萧条时期开始,公司就在试验以石油为原料的新产品线。1934年,公司创建了孟山都石油化工子公司,得意于如今能够从石油中提取出数百种"以前只能从煤焦油或蔬菜中提取"的化工产品。像它的化学兄弟们一样,孟山都开始利用新的化石储备来生产产品。"食腐资本主义"踏上了一个新台阶。[27]

以石油为原料的化学制品给陶氏、杜邦、联合碳化物和孟山都等美国公司带来了翻天覆地的变化。几十年来,它们一直在努力追赶着欧洲同行,追赶那些煤焦油化学时期的先锋。但随着石油从得克萨斯州东部(1930年)、俄克拉荷马州(1927年)和加利福尼亚州(1928年、1929年)新开采的油田中喷薄而出,近水楼台先得月的陶氏、杜邦和孟山都等美国公司成为石油化学领域的先行者。[28]

例如,杜邦在1938年推出了尼龙(一种从石油中提取的合成纤维),一跃成为聚合物和塑料领域的先驱。这种化学上由一系列碳基化合物组成的产品既帮该公司赚了数十亿美元,也引发了服装行业的一场革命。棉质和羊毛服装开始被这种新的合成替代物取代。在接下来的几十年里,尼龙一直是杜邦的重磅产品。到1957年，这种合成纤维为杜邦带来了大约51%的营业收入。看到杜邦的成功，孟山都也紧跟其后，通过一个叫作钱斯特兰的子公司开发了自己的合成纤维产品。杜邦还成为了聚乙烯的主要生产商。聚乙烯是生产聚对苯二甲酸乙二醇酯（PET）的关键化合物，现在用于制造大多数塑料饮料瓶。[29]

总部位于密歇根州的陶氏化学也遵循了类似的路径。这家公司开始大举投资苯乙烯单体——另一种来自化石燃料的碳基化合物，用以制造塑料聚合物。1937年，陶氏的苯乙烯实验室取得重大突破，创造了一种多功能绝缘材料，命名为聚苯乙烯泡沫塑料。陶氏还为石油和天然气行业创造了数十种能够疏通生产井的化学品。[30]

联合碳化物公司是1917年由几家成功的化工公司合并而成的，是聚氯乙烯（PVC）塑料的先驱。该公司直达源头，在得克萨斯州的得克萨斯城建造了一家石化工厂，以便获得石化原料。利用这些材料，联合碳化物公司生产了自己的合成纤维，推出了包括戴诺、佳能保鲜膜塑料包装等一系列产品。[31]

与陶氏化学、杜邦公司、联合碳化物公司一样，孟山都也看到了石化聚合物的未来。1938年，该公司收购了塑料制造的先驱菲贝洛依德公司，并获得了以生产特殊安全玻璃而闻名的沙威尼根树脂公司一半的股权。孟山都以这两家位于马萨诸塞州斯普林菲尔德的公司为基础，最终在新英格兰地区建了一个塑料分部。到1939年，塑料已成为该公司第四大最重要的部门，仅次于产量最高的食品、制药和玻璃产品。约翰·奎尼于1933年死于癌症，如果他能活着看到公司在儿子领导下的变化速度，一定会大吃一惊。[32]

随着美国进入"罗斯福经济衰退期"，1938年美国的失业率高达19%。但对埃德加·奎尼这样的富人来说，那是一个积极向上的时期。他在30年代末感叹道："人类还有有待被满足的无限需求……（以及）满足这些需求的无限资源。"他说："必须提到的是，在我们人类经历的数百万年里，材料一直在进化——从古老的植被，到埋在地下的矿物，到由它们制成的化学物质。如今，我们的化学家又开始制造塑料。"化学是一种征服，科学家们"从大自然隐藏的储藏中掠夺秘密宝藏，而这些秘密宝藏虽然隐藏着，但在若干年后，就会使今天的奇迹黯然失色"。"人类不能凭空创造新物，"他总结道，"但大自然的最终产物在其自然状态下大多对人类也是无用的。"公司的化学家们将开启一个美国人无法完全理解的未来。[33]

当孟山都进入这个新领域时，埃德加决定听从杜布瓦的建议，购买俄亥俄州代顿的托马斯和霍克沃特实验室，作为孟山都的中央研究部。研究部的负责人是查尔斯·托马斯和卡罗尔·霍克沃特——这两位化学家与后来声名狼藉的通用汽车科学家小托马斯·米格利一起，在20世纪20年代研究出含铅汽油。中央研究部发挥着一种实验站的功能。在那里，托马斯和霍克沃特可以自由摆弄各种化学制品、塑料和树脂，寻找可以产生利润的新发现。[34]

除此之外，埃德加还增加了对外国子公司的投资。他收购了澳大利亚墨尔本的南十字化学公司，在蒙特利尔与马林克罗制药公司创立了名为"孟山都加拿大有限公司"的合资企业，并在英国桑德兰购买了一个煤焦油厂，以确保孟山都在威尔士鲁阿本的工厂所需的原料。到1938年，公司估计其总资产约为5900万美元。[35]

财富让埃德加变得骄傲自大，自大到他觉得他可以联系一下老大哥杜邦——此时杜邦的资产总额是孟山都的100多倍——看看能否借用该公司朗朗上口的口号："用化学让更好的事物成就更美好的生活。"埃德加写信给杜邦的总裁拉莫特·杜邦二世："对于整个化工行业在全国所有广告中采用你们的口号这一建议，我想听听你真实的想法。"杜邦总裁自然大吃一惊。几天后，他在一封标注机密的信中回复道："我们花了大量的钱来宣传这条口号，我们觉得，从某种意义上说，这代表了股东的一项投资，不应该放弃。"他总结到，"也许我这样说会太直白"，但是"在某种程度上，这是个人企业对战集体主义的老故事了"。[36]

埃德加对于这个回复很是震惊，因为这个回答一针见血地直指他的动机。埃德加连忙解释："我相信你对我是足够了解的，我提出的任何建议都不是为了'搭便车'。"他希望拉莫特能重新考虑。[37]

但拉莫特并未听取他的建议。

尽管杜邦和孟山都从未在这一点上意见一致,但事实是两家公司有很多共同点。没错,杜邦在销售额、资产、工厂和员工数量上都让孟山都相形见绌,但说到底,两家公司的利润都来自同一个源头——埋在地下的化石。许多杜邦最赚钱的产品——包括含有粘胶纤维和玻璃包装纸的强劲塑料产品组合,以及各种杀虫剂——最终都来自煤炭、石油和天然气。陶氏化学、联合碳化物公司和其他大公司也是如此。[38]

一些化学工业人士暗示,这种对化石燃料的严重依赖是很危险的。例如,在1939年,孟山都公司的发展总监弗朗西斯·柯蒂斯列举了一些事实:"我们的文明很大程度上是建立在化石的基础上,而这些在地底下为我们所用的化石是在过去的地质过程中以极慢的速度经过很长一段时间才形成的。"问题是,这些开采出来的资源"被消耗的数量似乎是天文数字"。若干年后,一定会有报应的。"当这些数量有限的材料消失后,我们和我们的文明将会发生什么?"化工行业需要开始思考如何解决这个问题:"科学将来要解决的最大问题之一是,我们的文明将如何从如今依赖的化石,逐渐转向以一年生农作物为生。"[39]

但在1939年,打破这种对深埋地下的资源的依赖似乎是一个遥远的梦想。"当然,"柯蒂斯说,"只要石油还像现在这样储备丰富且价格低廉,我们就会继续利用它。"人类将自己从化石燃料经济中解放出来的那一天"一定会到来",

但这是一个留待后人去面对的问题。"如果石油确实有一个极限,"《孟山都杂志》预言,"化学正在把这个极限推向越来越远的未来。"[40]

1939年还有更重要的事情要操心。这一年9月,阿道夫·希特勒进军波兰。第一次世界大战带来的困境再次上演,重要的自然资源供应很快就被切断。从美国化石燃料中合成化合物的新探索真真正正开始了。

这一场将世界从纳粹主义中解放出来的战争,也将美国经济和孟山都二者与从早已死亡的动植物中衍生出来的化学产物更紧密地结合在一起。最大的研发领域之一是橡胶,之前一直是从东南亚采伐的树木中提取。这是美国军人不可缺少的资源,富兰克林·德拉诺·罗斯福曾说过,"这是美国要赢得战争所必须克服的最重要的物资短缺问题之一"[41]。

1941年,政府新成立的橡胶储备公司与孟山都签订合同,开始生产苯乙烯。苯乙烯是生产合成橡胶所必需的碳基单体,也是陶氏用来生产泡沫聚苯乙烯的化合物。负责生产苯乙烯的这家工厂由孟山都的中央研究部设计,坐落在得克萨斯州得克萨斯城的炼油厂附近,于1943年3月开始运营。生产出来的苯乙烯被送往俄亥俄州阿克伦的固特异轮胎公司,然后与从西弗吉尼亚州联合碳化物公司加工的石化原料中蒸馏出来的丁二烯混合,最终生产出用于士兵靴子的鞋底和驶向战场的吉普车轮胎。战后,苯乙烯成为塑料工业的重要原料,孟山都也很快成为世界上生产这种化学单体的最大制造商之一。[42]

相对较新的一些化学物质,比如多氯联苯,在战争期间也变得至关重要。多氯联苯由两个苯环(从煤焦油中提取)组成,周围环绕着氯原子。1929 年,西奥多·斯旺在亚拉巴马州的安尼斯顿第一次生产用于商业的多氯联苯。这些化学物质的主要特性是耐高温,这使它们成为理想的阻燃剂和绝缘材料。孟山都在 1935 年收购斯旺化学公司后,便成为美国唯一的多氯联苯生产商,并很快将生产扩展到伊利诺伊州的第二厂。斯旺公司对这种化学品的垄断使孟山都赚了很多钱。到第二次世界大战爆发时,多氯联苯已经成为电气工业中不可或缺的一种材料,尤其是作为变压器的绝缘材料。在 1937 年,通用电气的一位高管说,如果没有多氯联苯,他的公司"会干脆对生意撒手不管,然后说,'我们关门大吉算了'。因为多氯联苯没有替代品,不管我们在自己的实验室里做了多少努力,至今也没有找到一种替代品"。在第二次世界大战期间,这种依赖性进一步加深。多氯联苯被注入为民主兵工厂供电的变压器,注入缠绕在军舰上的消磁电缆中,还作为阻燃材料被浇铸到其他战争设备上。后来,多氯联苯出现在机密电报的墨水中,甚至出现在日常生活用品中,比如鞋油。它几乎无处不在。[43]

孟山都还参与了国家的秘密行动,其中最重要的就是曼哈顿计划。当时小莱斯利·格罗夫斯让孟山都中央研究部的查尔斯·托马斯在俄亥俄州的代顿完成了引爆原子弹所需的钋中子研究。这次绝密行动在这个俄亥俄州的小镇造成了混乱,武装警卫24小时轮守,大批工人也被运送至此,但他们不知道政府为什么要他们来这里。军方霸占了包括城市剧场在内的公共空间,并在研究大楼附近安装了聚光灯,照得附近的邻居睁不开眼睛,搞得小镇民怨四起。[44]

鉴于这项工作的机密性质,孟山都员工在背地里承受的健康危害仍细节不明。但有一点是明确的,那就是孟山都的代顿实验室成功生产出了足够的钋,被用作1945年摧毁长崎和广岛的原子弹的引爆剂。那一年,在美国向日本投下原子弹后,驻新墨西哥州洛斯阿拉莫斯、曼哈顿计划的科学负责人罗伯特·奥本海默给查尔斯·托马斯写了一封贺信。"我非常清楚贵公司的员工所做的贡献有多重要,如果没有他们的技术和奉献,我们将会多么无助,"他说,"没有他们的帮助,我们不可能制造出炸弹。"战后,孟山都的科学家们继续为新成立的原子能委员会研究核反应堆,并在俄亥俄州的迈阿密斯堡建立了一个新的研究基地。因为地点选在一个历史悠久的印第安人土丘上,基地被命名为土丘实验室。这个实验室一直到20世纪80年代还在运行,直到美国环保署宣布该设施为超级基金有毒物质清理点。[45]

孟山都公司为美国化学战的研究中心——这个中心的历

史可以追溯到第一次世界大战——所做工作的相关保密信件仍保存在公司档案中。为了整理公司历史，孟山都参与"二战"的信息被装订到一起。在这些打印记录中，一名研究人员提到"公司的一项重要研究活动"，"是在与化学战研究中心的一项秘密合同下进行的，根据这一合同，孟山都的六名研究人员开展了一项秘密研究"。但是，他指出，"这份材料不能讨论这个问题"。公司记录的其他地方提到了——也许是对来自化学战研究中心的请求的引用——孟山都在"制造光气军用毒气"时"探索利用元素磷炉释放出的一氧化碳的可能性"。既有的档案文件显示，孟山都最终确实为美国政府生产了光气，到1945年，每天为化学战研究中心生产近50吨的军用毒气。[46]

孟山都的一些老产品也在第二次世界大战期间焕发新生。公司第一个产品糖精再次受到欢迎，因为限糖令促使消费者转向人造甜味剂。到战争结束时，公司报告显示糖精的销量增长了75%，其中很大一部分收入来自海外市场。[47]

咖啡因也给孟山都带来丰厚利润，这在很大程度上是因为公司的主要买家可口可乐公司此时与政府签订了大量的海外服务合同（需要指出的是，百事可乐因没有拿到这些合同非常沮丧和愤怒）。到战争结束时，可口可乐向美国军队出售了近100亿瓶软饮料，而这些饮料瓶中装着大量的孟山都咖啡因。据估计，战争结束时，可口可乐每年对咖啡因的总需求接近100万磅。[48]

1945年，孟山都的生意越做越大。此时，根据净销售额，孟山都在美国所有化工企业中排名第五。虽然杜邦（6.11亿美元）和联合碳化物（5.49亿美元）仍以相当大的优势领先竞争对手，但孟山都的1.05亿美元已紧跟陶氏化学的1.24亿美元之后。埃德加·奎尼非常反感那些声称公司是从军事合同中获利的人。他在1943年的股东报告中义正词严地表示："孟山都化学公司没有从这场战争中获利！"但事实是，得益于政府在战时的投资，孟山都的商业运作迅速膨胀。[49]

同时，孟山都的外国竞争对手也失了先机。正在轴心国闪电战使欧洲陷入混乱之时，石油化工革命开始了。而此时暂时合并成一个垄断联盟——法本集团的拜耳、巴斯夫和赫斯特等德国公司在石化创新方面已被抛下。法本集团在战争期间生产了许多化学品，包括在奥斯维辛和其他惨无人道的大屠杀集中营中使用的齐克隆B。它们还生产合成橡胶等其他化学物质，使希特勒的战争机器保持运转。但这些化学产物中有许多是利用煤焦油化学和更古老的方法生产的。换句话说，第二次世界大战改变了游戏规则，使得与丰富石油储备联系紧密的美国化学公司成为石化制造的世界领导者，成为全球化学工业的未来。[50]

如今已经四十几岁的埃德加声称自己"对于这个时代来说有点过时了"。他决定退一步,接受了董事长的职位,并在1943年把总裁职位让给了梅里马克分部的负责人、前海军指挥官查尔斯·贝尔克纳普。同年,埃德加写出了《企业精神》(*Spirit of Enterprise*)一书,火力全开地为不受管制的美国资本主义辩护,该书在短时间内登上了《纽约论坛报》的全国畅销书排行榜。他的老朋友、美国前总统赫伯特·胡佛对这本书大加赞赏,并很快要求埃德加和他一起为一份新的保守主义报纸撰稿,以捍卫自由企业制度。"我一生中的大部分时间,"胡佛给埃德加写道,"都在为捍卫资本主义而战。"[51]

但是,虽然说埃德加愿意为了捍卫资本主义竞争而奋笔疾书,他在其他时候却表现出厌倦斗争的迹象。用他自己的话说,他已经准备好过一种"更人性化的生活",包括有更多的时间逃离城市的疯狂。[52]

毕竟,埃德加早就发现野外生活能让他恢复元气。他是一个狂热的猎人、渔夫和摄影师,会花几个小时拍摄野生动物,甚至使用由他的朋友华特·迪士尼设计的水下相机捕捉在阿拉斯加冰冷河水中追逐鲑鱼的棕熊。而阿拉斯加正是他喜欢喝冰镇马丁尼酒的地方。他经常隐居在阿肯色州罗伊郡乡村大草原上的温米德庄园。这是一个没有电网的地方,附近只有13个居民共用一部乡村电话。1946年,他参与了野鸭基金会一本书的出版工作。这本书后来被拍成了电影《草原之翼》,记录下他心爱的阿肯色州湿地上鸟类翱翔的丰富美景。[53]

狩猎只是罗伊郡吸引人的部分原因。在阿肯色州南部,埃德加喜欢务农,喜欢种植水稻和放牛。"我是一个农民。"埃德加向俄亥俄州参议员约翰·布里克宣称,并描述了他在罗伊郡的农业经营——这是他在写给其他商业伙伴的大量信件中大肆吹嘘的主题。[54]

埃德加是一位跟罗斯福总统一样的环保主义者。他经常跟罗斯福一样参加非洲狩猎旅行,寻找大型猎物,因此对大自然很熟悉。他的私人文件里满是关于大型猎物和被子弹打穿或被狗咬伤的鸟的信件。

但是,跟罗斯福一样,他对自然的关切并不仅仅是一种对血腥运动的热情。埃德加显然也欣赏自然世界的美景,有时也为生态保护而发声。例如,在20世纪50年代中期,当垦务局开始在科罗拉多河的大部分河段修建大坝时,埃德加写信反对这些项目。"真的,"他说,"破坏我们任何国家保护区都将是一件非常遗憾的事情。"他支持国会阻止这些工程的建设。当然,他对这项议题的担忧部分源于这项政府工程耗资巨大,而这正是他所厌恶的事情。不过,他的请愿书所展现出来的,是他致力于保护特定的生态系统使其免受现代世界的影响。但他所防范的这个现代世界,恰恰就是他的化学公司正在协助开辟的那个世界。[55]

孟山都改造田园世界的方法之一是销售农药等农用化学品。埃德加密切关注着公司刚刚起步的、在战争期间受到联邦资金扶持的农药业务。1944年,公司开始生产滴滴涕,这种威力强大的杀虫剂多年后成为环保主义者雷切尔·卡森的主要抨击对象之一。当时军队需要大量这种杀虫剂来消灭士兵营房里携带斑疹伤寒病毒的虱子和蜱虫,以及太平洋战区感染疟疾的蚊子。与多氯联苯不同,孟山都在滴滴涕生产领域只是一个小角色,但它在1944年创立了自己的品牌产品——圣托贝恩,并且这一产品一直生产到1956年才退出历史舞台。它的退市让埃德加·奎尼很懊恼,因为他对这种化学物质充满信心,也亲眼看到它在自己阿肯色州的土地上发挥着有效作用。[56]

虽然孟山都只与滴滴涕有过一段相对短暂的交集,但包括埃德加在内的高管们都深知杀虫剂对业务增长至关重要。而对埃德加来说,对杀虫剂的热情部分源于他自己的使用需求。他曾在自己的农场测试了滴滴涕,还曾在1945年对阿肯色州的一位稻农朋友说:"如果这种东西能让水稻每英亩增产几蒲式耳*,还能杀死蚊子,在我看来,你们稻农应该让我们的化学家免费打猎作为回报。"[57]

---

* 蒲式耳(bushels)是用于测量固体物质的计量单位。在美国,1蒲式耳约等于36.3677升。

但除了埃德加的个人喜好之外,孟山都开始大举投资农业还有更深层的原因。在新政期间,联邦政府对美国农村投入大量资金。《农业调整法》向农民提供贷款和价格支持,土壤保护署向那些愿意使用控制侵蚀和保持土壤肥力技术的种植者提供资金。到第二次世界大战结束时,农村电气化管理局也为大多数美国农场带来了电力。这些联邦计划使大农场主能够购买新的拖拉机和联合收割机——到了20世纪30、40年代,这些机器在技术上都变得更加复杂。农民还利用政府的资金在其他方面进行机械化操作,这反过来减少了他们对劳动力的需求。由于战后的联邦援助往往取决于种植者是否实施了面积控制*,因此大土地的所有者希望采用新技术并使用化学品,在不增加劳动力需求的情况下提高他们的亩产率。[58]

20世纪40年代,农民购买了由科学育种家开发的新的高产种子品种。这个时期美国的赠地大学(land-grant universities)** 为农民获取最好的种子和机器提供了很大的帮助。在1914年《史密斯-利弗法案》通过后,这些大学发展了影响深远的合作推广服务项目,将农业科学家派往农村,协助农场实现现代化。这些推广机构将农场视为工厂,把资金大

---

* 为了稳定农产品供应,减少农耕面积,美国联邦政府实施面积控制政策,将战后联邦援助限定在特定种植面积内生产的农作物。

** 赠地大学是指根据1862年美国《莫雷尔法》(Morrill Act of 1862),将联邦政府拥有的土地赠予各州所兴办、资助的大学或学院。

量投在化学农药、重型机械和合成肥料（直到第二次世界大战后，军需品工厂将氨的生产转化为肥料生产后才开始广泛使用）的使用上。换句话说，联邦政策正在帮助刺激"农商业"的发展。虽然现在还没有这个词，但它恰当地描述了美国农业部和战后推广服务项目推动的大规模工业化农业的类型。[59]

这种向工厂化农业的转变不仅仅发生在美国。第二次世界大战期间，美国农学家向世界其他地区出口高投入、资本密集型的农业技术。1943年，墨西哥总统曼努埃尔·阿维拉·卡马乔与美国政府和洛克菲勒基金会合作，启动了墨西哥农业项目。这是一个国际研究项目，重点是确定高产的粮食作物品种。尽管一些基金会官员和政府科学家参加这个项目的初始动机是解决墨西哥农村的贫困问题，但很快，驱动项目发展的主要动力就变成了关于"粮食和人口增长不平衡会导致全球政治不稳定"这一美国的国家安全忧虑。在接下来的20年里，这个项目成为向世界各个发展中国家推广高产作物——以及作物所依赖的合成肥料等化学品——的国际核心力量。这场数年后被一些人称为"绿色革命"的运动，在20世纪40年代仍处于起步阶段，但已显示出当时的海外市场正在出现非凡的增长机会。[60]

正是在这种背景下，孟山都开始扩大农产品组合。1946年，孟山都聘请了公司第一位昆虫学家，并在密苏里州的韦伯斯特格罗夫斯建造了一个温室，开始筛选其他可能被用于——正如《孟山都杂志》所说——"与有害昆虫的战争"的化学物质。到了20世纪40年代末,公司开始销售一种强效(且剧毒)的杀虫剂——有机磷农药,并衍生出两种除草剂,即2,4-D和2,4,5-T。[61]

孟山都声称,这两种杀虫剂提供了一种"保护众多日益减少的资源的方法"。"在历史上最耗费资源的战争结束后那令人不安的黎明中",1948年《孟山都杂志》警告说,"美国正在清点剩下的自然资源,"并且"发现它的食柜到处都是空空如也,令人担忧"。"我们必须继续烧毁我们的森林,我们的房子,把我们的庄稼让给啮齿动物和昆虫吃吗?"孟山都承诺,"化学正在追求的使命,就是不断扩张我们的物质视野。"[62]

化学是一种对自然的保护,但我们还不清楚孟山都的化学是否会对受其保护的生态系统产生持久的影响。一直到20世纪30年代末,孟山都才决定不资助内部毒理学实验室。1940年研究主任会议的会议记录中记载着:"磷酸盐部门建议我们考虑创设一个研究毒理和营养的机构。"创建这样一个实验室的议题"几年前就由发展委员会讨论过,但他们认为这不切实际而拒绝了",因为它无法"证明能够对整个公司的效用有益"。问题的根源其实就是,为毒理学专家、实验动物和设备支付费用需要"巨额投资",而考虑到"由该领域知名的外部顾问提供的数据所带来的额外声望",这种巨额投资似乎并不值得。最后,研究主管们认为,"反对这种做法的理由远远超过了可能获得的任何好处"。[63]

然而，越来越多外部实验室研究出的证据表明，孟山都的很多化合物都有极大危害。就在第一次世界大战后的几年里，工业卫生已经在以哈佛大学为首的全国各大主要研究机构中发展成一门成熟的学科。在那里，工业卫生学家塞西尔·德林克开创了新的动物实验室实验，旨在测试新化合物的毒性。20世纪30年代中期，他同意研究孟山都颇受欢迎的多氯联苯可能对健康造成的不良影响，而研究的要求是纽约光蜡公司提出来的。作为孟山都的客户之一，光蜡公司专门生产以多氯联苯为原料的绝缘材料。但后来公司内部开始出现许多患有皮肤损伤和其他疾病的工人，光蜡公司想知道孟山都公司的氯化物是否与这些疾病的爆发有关。德林克的回答是肯定的，他在报告中说，他的实验"毫无疑问地表明"，暴露于这些化学物质"会产生系统性影响"。[64]

孟山都对这一结论提出抗议，称公司已经在埃米特·凯利医生的指导下建立了一个医疗部门，从未发现公司工厂有何异常情况。凯利医生从1936年开始负责孟山都的医疗服务，此后公司开始给员工"定期体检"。然而，公司没有自己的毒理学实验室研究，甚至连一个毒理学实验室都没有。但凯利医生坚持说我们的病人从来没有发生过任何全身反应。他质疑德林克的科学，说："我不相信我们能把实验室的结果适用到真实的人体上，而不去关注不同物质的挥发性和它们的使用方式。"[65]

凯利医生认为,他在孟山都工厂看到的大多数健康问题都是由他称之为"有怨气的十分之一"的雇员编造的。这些人是"不愿合作的无用工人,是捣乱者和煽动者"。凯利医生声称这可怕的十分之一占了所有就诊病人的75%,其中包括那些不能与他的领班相处,或由于懒惰或缺乏资质而不可靠的人。"健康状况不佳也可能……是由我们的工作条件导致的。"凯利医生承认,但他说这些是"例外情况"。[66]

鉴于凯利医生是以这种方式看待孟山都员工的,这位一直服务到20世纪70年代的医疗总监自然看不到发生在他面前的系统性健康问题。受伤后的诉求被认为是闹情绪的工人的欺骗性呐喊,因而往往被忽视。

劳动者也许可以通过辞职获得解脱,但对于众多在孟山都化工生产线工作的人来说,这从来都不是一个真正的选择。毕竟,孟山都把工厂设在爱达荷州偏远的磷矿或西弗吉尼亚州煤田附近,就能找到愿意冒着生命危险为公司生产化学品的工人。这些劳工居住在以危险工作闻名的小镇上,通常别无选择,只能继续工作。他们依靠孟山都来养活家人。

这些工人的身体有故事可讲——只要人们愿意听。

76　2016年，孟山都在爱达荷州苏打泉的元素磷工厂。该工厂生产的元素磷被用于孟山都公司的畅销产品除草剂农达。美国环保署在1990年将该设施列为超级基金修复地。尽管这个工厂至今依然在超级基金列表上，而且令人担忧的污染物仍然不断从这个设施排入周围环境（根据美国环保署在本书付印时对该地点的最新评估所知），但美国环保署依然允许这个工厂继续运行。

第三部分
植物

4
"奇妙的东西！2,4,5-T！"

1949年3月8日，对于西弗吉尼亚州奈特罗的工厂来说，这是异常可怕的一天。20岁出头、高中就辍学的詹姆斯·雷·博格斯在孟山都当卡车司机不过几年。那一天他在工人更衣室里，突然听到外面一声巨响。他冲进厂区，抬头一看，一团灰色的、刺鼻的"蘑菇"云从41号楼楼顶向天空翻滚，大概有150英尺那么高。不到几分钟，"黑色粉末"开始像雨点一样洒落在博格斯和当天在场的其他120多名工人身上。几个小时后，32岁的管道工伊万·麦克拉纳汉感到胃部不适，并开始抱怨头痛。其他工人也同样倒地不起。在接下来的几天里，博格斯很快发现他的脸、背和腿上出现肿块。[1]

这一切只是刚刚开始。接下来的几个月里，博格斯的身上长满丘疹和脓疱。他去看孟山都的医生，但他们告诉他这只是普通的痤疮，会慢慢自行消退。然而，皮肤没有自行痊愈，反而越来越严重，最终孟山都公司不得不花钱让博格斯的脸"脱皮"。[2]

这个过程包括用不同的溶剂处理博格斯的皮肤，杀死表皮的表层，留下一个粗糙而敏感的新层。博格斯常被留下来接受这项治疗，用毛巾把他的皮肤从脸上剥下来。"天啊，你看起来像个木乃伊！"多年后，他对自己哀叹道。日复一日，一层又一层皮被剥掉。"我觉得大概脱了五层皮，"博格斯回忆说，"当时我还年轻，觉得自己很坚强"，但是"当时我也对医生说过，我不知道还能忍受多久"。治疗结束后，每当博格斯把脱皮之后的脸靠近化学药品时，他说那种疼痛是"难以忍受的"。[3]

遭受这种悲惨境遇的不止博格斯一人。1949年的爆炸发生时，31岁的切斯特·杰弗斯在奈特罗工厂做管道工。几年后他在证词中说："我亲眼看到它爆炸了。"杰弗斯1935年从奈特罗高中毕业，和博格斯一样，他没有上大学，而是到了这家工厂打工。1949年爆炸后，杰弗斯坦率地承认，他"害怕"去上班，而这种害怕是有充分理由的。杰弗斯的父亲在奈特罗工厂工作时被一块脱落的木材砸中身亡。而如今在这里，杰弗斯又患上了跟折磨博格斯一样、被奈特罗工人称为"杂草脓包"的莫名皮肤疾病。孟山都的医生治疗杰弗斯的方法就像青少年挤青春痘一样——"他会把它们挤破"。杰弗斯说，医生告诉他，他的"杂草疙瘩"只是"黑头"，会随着时间的推移而消失，但事实并未如愿。多年来，杰弗斯每天早上醒来都会发现自己的床单上都是黄色的污渍，这在奈特罗工人中很常见，因为他们痤疮密布的皮肤会渗出液体。在持续20年的时间里，总共有200多名奈特罗工厂的员工患上了这种折磨人的皮肤病。[4]

博格斯以及当时众多目睹爆炸的孟山都员工都不知道,这些皮肤脓疱是暴露于一种化学分子的迹象。陶氏化学公司后来声称,这种分子是"他们经历过的毒性最大的化合物"。博格斯和他的同事们也不知道,他们生产出的每一批除草剂中都含有这种化合物,而美国各地在植物上喷洒这种产品的园丁更是对此毫不知情。[5]

奈特罗镇位于泥泞的卡纳瓦河边上,在西弗吉尼亚州首府查尔斯顿沿着64号州际公路往西15英里的位置。如今开车经过这个小镇,你会看到工业大厦和自然奇观的怪异交错:工厂和货场在郁郁葱葱的山影下若隐若现,水蒸气穿过苍翠山峦逃逸到大气中,就像山峦自己在吐着白烟。小镇所在的这个片区被称为化学谷。化学谷沿着卡纳瓦河,一直延伸到查尔斯顿以东。这个别名源于20世纪中期,孟山都、联合碳化物公司和其他十多家化学公司集中在这个地区设立工厂。那时,你可以在谷底停滞的空气中嗅到这个化工行业的浓郁气味。[6]

早在美国化学巨头在这里安营扎寨之前,联邦政府就在第一次世界大战期间在这片区域建立了一个生产军火的设施,使得后来奈特罗小镇以生产炸药闻名。这家政府工厂生产的硝化纤维是制造"无烟"火药所需的基本原料。奈特罗镇似乎是大自然提供的一个完美武器库，因为这里有广阔的铁路网，还坐落在一条水道旁，与向西不到50英里的俄亥俄河相连。此外，附近还有煤矿和天然气储量，生产者可以轻松获得必要的原材料供应。由于享有这些自然优势，于1917年12月正式建制的奈特罗镇成为第一次世界大战期间美国军火生产的顶级基地之一。[7]

战后，俄亥俄州的阿克伦橡胶服务实验室在奈特罗建立了一个工厂，最终把孟山都引到了这个小镇。1929年春，作为埃德加·奎尼在大萧条初期发起的一系列雄心勃勃的收购行动之一，孟山都收购了橡胶服务公司。20世纪30年代至40年代，奈特罗成为孟山都橡胶业务的中心枢纽和农用化学品生产基地。[8]

当时，孟山都通过大型并购变得越来越强大，但它的优势也越来越依赖奈特罗这样的小镇。孟山都在这些小镇里研发能够带来利润的新产品，其中就包括一种名为2,4,5-三氯苯氧基乙酸的强力除草剂，简称2,4,5-T。

2,4,5-T是一种新型氯化除草剂，在第二次世界大战期间引起了美军的注意。从1942年开始，军队在马里兰州的德特里克堡建立了一个化学战争实验站。到了1944年，研究人员试图利用2,4,5-T和另一种化合物，2,4-D，研发出落叶剂。在战争最后几年，美国士兵不得不长途跋涉穿过茂密的热带森林，穿越丛林覆盖的太平洋岛屿，前往日本本土。对于寻求将世界从轴心国的控制中解放出来的美国军方来说，如果能够研发出一种可以帮助士兵穿过杂乱灌木丛的除草剂，将是一笔极大的财富。[9]

2,4,5-T 和 2,4-D 是在实验室中创造出来的植物生长激素，又被称为合成生长素。20 世纪 40 年代初，英国和美国的研究人员同时发现了如何合成这些能够杀死植物的化学物质。其中的原理我们现在已经知晓，是因为高浓度的 2,4,5-T 和 2,4-D 从根本上刺激了植物细胞的癌变。但刚发现的时候，对于这一切如何运作的细节还不清楚。直到 1961 年，《华盛顿邮报》还在报道："2,4-D 是如何杀死植物的，这个问题的答案还没有找到，尽管已经提出了许多理论。"[10]

第二次世界大战期间，美国陆军一直没有机会在战争中使用这些除草剂，但敏锐的民用市场很快获悉这些强效化合物的存在，于是私营企业迅速行动起来开拓战后的民用市场。1945 年，美国农业部批准在国内使用 2,4-D 和 2,4,5-T，还从监管机构变身为推广机构，于同一年在华盛顿特区的国家广场上将 2,4-D 喷洒在蒲公英上，向公众展示其药效。[11]

这种化学品具有近乎超自然的功效。美国化学涂料公司是一家位于费城的公司，在 20 世纪 50 年代以"杂草克星"的品牌名销售一种 2,4-D 和 2,4,5-T 的混合物，它将这种新型除草剂描述为"神奇的现代杂草杀手"。该公司表示，这一产品能够杀死"100 多种杂草和木本植物"，但对草坪没有任何影响。这是关键的卖点。郊区的房主可以消灭蒲公英、毒葛和其他植物害虫，同时保护他们的绿色草坪。这家化学公司还吹嘘说，最妙的是它"对人和宠物无害"。[12]

受美国农业部批准的鼓舞,陶氏化学公司在1945年进入合成生长素行业。孟山都也不甘落后,和陶氏化学差不多同时开始在圣路易斯生产2,4-D。1948年,孟山都开始在其奈特罗工厂生产2,4,5-T。这些化学品的潜在市场似乎是无穷无尽的。孟山都在1949年的年度报告中指出:"除了应用在草坪和农场外,这些产品也可被用于夏威夷和波多黎各的蔗糖和菠萝种植园。"这段描述出现在标题为"农用化学品"的章节之下,而这是孟山都首次在年度报告中使用这一产品线标签。孟山都成为农业行业主角的漫长征程从此时开始了。[13]

1948年,美国林务局开始在俄勒冈州的苏斯劳国家森林试验2,4-D和2,4,5-T,试图高效摧毁不需要的灌木丛。这些面积巨大的森林如今成为孟山都新除草剂的潜在市场。还有电力线下和铁路沿线的植物环境——20世纪50年代,政府也在这些环境中喷洒了合成生长素。当然,还有美国的莱维敦和其他战后迅速发展的郊区天堂,那里有需要除草剂的花园和草坪。在20世纪50年代早期,深度园艺爱好者发表感言,赞扬合成生长素的优点。其中一篇刊登在《波士顿环球日报》上的文章写着:"奇妙的东西,2,4,5-T!"《洛杉矶时报》的"园艺医生"发表专题报道,敦促人们使用2,4,5-T和2,4-D来除草。从报道中可以清楚看到,医生提醒人们在拔毒葛时应该戴手套,但在提到合成除草剂时却没有提供这样的预防声明。[14]

森林、花园、草坪和田野。这些化学物质可以无处不在，而且确实如此。早在越南成为橙剂喷洒的目标之前，美国就用这些除草剂来对付国内的杂草。面对这一市场，孟山都摩拳擦掌，准备通过其新的农业服务业务赚取巨额利润。

41号楼就是在这个时候发生爆炸的。

爆炸源于一个安全阀破裂，无法控制用于蒸馏三氯苯酚钠（制造2,4,5-T的关键成分）的管道中不断积聚的压力。化学物质向上喷射到大气中。因此而皮肤受损的卡车司机詹姆斯·雷·博格斯清楚地记得当时的情形。污染云在头顶上徘徊了几分钟才落在他身上。"它慢悠悠地落下"，还有"一股可怕的气味"。[15]

据他回忆，跟污染云的缓慢飘落一样，一些副作用的显现也是缓慢的。有些人感到头痛，有些人感到恶心，但对很多人来说，真正的折磨是氯痤疮。氯痤疮是博格斯自爆炸发生以来一直在治疗的皮肤病的医学术语。患上这种皮肤病的还有41号楼的首席工程师、36岁的哈罗德·杨，他的情况也很糟糕。事故发生几周后，他的皮肤就变成了灰褐色。后来，博格斯终止了通过剥掉皮肤外层来消除氯痤疮的尝试，因为一位医生指出，如果继续下去，他的神经末梢将会暴露出来。"算了吧，"博格斯说，"我不想那样做。"他厌倦了一直看起来像个"僵尸"。[16]

令人惊讶的是，1950年1月，才接受治疗几个月，博格斯就回到了工作岗位。此时他的皮肤问题依然严重。那些长在腿上和背上的"杂草疙瘩"一点都没有消失,整个脸仍然"如鲜血般通红",像在燃烧。他去工厂的护士那里治疗,护士会用"一根有一个大洞的针"从他隆起的肿块中"挤出那些蠕虫般"的脓液。博格斯说,有时她会"用小刀挤压他的丘疹","如果它们被感染了,就会爆开,那股气味你在隔壁房间就能闻到"。[17]

孟山都的管理层知道问题的严重性。爆炸发生后不久,博格斯和其他100多人的身体上都布满了有毒物质污染的痕迹。不像以前其他化学毒物是在工人的皮肤上悄无声息地发生作用,这次污染的代价是显而易见的。[18]

1949年爆炸发生几个月后,公司召集医生对患有氯痤疮的工人进行检查,首先求助美国公共卫生服务局已退休的皮肤科主任路易斯·施瓦茨医生。虽然已经退休两年,施瓦茨依然是行业传奇人物,也是皮肤病领域受人尊敬的权威。他对几名员工进行了检查,并报告说:"除了氯痤疮,奈特罗工厂的员工可能还面临着严重的健康问题。"他提出,奈特罗工厂需要彻底清洁,还必须建立新的工人保护计划。但根据多年后众多孟山都员工的证词,这次咨询从未向奈特罗的员工公开。[19]

1949年12月,孟山都又联系了两位医生——来自俄亥俄州辛辛那提大学凯特林实验室的雷蒙德·苏斯金德博士和威廉·阿什博士。该公司派出四名患有氯痤疮的人接受检查——伊瓦尔·麦克拉纳汉、保罗·威拉德、杰西·斯蒂尔以及乔纳森·赫利。苏斯金德和阿什承认，他们不确定是什么化学物质导致工人发病，但他们知道一定是与这一次2,4,5-T爆炸的残留物有关。[20]

这几个工人的健康状况总结评估结果非常不理想。麦克拉纳汉当时才32岁，但看起来非常憔悴。诊断记录记载："目前，病人主诉轻度至中度劳累，有轻微疲劳、失眠和紧张。"36岁的保罗·威拉德也好不了多少。他抱怨说自己"失眠和紧张"，全身的肌肉疼痛让他虚弱不已，严重得好几天都不能走路。杰西·斯蒂尔和乔纳森·赫利也都抱怨自己出现了疲劳、失眠和紧张等症状。56岁的赫利和博格斯一样，用"脱皮乳液"来消除氯痤疮。他说，他的焦虑恶化到"发现自己不愿意和人说话，经常哭泣"。几乎可以肯定，脓疱的气味加剧了他新罹患的陌生环境恐惧症。阿什和苏斯金德是这样描述的："当这些人同时待在一个封闭的房间里，你会闻到一股强烈的气味，应该是酚类化合物……虽然我们无法证明，但我们相信这些人正通过皮肤排出一种异质化学物质。"[21]

阿什和苏斯金德在这项1949年的研究（但奈特罗的工人后来都说他们从未听闻这一研究）中总结道，麦克拉纳汉、赫利、威拉德和斯蒂尔罹患的是"工作导致的因一种共同因素引起的全身中毒"。他们补充说："这种中毒的特征是痤疮样皮肤损害、肝炎、脂质代谢紊乱、周围神经病变，以及可能的轻度中枢神经系统紊乱。"他们"希望"这些人"在不久的将来能够在一种……没有酚氯化、硝化芳香化合物和其他初级刺激物的环境中恢复工作"。他们最终的结论是，最好的解决办法是让生病的工人去负责"户外清洁工作"，这样对他们"可能伤害最小"。[22]

到那时，奈特罗的员工已经对工厂的情况产生了深深的怀疑，许多人转而向西弗吉尼亚州工人的著名盟友——矿工联合会寻求帮助。这在该州是常见的做法，因为西弗吉尼亚州有着悠久的工会组织历史。1890 年，煤矿工人在俄亥俄州哥伦布市（距奈特罗仅 150 英里）成立了美国矿工联合会。发展到 20 世纪 40 年代，联合会在西弗吉尼亚州已经有了很大的影响力。当时，联合会在全国有大约 60 万付费会员；成员不仅包括煤矿工，还包括化工制造在内的许多其他行业的工人。[23]

加入工会的奈特罗工人呼吁西弗吉尼亚州工人赔偿委员会听取关于他们健康问题的证词。他们援引该州 1913 年的《工人赔偿法》，这部法律允许受伤的工人在职期间要求工伤赔偿。在企业和工会的推动下，许多州在 20 世纪第二个十年颁布实施了这类工人赔偿立法，因为这些新法规对各方均有好处。工业界认为，工人赔偿将阻止日益增长的劳资纠纷，还能降低与侵权诉讼相关的企业成本。劳工代表也支持这种立法，因为在没有这类赔偿规则之前，许多工人根本无法在法庭上伸张正义。在劳工和大企业（以及无须强调的前总统西奥多·罗斯福）的支持下，全国各地纷纷制定各自的工人赔偿法。1911 年 4 月初，还没有一个州通过这样的法律，但到了 1925 年，全国只剩下五个南方州没有这类立法了。[24]

在工人赔偿案件处理过程中,美国矿工联合会联系了西弗吉尼亚州公共卫生部介入调查氯痤疮问题。州卫生官员跟孟山都奈特罗工厂的经理见了面,并获得了工厂的污染已被清除的坚定承诺。孟山都当时的申辩是,工人的疾病来自一个孤立的事件——1949年爆炸,因此只要日后做好公司的清理工作,问题就不会持续存在。尽管如此,该州公共卫生官员还是提出要对奈特罗工厂的化学物质进行动物毒理学实验。这些研究在1950年完成,研究结果显示,与生产2,4,5-T相关的化学物质确实会在实验室动物身上引发氯痤疮。[25]

1950年4月,公司要求阿什和苏斯金德完成对奈特罗工人的后续检查。在他们的报告中,阿什和苏斯金德得出结论,最初暴露在1949年爆炸中的四名工人的状况在事故发生后的六个月里有了显著改善。麦克拉纳汉的腿痛已经"逐渐缓解",部分氯痤疮也已消退。威拉德、斯蒂尔和赫利的情况也差不多,总体健康状况都有所改善(尽管有些病症仍在持续)。这一报告被孟山都当作进一步的证据来支持它的说法,即氯痤疮爆发是1949年爆炸造成的一次性污染事件。[26]

然而,公司知道自己有问题。1953年,孟山都的安全主管埃德·沃尔兹写信给美国公共卫生服务部门,承认孟山都的"科学家发现,在工厂控制有毒物质并没有像想象的那么简单"。后来起诉孟山都在奈特罗工厂恶劣行径的律师称这是"令人震惊的承认"。1953年,雷蒙德·苏斯金德的一项研究发现,95例氯痤疮病例"相信是由生产2,4,5-T的常规操作造成的"。但这项研究是设计给公司内部使用的,从未在科学杂志上发表。换句话说,孟山都的健康专家在1953年就有证据证明1949年爆炸后发生的疾病大暴发并不是一次性事件。所以,问题远没有了结。[27]

而且问题不止出现在工人身上。苏斯金德在另一份标有"保密材料"的公司内部文件中揭示,"医疗人员,比如治疗工人的护士和助理……也出现了氯痤疮的症状"。即使是在孟山都工厂之外的居民也受到牵连:"一些从未在工厂区工作的妻子和她们在工厂打工的丈夫一样长了痤疮。"1953年,孟山都向卫生官员保证说,公司对生产进行了调整,并实施了额外的安全保护措施(包括给工人多换一套衣服)。但随着孟山都进一步扩大2,4,5-T的生产,罹患氯痤疮的案例有增无减。[28]

这时,一些年轻人试图逃离。雷蒙德·苏斯金德博士1953年的报告透露有17名患有氯痤疮的工人辞去奈特罗化工厂的岗位。[29]

詹姆斯·雷·博格斯就是其中一个。但像他这样贫穷的西弗吉尼亚人,辞职后就只有另一条出路了——1950年,他加入了美国海军陆战队。他在朝鲜战争期间短暂服役,参加了在古巴的训练行动,但1952年回国后,依然面临找工作的问题。最终,他选择回到孟山都,回到战争前他第一次担任卡车司机的地方。[30]

博格斯的成长轨迹跟很多其他奈特罗镇的居民相似。大萧条之前,他出生在一个贫穷的家庭,在孟山都为军队生产橡胶化学品的年代长大。他的父亲是一名卡车司机,用他儿子的话来说,他"身体残疾",因此很难找到一份高薪的工作。博格斯17岁从中学辍学后开始工作,帮忙赚钱养家。他加入父亲的卡车运输公司——博格斯货运。从1945年到1949年,这对父子负责帮奈特罗工厂运送物资和废弃物。[31]

孟山都另一个员工吉恩·托马斯也有类似的成长历程。托马斯在接受《纽约时报》记者采访时表示,尽管在奈特罗工厂工作要承受持续的健康问题,但他仍然在这里待了这么长时间,根本原因就在于,在20世纪80年代,这里的薪水有巨大的吸引力。他加入公司时18岁,之前已经找了一段时间工作了。后来尽管年复一年遭受氯痤疮的折磨,健康问题"越来越严重",但他说,他"只能坚持下去,因为他无法离开那里,找到另一份工作"。他补充道:"我有一个妻子和两个孩子。"这就是孟山都占据绝对优势地位的劳动力市场状况。[32]

孟山都可以随时雇用更年轻的人,因为博格斯和其他人干的活相当初级。20世纪50年代的报道描述了他们的日常工作:工人们弯腰驼背钻进化学离心机,手持凿子清除大桶中的残留物,把容器壁上的化学品刮下,拖着桶穿过工业场地,把垃圾铲进垃圾箱——这就是孟山都的工人制造2,4,5-T

的过程。[33]

奈特罗公司的管理层采取的招工策略就是用高薪吸引像博格斯这样的人在化工厂干脏活。虽然不清楚20世纪50年代博格斯的工资具体是多少,但工会合同记录显示,其他非技术岗位的工人的工资都很可观。例如,前文提到的阿什和苏斯金德1950年的氯痤疮研究对象之一——保罗·威拉德在1956年担任庭院工头的时薪是2.18美元。这是当年联邦最低工资1美元的两倍多。[34]

这些工资对于业务蓬勃发展的孟山都来说是小意思。虽然20世纪50年代初孟山都的净利润是2300万美元,还不到杜邦的六分之一,但从增长情况来看,1943年至1952年间,孟山都的利润增长了346%。同期,销售额从近8300万美元跃升至2.66亿美元以上。员工人数也从十年前的10359人增加到了1952年的19367人,只比竞争对手陶氏化学少了约1000人。[35]

石油推动了这种爆炸性增长。孟山都的大部分产品——化学合成纤维、聚乙烯塑料和新型化学农药——都来自化石燃料。虽然大型石油公司长期以来一直在为孟山都提供其所需的原料,但现在许多石油公司,包括壳牌和新泽西州的标准石油公司,都在发展自己的大宗化工商品部门,迫使长期依赖化石燃料行业生产副产品的孟山都开始制定获取原材料的战略。1955年，公司收购雄狮石油公司，直接进入石油和天然气开采业务。[36]

与此同时，农用化学品制造开始成为孟山都公司的核心业务。随着2,4,5-T和2,4-D等除草剂的销售快速增长，公司急切地想要进一步扩展业务。20世纪50年代初，公司进行了一项调查，确定食品、药品和农用化学品是孟山都能够获利的三个主要领域。分析了这些数据后，埃德加·奎尼选择不从事制药行业。据一位知情人士透露，这是因为他"不喜欢制药业的低现金流"。相反，埃德加被杀虫剂和除草剂所吸引，原因之一是他个人对农业感兴趣。在农业领域，公司最初投资的是化肥生产（特别是在公司收购雄狮石油公司，有了充足的氨供应之后），但后来他们觉得这一市场"受到产能过剩的困扰"，没有盈利的前景。公司经理还认为，如果公司早点在农业市场的"非肥料"领域投资，也许可以"占据主导地位"。于是，1951年孟山都聘请了一名植物病理学家开始深入研发新型除草剂。尽管后来孟山都花了9年时间才正式创建农业部，但此时已经埋下了公司业务结构性调整的种子。[37]

时任孟山都公司总裁的查尔斯·托马斯，是1936年埃德加收购托马斯和霍克沃特实验室时加入孟山都的。他后来作为著名的原子科学家，在俄亥俄州代顿领导了"曼哈顿计划"的"绝密钋项目"。如今的托马斯50岁出头，但头顶已经秃了。他在肯塔基州一个农场长大，现在和埃德加一样，在圣路易斯郊外拥有一处庄园，有人认为那里是他"在农业化学方面的许多想法的试验场"。他大力支持投资杀虫剂的研发。在20世纪50年代中期,他监督了孟山都两种新化学品"草克死"(Vegadex)和"草毒死"(Randox)的开发。这是两种能杀死一年生杂草和一些阔叶野草的除草剂。草毒死在玉米、大豆和其他粮食作物种前和收获后使用,而草克死,顾名思义,用于种植蔬菜前清理农田。尽管这两个产品后来被认定为对"鱼类和野生动物有毒",并被要求添加警告标签提醒农民健康风险,但美国的种植者几十年来一直使用这两种化学物,一直到20世纪末期才被更强大(和理应更安全)的化学品替代。[38]

在20世纪50年代,许多农场主非常欢迎草毒死这样的产品,因为这些除草剂可以替代之前不得不雇用的杂草清理工。在艾森豪威尔执政时期,孟山都的一位科学家在谈到公司的除草剂时说得很清楚。"农业劳动力在减少,"他说,"一种可以在种植时用来除草……但还能让作物正常生长的化学药品,对农民来说是一个绝佳的新帮手。"这位科学家的说法也有数据支持。大批农场雇工正在离开农村。在1950年到1970年间,美国的农业劳动力减少了50%。这种巨大的人口结构变化意味着,农场里的种植者必须更加依赖化学物来管理他们的土地。[39]

20世纪50年代,孟山都的大部分农业研究都是在公司位于密苏里州圣路易斯郊区克雷夫科尔的新总部附近的温室里进行的。孟山都的高管在1951年力推总部搬迁,因为他们觉得公司的规模已经日益扩大,位于圣路易斯市中心南二街的约翰·奎尼工厂中心办公室已经无法承载。埃德加、托马斯和公司的其他人想在远离市中心的地方建设一个协作式蜂巢结构的新总部，设想着由封顶的过道连接不同的实验室和办公室，让孟山都的顶尖人才可以通力协作解决问题。[40]

于是，孟山都总部搬到了克雷夫科尔乡村地区，跟大批白人逃离圣路易斯搬到郊区的趋势一致。1950年是圣路易斯中心城区人口首次减少的一年，而在20世纪的剩余时间里，这种情况一直在持续。从40年代开始，白人中产阶级（孟山都的办公室职员、化学家和工程师中的绝大多数人都属于这一群体）就开始试图逃离市中心地带，而被战时就业机会吸引而来的黑人数量却在稳步增长。到了50年代，孟山都的中产阶级雇员利用新的州际公路通勤，纷纷向西搬到圣路易斯郡*居住。不过圣路易斯郡的黑人人口却没有太快增长，在1950年仅占1.9%，这主要源于当地对黑人的排斥情绪。例如克雷夫科尔属于圣路易斯郡，那里的房东联手制定了严格的限制性条款，试图阻止黑人居民（甚至包括其中的富有黑人医生）在他们的社区买房。这些搬到郊区的员工虽然可以开车到市中心上班，但正如孟山都在1950年的一项调查指出的那样，"各个办公室……一直要求更多停车位"，但市中心根本无法提供这么多地方。一个按种族划分的高度隔离的新社会的地理现实决定了孟山都的未来。[41]

---

* 圣路易斯原属于圣路易斯郡，1877年从该郡独立后成为美国密苏里州唯一的独立市。圣路易斯郡位于圣路易斯西边，相比圣路易斯城市化水平较低。

在 1957 年完成的克雷夫科尔园区里，园艺师们改造了自然，以配合 50 年代兴起的郊区环境美学。关于建设进度的公司报告不断指出，正在进行的"美化"项目旨在创造一个"公园般的"氛围，还强调了正在播撒种子建造美国中产阶级富裕的绿色象征——草坪。这个企业园区自然就像孟山都所倡导的：由人控制、组织和设计。[42]

一场深刻的公司转型正在进行：孟山都开始将其业务中较为肮脏的部分从一个新兴的公司核心业务中分离出来。那些参观过公司克雷夫科尔总部的人，看到的是一个嵌入自然环境的超现代公司——郊区之光。

故事回到奈特罗，博格斯继续在孟山都干着脏活。1954年秋天，在几次试图避开 2,4,5-T 生产线的相关工作后，他被叫到总办公室，工厂主管查理·史密斯对他下了最后通牒："你要么到 2,4,5-T 生产线上工作，要么卷铺盖走人。"当时，孟山都正面临着严重的劳工问题，因为工人们都不想进入一个似乎会导致皮肤问题的地方。[43]

博格斯试图跟工厂主管商量。"查理，"他说，"你能保证我的脸不会再出问题吗？听着，我不想要什么技术性的皮肤护理，我不想让他们再把我脸上的皮剥掉，折腾我的神经。这种治疗太可怕了。"但这个提议遭到了无情拒绝。工厂主管很清楚自然有人愿意来接替他的岗位。正如博格斯解释的那样:"他们一个个地问,最后总能找到两个人"会"决定要留下来"。[44]

孟山都的工厂经理们不怕招不到工,总有一群愿意牺牲自己的身体以换取一份工作的年轻乡村矿工。确实有超过12名员工在氯痤疮爆发后离开了工厂,但更多的人留了下来。还有一些人,比如博格斯,是"回头客",他们一开始离开了,但几个月后又不得不回到了他们唯一熟悉的工作岗位上。

对博格斯这样的人来说,奈特罗这份工作不仅仅是一份工作。他和许多同事在孟山都工厂形成了一种社区意识。退休后,博格斯在公司一本名为《奈特罗计量器》的杂志上回忆了他在西弗吉尼亚工厂多年的工作,他说:"我会记得那些美好的日子,那时大家在一起工作,有工资也有时薪。我多么希望它回到那个时期的样子。"[45]

孟山都的管理者明确表示,如果工人挑战现状,将会有严重的后果。1954年1月,一名奈特罗工厂的管理人员给工人们发了一份通知,解释说管理层"现在需要处理2,4,5-T部门的人员配备问题"。2,4,5-T大楼需要26人,但他只找到13人。所以他给全体员工施压:"如果凑不齐另外13名员工来加入2,4,5-T部门的话,1954年1月15日星期五或之后将进行裁员。"他试图安抚工人们的恐惧。"我想指出,"他告诉奈特罗的员工,"自从1953年1月新工厂运行以来,我们对新的氯痤疮病例有了成熟的应对经验。我们相信,对这个部门的员工采取的合理清洁预防措施……能够杜绝患氯痤疮的可能。""清洁"当然是一个模糊的术语。公司给出了"患有氯痤疮的人要经常进行全面清洁"之类的建议，并敦促员工定期清洗，以减少接触有毒化合物的可能性。管理层告知的这些能够防止氯痤疮的措施可能对平息一些人的担忧起到了不错的效果，因为最终，工厂经理凑齐了他需要的13名工人。博格斯逃过一劫，但就算他因此而被解雇，他也会在几个月后回到孟山都，因为他需要一份工作。[46]

尽管有孟山都声称的"清洁"举措，工人们所返回的依然是一个已被污染的场地。1954年，苏斯金德博士和他的凯特林实验室发布了另一份报告——这一次的研究依然由孟山都资助，报告结果由公司自主决定如何使用。报告非常清楚地指出，"尽管工厂已经对严格的卫生预防措施的过程和机制进行了周密的重组，但目前在2,4,5-T生产中还是出现了新的病例"。这表明"引发氯痤疮的根源并未消除，潜在的危害仍然存在"。一年后，在一份机密的公司备忘录中，孟山都的一名工厂经理重申了苏斯金德的研究结论，警告说："氯痤疮仍然是奈特罗工厂跟计时工人打交道时面临的主要问题。"[47]

从1954年到1957年，科学证据继续表明2,4,5-T的生产造成了严重的健康问题。1954年，陶氏化学发表的一份报告显示，各种暴露在特定浓度的2,4,5-T环境中的动物都会死亡。氯痤疮的暴发出现在全国及至世界各地的2,4,5-T制造工厂。1956年，在新泽西州纽瓦克的钻石碱公司（Diamond Alkali Company),50多名参与2,4,5-T生产的工人得了皮肤病。同一年,法国研究人员检查了17名参与2,4,5-T生产并患有氯痤疮的男性,注意到他们散发出"强烈的氯化物气味"。在德国,科学家对巴斯夫一家工厂中发现的化学物质进行了测试,该工厂有数十名工人患有氯痤疮。初步研究虽然无法确定巴斯夫工厂里的哪一种有毒化学物质导致这一皮肤病,但可以肯定的是,它的威力非常惊人。[48]

到了1957年,罪魁祸首终于被发现。汉堡的一名医生在巴斯夫工厂早期研究的基础上,分离出2,4,5-T产品中会导致氯痤疮的污染物二噁英。这一结论得来不易。这位汉堡医生在自己身上做实验,在皮肤上测试各种化学物质,直到他发现了能够引起病理变化的特定分子。据称,巴斯夫公司联系了孟山都,将调查结果告诉了他们。但孟山都高管后来声称,没有记录表明收到过巴斯夫的信息。陶氏化学的高管倒是在1957年承认收到了巴斯夫的来信,但《圣路易斯邮报》报道称,该公司的管理人员声称将信件"错误归档"了。[49]

尽管致病证据在20世纪50年代就出现了,但根据西弗吉尼亚州工人赔偿委员会的决定,大约有200名孟山都雇员没有资格因长期接触有毒化学物质而获得赔偿。这一决定是根据孟山都公司聘请的研究人员苏斯金德博士提供的实验证据做出的。苏斯金德在1956年向委员会做证时说,他治疗了12名接触过2,4,5-T生产中使用的化学品的奈特罗工人,确定这些人除了氯痤疮之外没有其他疾病。然而,正如《圣路易斯邮报》所披露的,孟山都的官员后来承认,这些实验志愿者"接触到的二噁英水平远低于奈特罗其他工人"。但是委员会还是采信了孟山都公司所主张的"在正常操作过程中,二噁英污染并没有导致健康问题,因此不能要求公司赔偿"。最终,包括博格斯在内的几十个工人无法从工人赔偿委员会那里得到赔偿。暴露于二噁英的工人无法获得因化学中毒引起的痛苦的经济补偿,这是第一次,但并非最后一次。[50]

1956年10月,奈特罗当地的工会与孟山都签署了一项协议,为愿意在2,4,5-T工厂工作的员工每小时增加4美分的工资。孟山都公司改用奖金引诱工人干脏活了。[51]

"如果参与生产的劳动力不足,"一份修改后的协议写道,"我们将以根据工作资历制定的解雇名单的反向顺序与员工联系,优先考虑由其填补职位空缺。"如果资历深的人拒绝,就会联系下一个人。这一过程将"顺着整个解雇名单进行,直到空缺被填补"。简而言之,如果博格斯犹豫不决,总会有人来代替他。他几乎没有讨价还价的能力来摆脱困境。[52]

看来没有人能够阻止在奈特罗生产2,4,5-T。甚至工人的最大支持者——地方工会也接受了孟山都工厂的状况。被孟山都说服的州监管机构也做出了让步,认同公司的工厂中没有任何潜在危险。可见,20世纪50年代西弗吉尼亚州的问题不在于缺乏政府监管或工人维权组织。联邦和州政府对工人的健康状况一直有监管。但是，孟山都公司掌握了关于2,4,5-T暴露的最早期的健康研究，选择性地向政府官员提供数据，骗取他们的信任。在关于这种化学物质毒性的关键性辩论中，孟山都已经成为真实信息的守门人。换句话说，问题出在监管机构严重依赖企业资助的研究，而事实证明这些研究都是有问题的。

如果奈特罗工厂在20世纪50年代末被关闭，这些问题能够早点被揭露，2,4,5-T的毒害可能永远不会漂洋过海蔓延到越南。在那里，地球的另一端，成千上万的美国士兵和越南公民很快就要领教二噁英的危险了。

5
"所以你看,我准备为任何一方辩护"

C-123"供应者"运输机螺旋桨的呼啸声被不到150英尺下方的战场混乱所淹没。如果它执行的任务跟当时大多数任务一样的话,飞行员应该在接近越南茂密的三叶丛林中的军事目标时,将这架双螺旋桨飞机保持在标准的投掷高度。但那是1962年,C-123所执行的,是后来被称为"牧场之手"的美国军事化学喷洒行动。这项行动最初被称为"地狱行动",这个名字可能更形象,因为这些飞行员即将把热带森林变成人间地狱。他们的武器——紫剂是一种化学脱叶剂,由2,4,5-T和2,4-D混合而成。之所以叫紫剂,是因为储存它的容器上有紫色的条纹。[1]

约翰·肯尼迪总统之所以批准使用这种除草剂,是因为此时越南的局势让他非常沮丧。自20世纪50年代以来,美国军事顾问一直在越南当地工作,以击退共产主义运动。1954年,越南革命领袖胡志明带领越南取得了抗法战争的胜利,将法国殖民者从越南北方驱逐出去。在同年签订的《日内瓦协议》中,越南沿着北纬17度划分为南北两境。在接下来的八年里，胡志明明显与中国和苏联越走越近。他决心要在镰刀和锤子的旗帜下将越南团结起来。对于"胡伯伯"来说，击败受外国势力扶持的吴庭艳政府是这场漫长的驱赶外族之战的终章。而对于肯尼迪总统这样一个冷战战士来说，胡志明的举动对美国的国家安全构成了无法容忍的明显威胁。阵营已定，大战在即。[2]

但是对于吴来说，肯尼迪总统却成了一个令人不太舒服的伙伴。吴庭艳政府以独裁统治和对佛教政治对手的残酷镇压而闻名，腐败程度无可救药，肯尼迪对此非常清楚。然而，这位年轻的美国总统和他的前任德怀特·艾森豪威尔一样，觉得自己必须尽一切努力阻止越南北部和他们的游击队盟友——南方民族解放阵线控制南境。这一场赌局的赌注再高不过了。如果失去越南，老挝、柬埔寨等其他东南亚国家可能会就会像艾森豪威尔曾说的，如多米诺骨牌一般逐个失控。[3]

问题是肯尼迪并不想向越南派遣大量地面部队。1962年初，肯尼迪第一个总统任期刚满一年，就陷入了与苏联总理赫鲁晓夫的冷战对峙。他想要积累政治资本，而要做到这一点，他需要找到一种方法，使美国在越南的军事优势最大化，同时不必让太多的美国士兵身陷危险之中。[4]

紫剂和后来的橙剂（在1965年基本取代了紫剂，由等量的2,4,5-T和2,4-D组成）似乎是解决这个问题的简便方法。吴庭艳领导的军队虽有美国军事顾问的帮助，但面对在村庄和城镇周围的茂密森林中神出鬼没的北方游击队时，依然处境艰难。美国军方的强力除草剂能够消灭越共重要的自然界盟友,使得美国支持的越共部队能够对游击队叛乱分子进行有针对性的空袭。这就是白宫想要的那种便捷战争。五角大楼与化工企业签署了增加除草剂产量的协议。[5]

孟山都在"牧场之手"行动中发挥了关键作用。尽管有包括陶氏、钻石三叶草和大力神在内的六家化学公司为美国军方生产橙剂,但孟山都是其中产量最大的供应商,在20世纪60年代交付了美国军方所需橙剂总量的29.5%。[6]

这似乎是一种双赢。孟山都向美国军方出售化学品,赚得盆满钵满;而肯尼迪政府也有了一种新型强大武器,帮助它消灭越南丛林中的敌人。唯一的问题是,运往美国空军基地的每一桶橙剂都含有一种危险的化学污染物,也就是十年前导致詹姆斯·雷·博格斯毁容的那种污染物。

肯尼迪确实需要担心"牧场之手"行动的环境成本和人类健康成本。这是生态学时代的开端。1962年9月,海洋生物学家雷切尔·卡森在《纽约客》上连载的畅销书《寂静的春天》(*Silent Spring*),揭露了滴滴涕等杀虫剂和2,4-D、2,4,5-T等除草剂对环境和人体健康造成的巨大损失,震惊了整个化学工业界。孟山都曾试图抹黑卡森,在公司杂志上发表了一篇后来被各大全国性报纸转载的反驳文章,其中声称一个没有杀虫剂的世界将会是一个被蠕虫、苍蝇和真菌踩蹦的世界。在孟山都的这一世界末日启示录中,"昆虫和杂草竞相争夺草莓田、菜园和麦田"。一个没有化学物质的世界必将是一个"荒凉"的世界。[7]

但是,化学工业无法平息卡森的强烈呼吁。肯尼迪总统邀请了这位55岁、后来死于癌症的科学家来到华盛顿。这是一个怪异的情景——就在肯尼迪批准在越南喷洒紫剂时,他自己却与一位反农药作家结成盟友。卡森的这本书被一些人称为日益高涨的反农药运动的《汤姆叔叔的小木屋》。1962年夏天,肯尼迪召集了一个科学顾问小组,就如何规制和管理美国的农药使用提出建议。第二年5月,科学顾问小组得出结论,美国农业部、食品与药品监管局以及卫生、教育和福利部都需要重新评估合成除草剂和杀虫剂对环境和人类健康构成的潜在威胁。[8]

在《寂静的春天》和这份总统报告的推动下,康涅狄格州参议员亚伯拉罕·里比考夫召开了一场听证会,讨论对1947年的《联邦杀虫剂、杀菌剂和灭鼠剂法》进行修改。该法授权美国农业部负责新农药注册,批准确保化学品可被安全使用的适当标签。但多年来,美国农业部主要关注农药的功效——测试它们是否真的能杀死昆虫和杂草——并且只进行了有限的人类健康和生态分析。1954年,农业部开始把更多农药监督责任转给食品与药品管理局,因为《联邦食品、药品和化妆品法》修正案授权食品与药品管理局设定食品中农药残留的可接受容忍水平。然而,当里比考夫的听证会在1963年举行时,无论是食品与药品监管局还是农业部都明显没有足够的资金或基础设备来进行必要的深入分析以确保美国使用的农药是安全的。因此，在1964年，国会修订了《联邦杀虫剂、杀菌剂和灭鼠剂法》，增加了美国农业部的农药管理预算，并扩大了该机构拒绝新化学品注册的权限。[9]

然而，这些都没有阻止2,4,5-T在国内外的使用。到1965年，数百万加仑的2,4,5-T和2,4-D混合剂像雨滴一样洒落在越南和美国的田野和森林里。

在海外使用的橙剂可不是普通的除草剂。军用混合物中加入了极大量的2,4,5-T。《纽约客》记者托马斯·怀特塞德估计，橙剂中2,4,5-T的"平均浓度是美国推荐浓度的**13倍**"。在这件事情上，美国军方没有留下一点余地。在越南战争期间，美军喷洒了其他武器化除草剂，包括蓝剂（卡可基酸和二甲胂酸钠的混合物）和白剂（2,4-D和毒莠定的混合物），但橙剂的喷洒量远远超过战争期间使用的所有其他除草剂。[10]

关于究竟有多少2,4,5-T最终喷洒在越南，人们的估计各不相同，但最权威的研究表明，橙剂的总量超过1200万加仑。其目标不仅包括南方游击队藏身的丛林，还包括被怀疑为越共军队提供粮食的农田，影响之广令人震惊。飞行员完成了超过19900架次的"除草任务"，最远飞行到柬埔寨和老挝。从1962年到1971年，美国主导的空中除草剂行动总共覆盖了超过1万平方英里的土地，相当于马萨诸塞州的陆地面积，大约相当于越南国土面积的8%。这些除草剂大部分含有 2,4,5-T。[11]

阮氏红对当时的场景记忆深刻。她在 16 岁的时候就和家人一起在南越同奈省参加了她称之为对美军的"抵抗运动"。1964 年,当阮氏红和她的战友们身处丛林深处时,他们注意到一团"雾"包围着他们。据她回忆,很快,他们周围的植物就开始死亡。"好像没有一片叶子剩下,树上光秃秃的,所有叶子都掉了。事情就是这样。"后来她才发现,所谓的"雾"其实是美军喷洒的除草剂,但那时的她还从没有听过橙剂这种东西。阮氏红说:"我记得动物都失去了栖息之所",森林"消失了"。几十年过去了,一切还历历在目。[12]

正如阮氏红的回忆所清晰展示的,化学雨过境之处,自然界寸草不生,生态退化极其严重。1971 年夏天,斯坦福大学法学院毕业生、作家约翰·勒瓦伦记录了他在越南国际志愿服务组织工作时的所见所闻,描述了越战的生态世界。勒瓦伦认为,大多数美国人根本不了解越南的壮丽生态环境。他引用了 1967 年美国中西部研究所为美国国务院做的一项研究,该研究计算出"南越的植被生物量(生态系统中生物体的重量)为 60 万磅/公顷",这一数值使得英国和美国平均只有几千磅/公顷的林地植物生物量相形见绌。越南是一片古老的常绿森林之地,一直延伸到西部和北部的山区高地。在南部,这些森林接壤着热带湄公河三角洲上的红树林生物多样性湿地生态系统,一直延伸到中国南海。[13]

橙剂对南越沿海生态系统的破坏尤其严重。1970 年,哈佛大学一个名为美国科学促进会除草剂评估委员会的研究小组完成的一项研究估计,"越南南部50%的沿海红树林喷洒了除草剂"。美国农业部的一名科学家发现,在某个受影响的地区,仅一次喷药就杀死了大约90%的红树林。由于这个沼泽生态系统花了几个世纪的时间才形成那样的复杂结构,他认为,这种破坏行为导致的后果在未来几十年都无法消除。[14]

这个预测被证明是正确的。1983年,斯德哥尔摩国际研究所战争与自然领域的先驱学者阿瑟·威斯汀考察了越南南部的红树林生态系统,并报告说,其影响是系统性的,大约40%的三角洲地区被"彻底摧毁"。"对红树林栖息地的持续破坏"导致了"土壤侵蚀和土壤溶液中营养物质流失,大面积的土地退化,因栖息地被破坏而导致的陆地野生动物大量死亡,因食物种类减少导致淡水鱼减少,并可能导致近海渔业衰退"。[15]

政府缺乏远见是造成这一后果的部分原因。美国国务院直到1967年才委托有关机构研究越战期间使用除草剂对环境的影响,这一事实很能说明问题。在对另外一个国家发动除草剂攻击的五年之后,政府才开始提出一些重要问题,比如"牧场之手"行动可能会给越南的自然环境带来什么后果。1967年的报告揭示了人们对2,4,5-T大规模扩散所造成的潜在生态退化知之甚少:"据我们所知,**还没有任何文章**或书籍结合对动植物、牧场、森林、其他非农业土地、水道、湖泊和水库的研究,探讨除草剂的长期生态影响。"研究人员得出的结论是,他们"面临着严重的知识匮乏"。但与此同时，橙剂的喷洒行动并未终止。[16]

美国军方对"牧场之手"行动将如何影响接触到化学喷雾的士兵和公民也了解有限。1965年，美国公共卫生服务局高级官员拒绝了两位科学家提出的仅1.6万多美元的研究2,4,5-T毒性的经费请求，理由是疾病控制与预防中心才是进行这类研究的适当机构。然而，直到20世纪80年代，也就是越南战争结束20年后，疾病控制与预防中心才为这一问题的主要研究提供了资金。美国国家癌症研究所资助了马里兰州贝塞斯达一家私人研究公司——仿生学研究实验室在1966年开展一项研究。这项研究发现了暴露于2,4,5-T的老鼠有出生缺陷的明确证据，但白宫、国防部和农业部的高级官员直到1969年才知道这项研究。[17]

一直以来，信息守门人孟山都知道自己有问题。1965年，陶氏化学召集除草剂生产商召开秘密会议，讨论2,4,5-T配方中的"有毒杂质"。陶氏化学表示，二噁英浓度就算低至百万分之一，也可能导致严重的健康问题。据报道，会议结束后，陶氏化学的副总裁表示："如果政府知道了这件事，整个行业都会受到影响。"该公司向缺席的孟山都发出了一份备忘录，称孟山都公司的一批2,4,5-T中二噁英浓度已经超过了百万分之40。在这封信中，陶氏称二噁英是"他们所见过的毒性最强的化合物"。然而，尽管有这些发现，没有证据表明陶氏或孟山都在1965年与任何联邦官员分享了这些信息。[18]

1966年，大约5000名科学家，包括一些诺贝尔奖获得者，写信给林登·贝恩斯·约翰逊总统，敦促他停止在越南的空中除草剂行动。与此同时，联合国成员国提出一项决议，谴责美国的除草剂行动，称其违反了1925年禁止使用化学和生物武器的《日内瓦公约》。到这个时候，越南被美国政府喷洒橙剂和其他除草剂的植被面积每年已经超过74.1万英亩。[19]

抗议活动一直持续到1967年和1968年，但对美国的军事政策影响甚微。事实上，橙剂的使用量不减反增。1969年，美军在越南喷洒了约325万加仑含二噁英的除草剂，远高于1965年的约33.3万加仑。当他们喷洒的时候，美国飞行员通过直升机上的扬声器大声告诉下面的人，落在他们身上的化学物质是安全无害的。[20]

但事实并非如此。1969年，国家癌症研究所资助的仿生学研究实验室的研究结果终于交到了白宫官员李·杜布里奇（理查德·尼克松总统新设立的环境质量委员会的主席）手中。研究表明，接触二噁英与严重的出生缺陷之间存在明显的联系。考虑到研究的细节，杜布里奇敦促总统召开高层会议，讨论在越南进一步使用橙剂的事宜。那次会议之后，国防部引用了仿生学研究实验室的研究结果，表示将在1970年禁止关于橙剂的进一步军事部署。到这时，随着全国各地的记者开始报道此事，越来越多的公众加入抗议的行列。作为回应，国会召开了关于在美国使用2,4,5-T的听证会。在1970年的听证会上，美国卫生局局长宣布禁止在国内、在大多数粮食作物上继续使用2,4,5-T。但令许多社会活动人士失望的是,政府允许在可预测的未来继续在牧场、稻田、森林、高速公路、铁路用地范围内使用这一除草剂。一直到1985年——在孟山都的詹姆斯·雷·博格斯染上氯痤疮35年之后,联邦政府才最终禁止2,4,5-T在所有场景的使用。[21]

到1966年反对橙剂的抗议活动出现时,孟山都已经发展成美国第三大化学公司,年销售额超过16亿美元,员工约5.6万人。如今,这家公司的帝国版图早已超出美国的国界——1963年,公司在布鲁塞尔设立了欧洲总部,并将业务扩展到巴西、阿根廷和拉丁美洲的其他地区。到20世纪60年代中期,孟山都在美国拥有43家工厂,并在21个国家开展业务。其中许多工厂生产塑料和合成纤维,这些产品占1964年公司总销售额的54%以上。此外它们也大量生产其他产品,从洗涤剂到阻燃液体,从计算机半导体里的硅,到苏打水里的磷酸。考虑到其不断扩展的多元产品线,公司于1964年将名称从"孟山都化学公司"改为"孟山都公司",称它认为"'化学'这个词已经不足以描述公司的业务范围"。考虑到卡森的书已经把"化学"变成了一个肮脏的词,这次改名也颇有道理。[22]

那时,埃德加·奎尼已经60多岁了,他的生命已经接近尾声。1960年,他从董事长的职位上退下来,把这一职位给了查尔斯·托马斯，随后担任了五年的财务委员会主席。在那期间，他的健康状况一直很差。1960年11月，他对杜邦的总裁说，"我得了溃疡，必须吃无味的食物，最糟糕的是还得戒酒"。后来他的前列腺又出了问题。1962年，他向一个朋友坦白说："一些庸医把我玩弄于股掌之中，说我的前列腺得动些小手术。"手术后出院仅几个月，他就又回去了。1963年，他被诊断出患有严重的心脏病。[23]

健康状况日益恶化的埃德加见证着现代环保运动的发展。对于一个一直非常喜欢户外活动，却同时经营着世界上最大的化学公司之一的人来说，这是一段有趣的时光——这家公司正在深刻重塑他所热爱的生态系统。

有时，埃德加无法很好地协调他对野外保护的热情与他在化学品上的商业利益。《寂静的春天》出版后的1963年，埃德加说："雷切尔·卡森的书很精彩，但只讲述了故事的一部分。"他还说："我认为农药对野生动物的影响是毋庸置疑的。我在阿肯色州的农场过去有很多鹌鹑，现在都没有了。"当他说这话时，他是一个自然资源保护主义者，一个理想主义者。但是，故事还有另外一面："当我们种植喂鹌鹑的大米时，原来每英亩能够产出45蒲式耳的大米；现在我们每英亩产量增加到了90蒲式耳。所以你看，我准备为任何一方辩护。"[24]

1963年以后，埃德加的户外旅行被更频繁的就医行程打断。他讨厌医生处方中不断要求减少酒精摄入的内容。"你将无法通过空瓶子从一个地方追踪我到另一个地方！"一次体检后,他和一位朋友开玩笑说。"我被允许最多喝三杯'兑很多水的威士忌'。我试图说服我的'庸医'应该是兑很多威士忌的水,但那个可怜的家伙既没有幽默感,也没有正义感。"[25]

他虽然还在开玩笑,但很快就因心脏衰竭卧床不起,并于1968年7月7日去世。[26]

孟山都公司的大权交到了圣路易斯本地人查尔斯·萨默手中。这位面无表情、头发花白的57岁化学家自1934年作为销售代理加入这家公司起,一直干到1960年接替查尔斯·托马斯成为公司总裁。上任后,他立即采取积极的行动对公司进行重组。他认识到2,4,5-T等化学品的增长潜力,于是带头创建了公司的农业部门。作为国际扩张的支持者,他还亲自监督了公司在布鲁塞尔的办事处和其他几个海外分支机构的设立。[27]

20世纪60年代末,萨默成为孟山都穿越危险监管海峡的掌舵者。多年前,约翰·奎尼曾积极寻求政府监管,希望《纯净食品与药品法》施加的联邦监管能够为受到众人质疑的化工行业提供正当性。而现如今,新的环境法规所提供的,可能是化学工业的灭顶之灾。为了适应新时代,萨默创建了一个新部门——孟山都环境化学系统,专注于开发污染修复技术。但他越来越担心政府审查力度的增加。《联邦杀虫剂、杀菌剂和灭鼠剂法》规定的新要求只是即将浮出水面的一系列新监管举措中的前锋。到 20 世纪末，萨默对他所认为的如野草般蔓延的政府烦琐程序进行了反击。他说，应对监管的各种文书工作"本身就是污染源，给企业成本带来无情的上升压力"，是为"通货膨胀之火"添柴加油。[28]

萨默知道孟山都树大招风。该公司销售了数百种化学品，其中许多正在接受联邦机构严格的重新评估。橙剂只是孟山都背负的众多严重历史债务中的一个。在位于密西西比河对岸伊利诺伊州一个叫孟山都的小村庄中的克鲁姆里奇工厂里，另一种液体正在管道中汩汩流淌。

6
"能卖多久卖多久"

1966年,瑞典科学家索伦·詹森为他的家人深感担忧。他一直在研究氯化化合物,发现瑞典的鱼、鹰等其他野生动物中都有毒素积累。他的研究发现,瑞典国家自然历史博物馆所藏的"二战"时期的鹰羽毛中能够检测出微量的多氯联苯。詹森为这种有毒物质的广泛存在而震惊,他决定也测试一下自己的妻子和三个孩子,结果发现他们的身体中也有高于正常值的多氯联苯,其中包括他五个月大的女儿。他推断,他的小女儿可能是因为喝母乳而受到污染。詹森对多氯联苯的专业研究已经变成了与个人生活相关的研究,他带着紧迫感去揭发这个会世代相传的严重问题。[1]

多氯联苯是孟山都销售过的最赚钱的产品之一。在美国,孟山都是这类化合物的唯一生产商,工厂安置在亚拉巴马州的安尼斯顿和伊利诺伊州的孟山都。后者是位于东圣路易斯的一个小村庄,孟山都公司于爵士时代*在密西西比地区扩大业务时选中这里建设工厂,因此这个地方便用孟山都

---

* Jazz Age,指"一战"以后美国的经济大萧条时期。

的品牌名作了地名,但如今已改名为索吉特。从20世纪30年代起,孟山都开发了多种商标来销售多氯联苯产品,其中最著名的是亚老格尔类(Aroclors)。此后30年,生产规模迅速扩大。在60年代,制造变压器的电气公司是这种绝缘材料的最大买家之一,除此之外,孟山都也在不断开发新的市场。就在詹森发现多氯联苯严重污染的同一时期,孟山都公司生产的液态和固态两种形式的多氯联苯,早已被用于各种产品,包括被添加进用于粉刷道路、船底、水池、水箱和谷仓的涂料,被用于墨盒、合成圣诞树和"无碳"复写纸,被作为阻燃剂添加到各种消费品中,在各种塑料产品中用作增塑剂,还被添加到洗碗机清洁剂和杀虫剂中。[2]

詹森揭发的正是孟山都公司总裁查尔斯·萨默所担心的事情。20世纪60年代,他目睹了环保主义者在推动联邦政府监管企业方面发挥的积极作用。就在几年前,雷切尔·卡森提出了关于滴滴涕的警告,使得这种杀虫剂沦为臭名昭著的东西,而现在科学家们已经把多氯联苯跟滴滴涕放在一起比较了。难不成卡森在《寂静的春天》一书中的呼吁还要带来更大的威力,殃及多氯联苯吗?

孟山都医药总监、已经为公司服务了40年的埃米特·凯利对来自瑞典的消息感到担忧。在詹森的研究公开几周后,他在给一位同事的信中写道:"总部对这个问题的共识是,虽然孟山都希望在这个问题上保持低调,但我们不知道如何能在美国做到这一点。"[3]

凯利一定早就预料到这场暴风雨的到来。1955年,当凯利在孟山都奈特罗工厂讨论如何处理 2,4,5-T 问题时，他也已经暗示，如果有关多氯联苯的消息泄露出去，可能会发生诉讼。"我们知道亚老格尔有毒。"他在给伦敦孟山都化学有限公司的巴雷特的内部备忘录中写道。凯利的同事、孟山都医院副主任埃尔默·惠勒也知道多氯联苯是有问题的。1959年，他说接触多氯联苯，就像接触其他氯化化合物一样，"会导致氯痤疮，而我认为氯痤疮可能是更严重的全身损伤的一种指标"。(科学家们后来把一些多氯联苯称为"二噁英类"化学物质，因为它们所导致的氯痤疮和其他全身疾病，跟由于接触 2,4,5-T 中的二噁英所引起的疾病非常相似。)[4]

惠勒和凯利没有把这些担忧透露给媒体。根据 1958 年的一份公司内部备忘录，公司的政策是"不提供任何可能损害我们销售业绩的不必要信息"。沉默是一种遏制手段。[5]

但就算孟山都高管保持沉默，其他人也会拉响警报。加州大学伯克利分校的海洋生物学家罗伯特·莱斯布拉夫在 1969 年《旧金山纪事报》的一篇文章让多氯联苯危机获得了美国公众的关注。他提供了多氯联苯对旧金山湾野生动物产生致命影响的惊人证据，称这种化学物质是一种"凶险的新污染物"，不仅威胁鸟类和鱼类，而且威胁人类健康。来自日本的证据似乎证实了他的发现。1968 年 2 月，超过 1500 人在食用了被多氯联苯污染的米油后患病。一些因暴露于该物质而患病的妇女后来生下了死胎，她们认为这是多氯联苯的污染造成的。[6]

惠勒和凯利为遏制孟山都的污染问题所做的努力，与美国政府在越南的遏制政策一样徒劳无功。负面消息越来越多。1969年10月,一位化学家在一篇会议论文中详细阐述了多氯联苯对秃鹰数量的负面影响。秃鹰是美国的国家象征,这一研究结果让孟山都领导层高度关注。"如今连美国传统的象征也受到了威胁!"正在考虑如何解决多氯联苯问题的公司领导们惊呼道。孟山都公司的一名研究主管称,"鸟类的薄蛋壳上"发出了"此起彼伏的尖叫声"。另一份内部通讯警告称,"后雷切尔·卡森时代'环保极端运动'的发展,已经导致社会上和科学报刊中的恐慌性舆论占据了媒体主流。"[7]

1969年发生的事情太多了。在新年开始的前几天,对越南战争感到厌倦的美国人对《地出》(*Earthrise*)——阿波罗8号宇航员拍摄到的第一张我们蓝色星球的照片——肃然起敬,许多人从这张照片中看到了人类家园的脆弱性。

一个月后,圣芭芭拉的原始海滩发生了大规模石油泄漏事故。6月,长期被克利夫兰的工业巨头污染的凯霍加河再次起火。伊利湖也陷入了危机,磷酸盐肥料等化学品(其中一些就是孟山都公司生产的)导致水藻因养分太多而迅速生长繁殖,造成了横跨大湖的大面积死亡区。到了秋天,威斯康星州参议员盖洛德·纳尔逊宣布要在全国各地的大学校园里开展大规模的环境宣讲活动。这项努力最终在1970年4月22日第一个地球日上达到高潮,这是美国有史以来规模最大的为期一天的大游行。尼克松总统回应民意,同意签署国会于1969年12月通过的《国家环境政策法》。该法要求行政部门设立一个常设环境质量委员会,并要求联邦政府在启动公共项目之前必须开展环境影响评价。几个月后,尼克松通过行政命令成立了美国环保署,并签署了《清洁空气法》,加强了对工业烟囱的监管。与此同时,国会举行了听证会,讨论对《联邦水污染控制法》的修改。该法案最初是在1948年通过的,但其中的执行条款薄弱无用。最终的成果是1972年的《清洁水法》,该法赋予联邦政府更大的权力来监管污染美国水道的公司。[8]

在这种政治气候下,孟山都开始感到来自州和联邦官员的真正压力。1969年,孟山都公司的医疗部门通知亚拉巴马州安尼斯顿的工厂人员,联邦水污染控制机构的"男孩们"要去调查孟山都多氯联苯工厂附近的水道。与此同时,国家空气污染控制管理局也联系了孟山都,要求获取多氯联苯业务的相关信息。自然,孟山都的高管紧盯着这一切。1969年,孟山都公司的一名员工向埃尔默·惠勒解释说:"内政部和州当局有权随时在克鲁姆里奇或安尼斯顿监测工厂排放情况,测量氯化联苯的含量。这很可能会让我们的工厂倒闭,因为测量结果取决于他们选择用什么植物或动物来测试伤害结果。"在所有的正式交流中,孟山都的经理们都强调要谨慎。其中一个经理还叮嘱道:"在这类请求中,除非他们明确提出要求,否则我们不能主动建议。新增测试对象很容易,但写进清单的对象要删减就很难了。"[9]

孟山都的高管在这个时候必须特别小心,因为他们现在已经掌握了新的内部研究,证实了之前关于多氯联苯毒性的发现。从1963年开始,孟山都委托伊利诺伊州的工业生物测试实验室研究多氯联苯毒理学。与这个实验室研究人员合作的一名科学家对该研究小组的发现做了一个毁灭性的总结:"在作者看来,关于多氯联苯对环境质量影响的证据充分、广泛且令人担忧,需要孟山都立即采取纠正行动。"当时的其他内部通信表明,孟山都高管非常清楚持续生产多氯联苯的广泛毒理学后果。1969年,一位公司经理写道:"我们没法捍卫一切,总有一些动物、鱼或昆虫会受到伤害。"至于人类,孟山都的研究也提供了可怕的预测。一份公司报告说:"目前的数据显示多氯联苯对人类可能有'中等毒性'。"根据这一新的证据,孟山都的领导层会怎么做呢?[10]

"能卖多久卖多久。"1969年10月亚老格尔专案委员会的一次会议记录上,一名孟山都员工潦草地写道。埃尔默·惠勒和圣路易斯的高管们在一个月前组织了这个危机委员会,讨论如何解决持续存在的多氯联苯问题。所有的想法都可以拿出来讨论,包括上述提议。讨论的目标是把一切想法都逼出来,希望能最终找到一个可行的解决办法。[11]

事态似乎正在快速恶化。一名特别委员会成员在10月强调说:"这个问题**越来越严重**。"大家都清楚,公司的行径显然已彻底曝光。该委员会在1969年的一份报告中得出结论说,"多氯联苯被确定为环境污染物已经是盖棺定论了",

公众的强烈反对"和消除或防止全球污染……的法律压力已不可避免,而且可能无法有效缓解"。[12]

但停止多氯联苯生产的成本很高。1969年,孟山都的一位高管坦率承认:"客户/市场的需求极大,自私地讲一句,孟山都在其中的利润也极大。"孟山都的营销数据能够佐证这一观点。内部文件指出,到1970年,该公司每年从多氯联苯销售中获得大约2200万美元的收入。这意味着该产品线每年产生1000万美元的毛利润。孟山都在这条生产线上的投资获得了丰厚的回报,在过去10年里,这条生产线的销售额增长了464%以上。考虑到这一切,专案委员会直接声明其首要目标:"保护亚老格尔产品的持续销售和利润。"[13]

如何做到这一点还不完全清楚,但委员会成员希望他们可以通过挑战科学证据来推迟政府的监管。"让政府、州政府和大学拿出证据证明他们的观点,"孟山都的一位研究主管说,只要有可能,"质疑对我们不利的证据。"就像烟草公司的高管竭力否认吸烟与癌症之间的联系一样,孟山都的高管也想在公众心中播下怀疑的种子。惠勒提到1970年该公司赞助的一项研究,该研究发现"多氯联苯表现出比我们预想的要多……的更大毒性",惠勒向公司高管保证,他将让科学屈服于公司的要求:"我们还有一些可能更令人沮丧的临时数据。我们正在重复一些实验来证实或否认早期的发现,目前先不传播早期结果。"孟山都的一位研究人员甚至更直接。"有些研究,"他说,"会被重复进行,直到得出更好的结论。"[14]

政府监管只是问题的冰山一角。如果未来企业客户不愿继续买,孟山都想卖也卖不出去。"一些目前使用这些材料的客户将会'害怕'。"专案委员会得出结论,指出孟山都的销售人员必须加快速度,确保像通用电气和西屋电气这样的大买家依然维持对孟山都的信任。最令人担忧的产品是电气绝缘液,包括派德乐思和伊涅丁等品牌,它们在孟山都的多氯联苯产品组合中占据了巨大的份额。[15]

"我们希望避免出现任何客户想退货的情况,"市场营销专家约翰逊在1970年的一份内部备忘录中告诉销售助理,"我们希望客户用完当前的库存后,还能购买新的多氯联苯液体配方。"同时,孟山都开始向客户提供氯浓度降低了的绝缘液,主张这些新多氯联苯混合物更安全,更容易降解。这不过是个谎言,但孟山都的销售人员认为这是一个能帮助他们继续维持多氯联苯业务的关键策略。"一美元的生意都不能丢!"约翰逊对他的多氯联苯销售团队喊道,并叮嘱他们不要"解释或道歉"。"理直气壮地反击吧。"他告诉他们。[16]

孟山都特别委员会的成员们自信满满,认为电气行业的客户会屈服,因为他们的客户非常依赖他们的产品。通用电气和西屋电气别无选择,只能继续跟孟山都坐一条船。1970年1月,在圣路易斯的一次会议上,通用电气公司的爱德华·拉布对多氯联苯的"不可替代性做了最为坚决有力的强调",他说多氯联苯是变压器的"关键或者说是根本"。专案委员会得出一致结论:"多氯联苯的独特性之一是防火性。我们面临的选择,是要冒因火灾而失去人类生命的风险,还是冒某些鸟类灭绝的风险。在这种情况下,多氯联苯应该可以被视为一种必要的污染物,并在受控条件下得到包容。"[17]

这是孟山都取得成功的关键:说服公众和政府监管机构,让他们相信孟山都出售的东西对美国经济的正常运作至关重要。孟山都和通用电气的官员"达成了共识……如果没有"多氯联苯,"像纽约这样的大城市就会断电。某些行业……会萧条……全国大部分灯会熄灭,空调中的马达和许多工业应用将无法运行"。他们兜售的理念是:痛失多氯联苯的时代,世界末日紧跟而来。[18]

孟山都大肆向公众宣传这一理念。在1970年的一份新闻稿中,孟山都警告称,我们的高管被"一家电气设备制造商警告说,即刻禁止多氯联苯将导致全球范围内的重大电力故障"。孟山都宣传团队的这种警告非常具有讽刺意味,因为他们竟然认为,摆脱多氯联苯困境的最好方法是揭露公司这一污染问题的普遍性。如此一来,这个国家别无选择,只能继续允许多氯联苯的销售。[19]

也许孟山都在电气绝缘液(1970年时约占其多氯联苯销量的60%)的重要性问题上说得过去,但其他没那么重要的产品线则被证明存在更多问题。其中最令人不安的也许就是多氯联苯进入食品包装的事实了。联邦政府官员表示,这可能是因为食品包装公司使用了回收材料,包括经过多氯联苯处理的"'无碳'碳纸",以及含有孟山都化学物质的"印刷油墨"。1971年,食品与药品监管局发现在一个具有代表性的美国样品中,67%的食品包装含有多氯联苯。当公司高管在苦恼他们面临的"全球污染"问题时,他们并不是在夸大其词。多氯联苯确实已经无所不在了。[20]

1970年春,随着越来越多的证据表明这一有毒物质问题已经失控,国会议员威廉·瑞安强烈呼吁他的同事们为这个问题做点什么。瑞安特别关注多氯联苯在"开放空间"中的应用,尤其是油漆。孟山都的高管们开始觉得自己"如履薄冰",因为针对这种有毒物质的主要联邦立法终于开始真正提上议程。[21]

来自俄亥俄州的消息推动了联邦政府的行动。俄亥俄州卫生委员会在牛奶中发现了多氯联苯,原因似乎是谷物筒仓内部刷的多氯联苯漆。"总而言之,这可能是个相当严重的问题。"埃米特·凯利在一份内部备忘录中写道。他深知公司需要迅速行动。"我们什么时候才能告诉我们的客户不要在任何会接触动物或人类的食品、饲料、饮用水的油漆配方中使用亚老格尔?"他陷入纠结。农药显然已经不是孟山都对食物链的唯一影响了。[22]

如果公司现在不采取行动,可能就要为其客户遭受的污染负责。这个问题必须得到控制。

❦

威廉·帕佩佐治希望他能解决这个问题。帕佩佐治毕业于美国圣路易斯华盛顿大学化学工程专业，1951年入职孟山都，后来在60年代到孟山都安尼斯顿工厂负责多氯联苯生产的维护工作。他对这条麻烦不断的生产线的深入了解使他最终升任孟山都有机化学部门环境经理这一并不讨喜的职位，并成为所有关于多氯联苯的讨论的核心人物。在接下来的几年里，他被称为"孟山都的多氯联苯沙皇"。[23]

帕佩佐治认为当务之急是大胆行动。1970年7月，他批准了一项决定，停止所有应用于"开放空间"的多氯联苯的销售，如油漆、增塑剂和纸制品。但值得注意的是，孟山都同时又确保它在这些市场类别中的多氯联苯存货都清完。帕佩佐治说："到1970年8月中期为止收到的所有产品订单都已发货。"到了10月，帕佩佐治对没有出现"大批退货"的事实表示满意。[24]

但尽管帕佩佐治愿意快速淘汰孟山都多氯联苯业务的某些部分，他仍然努力守住电气绝缘液业务，因为这是真正的赚钱工具，占了孟山都多氯联苯销售的一半以上。如果帕佩佐治能够设法保持这些生产线运转，他将为更换昂贵的基础设施争取时间，同时为公司创造可观的毛利。[25]

在这方面，帕佩佐治的策略非常简单：通过让客户公司自愿拒绝孟山都出售的产品，将责任转嫁给客户公司。正如帕佩佐治在1970年9月的现状报告中所解释的那样，孟山都将"向所有多氯联苯的现存用户强调防止其泄漏到环境中的重要性……确保这些警告被详细记录下来,以便将来我们陷入法律诉讼时,详细记录能够支持我们在这一领域采取行动"[26]。

但孟山都真正为客户提供的是一种有选择权的错觉。公司高管在1970年向公司的企业发展委员会做报告时曾说过:"我们的一些客户没有直接的备选项,有些客户只能牺牲安全、成本或各种技术因素来改变。"到20世纪70年代初,公司已经开发出了填充多氯联苯的变压器和电容器的替代品,但问题是这些新产品价格昂贵。用硅填充的变压器和电容器的运行速度大约是多氯联苯品牌的5倍;同样地,"干式变压器"———一种无需绝缘液就能防止火灾的变压器——的售价也比含有多氯联苯的同类产品高出60%。考虑到这些财务现实,对通用电气和西屋电气这样的公司来说,冒着继续使用污染产品的风险更有意义。孟山都的多氯联苯之所以如此具有吸引力,是因为其价格低廉,而这一特性在20世纪70年代仍然是一项关键资产。[27]

于是,孟山都的电力客户被锁定了。他们无处可去。如果他们不得不放弃多氯联苯,他们也会损失一大笔钱。

到1971年,孟山都比以往任何时候都更需要客户的支持。那一年,随着有关食品中多氯联苯污染的新闻不断爆出,尼克松总统的环境质量委员会呼吁颁布实施《有毒物质控制法》,该法允许美国环保署限制某些化学品的使用,并迫使公司报告和控制特别危险化合物的排放。白宫委员会明确指出，多氯联苯是一种需要更严格监管的危险化学品。也许政府很快就会采取行动禁止这些物质，这对孟山都公司及其客户构成了数百万美元的威胁。[28]

随着政府审查的加强，孟山都采取了大胆的措施来进一步保护自己免于未来的责任。1972年，公司向所有多氯联苯客户发送了一份赔偿协议。这些协议要求，只有当客户同意"捍卫、保护且确保孟山都不会受到"任何可能因使用多氯联苯而造成的损害时，孟山都才会继续销售。这些合同充斥着法律术语，涵盖了孟山都认为可能存在风险的各种情况。[29]

几十年来，孟山都通过向通用电气这些大客户提供防火隔热材料而日进斗金。如今，为了应对即将到来的监管挑战，公司又要依赖这些客户为它保驾护航。

对孟山都来说，单枪匹马对抗联邦监管机构并不是一个可行的选择。毕竟，孟山都公司向美国环保署承认，在其位于东圣路易斯的索吉特工厂——这是当时美国仅存的多氯联苯工厂——只有55名员工直接参与多氯联苯生产。（1970年，随着多氯联苯问题不断发酵，孟山都迫于压力关闭了其安尼斯顿工厂的多氯联苯生产线。）孟山都很难说服美国环保署砍掉这几个工作岗位所带来的经济损失会超过持续生产多氯联苯将带来的生态后果，因此关键得让美国环保署考虑更广泛的经济成本,而这时跟电力公司的合作关系就变得至关重要了。这些公司有数千名员工直接使用含有多氯联苯的设备。如果联邦政府禁止这一类化学物质,他们的工作和无数使用他们出售的电气设备的其他工人的工作就岌岌可危了。[30]

据一名参加了早期听证会的通用电气公司代表说,美国环保署官员在权衡对该化学品的监管决定时,"认为经济因素是需要考虑的"。孟山都因此制定了将"相关经济数据"引入监管话语的最佳技术策略。[31]

在接下来的几个月里,孟山都乐观地认为,它的大型电气客户,特别是通用电气和西屋电气对美国环保署的游说努力,将助其摆脱严格的监管。这些公司恳求美国环保署不要对在封闭装置中使用多氯联苯的行为采取太过严苛的行动。[32]

但尽管有这些行业的请愿,美国环保署官员还是在1973年12月根据《清洁水法》提出了一个严格的排放标准,将多氯联苯排放限制在当时的水质测试设备几乎无法检测的水平。孟山都的一名特别项目主管向帕佩佐治抱怨道:"显然,环保署没有听取我们的客户(特别是通用电气公司)的任何书面声明。"在随后1974年的听证会上,帕佩佐治继续试图证明禁止多氯联苯会导致"无法确定的火灾事件"和严重的"经济混乱"。他认为,多氯联苯现在仅用于"密封"的装置,比如变压器,而且私营企业已经在控制和防范这个问题了,因而没有必要制定严格的法规。[33]

帕佩佐治这一声明掩饰了多氯联苯会不断渗入环境和人体的事实。1975年，当美国环保署和国会还在讨论多氯联苯法规的最终用语时，西屋电气的主管丹·艾伯特私下写信给帕佩佐治，描述了工厂的混乱情况，在那里，生产电容器的工人要处理另一种多氯联苯产品——伊涅丁。"员工们的鞋底会沾染伊涅丁并最终把伊涅丁带回家，他们经常抱怨伊涅丁会腐蚀他们的鞋子，"艾伯特还追问说，"这是个严重的问题吗？"从艾伯特的描述来看，很明显西屋电气的工人身上已沾染了多氯联苯。"伊涅丁会穿透他们的皮鞋"，他们的手也会被这种化学物质浸透，因为"在伊涅丁生产线上工作的员工不能使用手套，这是一个组装区"。"即使他们可以，"艾伯特补充说，"伊涅丁也会破坏保护手套的。"[34]

艾伯特这一关于工人鞋底被污染的描述，已经清晰显示了多氯联苯问题并不局限在工厂地面或西屋电气工人身体上。这些工人把污染源带离工厂，多氯联苯脱落在迎宾席和储藏室里，与来客的鞋子和衣服混在一起。被污染的衣服最终被放入洗衣机，与他们配偶或孩子的贴身衣物混在一起。因此，最终的产品——变压器可能看起来像一个封闭的容器，但制造它（或维修它）的过程基本上不是孟山都提出的"在封闭环境中进行"。[35]

帕佩佐治在回答艾伯特的问题时自相矛盾。在他告诉艾伯特的一段话中，他说："在家清洗工作服时不应对员工或其家人产生任何影响。"但在另一段话中,他又叫艾伯特不要"过分强调适当控制伊涅丁的使用和处理以防止其逃逸到环境中的必要性"。此外,帕佩佐治还给出了其他一些模棱两可的信息。在一段话中,艾伯特问了一个坦率的问题:"既然伊涅丁会影响鸟类和其他动物,你该如何向员工解释,让他们明白为什么伊涅丁会杀死一只鸟,而不会杀死一个人?"帕佩佐治尖锐地回应道:"伊涅丁确实对人类有潜在的真实影响——包括死亡。"尽管存在这种可能性,帕佩佐治还是说:"我强烈建议你向大家强调另一个观点——从过去40年的经验中得出的结论是伊涅丁不会导致对人类的伤害。"[36]

当帕佩佐治在为西屋电气的情况而烦恼时,来自美国环保署的压力又卷土重来。1975年6月,美国环保署写信给帕佩佐治,告知密歇根湖的多氯联苯含量在升高。

美国环保署水资源执法部门的法律主管罗伯特·埃米特向帕佩佐治透露了这个消息:"由于有了在封闭装置中使用多氯联苯的限制,州和联邦污染控制机构曾认为,在鱼类中发现的多氯联苯的水平,特别是在密歇根湖中,将很快开始下降。"但令人悲伤的是,埃米特总结道:"这并没有发生。"[37]

美国环保署现在想要孟山都所有客户的信息,以试图弄清多氯联苯是如何从这些所谓的"密封"容器中进入环境的。埃米特以一种充满善意的姿态给帕佩佐治写信说:考虑到"你和孟山都在这个可能严重的问题上表现出的合作精神","我很高兴我们能够以友好和具有建设性的方式进行调查"。[38]

就在帕佩佐治与美国环保署官员进行讨论的同时,营销经理弗洛伊德·比恩在培训销售人员时,却还在宣扬转移注意力和混淆视听的策略。"不要回答任何关于伊涅丁或多氯联苯的问题,"他告诉他的员工,"即使你知道答案。"[39]

到1975年冬天,国会进行了关于《有毒物质控制法》的另一轮辩论,现在看来联邦多氯联苯禁令已经近在咫尺了。美国环保署长拉塞尔·特雷恩于12月在电视上敦促国会通过该法,赋予美国环保署阻止危险化学品进入环境的权力。"在过去的五年里,"特雷恩说,"估计每年有600种新化学品进入美国的公共场所……尚没有对这些物质对人类健康的潜在影响进行任何系统的、事先的评估。"而这对于国内越来越多的环保人士来说是无法接受的。特雷恩还特别提到多氯联苯是市场上必须消除的危险化合物之一。[40]

1976年10月,国会最终通过《有毒物质控制法》,其中包括禁止生产多氯联苯。基于对行业需求的敏感性,国会宣布,这项禁令将于1979年1月1日生效,以给企业一些时间来适应新规定。孟山都在多氯联苯工作组的敦促下,于1977年10月决定停止生产与装运多氯联苯。这比1979年的期限提前了很多。孟山都这样做是希望向公众展现一个姿态——是它自己选择采取纠正行动的。在此后所有关于此事的公开声明中,孟山都公司都强调了这一点:它是自愿退出多氯联苯业务的。[41]

而在海外,孟山都试图尽可能减缓退出多氯联苯市场的步伐。在监管势头不足的英国,孟山都竭尽全力与监管机构斡旋。公司内部备忘录明确表示,多氯联苯的退出将按不同于美国的时间表进行。为此,公共关系总监丹·毕夏普指示孟山都欧洲总部的高管,如果被问及有关多氯联苯的试探性问题时,要拖延时间。他说,"避免任何医学问题",特别是关于"已经在美国媒体上流传的……母乳中含有多氯联苯的问题"。要转移话题,"避免被引导评论与公司责任相关的问题"。孟山都位于威尔士新港的英国多氯联苯生产设施是"二战"结束后不久购置的,如今只求这些设施尽可能为公司多运行一段时间。[42]

回到母国,具有讽刺意味的是,《有毒物质控制法》不但没有打击到孟山都,甚至为其提供了进一步保护。孟山都多氯联苯研究小组在一份内部备忘录中总结道,"随着《有毒物质控制法》的通过,公司将有对抗诉讼的……额外的法律抗辩事由"。这一抗辩事由就是《有毒物质控制法》第6条第 e 款,该条正式批准多氯联苯在完全封闭空间中的继续使用。美国环保署解释说,允许的应用范围包括"电力变压器、铁路变压器、液压系统、采矿机械、传热系统、颜料、电磁铁、天然气管道压缩机、显微镜和无碳复印纸、小剂量可用于研究和发展"。既然这些用途如今已是法律允许的，孟山都公司怎么可能对美国环保署正式批准的应用所导致的污染问题负责呢？[43]

美国环保署承认，在公布最终规则时，他们考虑了"限制这些用途的经济影响"。这意味着孟山都的努力游说终于得到回报。拉塞尔·特雷恩和美国环保署最终采纳了孟山都就多氯联苯在美国经济正常运转中扮演的重要角色所提出的经济诉求。此前还有超过200家公司向美国环保署表达了对多氯联苯管制的类似担忧。[44]

这是一个怪异的场景。为了阻止对多氯联苯的全面禁令，孟山都努力揭露而不是隐瞒其有毒产品在全球经济中是多么普遍。在《有毒物质控制法》实施的早期，在这场经济和生态共同主导决策的战争中，这种普遍存在的状态竟然变成一种重要资产。

美国环保署明确表示，它没有足够的资源来确保多氯联苯污染在未来几年能得到适当控制。在多氯联苯禁令通过后，美国环保署的一份报告指出："环保署承认……它无法管制一些活动，例如多种多氯联苯设备的废弃处置，因为这些设备归不同地方、不同人所有。"这是一个非常严重、涉及面太过宽泛的问题，美国环保署作为一个联邦机构根本无法处理，只得寄希望于私营企业来解决。[45]

对于美国环境保护基金会来说，这种情况简直不可接受。美国环境保护基金是美国最重要的环境法律组织之一。1980年,该基金会对美国环保署允许在"完全封闭空间"中使用多氯联苯的决定提出质疑,敦促联邦政府采取更积极的行动来消除多氯联苯的威胁,并赢得了最初的法庭诉讼。但行业压力导致联邦法院取消豁免的决定被搁置。最后,美国环保署选择继续允许在封闭空间中使用多氯联苯,很大程度上是因为去除多氯联苯被认为成本太高。最终的结果便是含有多氯联苯的电气设备在全国各地被保留了下来。[46]

如果美国环保署的监管者认为他们已经控制住了危机,那他们就大错特错了。随着变压器和电容器老化,它们会变得容易起火;起火燃烧时,多氯联苯会转化为二噁英和呋喃-氯代化合物——两种被认为是人类已知的毒性最大的化学物质。对于那些需要迅速扑灭电气火灾的消防员来说,这种火灾对健康的影响可能极为可怕。研究表明,在变压器火灾中,消防员往往要花四个多小时与变压器火灾的高温做斗争,也就是说有相当长的时间淹没在致命化学物质中。接着,他们穿着沾染有毒物质的衣服,扛着沾染了有毒物质的设备回到消防站清洗——这是多氯联苯突破封闭空间外溢的又一种方式。对于自己生产的绝缘液燃烧产生有毒物质的后果,孟山都也许可以庆幸自己与此绝缘,但如今这个后果转嫁到消防员头上。美国环保署没有要求在环境中迅速、彻底地清除多氯联苯,就意味着现在美国的救火英雄们在每次接到扑灭多氯联苯变压器火灾的报警电话时,就要背负起接触多氯联苯的沉重负担。[47]

除了消防员,电气工人也是身处险境的一类人。全国各地的电气工人每次外出维修受损的变压器和电容器时,都要接触到多氯联苯。这种真实的公共卫生威胁可不是杞人忧天。[48]

这个问题关涉整个国家几乎每个社区。在20世纪90年代,仍有数百万注满多氯联苯的变压器和电容器在使用,其更换的速度极其缓慢,平均每年的替换率约为2.5%。到本世纪第一个十年,美国环保署仍然保留着一份含有多氯联苯的电气设备清单。[49]

当受污染的变压器和电容器停止使用并被倾倒在当地的垃圾填埋场时,多氯联苯的威胁并没有结束。1976年,美国环保署估计全国有3亿磅多氯联苯被掩埋在垃圾堆中。孟山都和它的电力行业客户试图向市民保证,多氯联苯不会从这些地方渗出,但有些人不相信。1975年,哈德逊河渔民协会会长大卫·西摩疾呼:"这是多么荒唐的事情!""通用电气公司就没有人问过下雨时垃圾场会发生什么吗?如果任何一个装有多氯联苯的容器破裂,这些东西就会渗入地下,污染方圆数英里内的水域。"正如西摩所说,多氯联苯问题仍然没有得到控制,而且几十年内都不会得到控制。在21世纪前20年,美国环保署最终迫使通用电气花费近16亿美元清理奥尔巴尼以北40英里长的哈德逊河,因为该公司曾将此作为多氯联苯的垃圾场。而躲在赔偿协议这道防火墙背后的孟山都公司却安然无恙,没有受到这一可能带来灭顶之灾的污染问题的影响。[50]

诡异的是,正是多氯联苯污染的普遍性使孟山都在20世纪70年代免于破产。在福特和卡特时代的滞胀期,美国环保署仍处于起步阶段,它根本无法证明昂贵的多氯联苯清除计划是合理的,因为它认为这会威胁电力行业的生存能力,而电力行业正是经济的动力。污染必须继续存在,因为不这样做的成本似乎是不可承受的。

20世纪90年代,多氯联苯问题再次困扰孟山都,那是后话了。而在70年代,它有更紧迫的问题。几十年来为孟山都带来丰厚利润的两种产品——2,4,5-T和多氯联苯相继淘汰,石油公司和外国竞争者开始蚕食它在大宗化工业务上的市场份额。孟山都急需一种新的畅销产品来帮助它在竞争中取胜。肩负起这一重任的产品,就是一款叫作"农达"的新型除草剂。

7
"战略性撤退渠道"

一辆巨大的卡车载着熔化的放射性采矿废料,在暮色中缓缓向悬崖的边缘驶去。这是2016年6月,爱达荷州东南部人口约为3000人的苏打泉镇以北一家制造厂的夜班场景。卡车上炙热的垃圾是磷酸盐渣,是利用附近山区开采的磷矿生产单质磷的副产品。卡车接近悬崖的边缘,将熔岩状的污泥倾倒到一座巨大的炭色垃圾山的一侧。炽热的橙色矿渣从山坡上倾泻下来,热浪在空中涌动,几英尺外的农田被一种不自然的光芒照亮。远处的土地上长满了大麦,其中一些可能是用来酿造百威啤酒的。[1]

除了此地,孟山都没有其他地方可以丢弃废料。美国环保署已经要求孟山都不得将含有镭和铀的磷酸盐渣从这个加工点运离。因此年复一年,孟山都只能将这些废料不断堆积在工厂背面。

孟山都的巨型工厂坐落在这个被称为"宝石之州"的丘陵地带。2006年,该工厂向空气中排放了大量的汞,约占爱达荷州汞排放总量的96%。电线将从燃煤电厂获得的大量能量输送到在超过2700华氏度（约1482摄氏度）温度下加工磷矿的熔炉中。据估计，这家工厂消耗的能源超过了距此几小时车程外的大城市盐湖城所有居民的耗电量。[2]

孟山都花了数百万美元来维持这个设施的运转，这也是不得已的选择。毕竟，这里是孟山都帝国的核心——正是在这里，孟山都提取出了生产草甘膦所需的元素磷，而草甘膦是其生产的举世闻名的除草剂"农达"的关键成分。

孟山都于1952年首次进入这个领域。当时，公司的磷酸盐业务蓬勃发展，磷酸盐被转化为各种产品，从软饮料中的磷酸到洗衣用的洗涤剂。孟山都1952年的年度报告将含磷酸盐的洗涤剂和肥皂列为公司"第三重要"的产品线，仅次于塑料/合成纤维和橡胶，而公司的化学家们也一直在研发各种可能为公司带来更多利润的含磷化合物。[3]

其中，一位名叫约翰·弗朗茨的年轻化学家于1955年加入了这家圣路易斯公司。和孟山都的创始人约翰·奎尼一样，弗朗茨也是中西部人。1929年12月，就在股市大崩盘导致国家陷入大萧条的两个月后，他出生在伊利诺伊州斯普林菲尔德的一个奶牛场里，生于一个收入中等的欧洲移民家庭。据约翰·弗朗茨自己承认，他是个宅男，只喜欢在实验室里安静地倒腾东西。小时候他就对化学产生了浓厚的兴趣，大部分时间都待在父母的地下室搭建的临时实验室里。[4]

弗朗茨德国出生的父亲经常为他的儿子购买进行实验所需的化学药品。这项活动就像是社区公共活动。据约翰·弗朗茨说，他所在社区的其他孩子正在建立自己的化学实验室，还会经常交换关于分子干预的想法。就像20世纪70年代史蒂夫·乔布斯一代的孩子们在硅谷的车库里玩晶体管，最终成长为计算机技术的大师一样，二战时期，美国心脏地带的地下室里诞生了许多化学巨头。[5]

弗朗茨对现代科学的工具感到惊奇。他在十岁的时候就看了关于托马斯·爱迪生、路易斯·巴斯德和保罗·埃尔利希的电影。晚年有一次提到这些电影时，弗朗茨打趣道："最让我印象深刻的是，一个人竟然能做对人类如此有益的事情。"怀着成为下一个改变世界的人的雄心，弗朗茨决定去伊利诺伊大学学习化学。[6]

后来，弗朗茨继续在明尼苏达大学攻读博士学位，毕业后，他应聘了标准石油、杜邦等多家公司，但最终决定加入孟山都，因为他觉得那是他会被"需要"的地方。此外，孟山都规模比较小，出头的机会可能更大一些。弗朗茨梦想的是有一份能让他待在实验室的工作。"我无法成为一名好老师，"他承认，"可能是我太内向了，也太个人主义了；我觉得我只想做研究。"孟山都恰恰给了他一份这样的工作机会。[7]

1955年，当他来到孟山都位于圣路易斯的总部时，他被分配到公司的有机化学部门，他最初的工作是负责研究产生

2,4-D的化学过程。但除了研发除草剂，弗朗茨还参与了其他产品线的开发。1959年，他成为一个研究阿司匹林各种配方的研究小组的组长。20世纪60年代，他又被安排开发增塑剂和新的医药产品。就像弗朗茨说的，"他们一直在更换我的工作"，但弗朗茨对此并没有意见。他对科学有着永不满足的好奇心，因而对孟山都这份工作非常热爱。[8]

1967年，弗朗茨的事业发生了戏剧性的变化。那一年，他离开了有机食品部门，加入了成立七年的农业部门。部门负责人约翰·斯佩齐亚莱博士钦佩弗朗茨是一个专注于实验室工作、纪律性极强的研究人员，认为自己也具有这一品质，并且很欣赏他，于是把他挖了过来。当时，农用化学品已成为公司"增长最快的产品组"，而弗朗茨正好处于这项事业的核心。但开始几年他的进展并不顺利，因为自从加入这个部门后，他就投入一个已进入"死局"的项目，开始尝试开发可以调节植物生长的化学物质，但几乎颗粒无收。这个项目由菲利普·哈姆博士于1960年发起，负责研究各种以磷为基础的分子，看看它们是否可以转化为植物生长抑制剂。此前，哈姆为了找到一种可以商业化的化合物，已近乎疯狂地研究了近十年，但一次又一次地失败，未能取得突破。尽管如此，哈姆仍然心无旁骛继续研究，以至于很多人将其视为"怪人"。[9]

因此，当弗朗茨在1967年进入农业部门时，哈姆希望弗朗茨这个梦想家能够加入他的项目。尽管两年后，部门里大部分人都放弃了这项研究，但一直怀揣着一颗好奇心的弗朗茨却决定要继续研究下去。

此时的孟山都早已是久旱待甘露。不仅利润丰厚的2,4,5-T和多氯联苯等产品受到联邦监管机构的威胁，蓬勃发展的磷酸盐洗涤剂业务也受到攻击。之前，孟山都在以三聚磷酸钠为核心有效成分的洗涤剂上进行了大量投资。20世纪60年代，公司向利华兄弟公司提供三聚磷酸钠，由后者负责销售"奥霸"（ALL）洗涤剂。这个品牌是孟山都公司在20世纪40年代创立的，并在1957年卖给了利华兄弟公司。在过去的十年里，"奥霸"洗涤剂取得巨大的成功，甚至被1964—1965年纽约世界博览会列入"5000年时间胶囊"展品之中，与包括"《圣经》、隐形眼镜和披头士乐队的唱片"在内的其他物品并列。[10]

但随后这一产品的危机来临。到20世纪60年代末，科学家、环保主义者和政治家对磷酸盐清洁剂污染水道的方式提出了警告。当时的问题是"富营养化"。富营养化是指水道内的营养物质过多，导致植物和藻类呈指数级增长，从而耗尽水中的氧气，致使生态系统崩溃。面对政府的打击，孟山都公司在20世纪70年代决定开发一种新的化学制剂来取代三聚磷酸钠，并慢慢退出磷酸盐洗涤剂市场。来自环保组织、科学家和政治家的压力太大了。[11]

但如果要退出磷酸盐洗涤剂市场，孟山都面临的问题是如何处理爱达荷州苏打泉化工厂生产的磷酸盐。毕竟根据公司的报告，在1970年，苏打泉加工厂生产的元素磷中，有近50%被用于生产洗涤剂。如果因为存在水污染问题，这些磷酸盐不再用于生产洗涤剂的话，那它们该何去何从？[12]

这就是弗朗茨当时在农业实验室工作的背景。为了重新找寻磷酸盐的出路，他对数十种含磷化合物进行了各种尝试，并开始在植物上进行试验。

他非常幸运，在1970年测试第二种化学物质草甘膦时便获得成功。后来的研究显示，弗朗茨计划测试的大多数其他化合物都是"死路一条"。[13]

在弗朗茨的幸运发现之后，孟山都的科学家们开始测试草甘膦，结果令人满意。"这绝对可以商业化！"菲利普·哈姆在公司温室里第一次看到草甘膦的效果时脱口而出。但此时还不能证明草甘膦在自然环境中也同样能发挥功效。不能耽误时间了，随着冬天即将到来，如果哈姆想要证实这一温室中的成果，就必须尽快在室外试验田喷洒草甘膦。他命令在他手下工作的科学家跳过二级温室实验，赶在冬天到来之前开始田间试验。此后不久，当弗朗茨坐在飞机上检验一片喷洒了草甘膦的地块时，他看到了令人惊叹的一幕——施用草甘膦的地方，杂草枯萎了。这证明草甘膦确实是一个有效的产品，能够消灭困扰农民的各种杂草。弗朗茨内心澎湃，他经历了多少其他化合物的失败，才最终走到这一步！这位植物病理学家在他的总结报告中写下："千呼万唤始出来！"最终，孟山都将这一新产品命名为"农达"。[14]

正如孟山都矿业专家兰迪·弗拉内斯所言，草甘膦的发现，为孟山都提供了一个"战略性撤退渠道"，使它可以从越来越有争议的磷酸盐洗涤剂业务中退出。孟山都现在可以将元素磷引入其新型除草剂，而不用白白放弃在爱达荷州开采磷矿的昂贵投资。[15]

约翰·弗朗茨认为自己干得不错。多年后，弗朗茨解释说，正是草甘膦的"环保"让它对孟山都的高管们如此有吸引力，因为这些高管们对20世纪70年代现代环境运动中充满活力的支持监管的激进主义早已不知所措。与2,4,5-T等因其毒性已被禁用的除草剂不同的是，目前还没有发现草甘膦有危害人类健康的问题。孟山都在产品广告中指出，草甘膦可以破坏一种名为EPSP合酶的植物酶，由于这种酶"不存在于人体或动物体内"，所以公司号称将草甘膦用于被人类食用的农作物是安全的。[16]

研究人员后来质疑了这一论断，指出人类和动物肠道以及土壤中的细菌是含有EPSP合酶的，因此草甘膦可能会对其产生不利影响。到21世纪第二个十年，一些人推测草甘膦对微生物群落环境的破坏很可能会导致人类患病。在这本书出版时，这一领域的科学研究仍在进行，但在20世纪70年代，监管机构对这个问题并没有仔细研究。[17]

1975年底，也就是弗朗茨发现草甘膦除草剂特性的几年后，美国环保署批准了草甘膦在美国农作物上的使用。20世纪70年代初的新法规赋予美国环保署权力，接管此前由美国农业部负责的农药管理职责，并规定企业在获得许可前必须提供广泛的科学证据，证明其产品对人类或环境无害。在审查了孟山都公司完成的几项机密研究后，美国环保署最终批准了农达。就当时而言，农达已经有了一条光明大道通往市场。美国农业的新时代已经到来。[18]

孟山都公司总裁约翰·汉利一定得意扬扬。他50多岁，毕业于哈佛商学院，原来在宝洁公司担任首席执行官。他是经营孟山都的第一个真正的外来人。1972年，就在孟山都深陷2,4,5-T和多氯联苯惨败导致的混乱局面时，董事会的一个三人委员会任命汉利为公司总裁。此时孟山都公司的老员工们颇有微词，想知道这个从事消费品行业的家伙对他们的业务了解多少。要知道，在1972年时，孟山都的年营收已经高达22亿美元，而连汉利都承认自己对这个行业经验不足。在宣布聘用他的新闻发布会上，这位孟山都的新总裁咧着嘴，开玩笑说他"没有什么知识，却充满热情"，但承诺"会尽快学习"。不过，他说这些只是自谦之语。毕竟，汉利在宝洁公司工作时专门负责洗涤剂和肥皂业务，有过直接与孟山都的销售人员谈判的经历。他知道磷酸盐对孟山都有多么重要，对于能够找到一条新的生产线来使用花费巨额成本开采和加工的资源，他肯定也乐开了花。[19]

这段时期对孟山都来说尤其艰难。大型石油公司和外国公司继续蚕食着它在大宗化学品业务上的市场份额，本来希望能一炮打响的一些新研发产品最终也都成了哑炮。也许最大的失败是用洛帕克塑料制成的可循环瓶。孟山都曾希望把它卖给可口可乐和其他饮料巨头。但1977年，美国食品与药品监管局禁止了这种塑料瓶，理由是有研究表明洛帕克塑料会导致实验室老鼠长肿瘤。最终，杜邦公司赢得了这场塑料瓶比赛，为其研发的制造聚对苯二甲酸乙二醇酯容器（PET）的工艺申请了专利，该工艺在随后的几年里成为饮料行业的标准。塑料瓶的折戟沉沙让孟山都公司渴望一个新的成功故事。[20]

草甘膦就是这个故事。草甘膦的销量在美国环保署批准后的几年内激增。这种除草剂用途广泛，其能力是无与伦比的，因为它能消灭几十种不同类型的杂草。农民们大量购买用于喷洒自己的田地，还向记者赞叹其前所未见的功效。苋菜藤子、长芒苋，以及最难搞的杂草——杉叶藻，通通在浇上孟山都的除草剂后枯萎。而对于玉米和大豆，虽然目前为止还没有办法保护这些作物免受除草剂的伤害，但是大多数种植玉米和大豆的农民还是会在作物长出地面之前喷洒草甘膦，因此在美国的玉米和大豆农场上也有大量的农达。许多种植者开始实行所谓的"免耕"种植法*，喷洒农达除草剂"烧毁"所有植物，然后直接在枯萎的植被上播种，避免因翻耕而导致珍贵的土壤流失。许多种植者认为这种免耕法更加环保。很快，家庭园丁也开始购买小罐的农达，把它涂在讨厌的石茅和其他杂草上。这个市场是国际性的，20世纪70年代中期，孟山都就把产品卖到了其他国家，加拿大的大麦种

---

* "免耕"种植法（"no-till" farming）是指减少对土地的搅动，以保持和改善土壤结构，避免土壤流失。但由于没有通过犁耕除草，因此需要使用除草剂。

植者和英国的小麦种植者都开始使用这种新型除草剂。[21]

早期，孟山都的营销团队采用"养活全世界"的话语，利用人们对即将到来的食品短缺的恐惧来推销农达。几十年来，美国的农业盈余首次减少，其中一个原因是1972年大量的粮食销售给苏联。整个国家的食品价格都在上涨，引发民众恐慌。而孟山都助长了这种恐惧。1977年孟山都的一则广告警告说："如果没有化学品，将会有数百万人挨饿。"这种说法与前文说的"绿色革命"运动的支持者所宣扬的理念相吻合。此时这场运动的影响力已经远远超出了墨西哥农业项目，进入了东南亚和其他地区。20世纪五六十年代，与"绿色革命"运动相关的外交政策制定者们认为，美国的国家安全依赖于在世界各地推广农业项目，以提高粮食产量。这种观点认为，通过提高粮食产量，农民将消除饥饿，从而防止外国政治激进化。最近的研究清楚表明这种逻辑是有缺陷的。粮食产量的增加并没有消除发展中国家的饥荒和粮食不安全，这在很大程度上是因为这项运动发起的农业改革并没有根本解决导致这些地区贫困的结构性不平等问题。但在20世纪70年代，世界粮食生产不足是对美国安全的生死威胁这一观点被许多人接受。从20世纪70年代开始，孟山都的广告部先把这个问题抛给美国人，然后又把农达作为解决方案之一推销给他们。[22]

在推出农达的八年时间里，孟山都吹嘘其年销售额接近5亿美元。在未来几年孟山都仍然拥有除草剂的专利，能够继续垄断农达的市场。虽然其他的化学公司都在投资开发新的除草剂，希望能与农达竞争，但没有任何公司能真正研发出与这种神奇的新化学物质相媲美的产品。[23]

农业部门现在是公司最大的利润来源，他们研发的农达作为畅销产品，为公司带来大量进账。其实除了农达，孟山都还销售其他除草剂，包括"套索"和"弯刀"等听起来颇具男子气概的品牌，这些品牌名让人联想到农民正在边疆开荒。然而，草甘膦才是公司真正的宝贝，是一家企业可遇不可求的重大发明。[24]

但在爱达荷州，令人不安的消息传来，可能会让这一切繁华土崩瓦解。在那里，联邦探员在农达的供应河源头发现了麻烦。[25]

美国环保署现在有了新的权力来追究企业污染者的责任。1970年，尼克松总统签署的《国家环境政策法》正式生效。在此之后，想要在联邦政府保护的土地上获取自然资源的企业，必须与政府官员合作，完成一份环境影响评价报告，列出工业经营的预期生态后果。此外，在1976年，国会通过的《资源保护与恢复法》和《有毒物质控制法》，赋予美国环保署新的权力来监督有害废弃物的妥善处理。因此，尽管孟山都在爱达荷州开采了几十年，但在20世纪70年代中期，该公司面临着来自政府官员更严格的审查。

1976年完成的"爱达荷州东南部磷酸盐资源开发"环

境影响评价报告,揭露了孟山都公司在宝石州的一些令人不安的事实。环境影响评价报告主要关注由孟山都、辛普洛、富美实等其他五家公司打算开发的16个采矿项目,这些项目覆盖了大约15700英亩的土地。该报告揭露了爱达荷州磷矿开采可能带来的一系列环境问题,指出矿山扩张将导致该地区"侵蚀加速""地下水质量下降""野生动物受到严重影响"。此外,环境影响评价报告指出,计划中的扩张将意味着磷酸盐处理厂的用水量可能会翻到四倍多,从每天1600万加仑增加到6600万加仑(1加仑约为3.78543升,下同)(即每年约240亿加仑)。这对于一个年降雨量不到20英寸(1英寸约为2.54厘米,下同)的地区来说无疑是极大的资源负担。除此之外,美国环保署在评论跨机构工作组的调查结果时,还特别强调对其中"与副产品和利用石膏、磷酸盐渣与尾矿相关的辐射影响"相关结论的关注。[26]

  辐射是一个重要的问题。根据美国环保署的说法,"磷矿石所含的天然放射性水平约为地壳中天然放射性水平的60倍"。生产元素磷的副产品是磷酸盐渣,其中含有较高水平的放射性核素,如铀-238和镭-226。当磷矿石在窑中烧制时,包括钋-210在内的放射性物质也会从烟囱中冒出。在20世纪70年代,这种放射性物质就是这样逃逸到空气中的。更糟糕的是,孟山都把它的矿渣废料卖给了苏打泉镇,作为道路甚至家庭地基的建筑骨料。监管机构对这一切忧心忡忡,极力推动调查它是否对社区健康构成严重风险。[27]

  孟山都因此腹背受敌。在苏打泉开采和加工的元素磷是公司新除草剂农达的核心成分，因而现在是公司重要的收入来源。由于预计农达的销售会增长，孟山都最近还开了新矿井，将数百万吨矿石运送到苏打泉的加工厂。如果在此时设施运营受到任何干扰，于孟山都公司来说是根本无法接受的。[28]

然而层层压力如浪潮般继续袭来。1980年，在拉夫运河——纽约州北部一个建于有毒废弃物倾倒场之上的住宅社区——草根运动的推动下，国会通过了《综合环境响应、赔偿和责任法》（又称《超级基金法》）。该法赋予美国环保署督促有关公司清理有毒废弃物的新权力。[29]

在《超级基金法》的授权下，美国环保署将注意力集中在孟山都这个位于苏打泉、面积530英亩的磷酸盐加工厂。美国环保署的调查除了详细揭露出令人不安的放射性核素扩散之外，还发现了其他让人恐慌的事实：此处含有镉、硒和钒等危险化学物质的受污染饮用井和污染烟缕已经扩散到地下水中。有鉴于此，美国环保署最终宣布孟山都工厂为超级基金修复点，并将该工厂列入有毒废物清理的国家优先清单。[30]

孟山都的苏打泉工厂是另一个拉夫运河吗？答案不容乐观。联邦监管机构把聚光灯对准了孟山都已经失控的污染问题。如果镇上的居民举起反抗大旗，那么孟山都的苏打泉工厂就岌岌可危了，而农达自然也会跟着遭殃。

这种反抗的可能性是很高的，因为此时，在这个国家的另一边恰恰就在发生这样的事情。西弗吉尼亚州奈特罗市的居民指控孟山都曾经销售的另一款除草剂在他们的家乡造成了生态灾难，将孟山都告上了法庭。

8
"他们可以拿走我的房子，只需要给我30天的时间搬离"

在西弗吉尼亚州查尔斯顿，律师斯图尔特·考威尔独自坐在一座三层建筑的顶层。他的四周堆砌着几十个纸箱，里面装着对孟山都和其他公司超过35年的诉讼的各种资料。这栋建筑有半个足球场宽，占据了一个城市街区，而里面这一层没有墙，是天花板很高的一整个大房间。考威尔的办公桌置于房间中心，与宽阔的办公室相比显得很小，不太协调。阳光透过落地窗洒满房间，让房间中的工作迹象一览无遗。烟头、一次性塑料咖啡杯、三角裤和散乱的文件堆满了考威尔的办公桌，旁边是一块白板，上面潦草地写着即将到来的诉讼案。这时是2016年，自他从20世纪80年代开始对孟山都公司提起第一次诉讼到现在已经35年了，但他仍然在做这件事。[1]

这是一个具有历史性意义的地方，但不仅仅是因为发生在这里的诉讼历史。考威尔现在坐着的地方，以前是一个煤矿工厂的洗涤厂。20世纪早期，在附近卡那瓦煤田上的矿工会把满身煤灰的衣服拿来这里清洗。但现在,仅从建筑四周观察已难以知悉这段历史。考威尔的女儿是一名室内设计师,她用充满活力的红、黄、蓝三色覆盖了支撑这座建筑的裸露横梁,为这座建筑增添了色彩。[2]

2016年一个凉爽的秋日,考威尔回忆起他与孟山都公司的传奇之战。这场战斗始于很多年前,当时他在几英里外的奈特罗第一次见到了孟山都的工人。考威尔说话带一点西弗吉尼亚口音,礼貌地问他是否可以边说话边抽烟。在接下来的大约一个小时里,他身边总是烟气弥漫,香烟或放在烟灰缸上燃烧着,或夹在指尖。[3]

考威尔在一个离奈特罗市中心只有两英里的十字道(Cross Lanes)小镇长大。他的父亲是一名药品推销员,母亲是一名教师。20世纪50年代,在考威尔十几岁就读于奈特罗高中时,就已经很清楚孟山都公司的存在了。当时,他记得看到过一辆棕色轿车,"车门上写着金色的小字:孟-山-都"。这辆车不时在城里穿梭,到公司员工家里去拜访。当时考威尔对此并不在意,但几年后,他才知道这辆车是在收集"住在那些房子里的人的尿样,以确定他们是否患了膀胱癌"。这种癌症的罪魁祸首是奈特罗工厂生产的一种化学物质多烷基苯(PAB),它用于处理橡胶轮胎,使其在阳光下不会破裂。考威尔说,孟山都早在1934年就知道多烷基苯对人类健康有害,却允许工人在被这种化学物质污染的工厂中劳动。[4]

如果考威尔的传记只写到十几岁,可能很容易让人以为他是瑞芭·麦克泰尔歌里唱的"美国南部边远地区的律师"——一个来自阿巴拉契亚的男孩成为一名律师,并利用他平易近人的魅力让陪审员和法官听从。但考威尔不是这样的律师。他讲起话来滔滔不绝,充满雄辩技巧。他的记忆力很好,能一口气说出复杂化合物的名称,并详细解释它们在人体中的作用。因此在法庭上,考威尔取胜的法宝是他的头脑而不是他的魅力。[5]

高中毕业后,他试过上大学,但在马歇尔大学读了两年后,正如他所说,他是"……被请求离开"。(据他自己承认,他的学习成绩并不出众。)他先是前往纽约,参加了1964—1965年纽约世界博览会,之后在阳光明媚的加州圣巴巴拉开始了他的全国旅行。在那里,他潜水去捕捉被称为红鲍鱼的海螺,他强调要澄清这种生物"也被称为红色的鲍属软体动物"。大多数时候,他乘坐着"双丑号"、"安代尔号"或"河鼠号"奔赴有着高耸峭壁的海峡群岛,潜入太平洋冰冷的蓝色海水中寻找宝藏。[6]

最终,考威尔回到了他的家乡西弗吉尼亚,在马歇尔大学完成剩下的学业,"带着荣耀的光环"毕业,然后入读摩根敦的西弗吉尼亚大学法学院。1974年毕业后,他在首府查尔斯顿的一家律师事务所找到了第一份法律工作,但两年后,他遇到了一个独立执业的黄金机会。一位律师朋友离开了奈特罗的一家律师事务所去做法官。于是考威尔接替了他的职位,并开始在奈特罗从事人身伤害法律业务。[7]

就在那时,他遇到了克莱奥·史密斯。史密斯那时50

岁出头，在孟山都工厂工作了很多年。他抱怨体内有"像鸡蛋那么大"的癌囊肿。这些年来，他经历了无数次切除这些肿瘤的手术，但病情并没有好转。[8]

七几年某一天深夜，他敲响了考威尔律师事务所的门。他"情绪非常激动"，考威尔回忆说。史密斯声称"工厂毒害了他"，据报道，他还向考威尔暗示，他"知道自己要死了"。起初，考威尔很谨慎——"我以为他疯了"。但在接下来的几个月里，考威尔发现史密斯的健康状况每况愈下。更重要的是，他查阅了当地工会存档的医疗报告，发现孟山都的奈特罗工厂确实存在严重问题，而且公司多年前就知道这些问题。考威尔很快找到了五六十个身患各种疾病的孟山都工人。于是他开始收集证据，准备对这家巨头公司发起诉讼。[9]

一天，当他即将下定决心提起诉讼时，他决定去拜访一下几个月前发起这一切的人。"我永远不会忘记，"考威尔谈到他去医院的拜访时说，"我穿过大厅，推开房门，映入眼帘的只有白色、单调、忧郁的光亮，以及一张空床。"沉默了几秒，考威尔凝视远处，眼泪不禁掉了下来。他咳嗽了一下，稍作镇定，说："我现在回办公室，马上提起诉讼。"[10]

克莱奥·史密斯已经没有机会在法庭上与孟山都对峙了，但他的家人和其他170多名当事人将通过西弗吉尼亚州的司法审判系统寻求正义。这是一场持续了四年多的漫长而艰苦的法律斗争，一场差一点就毁掉孟山都的诉讼战。1981年4月，原告向位于查尔斯顿的西弗吉尼亚南区美国巡回法院提起诉讼，提出21.6亿美元的损害赔偿请求。对于一家当年净收入仅为4.45亿美元的公司来说，这是一笔巨大的数目。[11]

当时，在克雷夫科尔总部的孟山都高管压力极大。从20世纪70年代开始，孟山都公司在日用化学品业务上面临着激烈的国际竞争，尤其是来自亚洲公司的竞争。到了80年代，人们对孟山都公司未来的增长前景并不看好。

另一个主要难题是石油。孟山都公司销售的产品大约80%来自石化原料，因此能源危机的到来对于孟山都来说实在是一个令人不安的消息。1973—1974年的石油输出国组织（OPEC）禁运事件和1979年伊朗革命引发的石油工人罢工事件导致石油价格飞涨，推高了石化基础成本。壳牌和埃克森等"石油巨头"，多年来一直在蚕食孟山都的市场份额，现在甚至投入更多资金来提升它们的日用化学品生产能力。

孟山都的一位高管形容这是一张"灾难的食谱"。石油巨头曾经以极低的价格"赠送"的廉价石化产品，现在正以惊人的速度被孟山都消耗殆尽。在过去的几十年里，孟山都的供应商逐渐成为它的竞争对手。如果这家公司在这个时候不采取一些激进的措施来解决这个问题，等待它的将是陷入泥潭的困境。[12]

孟山都的高管们知道他们的公司已经对石油产生了深深

的依赖，不打破这种依赖就没有出路。之前，孟山都一直奉行"食腐资本主义"，以蓬勃发展的石油行业的剩余物为食。但在石油稀缺的时期，这种赚钱策略走不通了。商业生态发生了变化，孟山都只有迅速而灵活地适应才能存活。[13]

正是在这种背景下，孟山都董事长约翰·汉利开始将资金投向生命科学研究。就在霍梅尼的支持者在伊朗将美国外交官扣为人质的同一年*，汉利聘请了加州大学欧文分校原教授兼院长霍华德·施耐德曼负责一个新的生物技术项目。施耐德曼在发育生物学领域颇有威望，最出名的是他对调节细胞生长的遗传密码的研究。在1982年的股东大会上，施耐德曼向与会人员保证，他将努力开发"较少依赖原材料成本""具有很强专利特性"的新产品线。[14]

汉利努力重绘公司的未来蓝图。他告诉股东，公司的领导层"坦率地讨论了未来的正确道路"，并认为"原材料，尤其是石油原料，在我们太多的产品中占据了太大的比重"。尽管能源危机最糟糕的时期已经过去，石油价格也开始下降，但公司仍处于低迷状态，"容易受到经济周期性波动的影响"。[15]

汉利的这一思路得到了理查德·马奥尼的支持。马奥尼是一名训练有素的化学家，1962年作为一名化学工程师加入公司后，马奥尼在将近20年的时间里，靠着他称之为

---

* 即1979年。伊朗伊斯兰革命爆发后，为逼迫美国交出逃亡至美国的巴列维国王，1979年11月4日，霍梅尼的支持者占领美国驻伊朗大使馆，扣留50多名使馆人员，至1981年1月20日才将这批人释放。

"FILO"的座右铭("早晨第一个到,晚上最后一个走"),一步一步往上爬,最终在1980年成为公司总裁,1983年成为首席执行官。马奥尼是孟山都公司的老人了,他觉得自己了解公司过去的情况,因此也知道公司未来的发展方向。他想起自己在担任公司领导的最初几年看过的公司财务报表,特别提到了石油成本的问题:"曾经便宜的碳氢化合物不再便宜了。"他说:"我们公司以前是拿价值10美分的石油或天然气碳氢化合物,在上面增加价值30美分的技术;现如今我们面临的是得购买成本高达30美分的碳氢化合物,向市场出售的成品只允许我们增加10美分的技术。我们的增值空间不断缩小。"因此和汉利一样,马奥尼也明白生物技术这一新兴产业能够促进创新和增长,能够帮助孟山都走出当前的死胡同。[16]

1984年,孟山都投资1.5亿美元创建了切斯特菲尔德生命科学研究中心。该中心位于密苏里州的圣路易斯郊外,由施耐德曼负责。这家公司看到生物技术的突破即将到来,注意到"植物的重要特性,包括抗逆境、抗除草剂和抗虫害……也许可以转化成……重要的新作物品种"。这就是一个崭新的、重组后的孟山都的光明未来。这就是公司对恼人的石化成本问题和商品化工市场竞争激烈问题所给出的答案。在接下来的几十年里,基于基因密码操纵的技术将成为这家公司的巨大利润来源。[17]

同一时期,其他化学公司也在进行多元化改革。陶氏化学和杜邦开始在制药行业寻找有利可图的新机会,并且也开始投资生物技术。与孟山都一样,陶氏化学的报告称,公司超过 80% 的产品来自石化原料,在高油价时代,这是一种令高管们忧心忡忡的危险依赖。1981 年,陶氏化学收购了理查森-维克斯的梅雷尔药品部门,并很快与礼来公司合作成立了一家农业生物技术合资企业。杜邦也在进行类似的调整,在生命科学领域进行重大投资。但在某种程度上,杜邦的做法比较保守。20 世纪 80 年代,杜邦选择收购康菲石油公司,以增加其化工业务所需的关键原材料供应。而孟山都则更为激进,以最快的速度关闭了合成纤维工厂,并剥离了许多石化产品生产线。[18]

考虑到公司恰巧处于昂贵的重组时期,具有相当的脆弱性,孟山都非常担心在 2,4,5-T 案件中会有致命的判决。公司必须尽快处理奈特罗工厂的麻烦,免除后患。

自从詹姆斯·雷·博格斯在 1949 年目睹奈特罗工厂的热压罐爆炸以来已经过了很长一段时间了。自那以后,公司一直试图掩盖他跟其他有相似遭遇的工人的健康问题,避免公众关注。但在越南战争之后,当科学家和记者对橙剂、2,4,5-T 和二噁英的危险发出警告时,孟山都的高管们估计对什么是"善恶终有报"有了更深的理解。

公司开始四面受敌了。1978 年,越南退伍军人在纽约联邦法院对橙剂制造商提起诉讼。在紧邻太平洋的西北海岸地区，卡罗尔·范·斯特鲁姆——一位来自俄勒冈州五河谷的母亲，因为担心她的孩子会因为喷洒除草剂而有健康风险，发起了"公民反对有毒喷洒行动"以对抗美国林务局在杂草控制项目中持续使用导致二噁英污染的2,4,5-T。这个运动组织提醒人们，就在1976年，意大利塞夫索一家2,4,5-T制造厂发生爆炸，导致170多名居民和工人患氯痤疮，数千只动物死亡。越来越多的证据表明二噁英是剧毒。与此同时，《纽约客》记者托马斯·怀特塞德撰写了一系列文章，于1979年汇编成一本书，名为《钟摆和毒云：二噁英污染的过程》(*The Pendulum and the Toxic Cloud: The Course of Dioxin Contamination*)，对引发全世界担忧的二噁英问题进行了全面调查。怀特塞德报告称，美国的母乳中确实存在二噁英。到目前为止，除了多氯联苯，孟山都工厂生产的其他化合物也都对母乳喂养的儿童构成危险。1979年1月，一辆火车运输孟山都索吉特工厂生产的含有二噁英的木材处理原油，行至密苏里州斯特金时发生脱轨，外泄的化学品污染了周边环境。沮丧的周边居民对孟山都提起诉讼，而这个案子也成为美国历史上历时最长的民事陪审团审判案，也是第一个针对孟山都的重大毒物侵权案。随着人们对二噁英的担忧与日俱增，吉米·卡特政府采取了行动——1979年12月，总统成立了一个跨部门特别工作组，调查二噁英污染和除草剂使用情况。[19]

有鉴于此，孟山都高管们对西弗吉尼亚州奈特罗工厂的困境最为焦虑。他们知道奈特罗生产的2,4,5-T是有问题的，因为它含有高浓度二噁英，高于陶氏和其他竞争对手生产的除草剂。孟山都的一名官员在一份日期为1979年1月24日的内部文件中承认："我们的生产过程是一个'肮脏的'过程。"另一份公司信件则直言不讳："请原谅我发表一点评论……奈特罗工厂的问题……是我们自己'终尝恶果'，根本不是敌对媒体的诋毁，它们充其量不过是朝燃烧的灰烬吹吹风而已。公司再怎么公关也不可能完全保护我们免受批评。过去那些展现公司社会责任的公关做法，可能在五六十年代能够被接受，但按照今天的标准肯定不行。"[20]

公司负责人认为，西弗吉尼亚州的政治文化给这场二噁英之战带来了特有的挑战。1979年，孟山都的一名高管辩称，奈特罗工人的担忧在很大程度上是"因阿巴拉契亚当地人的多疑性格和宗族性质而加剧的"。几年后，二噁英审判接近尾声时，原告詹姆斯·雷·博格斯对这一对奈特罗人的描述做出回应："也许我们是，但我们只是在争取这个案件的公平正义，这对我们山谷里的许多人来说意义重大。"[21]

孟山都的领导层早在1977年就制定了策略以应对日益沸腾的民怨。那一年，奈特罗工厂管理者发布了一份备忘录，呼吁管理人员回避公众对二噁英信息的询问。备忘录教他们如何答复："告诉地方工会代表，我们准备回应需要时间，因为情况很复杂，或者无法获得所有的数据。"管理人员明确要求他们"拒绝工会的要求"，并且在回答与数据相关的请求时，"只做出适当的有限回应"。[22]

这是一个聪明的策略。正如记者玛丽-莫尼克·罗宾所解释的,"孟山都在1978年意识到,跟当年奈特罗工厂爆炸事故相关的健康数据,只掌握在他们自己手中"。所以考威尔的法律团队说这家公司是"信息之王"。孟山都掌握着一群已经接触二噁英数十年的工人,通过小心管理涉及这些主题的健康研究,孟山都的官员知道他们处于一个独特的位置,掌握着在未来几年塑造关于二噁英毒性的话语权。[23]

1979年,孟山都公司资助了一项研究,希望能对与二噁英接触有关的健康问题进行决定性的研究。那一年,该公司与辛辛那提大学凯特林实验室的雷蒙德·苏斯金德教授签订了一份合同——30年前,正是苏斯金德博士在奈特罗工厂高压容器爆炸后首次对孟山都的工人进行了身体检查——负责对1949年奈特罗工厂事故中受影响的120多名奈特罗工人和相关家属进行发病率研究。孟山都公司支付给苏斯金德9万美元,换来这项花费12.2526万美元的健康研究。1980年,苏斯金德与孟山都流行病学家朱迪思·扎克共同在《职业医学杂志》上发表了他们的研究结论——"对一组高暴露于'二噁英的'工人进行了近30年的跟踪调查,没有发现总死亡率或恶性肿瘤、循环系统疾病死亡率有明显的增加"。预计死亡人数为46.41人,但实际只有32人死亡。二噁英暴露似乎与死亡率上升无关。1984年,苏斯金德与凯特林的同事维姬·赫茨伯格又在著名的《美国医学会杂志》上发表了另一项范围更广的研究。这项研究针对1949年至1969年间奈特罗工厂里可能或没有接触过2,4,5-T产品的436多名员工的健康状况,其结论是除了氯痤疮,没有明确的证据表明接触二噁英会导致严重的健康问题。[24]

苏斯金德的研究对孟山都来说是一笔巨大的财富,但这些研究结论并没有揭示二噁英的全部真相。在越南老兵案和奈特罗工厂案中,孟山都公司援引苏斯金德的研究表明二噁英不是致癌物,接触这种化学物质不会导致死亡的增加。但几年后的后续研究却揭示了另一个故事。1991年,国家职业健康与安全研究所的科学家玛丽莲·芬格赫特和其他几位研究人员进行了一项突破性的研究,发现"所有癌症的总死亡率",在接触大剂量二噁英的人群中有"轻微但明显的升高"。芬格赫特的研究采集了比苏斯金德更多的样本,调查了美国12家生产二噁英污染化学品工厂5172名工人的健康记录。后来,芬格赫特在1997年完成的一项规模更大的研究(21863名工人)中再次证实这些发现。后来的研究证明了芬格赫特的结论是站得住脚的。2016年,美国国家环境健康科学研究所所长琳达·伯恩鲍姆博士在接受采访时说,研究人员现在知道,二噁英与"几乎所有你能想到的健康影响"有关。她列举了一长串疾病,引用了显示二噁英对心脏功能、血管系统和免疫反应有影响的研究。至于癌症,伯恩鲍姆说,现在有"大量数据"表明二噁英是一种"人类致癌物"。2001年,美国卫生与公众服务部国家毒理学项目将二噁英列为"已知的人类致癌物"。波士顿大学癌症流行病学家理查德·克拉普将二噁英称为"有毒化学物质中的黑武士,因为它会影响人体的许多系统"。[25]

那么苏斯金德和他的同事们是如何得出错误结论的呢?

斯图尔特·考威尔认为,苏斯金德只是在为一家为他提供数千美元研究资金的公司卖命。但是,不管这些关于腐败的指控是真是假,他的研究还有另一个问题,那就是样本量。苏斯金德在1980年承认了这一点,当时他说,他的发现"不能被认为是定论",因为"他的研究对象规模很小"。除此之外,这项研究的另一些方面也遭到其他研究者的质疑。比如化学病理学家、利兹大学教授阿拉斯泰尔·海斯与美国环境保护基金会的资深科学家艾伦·西尔伯格尔德在1985年的《自然》杂志上发表了一篇文章,对苏斯金德的研究提出了严厉批评。这篇文章指出,苏斯金德1980年的研究与朱迪思·扎克和孟山都公司流行病学主任比尔·加菲于1983年发表的一项类似研究存在不一致之处,该研究也表明二噁英暴露与癌症发病率升高之间没有联系。"在比较这两篇论文时,"海斯和西尔伯格尔德写道,"有些在第一篇文章中被列为接触二噁英的人,在第二篇文章中却被列为未接触二噁英的人。"这就很让人困惑了。此外,另有在孟山都工作期间死于循环系统疾病或癌症的有19人,他们符合纳入暴露组的标准,却没有被纳入朱迪思·扎克的实验。鉴于"孟山都的流行病学状况仍然很混乱"这一事实,海斯和西尔伯格尔德呼吁对其进行全新的评估。[26]

尽管有来自科学界的批评,苏斯金德、扎克和加菲的研究依然成为20世纪80年代孟山都诉讼中的重要证据。在诉讼的几个月里,面对由孟山都资助的公开研究所给出的不利结论,斯图尔特·考威尔必须证明这家公司明知他们让员工接触的是一种致命的化学物质。这将是一个难以轻易跨越的难关,不过考威尔有一个计划。

斯图尔特·考威尔成为奈特罗案件的原告律师并非偶然。他写了一本法律指南指导工人如何起诉雇主"故意、肆意和鲁莽"的行为。这个标准来自曼多利迪斯案这一司法先例,这也是考威尔这个案件的诉讼基础。[27]

曼多利迪斯案涉及机械师詹姆斯·曼诺利迪斯(他的名字在法庭文件中被写错,变成曼多利迪斯)。他在西弗吉尼亚州的埃尔金斯工业公司工作。1974年4月,他在操作一台10英寸的台式电锯时右手滑了一下,旋转电锯上锋利的刀刃把他的两根手指切了下来。两年后,他对埃尔金斯公司提起诉讼,指控该公司未能安装"安全防护装置"以防止这种情况发生。[28]

该案件的原告律师援引《西弗吉尼亚州工人赔偿法》的一个关键条款。该条款规定,如果一家公司故意伤害其员工,那么该公司应当为其不当行为承担法律责任。该故意条款*已经存在多年,但法院基本上都对这一条款进行狭隘的

---

* 根据《西弗吉尼亚法典》第23条第2款第6项,西弗吉尼亚州的雇主享有普通法诉讼豁免权,除非根据《西弗吉尼亚法典》第23条第4款第2项,即文中所指的《西弗吉尼亚州工人赔偿法》的故意条款,雇主因故意导致雇员受伤或死亡,则该豁免条款不适用,雇员可以对雇主提出侵权损害赔偿。

文意解释,导致很少有人能够基于该条款成功获得民事侵权赔偿。

毕业于西弗吉尼亚大学法学院的斯图尔特·考威尔作为原告律师就此登场。受律师朋友邀请,他撰写了一份辩护状,主张扩大工人在法律规定的豁免条款下提起侵权诉讼的权利。这份辩护状被证明是西弗吉尼亚州最高法院能够在该案中承认工人有权起诉雇主"故意、肆意和鲁莽的不当行为"的关键。[29]

对于西弗吉尼亚州的受伤劳工来说,曼多利迪斯判决代表着一个让大企业为对雇员造成的伤害负责的新机会。奈特罗工厂的工人们都想看看,这个案子可否帮助他们赢得与世界上最强大的化学公司之一孟山都的硬仗。

当八几年审判开始的时候,考威尔以为自己胜券在握,孟山都已逃不出他的手掌心,但这位年轻的律师很快就意识到,要在西弗吉尼亚州的法庭上击败一个企业巨头是多么困难。在正式开庭前的三年时间里,当考威尔试图获取孟山都的公司文件时就已经困难重重。直到1984年1月,原告的取证请求仍然没有完成。在这个月举行的一次听证会上,被告法律团队的一名律师抱怨说,孟山都的员工和律师已经有"40人花了一年的工作时间"来完成举证要求。他抱怨说,如果要完成考威尔提出的剩下的文件索求,得"停止公司的部分业务"才行。他还说,"我们现在在说的,是成千上万股东的白花花的钱。"[30]

这些关于钱的言论激怒了考威尔。"自我们提起诉讼以来,已经有14名原告死去。他们都死于这些化学物质。"考威尔说,对于我们的取证请求,孟山都"一直在装糊涂,但其实他们心知肚明"。"这让我非常抓狂,特别是当我和180名这样的人打了两年交道之后。"这个案子关乎人命,是关于一家贪婪的企业如何导致妻子沦为寡妇的。他要求孟山都公司必须即刻交出相关文件。[31]

有时被查尔斯顿新闻界形容为"顽固"的考威尔一直在坚守阵地,不管审判会拖延多久。他之所以能够这么做,在很大程度上是因为美国钢铁工人工会向他伸出了援手,提供了数千美元资金来打官司。他已经准备好进行一场激战了。[32]

孟山都的律师也蓄势待发。在过去的十年里,企业高管们眼睁睁看着《超级基金法》等一系列法律不断扩大企业对多年来一直被埋在地下的"有毒遗产"的责任。如果孟山都在奈特罗案这样的案件中败诉,它可能会为其他涉及过去不当行为的侵权诉讼树立一个危险的先例。

1984年6月25日,一个凉爽的星期一早晨,斯图尔特·考威尔和他的律师团队列队进入查尔斯顿的美国法院,准备发表开庭陈述。考威尔的左边是当地的另一名律师、代理孟山都公司的查尔斯·洛夫三世。坐在中间的是主审法官，55岁的西弗吉尼亚州本地人、约五年前由杰拉尔德·福特总统任命的小约翰·托马斯·哥本哈根法官。法庭的另一边坐着陪审团。他们完整地代表了查尔斯顿各个阶层："五个家庭主妇、一个政府工作人员、一个退休司机、一个矿工、一个老师、一个公司职员、一个推销员，以及一个联合碳化物公司的计算机操作员。"七个奈特罗工人的命运以及孟山都公司未来偿付能力的决定权就掌握在这些人手中。[33]

来自纽约的最新消息肯定会引起聚集在法庭上的律师们的注意。1984年5月7日，美国纽约东区地方法院的法官杰克·韦恩斯坦判决向战争期间接触二噁英的越南退伍军人支付1.8亿美元的和解金。作为橙剂产量最大的生产商，孟山都却得以与陶氏化学和大力神等其他化学品制造商分担赔偿责任。这意味着，虽然孟山都是橙剂产量最大的生产商，但最终对赔偿金额的贡献却微乎其微，这无疑让孟山都的律师们欢欣鼓舞。事实上，当和解赔偿判决做出后，以和蔼可亲著称的韦恩斯坦法官在办公室里打开香槟，与原告和被告的律师共享。韦恩斯坦后来解释了事后庆祝的原因："生产商们很高兴彻底摆脱了困境。和解结果一宣布，他们的股票就上涨了，然后政府也抽身了。"[34]

但如果说5月份与越南退伍军人的和解协议值得孟山都法律团队在布鲁克林喝一场庆功酒，那么他们很快就在如今的西弗吉尼亚战场上感到酒后不适了。奈特罗案的情况与越南案完全不同。奈特罗工厂是孟山都公司直接控制的设施,这意味着这家公司在这场争斗中孤军奋战,而这个判决涉及的赔偿责任可不是百万级别的,而是数十亿级别的。败诉的结果孟山都可承受不起。

考威尔做了一个爆炸性的开场陈述。他认为,该公司早在20世纪50年代就知道自己存在有毒物质污染问题,但却没有采取任何措施来解决这个问题。正如《圣路易斯邮报》所报道的那样,考威尔的这一论断是"基于20世纪50年代中期起草的一份文件,其中计算出2,4,5-T除草剂引起的健康问题的医疗和法律成本仅为每磅4美分"。考威尔认为,"这证明了孟山都是故意不更换2,4,5-T配方的,因为这一配方更便宜"。"我们要证明的是,这一切都是为了钱。"考威尔的陈述掷地有声。[35]

接着,他以令人震惊的证据支持他的开场白,其中就包括了一份1965年的公司备忘录。该备忘录清楚地表明孟山都意识到了二噁英的潜在毒性。这份由孟山都圣路易斯总部的医疗总监埃米特·凯利博士撰写的机密信件称,二噁英是"一种强有力的污染物",而且"非常有可能……是一种强有力的致癌物"。他担心这种化合物可能会"在奈特罗引发另一场流行病"。凯利在公司内部的坦白恰恰就发生在美军要求孟山都供应橙剂的同一时间。在接下来的四年里,在凯利博士和孟山都高管都怀疑这种接触会带来危害后果的情况下,美国军方让数千名退伍军人和越南公民暴露在二噁英之中,直到美国国务院终止了与孟山都公司奈特罗工厂的合同。[36]

在开庭陈述中,考威尔试图展现每一个原告的具体经历。他一个接一个地介绍他的委托人,罗列每一个人多年来到医院就诊的次数(有些人已经去了100次以上)。他希望陪审团能够理解他们遭受的这些痛苦。[37]

面对考威尔的进攻,孟山都的法律团队很快做出回应,试图平息愤怒。洛夫回应考威尔的指控。他首先指出公司早在20世纪50年代就对他们的设施进行了改进,应该说当时就已经减少了工人对二噁英的接触。因此他适时提出"系统性问题早已不复存在",试图证明孟山都在改进奈特罗工厂的设施方面取得了极大进展。至于考威尔所说的孟山都对处理工人健康问题的成本进行了阴险的算计,洛夫调动了陪审团对资本主义的情感:"这是一家公司。它的存在就是为了赚钱。所有的企业都是如此。这就是我们的制度,这就是我们的国家。"[38]

星期二,洛夫完成他的开庭陈述。他的核心观点就是,原告的健康问题来源于他们自己的"生活方式"和"习惯"。他的证据源于几个月前对奈特罗工人行为的取证。他指出,许多孟山都员工都是烟民和酒鬼,因此没有办法确定他们年老患病是因为这些陋习,还是因为暴露于有毒化学物质之中。此外,他还盛赞公司为照顾员工而设立的许多医疗项目和养老金计划。"孟山都多年来所做的事情是值得骄傲的。"[39]

这场将持续近一年的陪审团审判就此拉开帷幕。在接下来的几个月里，考威尔竭力证明，孟山都在知情的情况下将其工人暴露在奈特罗工厂的化学污染中，却对与现场工作有关的健康风险秘而不宣。例如在7月的一次庭审中，考威尔的法律团队朗读了医疗总监埃米特·凯利的证词，后者承认如果有些"风险只是可能存在"，奈特罗工厂的管理层就不会告知员工存在这些潜在的"健康风险"。这些证据激怒了原告。7月时，七名原告之一的吉恩·托马斯告诉记者，在"发现他们隐瞒信息"之前，他"并不怨恨"。"他们在20世纪50年代就知道这对我们有害，"他说，"但他们什么都不告诉我们，还让我们在那里工作。他们骗了我们。"[40]

点燃原告的怒火很简单，要向陪审团证明这一点则是另一回事。

陪审团讨论了整整五天。当他们最终得出一个裁决时，他们要求"在判决公布后在法庭上宣读……一个关于我们的感受的共识声明"。这个反常的举动显示了陪审员感到他们面临一个道德困境。在声明中，陪审团承认，"大量证据表明二噁英会导致或促成原告现在展示的一些身体疾病"。然而，他们提出，他们无法做出对原告有利的裁决，因为"孟山都对其员工的健康和安全没有表现出任性、放纵和鲁莽的态度"，因此达不到由曼多利迪斯案建立的法律标准。在指责孟山都公司没有"努力来确定二噁英对工人健康的全面影响"的同时,他们还是得出结论,奈特罗工人应该为维护自己的福祉承担个人责任:"工人必须做出合理的判断,以确保良好的健康和安全,当健康问题成为公认的问题时,应该自己提出疑虑。"[41]

七名原告中没有一人因为接触二噁英导致健康问题而得到任何赔偿。陪审团确实判给奈特罗雇员约翰·海因20万美元,因为孟山都公司鲁莽地让他接触多烷基苯——一种公司知道会致癌的橡胶化学物质。但考虑到他面临的健康问题,这个赔偿金额真是微不足道。海因在诉讼过程中患了膀胱癌,因此未来经年累月都需要负担昂贵的医疗费用。考威尔在法庭上辩称,"跟被告造成的伤害相比,20万美元显然不够",并立即代表海因和其他原告提出了上诉。[42]

为了阻止上诉,孟山都做出了惊人的举动。在1985年5月17日宣布的判决中,科本哈弗法官批准了孟山都公司向原告要求赔偿诉讼费的请求。考威尔的委托人现在要为孟山都公司过去四年累积的50多万美元(后来减少到大约30万美元)的法律费用负责。为了确保原告支付这笔钱,孟山都公司对原告的房屋持有留置权。如果他们不支付被告的费用,他们将不得不另找地方住。[43]

孟山都的留置权在奈特罗引起了轩然大波。孟山都前员工奥马尔·坎宁安指责公司此举是"对一群受苦受难的男人开的最大玩笑"。奈特罗的另一名原告也表达了同样的担忧:"如果一个小人物得赔上自己的房子才能去起诉一家大公司,那还有什么正义可言?"他们明白孟山都这一举动所释放的信号。"他们想拿这些人杀一儆百,"考威尔指责道,"他们等于是在宣告:'如果你起诉孟山都,你就完了。'"[44]

詹姆斯·雷·博格斯解释了留置权对他和他的家庭意味着什么:"这对我的生活是当头棒喝。我本来准备以低利率把我的房子抵押出去,然后出租房子,搬到南方去住。现在一切泡汤了。"博格斯要想最终逃离一个曾遭受如此多苦难的小镇的梦想被搁置了。而对于本案的其他原告来说,情况大致相同。[45]

但如果孟山都的法律团队认为给奈特罗工人施加经济压力会让他们死心,那他们就错了。要说孟山都的这一步棋有什么实际效果的话,那就是让原告更加勇往直前。吉恩·托马斯轻蔑地说:"当你知道有人扣押了你的财产时,你会有一种情绪低落的感觉,这是你努力了一辈子才得到的东西。但当我遇到这样的事情时,我还是会坚持下去。"博格斯也有同样的想法:"我们相信我们为之奋斗的东西,我们不相信任何不符合事实的东西。就是这么简单。"[46]

考威尔对那时的情况记忆犹新。他把委托人叫进会议室,说:"伙计们,你们要不要我现在就去孟山都,告诉他们'如果你们免了我们的费用,我们就不会上诉'。"他们的反应令他至今难以忘怀。"所有人无一例外,"他回忆道,"他们只是说,'你告诉他们,考威尔,他们可以拿走我的房子,只需要给我30天的时间搬离——你认为他们会给我这个时间吗?'"[47]

几天后,考威尔将这一信息传达给了科本哈弗法官,后者决定取消原告的房屋留置权。这场战斗取得了胜利,但还有更多的工作要做。考威尔希望他的委托人能在上级法院获得赔偿,于是他向美国第四巡回上诉法院提起上诉。在1987年8月29日,第四巡回上诉法院维持了原判。在孟山都公司没花一分钱对2,4,5-T健康问题支付赔偿的情况下,这场证明二噁英在西弗吉尼亚州造成伤害的漫长斗争就落下了帷幕。[48]

奈特罗工厂的故事本可以有不同的结局。案件结束后,陪审员立即对他们的裁决心存疑虑。西弗吉尼亚州居民、陪审员南希·阿德金斯表示:"至今仍不认为自己做出了正确的决定。"另一位陪审员帕特里夏·布福德说,真正的问题是西弗吉尼亚州法律的严格限制——法官的最终指令实际上没有给我们留下多少选择。在这些指示中,法官明确表示,如果陪审团想要支持原告,就必须确定孟山都知道二噁英问题,并且实施了蓄意、肆意且不计后果的行为,导致工厂的污染问题。

但是,因为对奈特罗工人唯一广泛的健康研究来自公司资助的实验室,陪审团如何可能做出这样的决定呢?公司是自家看门狗。没有足够的证据让陪审员相信孟山都公司在处理化学品方面是不计后果的。[49]

但事实就是,在孟山都停止生产2,4,5-T十年之后,自然环境仍然见证着孟山都污染的历史。1983年,美国环保署制作了一份奈特罗工厂周围地区的地图,显示了许多存在二噁英的重点区域。1985年1月,考威尔曾试图将这张地图作为证据提交给法官,但科本哈弗法官拒绝向陪审团出示。三个月后,考威尔又试了一次,再次被拒绝,因为科本哈弗法官认为地图和孟山都在20世纪五六十年代做的事情没有关系。[50]

陪审团主席斯蒂文·斯塔特不同意这种说法。在案件结束将近一年之后,斯塔特仍然说他对自己的决定很纠结,特别是在媒体报道了卡那瓦河二噁英污染的细节之后。当斯塔特从《查尔斯顿公报》记者马丁·伯格那里得知有一份1983年美国环保署的地图,而他在审判期间并没被允许看这份地图时,他感到焦躁不安。"那份地图很可能是相关的,"他说,"我们当时要是能看到就好了。"相比接触重要证据,斯塔特和其他陪审团成员常常被隔离在另一个房间,听不到法庭的审议,无聊得玩起了纸牌和拼字游戏。"如果他们能让我们看到所有的证据就好了,"他说,"这才是我们坐在那里的意义。"[51]

考虑到斯塔特的背景,他的揭露尤其重要。斯塔特和他的父亲一样,在联合碳化物公司工作多年。他并不是化学工业的敌人,但他依然觉得美国环保署的证据是确凿的。当他谈到那场持续11个月的审判期间,在查尔斯顿法庭结交的朋友时,他说:"我希望我的陪审员同伴们能发出声音,我们的裁决可能会是另一个结果。"这一切让他很烦恼:"我无法完全把它抛诸脑后。"[52]

奈特罗工厂的工人也不能。对于他们来说,橙剂事件没有结束,对于成千上万身体正在背负着历史遗留罪恶的美国退伍军人和越南公民来说,也远远没有结束。

但对于孟山都公司来说,2,4,5-T 案件就算是翻篇了,它又继续前行。它有一种新的除草剂农达要推广,而孟山都的科学家们现在正致力于一项突破性的研究:要让这种除草剂成为一个家喻户晓的名字和一个价值数十亿美元的品牌。

9
"未经允许擅入我们自己的领地"

被大家亲切叫作"欧尼"的欧内斯特·贾沃斯基做这件事已经有一段时间了。这位俄勒冈州立大学培养出来的生物化学家是1952年加入孟山都公司的。公司发现草甘膦那会儿,他跟约翰·弗朗茨一样也在斯佩齐亚莱的实验室工作。研究除草剂是他的专长。从20世纪70年代开始,他致力于寻找植物中的一种基因,能够让植物对公司的新型畅销除草剂产品产生抗药性。[1]

大约20年前,詹姆斯·沃森、弗朗西斯·克里克、罗莎琳德·富兰克林和莫里斯·威尔金斯等人突破性地发现了DNA,开启了一个蓬勃发展的基因工程领域。20世纪70年代初,斯坦福大学生物化学家保罗·伯格宣布,他和他的团队已经成功将一种病毒的基因与另一种病毒的DNA重新组合。这是有史以来第一次在实验室里制造出重组DNA。与此同时,伯格的学生珍妮特·默茨正在研发一种方法,将一种已知能导致哺乳动物患癌症的病毒的基因转移到大肠杆菌中。这一举动让默茨在斯坦福大学的另一个导师非常震惊,因为这种细菌会在人类消化道中繁殖。如果这个创造物走出实验室会发生什么？包括伯格在内的一些研究人员担心这样的实验可能会带来一些后果，于是，科学界自愿暂停了在伯格实验室进行的这种基因工程，等待在加州蒙特雷以北的阳光海滨小镇太平洋格罗夫的阿西洛马会议中心举行的国际会议对这个问题进行深入的研讨。[2]

暂停约定很快就解除了。参加阿西洛马会议的人最终认为，基因工程的好处超过了它的危险性，科学家可以控制和限制他们在实验室创造的成果。但在之后的几年里，这些研究人员陆续离开公共机构进入私营企业，加入了基因泰克（成立于1976年）、卡尔基因（1980年）和阿格里基因（1981年）等许多新成立的、"钱"途光明的公司。[3]

贾沃斯基和约翰·弗朗茨一样，是一名有献身精神的科研工作者和梦想家，一名致力于在这一全新科学前沿寻找重大突破的生物化学家。他借鉴了根特大学的比利时科学家——被唤作"杰夫"的约瑟夫·席尔和马克·范·蒙塔古，以及华盛顿大学的教授玛丽-戴尔·奇尔顿的研究，他们同时在孟山都资助的独立实验室中发现了如何使用细菌载体——农杆菌——将需要的基因转移到植物细胞中。1979年，贾沃斯基被霍华德·施耐德曼拉进孟山都新组建的生命科学研究团队后，52岁的他开始用农杆菌进行试验，希望能制造出可量产的商业化产品。1982年，贾沃斯基和他的同事罗伯特·霍希、史蒂夫·罗杰斯和被人称作"罗伯"的罗伯特·弗雷利一起，成功利用农杆菌实现基因转移。同一时期，康奈尔大学的科学家们正在努力研究一种"基因枪"，想利用这种"基因枪"将附着在微小的金和钨颗粒上的小DNA链射入植物细胞。侄贾沃斯基和他的同事发现，细菌载体在他们的实验室中被证明是最有效的。[4]

很长一段时间以来，孟山都的高管们一直梦想着开发出能够耐受大量草甘膦的转基因作物。如果公司能够做到这一点，那就保证了数十亿美元的进账。因为如果成功的话，农民使用草甘膦就不需要限制在播种前或收获后，而是可以在整个生长季节对数百万英亩的作物喷洒农达（此时的农达还在专利保护期），在不影响收成的情况下在春季和夏季消灭杂草。这是一个惊人的市场机会。[5]

孟山都的生物技术团队不仅对制造抗农达的植物感兴趣。他们还在研究如何将一种名为 Bt（苏云金芽孢杆）菌的细菌的基因转移到农作物中，使这些农作物能够生产细菌自然释放的杀虫剂。竞争异常激烈。此时新的生物技术初创公司，包括威斯康星州的艾格瑞斯特公司，以及欧洲老牌公司，如汽巴·嘉基公司，竞相分离 *Bt* 基因并将其植入植物。这个市场非常大，尤其是棉花。棉花这种大宗商品作物长期受到棉铃虫的困扰，而 Bt 杀虫剂便是棉铃虫的克星。这意味着，哪个公司抢先将这种产品商业化，哪个公司就将获利。在 20 世纪 80 年代中期，孟山都成功与外部公司签订合同，研发出一种对植物有效的 *Bt* 基因。1988 年，孟山都成功将这种基因转移到番茄植株上，并开始在试验田进行试验。在这场竞争中孟山都脱颖而出，依靠在研发上的大手笔投资，最终成为 Bt 技术的领导者。[6]

但抗农达技术仍是大家最想要的奖品。如果成功，孟山都不仅可以通过出售耐草甘膦基因代码来赚钱，还可以极大促进其最赚钱的除草剂产品的销售。唯一的问题是，这家总部位于圣路易斯的公司会是第一家为这项技术申请专利的公司吗？[7]

总部设在加州戴维斯的小公司卡尔基因相信，它能在终点线前超越孟山都。1985 年，卡尔基因公司的顶尖植物生物技术专家卢卡·科迈在《自然》杂志上发表了一篇研究论文，介绍如何使烟草植物对草甘膦产生抗药性。这着实把贾沃斯基和他的团队吓了一跳。卢卡·科迈采用的方法是改变 *EPSP* 合酶的形状。这种酶通常会被草甘膦阻断，但科迈利用基因工程改变酶实际受体的形状，使草甘膦不能阻碍或抑制植物生长所必需的氨基酸的产生。对于这项研究成果，孟山都上下都惊慌了。接下来几个月，罗伯特·霍希一直在修补牵牛花，他引入了一种"启动子"基因，这种基因能够刺激植物细胞产生更多的 *EPSP* 合酶。他的想法是让植物细胞大量生产出微小的氨基酸工厂，这样草甘膦分子就无法与它们全部结合。但是霍希的矮牵牛花和科迈的烟草一样，只能承受小剂量的农达。两个实验室都还没有研发出一种能够耐受常规除草剂喷洒剂量的植物，但孟山都此刻很清楚，卢卡·科迈的道路如果加以完善的话，将是一条通往成功的道路。[8]

贾沃斯基需要分离出一种比科迈的工程酶更好的新

EPSP合酶的基因序列，而且他动作得快，否则孟山都就可能是科迈的手下败将了。但是去哪里找这种酶呢？铺天盖地的寻找开始了。

"就像曼哈顿计划一样。"研究小组回忆起持续好几年的疯狂寻觅时说。后来，几个工程师提供的思路带来关键性突破，他们建议研究人员关注一下孟山都位于路易斯安那州的卢林工厂。这个工厂是孟山都将元素磷转化为农达关键成分——草甘膦的地方之一，因此工厂周围的环境已经被草甘膦严重污染了。这意味着任何能在这个生态系统中生存的微生物都可能具有抗草甘膦的基因。这一思路的本质，就是公司希望通过挖掘被自己产品污染的地方来找到一种有利可图的创新。这个策略被证明是有效的。到20世纪90年代初，贾沃斯基的研究小组分离出一种细菌EPSP合酶基因序列，这种基因序列可以让植物承受大剂量的孟山都特有的除草剂。他们称这个系统为抗农达技术。[9]

如果孟山都能将这种产品推向市场，他们将彻底改变农民生产粮食的方式。

但这里还有一个问题。回到爱达荷州的苏打泉镇，美国环保署在对孟山都生产农达所需磷的磷酸盐工厂进行了大约15年的调查后，做出了一个令人震惊的声明。

苏打泉镇镇长柯克·汉森称这是一枚重磅炸弹。1990

年,美国环保署发布了一份报告,显示苏打泉和附近波卡特洛的居民正处于危险之中,因为几十年来孟山都和其他矿业公司向当地社区出售了放射性矿渣。这些矿渣中所含的镭-226和其他放射性核素在这两个社区中放射伽马射线。这份报告引用了早期的放射学研究,显示在苏打泉镇调查的超过30%的地点,包括住宅、教堂、医院和学校,显示出"较高的伽马射线水平"。早在1977年,爱达荷州保健福利部注意到孟山都公司废料的问题,因此禁止孟山都的废料用于住宅建设,但从20世纪80年代开始,允许道路建设者和铺路工用这些废料进行街道和人行道的维修。[10]

报告还引用了一项由能源部遥感实验室进行的研究。该实验室对苏打泉和波卡特洛进行了全域扫描,检测到这两个城镇的辐射高于预期背景水平。这项调查的地图显示,到处都是危险地带,人行道、街道、人们的住宅和其他建筑物都放射着伽马射线。美国环保署辐射计划办公室也完成了实地研究,并得出结论,如果不采取任何措施清理这两个城镇的磷酸盐物质,40年后,"因暴露于磷渣而患癌症的可能性""在波卡特洛约为两千五百分之一,在苏打泉约为七百分之一"。[11]

由于这些研究的披露,苏打泉镇议会在6月投票决定暂时禁止在道路建设中继续使用磷酸盐渣。早已从爱达荷州矿石生产的农达除草剂中赚了近十亿美元的孟山都公司自然是不同意这一决定的。孟山都搬出卡布里县作为炉渣没有造成健康问题的证据。卡布里县是孟山都磷酸盐工厂所在地,但那里的癌症发病率非常低,是全国发病率最低的地区之一。但这一抗议没有用,汉森市长和议会还是倾向采取预防措施。[12]

但是,虽然汉森确实采取了行动阻止孟山都进一步在苏打泉使用废料,但同时他也在试图淡化当地居民所面临的风险。他在描述最糟糕的情况时,也只是说:"未来十年里,苏打泉镇可能又有一个人死于癌症。"汉森对美国环保署的进一步干预持谨慎态度,还哀叹说他和他的社区正在与联邦政府的命令做斗争,为生存而奋斗。[13]

汉森有充分的理由支持当地的孟山都公司和磷酸盐公司,因为他和苏打泉的许多其他商人一样,依靠这些公司维持生计。他的公司汉森石油出售柴油,这些柴油是卡车和从爱达荷山区提取磷酸盐的机械的动力。因此,禁止孟山都销售废料已是他的底线,他不愿意采取进一步行动了。[14]

汉森后来罹患癌症,他的妻子德比也于2006年死于癌症。[15]

在美国环保署公布调查结果后的几天内,爱达荷州的政客和磷酸盐商人就被动员起来攻击美国环保署。来自爱达荷州的共和党参议员、后来与人合著出版了《对抗政府的公民指南》(1994年)一书的史蒂夫·西姆斯呼吁召开国会听证会,审查这份放射性核素报告。在西姆斯的召集下,1990年8月,听证会在苏打泉高中的礼堂召开。在听证会上,西姆斯公开把矛头指向美国环保署,针对美国环保署所说的如果该市不采取更积极的行动来处理磷酸盐渣,美国环保署

"会考虑把整个社区列入超级基金清单",他认为"这种威胁……极为不妥"。[16]

在举行听证会的同月,美国环保署正式宣布将孟山都的苏打泉工厂列为超级基金修复点。但非常罕见的是,美国环保署宣布,在管理人员努力清理污染问题期间,该设施将被允许继续运营。那么问题来了,整个城镇也会成为超级基金修复点吗?

爱达荷州代表罗伯特·格迪斯针对美国环保署对整个镇区的扩大化调查进行了反击。他说,如今当地居民"对他们用毕生牺牲和投入换来的房屋"感到惶恐不安,"他们意识到,如果美国环保署真的要采取强硬手段对他们做出不利举措,当地房产可能会严重贬值。"在格迪斯看来,美国环保署的干预本质上是在"掠夺人们的财产并使其贬值"。[17]

面对巨大的政治压力,美国环保署决定将这份1990年的放射性核素报告提交给内部的科学咨询委员会。这个委员会是由各个大学和研究中心选出的600多名科学家组成的机构,其中的辐射咨询委员会负责这次审查。审查始于1990年10月,持续了一年多。[18]

审查结论揭示出了很多情况。委员会认为,磷渣无疑已经导致生活在苏打泉和波卡特洛的居民受到的辐射水平升高,然而,这份报告也确实存在问题,其中包括在选择房屋进行伽马射线取样时,美国环保署的工作人员主要关注那些"自愿"参与取样的房屋。这是一个非随机样本。鉴于这一问题以及其他一些情况,美国环保署提出"翻篇重来",并成立了一个工作小组来制定"分级决策指南",以帮助生活在遍布炉渣的环境中的这些居民找到适合他们的最佳补救方案。[19]

1992年11月,美国环保署与问题的制造者——孟山都合作,提名它加入新成立的炉渣技术工作组。这个小组由爱达荷州政府官员、美国环保署代表、来自附近霍尔堡保留地的肖松尼-班诺克部落的代表,以及来自富美实和孟山都的代表构成。这些人开始制定处理暴露于磷酸盐渣环境的指导方针。[20]

炉渣技术工作组在1992年到1995年间制定的分级决策指南建议,每年暴露率高于背景值不超过100毫雷姆(1雷姆为0.01希[沃特],下同)的苏打泉和波卡特洛的居民,可以"不采取行动"处理这一问题。(要更好理解这一暴露水平,可以比较:一个普通公民接受一次胸部X光检查平均是10毫雷姆,每年的背景值即来自所有辐射源——自然和人为的——数值大约是620毫雷姆。)尽管如此,技术工作组的成员之一,爱达荷州东南部公共卫生机构还是在2016年提醒公民:"目前的证据表明,暴露于低水平辐射也可能存在致癌风险",而且"关于对于一个人能在多大程度暴露于低水平辐射下而不受伤害,科学界意见不一"。[21]

对于暴露率高于背景值100毫雷姆至200毫雷姆的公民,指南提供了一些选择:居民应考虑"减少在地下室的时间",或"将主要生活区从地下室搬到上层"。从本质上说,技术工作组是在要求某些公民远离有放射性的房屋,而不是推动清理工作以消除问题的根源，让公民享有使用自己房屋的自由。[22]

当然，孟山都也并非一身轻松。这家公司已经同意承担该项目的测试和咨询费用，甚至如果居民们选择这样做的话，同意支付"改建、屏蔽或部分清除"炉渣的费用。当然，居民们被敦促考虑改建以外的解决方案（列在指南末尾），但改建仍然是一个选项。[23]

美国环保署热衷于给公民提供选项。正如一位美国环保署官员在1992年所言，美国环保署打算在未来"继续保持对社会所关切问题的敏感性"。这其实是这个机构总体政策的一部分。从20世纪80年代开始，美国环保署努力表明，当涉及超级基金清理工作时，它愿意下放决策权，以安抚控制着联邦钱袋、倡导放松管制的"里根经济学"信徒，否则他们可能会反对环境管制，理由是它们过于严厉。在苏打泉，美国环保署明确表示，允许房主选择最适合他们的辐射消除措施。这是一种自下而上的环保路径。[24]

美国环保署将民主参与作为其新环境治理议题的一个有力卖点，尽管爱达荷州的居民其实并没有太多选择。首先是经济方面的考虑。一名美国环保署官员1990年4月接受采访时总结说，许多居民"主要"担心的是某些治理行动可能给人们带来"潜在的生活干扰、成本和风险"。其他受访者则认为，"由于超级基金的负面宣传，该地区的房产价值可能会下跌"。[25]

但是，即使孟山都愿意出资拆除地基和改造房屋，这些事情也必然会给房主带来负担,尤其是那些有孩子的房主。在这一过程中,居民将不得不搬到其他地方,或借宿邻居家,或在当地的旅馆里待到不知何时。这些都是麻烦事。考虑到炉渣的伽马射线照射量不高,搬家似乎不是上策。

其次,美国环保署曾在1991年估算孟山都为苏打泉提供了大约400个工作岗位。对于一个约3000人的小镇来说,这不是一个小数目。1988年,孟山都公司的厂长麦克·麦卡洛说,工厂每年的薪酬支出约为2100万美元。当地居民在1990年4月与美国环保署见面讨论该地区的污染问题时,环保署官员指出,市民特别关心整治措施会造成失业的"连锁反应"。[26]

因此,当苏打泉镇的居民被要求做出"明智决定"、为他们的小镇制订最佳的清理计划时,这些都是他们必须权衡的真实因素。美国环保署把处理恼人污染问题的艰难决策权交给这一弱势群体,而他们有很多理由选择维持现状。于是,污染问题没有改变,少量伽马射线继续从房屋的地基散发出来。苏打泉镇最终没有被列入超级基金修复地,而这一结果是大多数居民自己的选择。

然而,城镇外的郊区则有另一番景象。孟山都磷矿厂周围田地里的农民和牧场主们怨气沸腾,因为污染他们土地的公司现在反而被赋予决定如何清理污染的极大选择权。1996

年，在美国环保署将孟山都的工厂列入超级基金修复点的六年后，联邦政府召开过一次公开会议，讨论治理工厂附近污染的可行方案。关于如何处理苏打泉城镇区的污染争论基本上解决了，现在的问题是如何处理孟山都工厂附近的区域。这些区域还继续受到放射性钋-210粒子和一缕缕从公司仍在运行的设施中飘散出来的化学烟雾的影响。1985年，美国环保署报告说，孟山都工厂周围地区明显存在"多源总辐射水平过高"的问题。但由于工厂的窑炉每年排放的钋-210仍低于美国环保署的空气质量标准，因此环保署也从未强迫孟山都关闭这些设施。为了解决工厂附近土地的污染问题，美国环保署颁布了限制使用污染地区土地的禁令，但对于在孟山都工厂周围土地上劳作的人们来说，这似乎是一种严重的不公正。[27]

64岁的土木工程师罗伯特·冈内尔是心怀不满的土地所有者之一。作为耶稣基督后期圣徒教会（Church of Latter Day Saints）信徒的一员，冈内尔在苏打泉一个大麦农场的大家庭中长大。1950年，他从当地高中毕业后考上杨百翰大学。毕业后，他开始在犹他州做生意，但九几年，他回到了家打理家里的200英亩农场，而农场就在孟山都磷厂的北面。他的母亲夏洛特·冈内尔此时已八九十岁，仍住在苏打泉镇上，对自家后院的污染问题也是颇有怨言。[28]

罗伯特·冈内尔认为由孟山都和美国环保署搞出来的土地使用限制对他的家族财产是极大的不公。在听证会上，他指出，未能清理土地污染，以及从孟山都工厂飘来的含有放射性核素的有害尘埃,可能会对他和他的家人造成实质性经济影响。他询问美国环保署项目主管蒂姆·布伦斯菲尔德:"如果我们想卖掉那块地,而银行却因为那里的污染而拒绝贷款,有没有这种可能?"布伦斯菲尔德坦率地回答说:"老实说,我不能回答你这个问题。"[29]

布伦斯菲尔德的回答自然让冈内尔感到不安,在接下来的几个月里,他一直在纠缠美国环保署。他给布伦斯菲尔德写了一封信,态度坚定地对自己的情况进行申诉。冈内尔写道:"我感到不安的是,孟山都(显然还有美国环保署)对这个严重问题的最佳解决方案竟然是颁布一项法令,禁止使用那些并不属于孟山都的私人财产。"他认为这样的行为是"对私有财产进行管制性'征收'",因此违反了《宪法》第五修正案。冈内尔明确表示,他不会停止战斗:"孟山都才是污染者。为什么是我们——冈内尔家以及其他受影响的私人财产的所有者,来承受无法使用土地的损失或遭受辐射的潜在危险?"[30]

上阵母子兵。在罗伯特·冈内尔给美国环保署写信五天后,他89岁的母亲也给美国环保署写了一封申诉信。她描述了这家视他们的土地为无物的公司如何长期影响他们的家庭:"废水排放到我们的财产上,矿石粉尘笼罩在我们的财产上,我们进入自己的领地被他们搞得好像是一种未经允许的擅入。现在我们发现我们的土地受到了无法接受的污染。这种污染何时能休?"和她的儿子一样,夏洛特也给出了很直率的结论。她强调说:"我不希望这片土地是基于孟山都的方便来划界,我也不希望这片土地上种植什么特殊的植物来进行清理实验,这同时剥夺了我的生计。我只想这些土地能被清理干净,不再受到任何有害废物的污染。"[31]

冈内尔家并不是唯一对公开听证会感到沮丧的人。住在孟山都工厂附近的其他业主都向美国环保署递交了申诉书,称他们对自己的遭遇非常不满。[32]

这些抗议活动卓有成效。美国环保署最终同意给冈内尔一家和其他人提供新的选项,那就是让孟山都负责清理受污染的土壤。美国环保署报告称,冈内尔家对这一新的替代方案很满意,因为新方案将选择权交给冈内尔家,"只要他们愿意,他们可以选择清理土地"。紧张的关系终于缓和下来,孟山都得以与冈内尔家就收购计划展开对话。几个月后,孟山都公司表示,他们愿意出将近 50 万美元购买他们的房产。罗伯特·冈内尔最终接受了这笔交易。[33]

其他土地所有者也服从了。1997 年 6 月,孟山都公司很高兴地向美国环保署报告,冈内尔家……已经将邻近的地产卖给了孟山都,并指出其他土地所有者也在签署类似的协议。暴风雨正在过去。[34]

但是美国环保署内部的担忧依然存在。例如,有人担心,目前正在制定的土地使用控制和房地产收购的解决方案可能只是一个巨大问题的短期补丁。最怕的是,孟山都可能有一天会放弃它的设施,让其他公司来处理它留下的污染问题。但公司高管告诉美国环保署,这种情况不会发生。"苏打泉工厂是孟山都主要产品线——农达的一个组成部分。我们将会运营很长一段时间。"简而言之，孟山都的高管等于在向美国环保署保证，在未来几十年里，他们将继续污染这片土地。[35]

美国环保署不但没有逼迫孟山都关闭污染设施，直到污染问题解决，反而把未来在爱达荷州东南部的超级基金清理任务的大部分控制权交给了孟山都公司。美国环保署委托孟山都监测废气烟缕，帮助开发炉渣修复项目，并测试工厂周围的污染物。美国环保署并没有扮演一个专横的联邦机构，在华盛顿特区对如何遵守《超级基金法》的条款发号施令。相反，美国环保署促成了一项带有地方社区利益烙印的协议，一项没有从根本上破坏该地区经济生活原貌的协议。苏打泉讨回了说法，而孟山都又可以继续在一个活跃的超级基金修复点生产用于农达的元素磷。[36]

但最终，这种分散的补救制度没有取得预期结果。2013年，在苏打泉工厂被确定为超级基金修复点近25年后，美国环保署发表了一份令人沮丧的公告："对孟山都工厂的治理措施暂未起到任何作用，因为重点污染物的浓度"在地下水中持续未降，有毒的烟羽还在从生产设施扩散到"坡下的家庭井"中。此外，从场地外的土壤中采集的样本仍然显示放射性核素浓度高于"修复目标"。美国环保署所称的有毒化学物质的"监测自然衰减"并没有按预期发生。事实上，在一些地方，特定污染物的浓度甚至不减反增。

未来的前景令人担忧："监测趋势表明，在可预见的未来，该地区的水质量将达不到地下水性能标准。"看来，这个允许继续污染但督促污染者负责控制有害废物的政策似乎没有什么效果。[37]

而孟山都的加工厂只是问题的一部分。就在孟山都与冈内尔家谈判的时候,六匹正在已关闭的磷矿附近吃草的马反常地病倒了,它们的主人不得不把它们杀掉。经过调查,这些马生病的原因是吃了富含硒的草。而环境专家指出,磷矿就是这种污染的来源。过载的生产塔将高浓度的化学物质泄漏到周围的生态系统中。数百只动物最终死于这些矿区周围受污染的草。研究表明,硒也已渗入该地区原始的鳟鱼溪流中。为了控制污染,美国环保署在20世纪90年代最终将孟山都公司的老矿厂列为超级基金修复点,就像在1990年把磷矿加工厂列入一样。但就在这样做的同时,美国环保署还是批准了孟山都的请求,允许公司在爱达荷州东南部的其他新地区采矿。[38]

肖松尼-班诺克部落的许多成员居住在大约60英里外的霍尔堡保留地,他们强烈谴责自己生活的土地上发生的事情。部落委员会成员认为,孟山都公司的运营导致了该地区水资源的减少,而根据与联邦政府的长期协议,部落享有该地区水资源的所有权。部落代表激动地宣称,磷矿周围的土壤和水受到了化学污染,对在这些土地上狩猎和捕鱼的美洲原住民有害。当一名委员会成员被问及他在与美国环保署就此事进行交涉后对该联邦机构的看法时,他说:"他们就是一个笑话。在我看来,他们都是垃圾。"[39]

爱达荷州的环保组织也对美国环保署的不作为极为不满。大黄石联盟———一个总部在爱达荷州德里格斯的环保组织,在接下来的几十年里持续揭露爱达荷州东南部令人不安的硒污染问题。然而,环境治理的步伐非常缓慢。十年又十年,在污染问题依然存在的情况下,孟山都公司还在开发新矿。[40]

美国环保署显然是支持爱达荷州东南部环境治理中的公众参与的,但一旦出现有毒物质污染治理的争论,往往就会出现权力失衡,天平倾斜到污染者一边,最终的政策会赋予孟山都主导治理的广泛权力。虽然肖松尼-班诺克部落的成员被邀请参加,但他们觉得政府没有听到他们的声音。环保组织也不断发出警告,但最终,企业对清理污染任务的控制权从未受到根本挑战。[41]

到20世纪90年代中期,孟山都仍在应对苏打泉农达供应链所面临的威胁,但危机似乎已得到控制。美国环保署没打算让孟山都停止运营设施,即使污染问题并没有得到解决。这对孟山都公司来说是个好消息,因为孟山都公司的第一代抗农达种子即将获准在全国范围内进行商业销售,这意味着农达除草剂的销售即将迎来暴涨。

10
"你需要的唯一除草剂"

罗伯特·夏皮罗应该是个家喻户晓的名字了。20世纪90年代中期,作为孟山都公司的首席执行官兼董事长,他见证了作为大宗商品作物的转基因种子首次在市场上销售。这一商业化推出,开启了一场改变了世界粮食体系的农业革命。变化的速度令人震惊,在不到20年的时间里,美国种植的89%的玉米和90%的大豆都来自转基因种子。今天,无论你是一个吃豆腐的素食主义者,一个谷饲牛肉的爱好者,还是一个高果糖酒的饮者,几乎可以肯定的是,你吃下的谷物都含有这位公司继任者最初在孟山都实验室里培育出来的DNA。[1]

对于那些反转基因倡导者来说,若想找一个"不顾后果地从受害者的痛苦和对生态系统的破坏中获利"的企业恶棍,罗伯特·夏皮罗并不是一个合适的人选。夏皮罗本科毕业于哈佛大学,在接受哥伦比亚大学的法学职业训练后成为一名律师。1985年,当孟山都收购塞尔制药公司时,夏皮罗第一次走进这家公司。塞尔制药公司最著名的产品是阿斯巴甜、晕车药茶苯海明和通便药美达施。夏皮罗最初在塞尔制药的总裁兼首席执行官唐·拉姆斯菲尔德麾下工作,是公司推出阿斯巴甜的幕后功臣。他与软饮料供应商谈判,要求可口可乐和百事可乐等主要品牌在他们的饮料中加入他们公司的阿斯巴甜。这一策略使阿斯巴甜成为其他公司竞相追捧的高端品牌。在加入孟山都数年后,夏皮罗推出孟山都抗除草剂种子时再次采用了这一策略,要求种子经销商在每一个装着孟山都转基因产品的袋子上都印上"抗农达"的彩虹标志。[2]

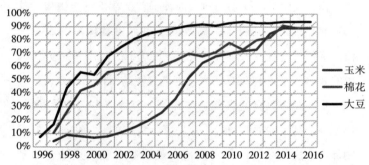

图 1 美国抗草甘膦转基因作物种植率:玉米、棉花和大豆种植面积百分比,1996—2016 年。数据来源:美国农业部农业研究局(Agricultural Research Service)的斯蒂芬·杜克(Stephen O. Duke)

1985 年与塞尔制药的合并案发生在孟山都公司进行结构调整的过程中。当时孟山都公司正在从日薄西山的石油化学业务转向生命科学。夏皮罗大力支持这一转变，认为这将使孟山都成为一个更环保的公司。这也符合他个人的政治主张。夏皮罗是民主党人，支持自由主义左派的政治言论。年轻时，这位土生土长的纽约人还曾与朋友琼·贝兹一起在华盛顿广场演奏吉他，以抗议越南战争。不过略带讽刺的是，也是在越南战争时期，如今他执掌的这家公司正在通过销售橙剂获利。[3]

夏皮罗讨厌自命清高。他喜欢跟其他员工一样在小隔间里工作，喜欢穿素色的衣服，不喜欢那种花条纹。在公司总部，他被亲切地唤作"鲍勃"，而不是罗伯特。他对推广学院派企业文化很感兴趣。有一次他说："我认为开放式办公室比黑木镶板和袖扣更好。"记者们经常评论他随意的外表——"没有打领带，穿着一件棕色牛津衬衫，黑色汗衫露在外面"。他平易近人，收到邮件后几小时内就会回复。[4]

夏皮罗是孟山都公司的领袖，公司的"形象塑造者"。他是20世纪90年代早期那批环保主义者——比如保罗·霍肯、威廉·麦克多诺、赫尔曼·戴利和艾默里·洛文斯——的粉丝，因此相信生物技术可以用来改善全球环境的健康状况，对此他强烈支持。像早期的公司领导人约翰·奎尼和埃德加·奎尼一样，他也看到合成材料是公司的出路，于是不遗余力地向孟山都的股东和公司的生物技术客户传递这一信息。正如他在1997年《哈佛商业评论》的采访中所说："结论就是，人类面临着两难困境：要么是不能养活自己，落入马尔萨斯陷阱*；要么是生态灾难。而新技术是避免这两种灾难发生的唯一选择。"[5]

如果认为夏皮罗相信孟山都有能力避免马尔萨斯陷阱是虚伪的，那就太愤世嫉俗了。在这篇采访中，他谈到有必要检讨基于资源无限增长的经济模式。"像地球这样的封闭系统是无法承受物质的系统性增加的。"他告诉记者，并补充道："如果我们要通过消耗更多物质来发展，那恐怕我们得开始寻找新的行星。"夏皮罗认为，孟山都挽救生命的生物技术可以避免这种资源无限增长的贪婪想法。他向其他人宣扬这种行善的理念，而他之所以能够不遗余力地推销这种理念，是因为他内心真的相信这种理念。[6]

夏皮罗正是孟山都在20世纪90年代所需要的人。尽管孟山都公司尽最大努力将其光鲜亮丽的核心企业与受污染困扰的外围企业分离，但公司日益步履维艰，需要背负过往污染环境所导致的财务负担。孟山都在1993年年报的第40页掩盖了这一事实，仅在里面平静地承认，美国环保署已将孟山都认定为全国89个超级基金修复地的潜在责任方。苏打泉、奈特罗工厂都只是90年代到期的有毒污染债务中的一部分。除此之外，报告还罗列了数亿美元的负债。但公司向

---

* 马尔萨斯陷阱是英国19世纪经济学家马尔萨斯提出的人口增长理论。根据该理论，人口增长是按照几何级速度增长的，而生产资料是按算术级增长的。人口增加到一定程度便会出现土地不足、粮食紧缺等资源问题，过多的人口总是要以某种方式（如饥荒、战争、传染病等）被消灭掉。

投资者保证，公司利润"不会受到重大影响"。[7]

但公司的资产负债表却不是这样显示的。1992年，公司公布了8800万美元的亏损，而对于这一亏损，公司承认它正在经历成长的阵痛。孟山都未能很好地抵御20世纪90年代初的经济衰退，在1991年至1992年期间，其净利润下降了45%以上。到1993年，虽然通过抛售一些不盈利的大宗化工产品，情况开始好转，但投资者的信心丝毫没有得到重建。[8]

瘦身后的孟山都越来越依赖少数几个大品牌盈利。阿斯巴甜就是其中一个赚钱的项目。这种由氨基酸（蛋白质的基本组成部分）合成的产品在1991年为公司带来了近10亿美元的收入。孟山都，这家宣称通过出售农达等化学品以促进粮食生产的公司，同时还在销售一种人工甜味剂，以治疗这个贪吃的社会摄入过多卡路里的问题。这种信息传递上的冲突暗示了这样一个现实：提高生产率从来就不是解决美国（或世界）粮食问题的真正方法，即便孟山都公司非常善于向公众推销这一理念。[9]

1993年，阿斯巴甜专利到期，其销售额开始下降，这迫使公司研究人员寻找新的增长点。1993年推出的安眠药安必恩和抗关节炎药物奥沙普秦促进了公司的制药业务。在动物科学领域，孟山都把希望寄托在一种名为"保饲"（Posilac）的激素产品上。这是一种由转基因大肠杆菌制作的牛生长激素，可用于提高奶牛的产奶量。这款产品是孟山都公司推向市场的第一款真正商业化的生物技术产品，尽管这一结果来之不易。最初，包括广受爱戴的环保主义者、经济学家杰里米·里夫金在内的批评者反对保饲，称美国人不需要更多的牛奶。为了证明他们的观点，他们提到了农业部正在进行的牛奶储备计划，该计划旨在防止市场过剩带来价格崩盘。他们试图阻止这种牛生长激素，援引证据表明这种激素对人和牛都可能造成伤害。对此，孟山都发起了反击，要求公共事务专家"找枪手代写评论文章（和）社论样本"来支持牛生长激素。最终，农业部站在孟山都的一边，于1993年批准了该产品的商业化运用。孟山都很快就吹嘘说，占有美国近30%牛奶市场的奶农已经购买了它的这一新生物技术。[10]

对孟山都来说，除了这些大的制药品牌，没有什么比农达更重要了。1994年，公司82亿美元的收入中，农业部门的收入超过22亿美元，其中，农达是彼时还在继续增长的拳头产品。从1990年开始，农达的年销售额达到了10亿美元，占公司总利润的30%左右。孟山都报告说，草甘膦的销量在1990年到1994年间增长了200%，而且增长的前景似乎无穷无尽。公司即将向商业市场推出第一批抗农达除草剂种子，这意味着农民很快就能在整个生长季向转基因作物喷洒农达，不用担心公司这一著名的除草剂对作物的影响。这是革命性的。时至今日，孟山都已经花费了超过8亿美元来研发新的农业生物技术产品，这比全球任何其他公司都要多。考虑到高昂的投资成本，孟山都迫切需要让这些产品盈利。[11]

而且盈利必须越快越好，因为在这个新的商业前沿有很多初创公司和新的生物技术公司正在抢占市场份额。德国化学公司赫斯特旗下的农业子公司艾格福最近对农作物进行了基因改造,使其能够抵抗自家生产的名为"自由"(活性成分是草铵膦)的除草剂。虽然这一产品的商业化进展比较缓慢,但这对孟山都潜在的抗除草剂种子业务构成了直接威胁。(艾格福的技术后来改名为"自由链接",并在2017年被巴斯夫收购。)令人讨厌的卡尔基因也在1994年有过短暂的成功,当时它推出了一种叫作"Flavr Savr"的转基因番茄投放市场。从技术上讲,这款产品是成功的,卡尔基因对这种番茄进行了改良,使其保质期比非转基因品种更长,是第一款进入美国市场的商用转基因农产品。但卡尔基因的番茄团队没有花精力与番茄育种者进行充分合作,以确保他们种植出保质保量的番茄,这导致这款番茄在商品化过程中出现了很大的问题,比如很多番茄都遭受虫害,还有一些番茄成熟后采摘得太晚,在运送到商店的过程中受损。最终,卡尔基因败在了从来没有掌握种植和销售番茄的基本原理上。在项目失败后,孟山都先于1995年部分收购了卡尔基因,紧接着又获得了控股权,最后全部收购了这家公司。但其他竞争对手仍然存在,准备在这个新的转基因种子市场上攻城略地。因此,孟山都如果想成为行业领导者,就必须推出一款成功的抗农达产品。[12]

这是1995年夏皮罗成为公司首席执行官之前公司面临的艰难局面。在孟山都试图摆脱化学历史、进入生物技术领域之际,他是重塑孟山都品牌的幕后主导。这家公司刚刚把一切都押在了转基因种子上,接下来,披甲上任的夏皮罗还得说服投资者对这些种子下注。

此时美国的政治气候对夏皮罗来说非常有利。1980年,美国最高法院在"戴蒙德诉查克拉巴蒂案"中做出了一个具有里程碑意义的裁决,极大确保了孟山都的知识产权在新的生物技术经济中获得保护。在这个案子中,生物学家阿南达·莫汉·查克拉巴蒂为通用电气公司研发了一种通过基因工程改造的细菌,可用于分解泄漏在海洋里的石油。通用电气公司为其申请专利时遭到美国专利商标局拒绝。查克拉巴蒂于1972年向联邦法院提起诉讼,最终最高法院推翻了专利商标局认为的"微生物是一种'自然界的产物',……鉴于微生物是活物,不能申请专利"的决定。这意味着此后,通过基因工程获得的微生物可以获得美国法律的专利保护。[13]

但一些生物科技公司还是不能百分之百确认:查克拉巴蒂案的判决适用于植物吗?毕竟,关于植物的保护已经规定在另外两部法律里了。1930年的《植物保护法》和1970年的《植物品种保护法》明确规定了植物育种者对植物享有在美国的独家销售权。《植物保护法》的适用范围非常有限,因为它只适用于特定无性繁殖的植物,但《植物品种保护法》更进一步为有性繁殖的作物提供了植物保护,包括大豆、棉花、小麦和蔬菜等商品。根据《植物品种保护法》,

植物育种者可以获得出售独特植物品种的独家权利，最长可达17年。政府为了限制这种新的专有制度的影响，成功在立法中插入了相关条款允许农民复种受保护植物的种子。但尽管有这一例外规定，该法律仍被视为商业种子公司的福音。1970年以后，主要的种子公司，如迪卡杂交小麦公司和岱字棉公司，都加大了对种质研究的投资。一项调查显示，从1970年到1979年，59家主要种子公司的植物育种总支出翻了一番。查克拉巴蒂案有望加速这种投资模式，因为它意味着植物育种者有可能绕过《植物保护法》和《植物品种保护法》（二者的保护能力有限），直接向美国专利商标局寻求更强有力的专利保护。但仍不清楚这是否能实现，正如社会学家小杰克·克洛彭伯格所解释的，"这些不同法律提供的潜在的重叠保护带来的实质性和程序性困难，只有通过诉讼才能解决，可能除了律师之外没有人会对这种状况满意"[14]。

最终，这个问题在1985年美国专利上诉和干预委员会的"希伯德案"中得到解决。在这个案子中，委员会裁决养殖者可以选择他们想要的保护形式（《植物保护法》、《植物品种保护法》或美国专利商标局的专利）。生物技术公司显然对最后一种感兴趣，因为这意味着他们可以对植物的一部分（比如其基因、细胞等）主张专利权，而不仅仅是整个有机体。这也意味着他们不一定要遵守《植物品种保护法》里规定的关于复种保存下来的种子的规则。如果说植物育种家认为在《植物品种保护法》实施后他们可以赚很多钱，"希伯德案"则清楚地告诉他们，在未来几年，转基因种子的销售肯定会带来数十亿美元的收入。[15]

这个结果得益于联邦法院的判决，也离不开行政机关的功劳。1981年里根革命之后，孟山都在白宫中找到了盟友。这个偏向企业的白宫正在致力于确保孟山都、基因泰克、卡尔基因和其他公司在转基因种子商业化方面不会面临不必要的监管负担。美国加州大学伯克利分校的微生物学家大卫·金斯伯里是里根在生物技术方面的首席顾问。作为美国国家科学基金会的助理主任，他深信生物技术的好处。1984年，里根任命他领导一个特别的内阁生物技术工作组，该工作组的任务是制定一个不"需要任何额外法律或法规"、有利于产业的基因工程政策。两年后，工作组给里根交了作业——《生物技术监管协调框架》。这个新联邦框架明确指出，对转基因产品的监管"必须基于对产品的理性和科学评估，而不是基于对某些过程的先验假设"。从本质上说，该框架认为，现有法律已经给予了美国环保署、农业部、食品与药品监管局足够的权力来监督转基因产品的商业化。联邦政府在决定这些产品是否可以在美国上市时，不会给予它们特别的审查。[16]

还有更多好消息接踵而来。20世纪80年代后期，孟山都负责规制事务的伦纳德·瓜拉里亚一直在华盛顿强调公司的立场。1986年，他将目光投向了里根政府的接班人、美国副总统乔治·布什，并在白宫与他会面，向他传达了孟山都的愿望。"我们为了监管的事情去叨扰布什总统，"瓜拉里亚说,"我们告诉他,我们必须受到监管。"《纽约时报》记者库尔特·艾肯瓦尔德很好地解释了瓜拉里亚这样做的目的:公司高管们认为,政府指南会让公众放心,因为公众对这种激进的新科学的安全性越来越敏感。他们担心,如果没有这样的控制,消费者可能会变得非常谨慎,从而毁掉这个行业正在进行的数十亿美元的赌博。这种寻求联邦对行业进行监管以获得合法性的策略,与约翰·奎尼在20世纪初关于《纯净食品与药品法》的立法争论中使用的策略一模一样。[17]

但瓜拉里亚口中说的监管,是非常具体的东西。他的真实意图其实是宽松的监管法规。这些法规不会给这个产业带来不必要的负担,但会让公众相信,出售给公众的东西是经过联邦机构批准的。

老布什似乎明白孟山都想要什么了。1987年5月,他来到了这家公司位于克雷夫科尔的温室,在那里与公司的科学家们见面,并参观了公司抗除草剂作物的原型。现场的科学家们向布什表达了他们的担心,说农业部对孟山都的转基因作物田间试验进行监管,可能会导致一些阻碍。"他们正在有序地走流程。"孟山都的一位高管告诉老布什。但是,他接着说:"但如果到9月份我们还拿不到许可的话,那我们可能就会说不一样的话了。"老布什只回应了一句话,就让全场沸腾:"那到时候就给我打电话,我是放松管制事务部的。"[18]

当老布什1989年成为总统时,他兑现了自己的诺言。

他成立了一个竞争力委员会,由副总统丹·奎尔领导,旨在找出阻碍企业发展的政府法规。1990年2月,奎尔给布什写信解释说,他的团队"认为生物技术——已经是一个价值10亿美元,在新药、杀虫剂、环境产品和农产品方面具有巨大潜力的产业——应该成为(委员会)竞争力评估的首要对象"。总统的首席经济顾问尤其担心来自日本的竞争。在日本,生物技术公司正在快速增长。[19]

1990年3月,国会生物技术工作小组咨询了孟山都公司植物科学技术部部长罗伯特·弗雷利,听取他对未来政策的想法。布什总统的经济顾问拉里·林赛撰写的内部报告总结了孟山都公司在会议中表达的担忧。林赛描绘了一幅当前转基因产品商业环境的黯淡图景:"目前,生物技术产业面临着广泛的公众抵制,这主要是由于无知,但也受到一些反技术极端分子的煽动。"到20世纪80年代末,美国的许多环保组织,包括农药行动网络、国家野生动物联合会和环境保护基金会,合作创建了一个组织,开始游说联邦政府对生物技术行业进行更积极的监管。该组织在1990年发表了一份题为《生物技术的苦果》的报告,其中警告说,抗除草剂作物将是"对可持续农业的威胁"。"农业生物技术的方向是明确的,"报告称,"首批主要产品将不会用于结束农业对有毒化学品的依赖。相反,它们将进一步巩固和延长农药时代。"[20]

在这种复杂的局势下,林赛知道白宫必须采取行动。他说,联邦政府的生物技术"监管政策未能履行其使命",因为"公众不相信已批准的产品就是安全有效的"。他的结论是,"联邦政府应该……采取积极措施提高公众对生物技术的接受程度"。[21]

这正是老布什政府所做的。在这次孟山都会议两年之后,副总统奎尔在《联邦公报》上发布了一项新的食品与药品监管局法规,进一步强化了在1986年的《生物技术监管协调框架》中首次概述的立场。新的联邦法规规定,食品与药品监管局将"运用与传统植物育种相同的方法",对转基因作物食品的管制措施把好关。这是在向公众保证,当涉及转基因食品时,没有什么可害怕的。科学家们已经确定,转基因作物和传统品种之间存在"实质等同性",这意味着不需要对这些生物技术创新实践进行专门的实地调查。[22]

孟山都已经影响了华盛顿特区的政策制定者,联邦政府已经批准孟山都将其转基因种子推向市场。现在孟山都要做的,就是让这些种子生长起来。

就在这样的背景下,罗伯特·夏皮罗登场了。尽管公司元老们最初将这位来自塞尔制药的人视为局外人,但他展现的恰好是公司在20世纪90年代中期想要向投资者展示的新硅谷氛围。考虑到公司正面临的法律困境,而他刚好又懂法,这似乎没有什么坏处。[23]

这是互联网热潮的开始,一个投资者会把钱投在任何听起来几乎跟比特和字节有关的东西上的疯狂的金融时代。网景公司——一款新的网络浏览器开发商的首次公开募股刚刚引爆股市。网景是一个20多岁的计算机工程师马克·安德森的创意，在1995年夏天交易结束时，它的估值已超过20亿美元。对于一家小型初创企业来说，这是前所未有的增长。很快，雅虎、亚马逊和其他网络公司的股价通通暴涨。投资人对这些新公司进行高风险投资，因为他们的资金非常充裕。20世纪80年代，罗斯个人退休账户和401k计划*出现，吸引着数百万美国中产阶级将养老金投入股市。夏皮罗想让孟山都的股东们知道，他的公司在当前巨额金融交易的鼎盛时期是一个不错的投资对象。[24]

他说的这些都是投资者想听的技术术语。1995年，年近50的夏皮罗在给股东的第一份报告中宣布孟山都从此开始从事"基因'软件'"销售业务。公司"大幅度"削减其"化学产品组合"，将投资重心放在能够使公司转型为一个高科技信息交易公司的领域。"大自然，"夏皮罗在另一份报告中说，"已经开发出了地球上每一种生物基因结构的惊人复杂而精巧的软件。"公司制订了一项激进的收购计划，打算在未来几年收购种子业务和生物技术公司。这就是孟山都的

---

* 罗斯个人退休账户（Roth IRA）和401k计划均是美国的退休储蓄账户政策，但二者在税收待遇、投资选择和雇主缴款等方面略有不同。罗斯个人退休账户根据1997年的《纳税人救助法》创立，允许用户存入缴税后的钱，在满足特定条件后，可以免税提取。401k计划根据美国1978年《国内税收法》的规定实施，由雇员、雇主共同缴费并由雇员选择基金进行投资，在雇员退休后可提取使用。

"微软化"。[25]

到1996年，夏皮罗向投资者证明了他所说的并非空洞的承诺。那一年，孟山都成功推出了保铃棉。这是一种经过基因改造的棉花种子，可以产生能够杀死以棉铃为食的蠋虫等其他害虫的Bt杀虫剂。保铃棉是孟山都放出的大招，被公司冠以"农业历史上规模最大、最成功的新品发布"。但这只是更大计划的一部分。同一时间，公司还宣布了对孟山都的代表性除草剂——具有抗药性的"抗农达"大豆和"抗农达"油菜的商业化。这些是第一批推向市场的抗除草剂转基因作物。[26]

1996年早春种植这些种子的大豆农民依然是在冒险，因为这个时候还有一些国家没有批准转基因大豆的进口。在欧洲，德国的绿党成员和其他环保主义者与绿色和平组织合作，试图阻止转基因食品运往欧洲港口。在日本，立法者仍在讨论是否允许用转基因种子生产的食品进入日本。美国最大的谷物加工企业之一的阿彻丹尼尔斯米德兰公司甚至威胁说，在日本和欧洲解决贸易问题之前，不会生产任何转基因作物。但到了4月，欧盟执行机构欧盟委员会宣布，大多数成员国已经批准进口由孟山都公司转基因种子生产的食品。（该委员会还允许欧洲种植转基因作物。）几个月后，日本也紧随其后同意进口。随着全球市场的稳固，一场抗农达革命即将开始。[27]

❦

在那时，农民和科学家正面临一个苦恼的杂草问题。20世纪90年代初，市场上最畅销的除草剂产品是ALS（乙酰乳酸合酶）抑制剂。它通过破坏植物中的乙酰乳酸合酶，使氨基酸无法生成，最终杀死杂草。自20世纪80年代首次上市以来，ALS抑制剂成为最受欢迎的除草剂，农民用它去除在作物生长季节发芽的杂草，因为此时的玉米和大豆等大宗商品作物已经被培育出能够耐受ALS抑制剂的属性。而许多其他除草剂，包括农达（它所作用的靶标酶与ALS抑制剂不同），只能在种植前或收获后大量喷洒，否则就会杀死作物。所以农民使用了大量的ALS抑制剂类除草剂，包括当时最流行的品牌——美国氰胺公司生产的咪草烟除草剂。[28]

用这些广受欢迎的化学物质淹没农田，后果是可以预见的。到20世纪90年代初，杂草学家开始注意到水麻等其他杂草已经对ALS抑制剂产生了抗药性。这是大自然在化学时代进行的反击。于是农民们又开始担心：如果这些强大的除草剂失效了，下一步他们该如何清理田地中的杂草？[29]

美国的农业部门已经为一场"抗农达"革命做好了准备。孟山都公司的技术给农民提供了一条解决ALS抑制剂抗药性的新道路——农民改种抗草甘膦除草剂的种子，并在整个生长季节自由使用草甘膦除草剂（也就是农达）——舍弃杂草已进化出抗药性的咪草烟。而由于农达是一种适用面极广的化学物质，可以杀死的杂草种类繁多，农民不必再购买通常在杂草发芽前使用的补充性"残留"除草剂。

至少孟山都公司的销售人员是这么告诉农民的。1996年6月，抗农达除草剂种子上市后不久，孟山都的技术经理埃里克·约翰逊博士通过公司出版的宣传杂志《中西部放大镜》告诉农民："抗农达大豆系统中**不需要残留除草剂**。"从本质上说，约翰逊是在敦促农民只使用农达来保持他们的土地清洁。一家公司更是在广告中吹嘘说，农达是"你需要的唯一除草剂"。既然抗农达系统已经足够强大，为什么还要花钱购买昂贵的补充除草剂呢？大约一年后，《中西部放大镜》得意扬扬地报告说，大约80%的抗农达大豆种植者在他们的地里只使用草甘膦。1997年一个公司代表夸口说，"实地研究"证实"在喷洒农达之前使用残留除草剂没有任何除草效用"。[30]

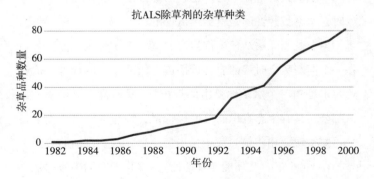

图2 抗ALS抑制剂杂草品种的数量增加趋势，1982—2000年。数据来源：伊恩·希普博士2020年的研究，国际抗除草剂杂草数据库，Weedscience.org

对特定除草剂的过度依赖导致了 20 世纪 90 年代初的 ALS 抗药性问题,但孟山都向农民保证,农达不会出现这种情况。1997 年,孟山都的研究人员劳拉·布拉德肖在《杂草技术》(*Weed Technology*)上发表了一项研究,解释了公司的逻辑:"长期以来,这一除草剂的广泛使用并没有证明杂草会产生抗药性。"布拉德肖和她的团队解释说:"考虑到农达的使用可以追溯到 20 世纪 70 年代,我们有理由预计,未来抗草甘膦杂草进化的可能性不会比现在显著增加。"[31]

但在地球另一端的澳大利亚的田地里,布拉德肖的预测已经被证明是错误的。1996 年,杂草学家在那里发现,坚硬的黑麦草,一种特别"麻烦"且适应性特别强的杂草,已经对农达产生了抗药性。这是在转基因种子登陆澳大利亚市场之前的事情,但那时的农民已经在大量使用农达,给杂草物种施加了极大的进化压力。也就是说,在"抗农达"革命开始时,杂草抗药性问题就已经出现了。[32]

但农民们无法从孟山都当时的宣传中了解这一点。公司在一个向新数字时代的农民传播信息的网站上解释说,抗农达技术是"一个赋予你自由的系统"。罗伯特·夏皮罗,孟山都公司具有生态意识的首席执行官,解释说抗农达种子是公司要实现"出售信息而不是出售商品"这一目标的必要工具。在 1996 年的《环境年度评论》(夏皮罗时期出版的众多关于可持续发展出版物之一)中,公司预测抗农达大豆"有可能使除草剂使用量减少三分之一"。夏皮罗 1995 年告诉环境记者协会,转基因种子还能让农民实现"免耕"种植,因为农民可以在整个生长季喷洒除草剂来管理杂草,而无须通过各种其他除草操作破坏土壤,因而不会导致土壤中的水分流失。换句话说,无论是对生意,还是对环境,都有大利。转基因种子将帮助农民减少与除草有关的不必要成本,也将实现减少土壤侵蚀的耕作方式。这些理由谁能反驳呢?[33]

这一切似乎美好得不太真实。确实如此,但农民们愿意相信这是真的。他们不必使用一堆不同的除草剂来控制杂草,现在只需使用一种牌子的除草剂就可以完成工作。几乎一夜之间,美国的大豆、玉米和棉花种植者开始转向抗农达品种。海外市场紧随其后。

而这一切之所以成为可能,是因为夏皮罗对种子业务进行了积极的收购和投资。他与脾气暴躁的罗伯特·弗雷利密切合作,后来弗雷利在1992年成为主管农业研究的副总裁。一位非常了解弗雷利的高管形容他是"我见过最有干劲的人"。弗雷利现在40多岁,已经秃顶,用那些看过他谈判的人的话来说,他"冷酷无情"。他在快30岁时加入了执行孟山都早期转基因研究任务的贾沃斯基团队,并且对公司这些价值数十亿美元的生物技术产品深信不疑。他致力于将这些基因产品推向市场,他知道如果要成功,孟山都必须在种子业务上做些大动作。他和夏皮罗一起开始了一系列的商业谈判,从根本上改变了孟山都的未来。[34]

1996年底，公司收购了拥有大豆和玉米行业领先品牌的阿斯格罗种子公司，与密西西比州首屈一指的棉花种子公司岱字棉公司合作，并对总部位于伊利诺伊州迪卡尔布、专门投资基因工程的大型种子公司迪卡基因公司进行了重大投资。1997年，孟山都收购了卡尔基因公司和霍尔顿基金会种子公司，后者是一家总部位于艾奥瓦州的重要玉米种子公司。不到两年，夏皮罗和弗雷利就把孟山都公司打造成一家转基因种子巨头。[35]

在新的种子合作伙伴关系中，两位高管小心翼翼地避免重蹈公司过去犯下的错误，尤其是那些导致90年代与先锋种子灾难性交易的错误。先锋公司是由罗斯福新政时期的农业部长、美国副总统亨利·华莱士创立的美国最大的种子公司之一，培育高产玉米品种杂交组合的方法就是他们研发的。到20世纪90年代初，先锋公司控制了整个美国玉米市场40%以上的份额，还是其他大宗商品作物种子的主要销售商。在1992、1993年，夏皮罗急于让先锋公司采用他们的抗农达和Bt基因特性，以让这些品种尽快投放市场，因此匆忙同意了先锋公司以50万美元的价格换取孟山都抗农达大豆基因的永久使用权，以3800万美元的价格换取在玉米中使用抗Bt基因。[36]

然而，孟山都的高管们几乎立刻就意识到与先锋的合作是多么短视。当抗农达大豆和Bt玉米在美国中部遍地开花时，孟山都没有再从先锋公司那里得到一分钱。合同中没有包含任何特许权使用费的条款，肥水最终流向外人田。[37]

因此在接下来的几年里,夏皮罗和弗雷利把这一教训带进与他们面谈的每一家种子公司的会议室。在与岱字棉公司等其他公司的谈判中,孟山都坚持农民在购买种子费用之外另行支付一笔"技术费",这笔费用最终将以特许权使用费的形式返还给孟山都。孟山都不再一次性把自己的基因使用权出售给种子公司。使用孟山都基因盒的种子公司每售出一袋种子,都将把额外溢价的70%交给孟山都,自己只能够拿剩下的30%。[38]

夏皮罗和弗雷利还做了另一件事,永久改变了美国农业的面目。他们要求农民签署一项技术使用协议,禁止他们重新种植所保存的种子。这对玉米种植者来说并不是什么新鲜事。自从杂交玉米在20世纪20年代出现以来,许多种植者不再在收获后保存并重新播下种子,因为杂交后代的特性使它们的产量低于亲本。但是,大豆种植者和棉花种植者在当时还一直有保存种子的习惯。孟山都试图结束这种做法,要求其客户每年重新购买他们的转基因种子。一些农民怨声载道,哀叹这个新霸权制度所预示的自由丧失。美国俄亥俄州的一位农民在介绍孟山都公司关于禁止复种的规定时说:"感觉好像生活在极权时代。"但是,还是有很多农民被田地没有害虫和杂草的前景迷住了,纷纷同意了孟山都的新要求。1996年,也就是夏皮罗完成这场种子交易的四年后,美国种植的大约54%的大豆和46%的棉花都来自抗草甘膦基因工程改造过的种子。抗农达玉米于1998年首次投入商业市场,起初在大宗商品市场的份额较小,但很快也开始流行起来。[39]

夏皮罗和他的种子团队想出了利用孟山都的新技术赚取更多钱的方法，但如果这位有远见的首席执行官要让他的公司进一步盈利，他还必须找到一种方法卸下所有拖累公司的有毒化学品责任。

在这方面，夏皮罗很狡猾。1997年，他将孟山都剩余的大部分化学资产剥离，成立了一家名为"首诺"的新公司。正如《圣路易斯邮报》后来所说，这家新公司就是"用来解决孟山都历史旧账的手段"。接下来几年，首诺公司每年花费数千万美元来解决孟山都遗留下来的问题。剥离后留下的孟山都对于投资者来说非常具有吸引力。根据公司的新口号，这家公司兜售的是"食品、健康、希望"。在夏皮罗成为孟山都的首席执行官和董事长三年后，该公司的股价以280%的指数增长。[40]

"新的"孟山都其实并不那么新。孟山都仍在从事化工业务，保留着利润丰厚的农达除草剂，运行着自70年代以来一直生产这种除草剂的工厂。它还保留着对有利可图的制药品牌的所有权，特别是安必恩和阿斯巴甜。在接下来的岁月里，这些旧时代的盈利拳头产品将拉动孟山都进入崭新的种子时代。公司仍然依靠着化学品，即便它把其中的有害化合物在财务上做了分离。[41]

夏皮罗把环境责任变成了抽象的财务报表，并把这些有毒资产埋在首诺的资产负债表中，藏在化学品年销售额达30亿美元的报告后面。于是，在金融狂热的繁荣时期，投资者被吸引进来，到1998年，首诺的股价一直在飙升。但渐渐地，随着20世纪90年代的股市狂欢演变成21世纪初的金融后遗症，藏在首诺内部的有毒废物问题开始成为一个真正的问题。[42]

事实是，首诺公司的负债账簿上每一个冰冷的数字，都代表着每一个被孟山都摧毁的人的真实生活。到20世纪90年代末，一部分人决定，自己不能仅仅成为股东报告中的一个统计数据。

11
"我必须替他们哭泣"

1995年,在首席执行官罗伯特·夏皮罗首次宣布商业化种植抗农达作物的一年前,孟山都开始悄悄地在亚拉巴马州安尼斯顿西侧的一个公司工厂附近购买房屋和建筑。公司联系了这些房主和教堂牧师,告诉他们,公司愿意花大价钱购买他们的房产,还能为想要搬迁的租户提供经济援助。孟山都联系的许多居民是非裔美国人。住在这个孟山都工厂一英里以内有44%的人是黑人,其他大部分是工薪阶层的白人。孟山都在购买方案中告诉房主和租户:"参不参与由你们自己决定。"选择权掌握在居民们手中。但孟山都的出价非常吸引人,而且为了让购买方案更诱人,公司还增加了"奖金",让居民们尽快行动。因此加总起来,购买价格有些会比市场价高出75%。[1]

孟山都到底想在安尼斯顿干什么?

大卫·贝克是提出这个问题的居民之一。他是在孟山都安尼斯顿工厂滚滚升起的有毒污染烟雾中长大的。但当时,他对于孟山都工厂中生产的化学品没有多想。[2]

他当时有更大的烦心事。1961年，当贝克还未到高中时，安尼斯顿小镇火光闪耀——是字面意思的火光闪耀，因为白人种族主义者穿着华丽的衣服，点燃了一辆开往伯明翰、载满"自由乘车者"*的灰狗巴士。在母亲节的下午，贝克的父母伊莫真和格罗弗正好驱车经过火灾现场，目睹了年轻的民权运动家们试图从浓烟弥漫的巴士残骸中逃生的情景。虽然格罗弗想赶紧开车离开，他低着头以避免冲突，但伊莫真强迫他停车，并向需要帮助的人伸出了援手。这是一个改变命运的决定。第二天早上，他们家的电话铃响了，接电话的是年幼的大卫·贝克。"我们今晚要去炸你的房子。"电话另一端传来一个声音。接着陆续有电话打来，发出了类似的威胁。[3]

对于贝克小时候在安尼斯顿所经历的种族隔离和社会隔离，孟山都反而是受益人。因为这些冲突和运动分散了居民的注意力，使他们忽视了孟山都工厂里已经失控的有毒物质问题。

几十年来，孟山都把安尼斯顿西区当作有毒废料场，将数百万加仑未经处理的多氯联苯废水排入雪溪。这些多氯联

---

* "自由乘车者"是20世纪60年代，美国反对种族歧视的一项非暴力抗议运动。在美国最高法院"波因顿诉弗吉尼亚案"宣布在饭店和跨州巴士站候车室中的种族隔离行为不再合法后，南部依然有很多地方我行我素。因此自1961年开始，一些平权活动家采取黑人与白人混搭的方式乘坐跨州巴士前往种族隔离现象严重的美国南部，以检验美国最高法院判决的落实情况，并在车窗外展示反种族隔离制度的标语牌，挑战南部的种族隔离政策。

苯随着蜿蜒曲折的雪溪，汩汩流过居民的房屋、教堂和儿童玩耍的游乐场。许多黑人居民和工薪阶层的白人居民根本不知道有多氯联苯问题。即使他们知道，大多数人也都忙于其他事情，无暇顾及。自由乘车者运动的火焰，返乡游行中的种族骚乱，在亚拉巴马州以种族为基础的社会中日复一日艰难谋生——这些才是让生活在世界这个角落的人们夜不能寐的原因。

1971年，孟山都停止在安尼斯顿工厂生产多氯联苯一年后，大卫·贝克离开了安尼斯顿，不过当他后来在90年代回乡时，发现过去的有毒污染问题仍然存在，因为多氯联苯早已残留在环境中。十年又十年，成千上万的安尼斯顿人接触到的多氯联苯水平远远超过了美国环保署的安全建议。在21世纪初，许多在西区进行血液检测的居民发现，他们体内的多氯联苯浓度是普通美国公民样本的30倍、40倍，甚至200倍。而且污染不仅仅局限在这个社区，与雪溪相连的乔科洛科小溪等其他来自孟山都工厂周围地区的支流将多氯联苯传到小镇西南方向约25英里处的著名旅游景点洛根马丁湖。1993年，土壤保护署的一名科学家发现，一条乔科科鲶鱼的组织中多氯联苯的含量高得惊人。考虑到在亚拉巴马州的文化中，钓鱼和狩猎是大多数人的第二天性，这令人深感不安。[4]

这就是孟山都的交易商前来购买房屋和建筑的原因。在20世纪70年代，孟山都的管理者可能以为他们已经一劳永逸地解决了公司的多氯联苯污染问题，因为他们已经与客户签订了赔偿协议,也在全国性的环境抗议之后关闭了生产设施。但 20 年后,我们依然听到安尼斯顿人在大声疾呼,这家公司的历史遗留问题依旧阴魂不散地困扰着这个小镇。也许孟山都的高管们希望,金钱(大部分从他们价值数十亿美元的农达品牌赚来的)能够阻止亚拉巴马州的人民继续深挖他们想要掩埋的过去。

然而,面对孟山都的收购计划,许多居民并不愿安静地离开。当地一名缓刑监督官卡桑德拉·罗伯茨首先揭竿而起,因为她发现自己受洗的地点——马斯浸信会教堂附近一条溪流竟然被多氯联苯污染了。她和其他几位来自(受多氯联苯污染严重影响的)科布敦和甜谷的妇女成立了一个环境工作组,并最终向孟山都公司发起诉讼。这成为"沃尔特·欧文斯诉孟山都案"(*Walter Owens v. Monsanto*,下称欧文斯案)的一部分。马斯浸礼会教堂的执事安德鲁·鲍伊是另一个拒绝被收买的斗士。他拒绝了孟山都收购他和其他信徒做礼拜的大楼的提议,还去了当地律师、前美国参议员唐纳德·斯图尔特的办公室,委托他在欧文斯案之外,对孟山都提起另一项诉讼。反抗的怒火在安尼斯顿越烧越旺。[5]

大约在这个时候,大卫·贝克回到了他的家乡。快 40 岁的贝克在他的朋友西尔维斯特·哈里斯和拉塞尔·威廉姆斯那里找到了一份工作,他俩在安尼斯顿西区开了一家殡仪馆。在死人堆中工作时,贝克开始注意到这个他称之为"安息之家"的地方的特殊性。贝克发现棺材里经常躺着年轻男女的尸体,而他们生病的情形只能用神秘来形容。他想起了17岁时死于脑瘤和心脏肿大的弟弟特里。也许这一切都有关联?[6]

跟着哈里斯和威廉姆斯干了几个月后,贝克找到一份彻底改变他后半生的工作。孟山都与一家环境清理公司签订了合同,开始对安尼斯顿的土壤进行净化和清除。贝克决定接受这份工作,尽管日常工作穿的制服已经表明这是一份危险的工作。贝克每天的任务,就是穿上防护服,戴上两副防护手套,然后开始挖土。[7]

当他在孟山都委托的这家清理公司工作时,贝克注意到,大多数和他一起干苦力活的人并不是安尼斯顿本地人,而是从全国其他地方搭乘巴士来的,有些人甚至从很远的底特律过来。令他惊讶的是,其中一些人比当地人更清楚他们正在处理的污染。他记得有一次,一个组员告诉一位好奇的当地居民说他的财产被污染了,因此遭到了孟山都高层的严厉批评。他的上级跟他说:"从现在开始,如果这里有人问你发生了什么事,你就让他们到办公室来。"[8]

贝克的好奇心被激起了。在接下来的日子里,他开始组织聚会促进城市居民之间的对话。第一次聚会就在拉塞尔·威廉姆斯的殡仪馆举行,讨论垂死的人和死去的人。他负责起一个名为"对抗污染社区"的组织。该组织最初是教堂执事安德鲁·鲍伊在几年前创立的,在贝克接手后,他和妻子雪莉开始艰难地动员人们重新接管这个州监管机构和美国环境保护署已经太久撒手不管的问题。[9]

这些活动让他付出了失业的代价。1998年,贝克工作的环保机构告诉他,他被解雇了。公司没有明确说明他被解雇的原因,但贝克心里清楚是怎么回事。但丢了工作意味着拥有更多时间,现在他可以把所有的精力都投入到"对抗污染社区"的活动中。1999年,他给联邦环保署写了一封信,其中包括一份由许多居民签名的请愿书。这封信指责地方政府辜负了安尼斯顿的人民。亚拉巴马州环境管理部没能保护社区,而安尼斯顿人希望联邦环保署对此能做些什么。[10]

但贝克不会仅仅耐心等待亚拉巴马州环境管理部或联邦环保署采取行动。他清楚这些机构在处理这类问题时的过往行径。相反,他与安德鲁·鲍伊和大约3500名安尼斯顿居民一起,提起了一个有毒污染侵权诉讼——"艾伯纳西诉孟山都案"(*Abernathy v. Monsanto*,下称"艾伯纳西案"),希望通过这个诉讼案,让孟山都的高管们感受到社区因公司过去的污染行为而承受的痛苦。唐纳德·斯图尔特律师刚刚在上文提到的马斯浸礼会教堂案件中赢得了250万美元的和解金,对他在证据开示环节发现的丰富证据记录津津乐道。他急于将艾伯纳西案提交到陪审团手中。他迫切想要知道,当陪审团得知孟山都的一位高管曾建议该公司在明知多氯联苯有毒的情况下"能卖多久卖多久"时,他们会怎么做?[11]

就是在这个时候,随着安尼斯顿的案子进入审理,夏皮罗签署了将首诺公司剥离出去的协议。从现在起,像奈特罗等其他被有毒物质污染的城镇一样,安尼斯顿将由首诺公司负责。孟山都的标识在安妮斯顿将被首诺的商标取代。正如孟山都在美国其他地方所做的那样,孟山都正在把自己的名字从一片已经变得毒性太大而不可触及的土地上移除。

1998年,就在剥离掉首诺公司之后,夏皮罗通过收入和股票期权获得了约5400万美元的收入,成为圣路易斯收入最高的首席执行官,是安海斯-布希公司*董事长收入的五倍多,相当于芝加哥全明星迈克尔·乔丹的年度企业代言费。《圣路易斯邮报》称夏皮罗是一个有远见的人,他的每一步棋都走对了。[12]

但1999年与制药公司美国家用产品公司的合并案失败后,本来一片大好的形势急转直下。这一年,杜邦公司以94亿美元收购了先锋种子公司。这场交易就像一把刀扎到孟山都心上。一直以来,孟山都公司都在寻求对先锋公司种质资源的控制权,因为先锋种质是美国最好的品种之一,但先锋公司对此并不接受,部分原因是两家公司高管之间的冲突。[13]

接踵而来的坏消息是1999年6月欧盟对转基因作物的

---

* 安海斯-布希公司是一家总部位于美国密苏里州圣路易斯市的啤酒生产公司,旗下品牌包括广受欢迎的百威啤酒和百威昕蓝等。

"非正式禁令",这削弱了投资者对孟山都农业业务的兴趣。[14]

20世纪90年代末,一系列事件导致了欧洲人对转基因食品的强烈反对。首先是由支持有机农业的非营利组织土壤协会领导的一场影响广泛的运动。这个组织与英国托特内斯小镇的有机农场主盖伊·沃森合作,后者试图阻止引进由德国艾格福公司进行基因改造的"自由链接"种子(这种种子可以耐受一种叫作草铵膦的除草剂)。1998年4月,土壤协会指出,如果在沃森的农场附近种植自由链接作物,它们的花粉会污染沃森的田地,因此,有机农场主将无法给自己的产品贴上有机标签。沃森向法院提起诉讼并成为头条新闻,引起了地球之友等环保组织对这个问题的关注。[15]

同时,夏皮罗与美国最大的棉花种子公司——岱字棉公司进行谈判的消息也被传开。让反转基因活动家对这起潜在交易感到不安的是,岱字棉公司最近宣布发现了一种操纵基因表达的技术,可以使他们的转基因作物产生的种子不育。批评人士参考阿诺德·施瓦辛格的著名电影,称这种技术为"终结者技术",并预言有一天,孟山都将利用这种基因软件来控制全世界的粮食供应。(虽然孟山都后来在2007年收购了岱字棉公司,但尚没有证据表明它曾将这项技术应用于商业市场。)三个月后,科学家阿帕德·普斯泰公布了他的一项研究的结果。该研究发现,给予老鼠稳定的转基因土豆饮食后,它们的免疫系统和身体其他方面都出现了问题。英国皇家学会的研究人员后来对这项研究的结论提出了质疑,普斯泰也被要求离开资助他工作的研究机构，但这一有争议的研究还是加剧了公众对转基因食品的担忧。[16]

包括皇室成员在内的名人也参与了讨论。威尔士亲王查尔斯在1998年6月加入呼声日益高涨的反对孟山都和转基因的阵营，说他"自己不希望吃任何由基因改造产生的东西"，还说"这项技术将人类带入属于上帝的领域"。到1999年，包括雀巢和联合利华在内的欧洲公司宣布，它们将努力消除产品中的基因工程成分。英国零售商玛莎百货也表明同样的立场。[17]

最后，在1999年5月，康奈尔大学助理教授约翰·洛西在《自然》杂志上发表了一篇论文，研究结果是Bt玉米的花粉杀死了帝王蝶的幼虫。洛西的同事，甚至洛西自己，都提醒读者他的研究仅仅是基于实验室的试验，没有包括广泛的实地分析。因此，他无法证明释放Bt毒素的转基因作物会在现实中杀死帝王蝶。美国农业部后来在2005年开展了实地研究，但得出"Bt玉米不太可能对北美的帝王蝶种群构成重大风险"的结论。

然而，艾奥瓦州立大学的研究人员后来假设，草甘膦的广泛使用消灭了帝王蝶的食物来源马利草，从而导致蝴蝶数量下降。但这项研究是在洛西的论文发表数年后进行的。1999年，Bt是帝王蝶死亡的罪魁祸首的观点成了头条新闻。世界各地的环保人士都被激怒了，帝王蝶很快成为反转基因运动的象征。[18]

此过程中，欧盟委员会改变了早先允许转基因作物进入欧洲大陆的决定。对于反转基因的活动人士来说,这是一个决定性的胜利,15个成员国中有12个投票支持该禁令。[19]

但最终,孟山都经受住了这场风暴。公司正在将种子销售扩大到南美,特别是阿根廷,并打算大举进军巴西。此外,欧洲进口的谷物仅占美国总产量的2%左右,因此美国出口商只是将原本运往欧盟国家的转基因谷物转移到了愿意接受转基因作物的其他国家。欧盟委员会也没有禁止美国公司向欧洲买家提供用作动物饲料的已加工转基因玉米和大豆。对于种植转基因种子的美国大宗商品作物种植者来说,这仍然是一个很大的市场,而且基本上没有受到转基因食品禁令的影响。[20]

就在孟山都忙于应对欧洲的反对浪潮时,贝克和他的原告伙伴们正准备在艾伯纳西案中为自己而战。现在是2002年,距离律师唐纳德·斯图尔特向联邦法院提起诉讼已经过去了六年。原告势头强劲,部分原因是此前的2001年春天,另一原告团体已经在欧文斯案中与孟山都达成了4000万美元的和解。欧文斯案的原告是约1600名安尼斯顿居民组成的另一群人,其中包括上文提及的卡桑德拉·罗伯茨和由女性领导的甜谷/科布敦环境工作组。在欧文斯案审理过程中,原告在证据开示环节获得了对孟山都不利的公司文件,这些文件现在是艾伯纳西案的关键材料。[21]

此时的孟山都危如累卵，其中一个原因是公司无法再依靠首诺公司来填安尼斯顿的窟窿。因为就在这些诉讼发生期间，孟山都正在经历一系列复杂的合并和分拆谈判。2000年，以生产落健生发水和力克雷口香糖等畅销产品闻名的制药公司法玛西亚普强与孟山都合并。法玛西亚普强的这一选择，一定程度上是受到了孟山都治疗关节炎的灵丹妙药西乐葆的吸引。但在2001年，这家名为法玛西亚普强的合并公司剥离出孟山都所有的农业业务，又组建出一个当时所谓"转世的"孟山都。在这个拆分协议中，孟山都的领导层同意分担当时与首诺相关的所有环境责任，以避免首诺破产。因此，孟山都与财务紧张的首诺合作，为安尼斯顿的污染问题找到解决方案，是于己有利的。[22]

　　在艾伯纳西案审判前的几个月里，孟山都的律师旧计重施，跟在奈特罗案中一样，通过法律手段推迟了审判日期，企图让原告的律师断粮。但唐纳德·斯图尔特，就像奈特罗案中的斯图尔特·考威尔一样，不为所动。他决心与他的客户并肩作战。与此同时，贝克积极寻找其他因孟山都的所作所为而受到伤害的潜在诉讼当事人，并给加州律师小约翰尼·科克伦写信，让他来安尼斯顿看看到底发生了什么。因1995年成功为辛普森辩护而出名的科克伦，响应贝克的呼吁，来到了安尼斯顿与他和其他社区活动家见面。他被眼前的所见所闻感动，并最终与亚拉巴马州的一家律师事务所合作，提起了另一起侵权案——"托尔伯特诉孟山都案"（下称"托尔伯特案"），涉及18000多名原告。[23]

因此，当艾伯纳西案在2002年开庭审理时，孟山都正面临着多家律师事务所的围剿。如果艾伯纳西案的陪审团做出有利于原告的判决，那对于其他案件中的原告也同样有利。

艾伯纳西的审判持续了六周。陪审团在这段时间里，阅读了孟山都在欧文斯案中披露的机密文件，这些文件详细记录了安尼斯顿的严重污染问题；还听取了专家的证词，证词指出在孟山都公司停止生产多氯联苯30多年后，安尼斯顿的环境中依然维持相当高的多氯联苯水平。经过仅仅五个半小时的商议，陪审团做出了令人振奋的裁决。他们认为孟山都的行为"在性质和程度上都是如此令人发指，超出了所有可能的情理范围，在文明社会中，这些行为应被视为残暴的，完全不能容忍的"。唯一需要进一步确定的是孟山都应该为自己的所作所为付出多少代价。听到这个判决，贝克泪流满面。[24]

正当原告沉浸在喜悦的氛围中时，华盛顿传来了坏消息。布什政府的环保署试图介入此事。在2002年3月，也就是艾伯纳西案判决几周后，他们打算签署一项同意令，送给首诺公司一份贝克所说的"私下交易"大礼。根据贝克的说法，该同意令再次将清理有毒废物的大部分责任授予始作俑者——将由首诺而不是环保署负责在安尼斯顿雇人进行污染评估。该法令还免除了首诺公司开展昂贵的社区血液检测项目，并将公司补偿环保署的金额限制在620万美元以内。[25]

这些消息让大卫·贝克火冒三丈。2002年4月，在总部设在华盛顿的环境工作组和亚拉巴马州参议员理查德·谢尔比的帮助下，贝克前往华盛顿，在参议院的一个小组委员会上做证，并向与会者做出了激情呼吁。回想一路坎坷才走到这里，他的情绪低沉，当他谈到所爱的朋友和家人的困境时，他的眼睛里噙满了泪水。"如果受此影响的人有一半今天在这里，你会看到他们眼中的泪水，"他说，"所以我必须替他们哭泣。"[26]

贝克明确指出，正是美国环保署分散的监管政策让这一问题持续了这么久。他说："亚拉巴马州安尼斯顿的人民已经等了40多年，等待联邦政府介入，帮助我们清理在我们的后院、操场、河流、小溪和我们身体里的污染物。不幸的是，经过40年的等待，今天我在这里宣布，你们联邦政府辜负了安尼斯顿人民的期望。"有人以为将地方决策权下放给当地行动者就可以赋予当地人民权力。贝克明确表示，事实并非如此。他所在社区的孩子们"如果想和自己的宠物狗在院子里玩耍，就必须给狗洗澡。我们不能在自己的花园中种植漂亮的植物……我们无法用我们的房产去抵押贷款"[27]。

贝克的申诉产生了效果。美国环保署最终放弃了它提出的同意令，并采取了更严格的清理措施，此时亚拉巴马州的联邦法庭传来了重要消息。鉴于艾伯纳西案中的侵权损害费据预测接近30亿美元，首诺和孟山都赶紧出手，阻止事态进一步恶化。两家公司的律师约见了处理托尔伯特案的法官,请其询问原告是否愿意参与包括艾伯纳西诉讼当事人在内的"全球和解"。唐纳德·斯图尔特最终同意了这项协议,经过数月的谈判,双方于2003年8月20日达成了和解。托尔伯特和艾伯纳西案的原告将获得总计7亿美元的赔偿,这是美国历史上涉及某一特定工厂的最大一起有毒物质侵权案件。[28]

在总计7亿美元的安尼斯顿和解协议中,孟山都的律师同意支付赔偿金6亿美元中的5.5亿美元,而首诺承担5000万美元。孟山都公司还同意支付安尼斯顿医疗监控1亿美元中的一大部分。这对首诺来说似乎是一笔不错的交易,但公司却陷入了严重的财务困境,很大程度上是因为它花费了巨资来解决孟山都在其他地区的污染问题,截至2003年估计每年大概花费1亿美元。由于背负着这些沉重债务,首诺最终于当年12月申请破产,此时距离与安尼斯顿人民达成和解不到四个月。[29]

同样,孟山都也遭受了财务上的打击,在2003年8月公布了2300万美元的亏损。但对孟山都来说,与安尼斯顿人民的和解并不亏,原因之一是企业保险覆盖了公司债务的很大一部分。到2004年,孟山都的财务状况就开始好转,当年净收入达到2.67亿美元,这主要多亏了它的抗农达种子系统,让它赚了数十亿美元。仅在三年内,净收入就增长了两倍多。这对于一家刚刚经历重大重组的公司来说,无疑是个好消息。孟山都会好起来的。[30]

现年60出头的夏皮罗很富有。在他完成2000年的法玛西亚普强合并案后，他同意在新公司工作18个月后就辞职。在他离开的那天，他带走了价值1400万美元的遣散费和每年100万美元的退休金。相比之下，在安尼斯顿，艾伯纳西的原告签订了阿伯纳西-托尔伯特案和解协议后，拿到的赔偿金平均约为4.9万美元。而大多数托尔伯特案的原告得到的赔偿仅仅不到9000美元。[31]

但金钱并不能治愈安尼斯顿。在接下来的几个月里，原告们抱怨根据人体血液中多氯联苯的水平支付赔偿金不公平。贝克受到指责，而这些指责来自他领导了很久且从整个事件中获利的"对抗污染社区"组织的其他成员。他否认了这些指责，但还是在家里接到威胁电话，说他们夫妻贪婪，要杀了他们。贝克小时候也曾因"自由乘车者"运动在电话中听到过类似的威胁，他再次为自己的家人感到担忧。[32]

至于清理工作，等待的时间越来越长。首诺和美国环保署先得就清理工作的内容和费用达成一致，接着还得进行可行性研究，最后才开始多氯联苯的清理工作。到2013年，美国环保署官员开展的空气采样证实，安尼斯顿的多氯联苯含量仍然超过了全国平均水平。当时，估计有550万到1000万磅被多氯联苯污染的污染物埋藏在附近的一个填埋场中。截至本书出版，安尼斯顿的清理工作仍在进行，而此时距离孟山都停止生产多氯联苯已经过去了近半个世纪。[33]

在"崭新"的孟山都公司，这一切很快就成了旧新闻。这家公司挺过了安尼斯顿危机。分拆案的进行给转基因种子的销售人员赢得了时间，而首诺公司又承担了孟山都许多的历史旧债。到 2004 年，孟山都再次获得了可观的利润，并准备继续大展拳脚。

就在那时，公司又陷入了一件麻烦事，可能让夏皮罗苦心经营的这一切化为泡影。

2016年,倾倒在孟山都爱达荷州苏打泉工厂的磷酸盐熔渣。在20世纪60年代和70年代,孟山都向当地居民出售放射性废渣,这是其畅销产品除草剂农达的一种关键成分的副产品。当地居民用这些废渣建造房屋地基、人行道和道路。在该镇最终禁止这种再利用后,孟山都开始在工厂南侧丢弃矿渣,形成了一座尾矿山。

第四部分
杂草

12
"天哪！利润真的非常、非常、非常高"

他很想把他的故事透露给公众，但他不确定该不该这样做。他通过加密电话跟我进行了交谈，并表示他正在权衡利弊。这可不是闹着玩的。他得考虑他的家人，他的退休金也可能打水漂。他签署了一份保密协议，如果违反协议，他可能要承担严重的法律责任。孟山都的律师可能会向他索要一大笔钱。他说，整个事件中"最可怕"的部分是，就算公司没有提出损害赔偿，根据保密协议，他也要负担孟山都的诉讼费用。西弗吉尼亚州奈特罗镇的工人们应该能理解他的这种焦虑。在20世纪80年代打响橙剂案的最后几天，孟山都的律师为了报复这些工人，对他们的房子申请了留置权。[1]

不过，他还是左右为难。他觉得公众需要知道他所知道的。他非常纠结，一直苦恼了好几个月。

他想说的，是孟山都的一种旧除草剂，公司把它重新包装，想让它摇身一变成为一个能赚钱的品牌。这款除草剂被推销为将农民从除草困境中解放出来的下一个明星，但它有一个严重的缺陷。电话里的那个人说，他有信息可以说明这个缺陷是如何瞒过监管机构的。

这位来自孟山都的纠结人士花了很长时间谨慎思考要不要披露。他的内幕消息能帮助农民争取赔偿吗？这是一个伦理难题，对家庭的关心和对他人的关心同等重要的。如果他掌握的信息对这件事几乎没有影响呢？那一切就白费了。要考虑的事情太多了。

他咨询过律师，寻求一切他能得到的建议。有没有办法确保对"告密者"的保护？保密协议有诉讼时效吗？他们可以要求的损害赔偿有上限吗？

答案是没有、没有、没有。情况不太乐观。如果他要把他的故事告诉公众，就得孤注一掷了。

他不愿意这么冒险。最后，他选择了沉默。

于是，农民们必须亲身体会这个残酷的事实了。深入美国中部，当种植者们行走在田地里时，他们终于知道了孟山都试图隐藏的东西。这家公司的新除草系统有一个严重的问题，正在整个农村地区蔓延，而且正如一位观察人士所说，它很有可能会"把农业地区的社会结构撕裂"成碎片。[2]

很少有农民能够预见事情会这样发展。抗农达革命刚开始那会，对于被抗 ALS 抑制剂的杂草淹没的农民来说，孟山都的技术就像救世主一样。孟山都公司派销售人员去告诉人们这个好消息。

其中一名收到消息的人是来自俄亥俄州斯科特小镇的男子。他经营着一家大多数美国农村以外的人都不知道的企业。他是一个种子商。

60多岁的弗雷德·庞德是两个孩子的父亲,他对孟山都公司的警告记忆犹新。这是一件大事,用他的话说,跟"9·11"事件一样严重。1927年,庞德的祖父创办了家族式的种子净化企业——庞德种业。在他接手这家企业九年后,有一次他参加了在俄亥俄州哥伦布市举行的职业种子种植者大会,听说有孟山都的人来做演讲,他决定去听一听,因为当时的他觉得很奇怪,孟山都公司那时和卖种子没什么关系。这个人来这里做什么?[3]

接下来听到的消息让庞德震惊。据俄亥俄州的种子经销商说,孟山都的代表"站起身子说,孟山都发明了这项技术,我们在座的大多数人要么签约,要么在未来两年内都将倒闭,他们将会统治整个种子产业,而在座的所有人对此都无能为力"。几百个种子商都听到了这个消息,房间里陷入寂静。庞德还记得他"下巴都掉到地上了"。吹牛吧。"我觉得这是不可能的。"多年后他用恼怒的语气解释道。[4]

但这一切最终都成为了可能。从1996年至2000年,罗伯特·夏皮罗扩大了孟山都的种子业务,吞并了一些独立公司,使孟山都在2005年成为世界上最大的种子销售商。孟山都在化学时代积累的本钱使这些合并成为可能。市场上的大玩家,比如圣尼斯公司和迪卡,成为孟山都投资组合的一部分,但规模较小的公司——中西部种子基因公司、乌鸦杂交玉米公司以及其他几十家公司——也没有逃过孟山都的手掌心。[5]

在1996年之前，大豆种植者通常会保留种子，可能会在第二年种植之前，向弗雷德·庞德这样的人支付一小笔费用，让他们清除种质中的杂质。现在，受孟山都技术使用协议约束的农民不得再保留种子，只能每年重新购买所有的种子——而且价格不菲。弗雷德·庞德回忆说，在1995年，农民购买一袋大豆种子大概是12美元，但到2018年，价格上涨到每袋55至60美元。孟山都公司的销售人员解释说："价格的上涨反映了抗农达技术带来的价值。该技术减少了除草剂的使用，减少了与除草相关的人工费用，提高了产量。"但有些人对于这套说辞就不那么肯定了。在引进抗农达技术后的20年里，大豆和玉米种植者的种子成本几乎翻了两番，导致一些人怀疑农民是否被迫进行了不公平的交易。[6]

庞德是对所发生的事情感到矛盾的人之一，部分原因是他成为了被孟山都征服的代理人，虽然有些不情愿。哥伦布会议上那令人震惊的时刻过后，庞德驱车向西开了两个小时，回到他位于俄亥俄州斯科特小镇的加工厂，那里大约有330人。在接下来的几个季节里，他继续尝试在没有孟山都许可证的情况下经营，但到1999年，他的生意就不太好了。他记得自己拿着达美航空下属的商业航空公司康航的录取通知书，在办公室里权衡是否应该前往佛罗里达州的飞行学校，这是他一直以来的梦想。但同时，他又得到了另一个机会——销售孟山都的基因产品。他最后决定试一试后者。他把录取通知书放在书桌里,直到今天这封通知书还在那里。如果事情不顺利,他随时都会重新去当飞行员。[7]

不过,种子业务发展蓬勃。从一开始,孟山都就将令人难以拒绝的方案摆在庞德面前,给了他诱人而丰厚的激励,让他尽可能多地出售孟山都的抗农达技术。如果他达到甚至超过了孟山都设定的销售目标,他将从公司获得大额奖金。而且现金只是诱惑的一部分。庞德说,如果一个种子商真的能销出大量商品,孟山都公司会提供为期两周的假期,或者让种子商和他的家人出国旅游。他回忆起自己开着赛车在印第安纳波利斯高速公路上驰骋的情景,而这一切都是由孟山都公司支付费用的。这就是新兴高价种子业务的运作方式。孟山都的模式很快传遍了整个行业。拜耳、先锋(1999年后被杜邦收购)和其他大型转基因种子公司也做了同样的事情,提供从烧烤到拖拉机的各种奖品,而且不仅仅是提供给种子商。弗雷德·庞德认识一个大农场主,他得到了一次免费的夏威夷之旅。在这个瞬息万变的行业中,这样的操作成了通行做法;该州其他种子商也提到了孟山都这些年资助的奢侈派对和旅行。庞德说:"这里面的油水太多了。"对于他这样一个苦苦挣扎的家族企业来说,这种交易太诱人了,完全无法拒绝。[8]

通过弗雷德·庞德,孟山都让自己的种子遍地开花。它是这样运作的。拿抗农达大豆来说,庞德先从孟山都公司采购最新的转基因种子。这些种子有时来自孟山都在阿根廷繁殖的作物（孟山都的想法是利用南美洲相反的生长季节，这样，全新的种子——也就是庞德所说的"1.2版本"的种子，就可以在美国初春时节上市）。庞德把部分种子种在自己的土地上，部分提供给合作的种植者，后者同意预留一部分作物用于生产种子。待10月收获后，卡车将从合作农场和庞德自己的田地上收集的种子运到庞德的加工厂。在那里，种子通过一个空气筛分机，根据大小分离开来（筛分机要的是中等大小的种子，不要太大，也不要太小），再进入一个重力分离台，利用重量的不同进入分筛。接下来，庞德使用拜耳公司开发的设备，用杀菌剂和农药化学品处理种子。在处理过程中，庞德会在大豆种子上抹上一层高分子聚合物"口红"以掩盖杀菌剂和农药化学品，这一技术既能够让这些种子在市场上脱颖而出达到营销目标，也能让庞德的产品符合旨在防止化学处理过的大豆进入食品市场的联邦法律要求。最后一步是将种子干燥，为包装做准备。[9]

庞德说，2018年，他为大约300名农民服务，其中既有小块土地上耕作的农民，也有管理数千英亩土地的大地主，大部分是他的熟人。"他们成功的关键，"庞德在谈到孟山都的销售人员时说，"就是让像我这样的人加入他们的团队，支持他们。"庞德家的生意在斯科特镇已经有将近一个世纪了，周围人对他的信任毋庸置疑。他说，虽然也有农民来到他的办公室，询问产量数据的细节，但很多客户其实都是"关系买家"——"你说什么就是什么，弗雷德"。[10]

孟山都知道，盯紧像庞德这样的人是他们生物技术业务的关键。当抗农达种子上市时,农村人口的减少已经从根本上改变了美国中部。到20世纪20年代,从农村迁往城市的移民潮在这个国家的许多地方已经出现。但在第一次世界大战后的几年里,美国农业的机械化为农民的加速逃离创造了条件。部分得益于鼓励农业快速整合和扩张的联邦政策,在"二战"后的几十年里,小型家庭农场让位于喷洒了合成化肥和杀虫剂的巨型单一作物田。到1990年,只有不到2%的美国人仍然在美国的农场生活和工作。所以孟山都的销售人员要拿下的,是这2%,而不是剩下的98%。而且他们主要关注的是大宗商品作物,例如大豆和玉米,因为这些最具商业意义。1995年,美国农民种植超过7100万英亩玉米,每英亩用于种子的平均花销为23.98美元。大豆市场也很庞大,种植者播种超过6200万英亩田地(这个数值是从20世纪50年代的1500万英亩增长而来的),在种子上的费用是每英亩13.32美元。如果孟山都可以拿下这些农民,收益将非常可观。播种机器能够将孟山都的产品播撒到美国广袤的耕地上,它们的钥匙就掌握在这些留在美国农村的人们手里。而种子商就是能够将大量种子存货推向市场的超级销售员。他们在农场里的选择将决定消费者在市场上的选择,这代表着数十亿美元的潜在利润。[11]

但销售种子靠的不仅仅是信任和握手。当农民将弗雷德·庞德的产品带回家后,最重要的事情是,它们真管用——"就像施了魔法一般"。弗雷德回忆起20世纪90年代迫使农民遵循孟山都的新种子制度的精彩场面:"当一个农民沿路驱车，看到其他所有邻居的田地都异常干净，而他自己的田地却一片狼藉，然后他们在咖啡厅里聊起这件事，孟山都的产品便一夜成名。"短期而言，农达确实能够清除蓟花、苋菜藤子、杉叶藻等其他使农民抓狂的杂草。农民可以在一年四季喷洒农达而不伤害作物，这一事实是游戏规则的改变者。所有人都想加入这场游戏。[12]

庞德因此赚了不少钱，但对他来说，这是苦涩的甜蜜。他回忆道，"老实说，他们让我赚到很多钱，如果我继续待在种子定制净化行业，我是赚不到这么多钱的"。但他又补充，"我想我还是得说，他们可能比美国历史上任何一家公司都要更多地占美国农民的便宜"。他指的是这些农民为他们的种子支付的过高费用，他知道这些费用最后花在了跑车、大联盟棒球赛和其他一些他获得的奢侈待遇上。他记得在最初几年当他们向农民如实展示附加在种子价格中的技术费时，农民们"暴跳如雷"，无法接受他们得为孟山都的基因支付这么高的费用。孟山都随后要求庞德改用"无缝价格"策略，就是不再在农民账单的总成本中单列出科技费。此后，"农民不再知晓他们花了多少钱"在技术费上。这个信息只有庞德和孟山都知道。[13]

庞德说："我不想被人们以为我对孟山都持否定态度。"但是回想起来，事情发展的态势还是令其烦恼。庞德说，婴儿潮中出生的种子商"在参加这些奢华的聚会时都有罪恶感……我们认为这是不对的……这和我们过去接触到的任何事情都非常不一样"。但他仍在与孟山都继续合作，因为这似乎是他留在这个行业里的唯一途径。尽管如此,这种不安依然在持续,他为这些被公司制度所剥削的农民感到难过。庞德说,孟山都"利用了社会上一群非常诚实的人"。这是这位见证了美国农村抗农达革命的人做出的总结性评价。[14]

孟山都的市场部将弗雷德·庞德这样的人称为"关键影响人物"。马克·瓦纳希特——从20世纪80年代开始负责公司欧洲农达业务的孟山都经理——解释了公司最有兴趣拿下的那些关键影响人物。所谓"关键影响人物",是指一个"多年来因其技术知识而积累了信誉的科学家",也可以是一个具有"社会存在感",或者有时是"产业规模够大"而积累了信誉的农民。对于农达在欧洲的销售,瓦纳希特解释道,公司要寻找的并不必然是名人——就像我们在挑红酒时,不是一定要来自法国波尔多地区"最好、最昂贵的"酒庄——而是"大家知道"的人,就是那些会被农民认为属于自己人的那种人。[15]

关键影响人物很重要,而田地上的展示也很重要。孟山都在欧洲的营销手段与在美国中西部地区的策略如出一辙:使农达尽快进入田地,然后让农民们亲眼见证这玩意儿的效果有多好。瓦纳希特谈到了他在柏林墙倒塌后,通过在东德地区的营销活动,将与克里姆林宫联姻的共产主义者转变为投身孟山都化学品的资本家的努力。"我的做法基本上就是雇用大量学生,"他说,"唯一的要求是他们必须拥有农学学位和一辆车。"这些学生开车走遍乡野,在小块土地上喷洒农达,并向任何愿意观赏这一化学奇迹的人展示。他们很乐意干这件事，因为孟山都给他们开的工资让他们乐此不疲。瓦纳希特承认他们给这些年轻人支付的工资"和德国总理一样多"。孟山都不只是销售化学品，它更是在向逃离冷战过往的年轻人兜售一种高收入的生活方式。[16]

如果有人说这些做法听起来有点像医药公司的运作方式，这样的类比是恰当的。毕竟，孟山都1985年收购了塞尔，摇身一变成为医药行业的巨子。所以，它的市场营销手段与大型医药公司相似也就不足为奇了。当瓦纳希特谈及农达时，他将农达描述为具有"疗效"，而且说，即使他的营销团队不一定在"制药公司的联盟"中，但他的公司与主要农民打交道的方式就跟医药公司在争取医生一样。[17]

孟山都可以这样随处撒钱，是因为农达就像一台印钞机。关键在于利润。"天哪！利润真的非常、非常、非常高。"瓦纳希特说，他指的是80年代晚期和90年代早期，甚至在引入抗农达种子之前。在1991年之前，孟山都的产品在其他国家拥有专利，可以对它的化学品收取更高的价格，因为当时在草甘膦市场上还没有太多其他公司跟孟山都竞争。西欧的国际专利保护在1991年结束，随后其他国家的专利保护也很快结束，但在美国，公司一直到2000年都享有对农达配方的独家专利权。此时，许多海外公司开始生产草甘膦的仿制剂，但孟山都在国际上依然占据主导地位，控制了全球市场80%的份额。这是因为，许多公司被孟山都巨大的产量和市值所吓退，决定接受孟山都公司的化学药品销售许可。新千年伊始，孟山都公司仅靠农达就赚了28亿美元，约占当年公司净销售额的一半。《纽约时报》2000年的报道称，它是"有史以来最畅销的农药产品"。[18]

瓦纳希特记得，即便到了90年代早期，公司也因为这一拳头产品富得流油。他说，公司将农达赚的钱都投入到"高得令人厌恶、令人愤慨的营销"预算中，以帮助公司进军那些他们的产品尚未普及的地区。[19]

其中一个烧钱的营销手段，就是通过电视广告创造品牌的知名度。瓦纳希特解释道，在美国，孟山都在农村地区为农达广告支付费用时的价格还可以承受，因为美国的地方电视台服务于艾奥瓦州、内布拉斯加州和其他农业州的小市场。但在欧洲，情况就大不相同了。国家广播公司运营着节目，所以孟山都不得不支付像巴黎、马赛、图卢兹这些大都市中心的费用。费用"高得离谱，基本无法承受"，瓦纳希特回忆道，但他已有应对之策。为了绕开高昂的成本，他选择了拂晓之前的广告时段，这一时段的广告费比较便宜。通过这种方式，他可以将农达展现在正在享用早晨的咖啡、准备前往田地劳作的农民面前。[20]

庞德谈到90年代孟山都营销的效果。"你拿到的任何每一本印刷品，"他回忆道，"从《俄亥俄乡村周刊》到其他各种杂志，上面都写着'购买农达，购买农达'。"在俄亥俄农村驾车穿行，农民们总能看到推销孟山都产品的广告牌。这些穿插于美国中部大豆和玉米地的路边招牌，如果放在洛杉矶或者纽约，会显得格格不入。但即使大城市的居民从未见过农村地区的孟山都广告，这些砸在小乡镇的钱也慢慢种下了足以变革全球粮食体系的种子。[21]

农民们接受了孟山都的推销。在1994年到2014年之间,美国部分农村地区的草甘膦用量增加了1600%以上。农民可以喷洒这么多农达,原因在于他们的作物几乎都对草甘膦除草剂具有抗药性。到2014年,在美国销售的95%的大豆和91%的玉米种子都经过转基因改造而对草甘膦具有了抗药性,而在1995年,无论是大豆还是玉米,这个数字都是零。[22]

在一段时间内,一切看起来都安然无恙。由于农达效果显著,美国除草剂的总用量在1996年和2003年之间下降15%。

其中很多现在已经被舍弃的化学品是剧毒的,这使得一些人声称"抗农达"革命有助于使农业更环保。在俄亥俄州斯科特镇与弗雷德·庞德合作的谷物升降机运营商评论道,随着农达迅速成为炙手可热的神奇化学品,他的除草剂存货量显著下降。孟山都打败了很多化学品竞争对手,商业除草剂销售商的总数因此从1980年的29家下降到2005年的8家。[23]

农民节省了劳动力,因为他们不用花像过去一样多的时间除草。2009年的一项研究发现,美国豆农在采用抗除草剂作物后减少了14.5%的家庭劳动力。(然而,同一份研究并未发现与抗除草剂玉米相关的、在统计上显著的劳动力节省。)美国农业部的研究员发现,一些豆农从耗时长久的杂草清除工作中解放出来后,会通过非农业的雇用工作赚钱。

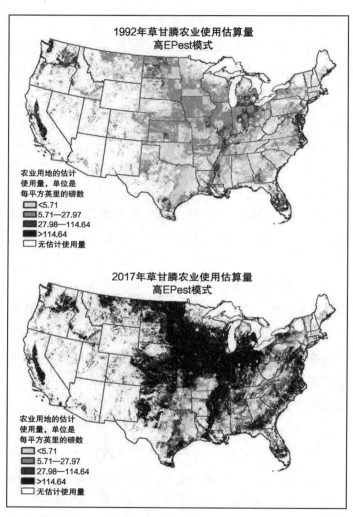

图3 美国草甘膦农业估算量,1992年和2017年。数据来源:美国地质调查局全国农药综合项目

当然，这些研究员也指出："采用抗除草剂大豆对净收益的影响的实证证据还不确定。"但是，正是因为这些作物并不必然带来更高的农场收入，优化后的除草系统所带来的自由时间更加宝贵，这种富余时间带来的其他利益使农民对于抗农达体系更死心塌地。[24]

"这是一场对所有人开放的派对。"庞德回忆起那时的岁月，不胜感慨。随着转基因种子从他的加工厂运到俄亥俄州的数百个农场，他的生意越做越火。然而，就像许多精彩的派对那样，狂欢过后必是宿醉。到2005年前后，抗农达体系存在的严重问题开始暴露出来。[25]

马克·洛克斯回忆起当年那段故事时，还是气不打一处来。马克·洛克斯就是农民们信任的那种人。从20世纪80年代开始，他便是俄亥俄州立大学的杂草科学家和州推广专家，驾驶着福特和雪佛兰卡车——许多是由孟山都在内的企业支持者赞助的——在过去30年里访遍了俄亥俄州的大豆和玉米地，积累了惊人的里程数。这个阅历丰富、见多识广的人的鲜明特征就是高大的身材顶着花白的头发。他的声线低沉沙哑，发表关于杂草控制技术最新科学的严肃建议时，听起来很有说服力。本州农民都很尊敬他，因为他看起来是如此言行如一。[26]

和全国大部分杂草科学家的工作一样，多年来洛克斯的研究受到孟山都的资金支持。面对州和联邦不断减少的大学拨款，农业科学系很欢迎来自资金雄厚的大公司的资助。可以肯定的是，化学公司和农业设备制造商长期以来都与赠地大学、推广服务科学家和美国农业部的官员们保持着友好关系。但到了21世纪，公共部门和私人机构之间的边界变得越来越模糊。2012年的一份《食品与水务观察》报告详细描述了这种趋势。该监管组织发现，到20世纪90年代初，产业资助首次"超过了美国农业部对赠地大学的农业研究资助"。到2009年，私营部门的资助涵盖了"8.22亿美元的赠地大学的农业研究，相比之下，美国农业部只提供了6.45亿美元"。在2006年到2010年之间，伊利诺伊大学香槟分校的农学院从私营企业"拿到了44%的项目资助"，其中包含孟山都资助的数百万美元。俄亥俄州立大学的情况也大致相同。21世纪最初十年，俄亥俄州立大学食品、农业与环境科学院的一些研究人员获得了孟山都公司的资助，其中一些人的个人资助总额接近25万美元。马克·洛克斯也是其中一员。2008年到2021年间，洛克斯直接从孟山都公司获得了超过33万美元的研究经费。[27]

但是，尽管洛克斯的部分资助来源于孟山都，他肯定算不上孟山都的人。21世纪初，当杂草抗药性问题开始在美国农场出现时，他就奔波在前线。最早是小飞蓬，也被称为"杉叶藻"，21世纪初特拉华大学农作物科学家马克·范格塞尔发现它对草甘膦产生了抗药性。范格塞尔在2001年发表了这一研究结果，但孟山都不认同。公司未建议农民改变使用除草剂的方式,也不主张农民使用其他除草剂。[28]

随后是苋菜藤子和大豚草。越来越多杂草出现这一问题,这对洛克斯来说并不特别意外。"永远不要和大自然母亲豪赌。"他说,而这正是孟山都在干的事情。由于草甘膦的过度使用,农民们对杂草物种施加了极大的进化压力,迫使它们产生基因突变。这是一个典型的达尔文式的生存法则的故事,起始于要求孟山都年复一年地销售越来越多化学品的算法。[29]

事情变得越来越丑陋不堪。洛克斯说孟山都想要成为杂草抗药性的"守门员"。公司开始质疑试图揭露对农达具有抗药性的新杂草物种的科学家。他记得一名孟山都代表过来挑战他的研究,该研究主张一种名为灰菜的杂草正在显示出对草甘膦产生弱耐受性的某种迹象。据洛克斯描述,那位代表告诉他,"你们显然不知道你们在说什么"。他引用了孟山都自己做的研究,而研究结论与洛克斯的研究相冲突。洛克斯觉得自己的职业操守受到挑战,他大发雷霆,先让开展这项研究的研究人员离开房间,然后转向孟山都的人,"狠狠地训斥了他一番"。他记得他对那个代表大叫:"你不能跑到这里来告诉我们我们不知道自己他妈的在干什么。""我真的差点把他扔出去。"洛克斯非常反感被这些公司看护人左右。[30]

农民们也很反感。孟山都在派人到温室里审查科学家的工作的同时,也派出私人侦探和加拿大前骑警到美国和加拿大的农场里巡查,确保种植者没有私藏孟山都的专利种子。

当农民签署了技术使用协议时,他们就同意了这种对私人财产的入侵。协议规定,种植者必须"提供以孟山都基因为特征的所有田地的位置",并且"必须完全配合公司认为必要的任何田地检查"。孟山都一直咄咄逼人。公司派侦探到玉米和大豆种植区,并雇用飞行员驾驶直升机盘旋于田地上空,试图揪出所谓的"盗版种子"。1999年,据《华盛顿邮报》报道,孟山都在北美地区发起超过500次调查,其中一些还闹上法庭。到2004年,据食品安全中心计算,孟山都因农民违反其专利政策而发起了接近90件针对农民的诉讼。这些都是抗农达系统的日常运作——这就是公司承诺农民"将带给你们自由的系统"。[31]

那些与孟山都叫板的人结局都很惨烈。阿肯色州的农民雷·道森可能是其中受打击最大的一个。他最终不得不支付20万美元,孟山都才停止骚扰他,尽管他否认曾经盗用过种子。最终,这件事给他的家庭带来了巨大的压力。有一次,据说孟山都的律师威胁要将道森的妻子关进监狱,说她在做笔录时在已经宣誓的情况下撒了谎。道森——这个经常戴着一顶写着"道森的农场被孟山都关停"的帽子的勇敢男人最终决定,比起看着自己的家庭分崩离析,赔偿孟山都是更好的选择。其他人也会做同样的选择。到2004年,这些案件中每位农民支付的平均赔偿额高达10万美元。[32]

也有一些农民坚决不从。他们向所谓日益强大的"警察国家"发起激烈的法律斗争。其中最知名的可能就是加拿大农民珀西·施梅哲的案子了。经过近五年的诉讼,施梅哲输掉了与孟山都的战斗。1997年,孟山都调查员在施梅哲位于萨斯喀彻温省的田里发现了抗农达油菜籽,但施梅哲说他从未从孟山都购买过转基因种子,并否认从其他来源非法获取种质。施梅哲主张,一定是隔壁农场飘来的花粉或者过路的卡车掉落的种子把这些转基因特征带进了他的田里。但孟山都不相信他。公司对施梅哲农产的田地测试显示,施梅哲的大部分农作物都含有抗农达技术。施梅哲随后解释道,他曾在自己的田地上用农达测试了一小块地的油菜籽,在确定这些作物对草甘膦具有抗药性后,他保存下了从这块田地收集到的种子。但他坚称自己没有做错什么。他只是保存了在自己土地上生长的植物结出的种子,这是农民们几百年来都在干的事情。[33]

加拿大最高法院并不同意这一辩解。首席大法官贝弗利·麦克拉克莲清楚地表明,法院不关心"农民在其土地上无辜地发现了一些获得了专利的植物"。这不是本案的问题所在。相反,法院认定施梅哲故意保留他明知包含了孟山都技术的种子。这违反了保护孟山都基因创新的加拿大专利法。[34]

但是,通过将农民告上法庭来对农民施压只是孟山都游戏战术的一部分,公开羞辱往往也能起到同样的作用。在20世纪90年代和21世纪初,该公司利用广播频道,在当地电台上广播那些侵犯公司专利的农民的名字。公司还建立了一条免费热线:1-800-ROUNDUP,并鼓励农民在发现其邻居有从事盗版种子行为时拨打举报热线。在2018年,如果你拨打这个电话,就会听到来自公司接线总机的一个友好的女声:"如果您有关于盗用种子的信息,请按2。"选择"2"的致电者将连线到孟山都"种子管理团队"的一位接线员。所有程序只需几秒钟的时间。对于那些担心因为背叛他们的邻居而被孤立的农民,公司试图预先让他们放心:"您的电话将保持匿名。"到1999年,也就是热线开通后仅一年,孟山都声称收到全国超过1500个电话。除了私家侦探外,普通农民也做着抓捕孟山都抗农达系统侵权人的艰苦工作。[35]

一边是美国中部的邻居们在相互攻击,一边是抗药性杂草继续扩散。到2006年,仅在抗农达革命开始十年之后,科学家在超过20个州发现了抗草甘膦的杂草。抗药性杂草的品种清单增长到包括普通和大型的豚草、长芒苋和黑麦草。到2008年,一种抗除草剂的长芒苋席卷美国南部,给完全依靠抗农达体系来清理田地的农民们带来很大问题。大约十年的时间里,孟山都几乎未采取任何措施来应对抗药性问题,没有选择从根本上调整其标签建议来减少草甘膦过度使用的问题。但抗药性问题并不会轻易消失。[36]

对于这个问题,孟山都已无法再否认,因为农民在自己的田地中可以相当清楚地看到。洛克斯记得孟山都在2010年前后态度的迅速转变。在一个分销商会议上,一位他认识的孟山都代表跟他"大概是这样说的:'我想向您道歉,因为

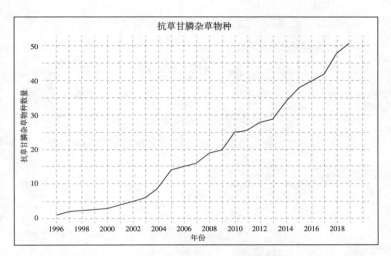

图4 抗草甘膦杂草物种数量的增长，1996—2019年。数据来源：伊恩·希普博士2020年的研究，国际抗除草剂杂草数据库，Weedscience.org

我们被要求跟所有人说你满口胡言。'"在大约同一时间，孟山都协助组织多场关于抗药性的会议。公司高管们说他们希望与像洛克斯这样过去纠缠过他们的人合作。在一个农业会议的晚餐期间，洛克斯记得一位孟山都代表宣布，他的公司现在想知道洛克斯和他的同事们对抗药性的最佳解决方法有什么想法。对于孟山都的这一态度转变，洛克斯很是吃惊。多年来，他一直建议在使用农达的同时使用其他除草剂，以减少抗药性的发生，但他和他的许多同事的建议都被忽视。他一直觉得这家公司如此"傲慢自大"。[37]

孟山都的认错并不能弥补已经造成的损失。农达抗药性是一个相当严重的问题,因为这种情况似乎没有发生在草甘膦之外的其他除草剂上,因此情况的严重性怎么说也不为过。全球草甘膦领军专家、澳大利亚科学家斯蒂芬·波尔斯指出:"草甘膦和青霉素一样,都是百年一遇的发现。"失去草甘膦对农业共同体来说将是灾难性的,因为他们已经对这种化学品产生了高度依赖。农民们该如何走出困境?[38]

休·格兰特是一位45岁的科学家。他在苏格兰拉克霍尔这个古老的煤矿和纺织小镇长大,有一口浓重的苏格兰口音。当杂草抗药性问题变成一个大问题时,孟山都正由他掌舵。2003年,董事会选择格兰特来取代比利时籍的总裁兼首席执行官亨德里克·弗费里。21世纪初公司的利润开始下滑时,他就不再受公司青睐。那时,孟山都面临的问题并不是弗费里造成的,包括恶劣天气导致的农作物周期不佳、欧洲禁止转基因种子、南美批准程序缓慢导致的全球销售滞后等等。但面临这些问题,董事们希望有个新领袖坐镇最高办公室。[39]

和20世纪90年代的孟山都首席执行官罗伯特·夏皮罗一样,任命格兰特本身就有利于孟山都的形象,因为他极少自吹自擂、夸夸其谈。当然,他也有疯狂随性的时候。例如,当跟随《国家地理》探险队去探查因全球变暖而导致的冰层融化时,他冲动地纵身一跃扎进刺骨的北冰洋海水中。

又有一次，他决定带一群农民出去高唱充满激情的卡拉OK。但是，大多数时候，格兰特以其禅宗式的冷静和清醒而闻名。和罗伯特·夏皮罗一样，他选择了公司总部一间狭小的格子间办公室，而不是转角处摆满红木家私的奢华套间。"和蔼的""友好的""非常温和""安静的共识凝聚者"——这些都是大众媒体记者赋予孟山都这位中年经理人的标签。对于一个遭遇形象问题的公司而言，格兰特的冷静正是公司董事们希望在最高管理层中看到的。如今，包括格兰特在内的许多高管都意识到，公司在努力向全世界推介转基因技术时有点过于傲慢，这才导致公司在欧洲和其他地区遭遇反抗。因此，公司的形象设计者现在希望想办法展现出更谦逊的一面。[40]

格兰特是从底层开始打拼的，这一点对于他后来的职业发展颇有助益。他的第一份工作是在父亲经营的一家男装店当收发室职员。他是家中第一个上大学的，在70年代被格拉斯哥大学录取，学习分子生物学和农业动物学。在暑假期间收割生菜和西红柿时，他逐渐产生了对植物的兴趣，于是后来又到爱丁堡大学攻读农业硕士。正是在那里，在23岁那年，他看到改变了他一生的孟山都招聘广告。[41]

孟山都当时在招聘能够向苏格兰麦农销售农达的年轻雇员。当时这款新除草剂面市仅数年，公司需要本地销售员帮助在美国之外推销该产品。作为一个苏格兰人，格兰特会用当地常见的土语开玩笑。他是这份工作的完美人选，确实也很快就证明了自己是一名出色的销售员。他晋升的速度很快,成为北爱尔兰一个农达团队的领导,随后,身在圣路易斯、对他十分欣赏的经理们把他调回公司总部,任命他为公司农达品牌的新任首席战略师。这是非常重要的岗位,尤其是对于一位30多岁的年轻职员而言。[42]

作为首席战略师,格兰特提出了一个精明的计划来应对公司的明星除草剂专利即将过期的问题。他认为,为了防止竞争对手完全吞噬孟山都在草甘膦上的市场份额,公司必须在其美国专利终止的2000年立刻大幅降价。这一策略效仿的恰是20世纪初强大的德国公司排挤约翰·奎尼的小型化工业务时所做的事情。背后的想法就是,降低农达的价格点,这样竞争对手就没有足够的经济激励来建设自己的草甘膦工厂。价格降低还能刺激更大的销量,从而带来收益。格兰特将农达的价格从1997年的一加仑44美元调低到2001年的一加仑28美元,同时还联系竞争对手,向他们提供使用孟山都草甘膦生产自己的通用配方的机会。由于抗农达种子带来的扩大市场的诱惑,许多企业都加入了。这一策略奏效了,至少在短期内避免了草甘膦制造业的直接竞争浪潮。2001年,公司欣喜地报告农达依然占据总收入的绝大部分,带来了28亿美元的进账。[43]

因此,格兰特是一个"农达人",他全部的职业生涯和专业成就都归因于这款强大的化学品,尽管在他的公开声明中,他一直试图与这一化学遗产保持距离。21世纪初,他附和公司前辈理查德·马奥尼和罗伯特·夏皮罗首先提出的,孟山都不再是一家化学公司的观点。"我们销售的是信息。"

他在 2000 年告诉美国公共电视台，公司的转基因种子将降低"应用于农作物的除草剂数量，以及农民的投入成本"。按照这一说法，随着孟山都转变为一家生命科学企业，它将销售更少的东西，而不是更多。[44]

但是，将公司的首席农达销售员任命到"新"孟山都的最高职位，这已经表明公司在化学领域的历史紧紧捆绑着它在生物科技领域的未来。格兰特从 1981 年就开始在孟山都工作，这一点非常重要。他对未来的展望天然地受到农达的销售量呈指数型增长的那些年他在公司的经历的影响。说到底，他还是一名化学品销售员，总是希望看到他熟悉而热爱的品牌。他绝不会放弃那款将他带到这个位置的除草剂。

然而，农民们却饱受格兰特最爱的化学品的折磨。到 2005 年前后，许多种植者知道，在可预见的未来，唯一的解决方案是回到过去——求助于转基因种子本该淘汰的那些化合物，即农达之外的其他除草剂。

这个问题的数据很清楚。从 2003 年前后开始，1996 年以来一直呈下降趋势的除草剂年使用量开始上升。十年后，美国农场使用的除草剂总量从 1996 年的 2.94 亿磅增加到 3.53 亿磅——自抗农达革命开始时增长了 20%。《纽约时报》报道——该报道仅关注大豆——在引进抗农达种子后的短短 20 年里，美国农场的除草剂用量增长了 150%，而实际上

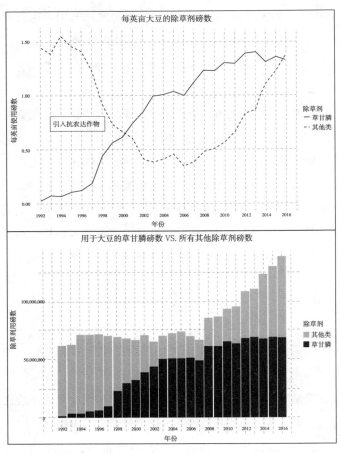

图 5a 和 5b　大豆除草剂使用量趋势，1992—2016 年：每英亩草甘膦磅数和每英亩其他除草剂磅数比较（上图）；草甘膦磅数与所有其他除草剂磅数比较（下图）。数据汇编自阿肯色州、伊利诺伊州、印第安纳州、艾奥瓦州、明尼苏达州、密苏里州、内布拉斯加州和俄亥俄州。数据来源：美国农业部国家农业统计局和美国地质调查局全国农药综合项目，1992—2017 年主要作物农业杀虫剂年估算量

大豆种植总量仅增长不到33%。在此期间，草甘膦购买量的增加导致除草剂的整体使用量增加，但这一增长也归因于旧化学品开始在许多市场卷土重来，因为很多时候，它们是应对抗草甘膦杂草的唯一手段。[45]

其中一种因杂草对农达具有抗药性而重获生机的化合物是2,4-D。在20世纪40年代，2,4-D首次被几家化学公司商业化应用，它与有毒的2,4,5-T混合在橙剂中，长期被用作杂草控制程序中的残留除草剂。马克·洛克斯将它推荐给农民们，用他的话说，这种化学品已经使用了几十年，并没有明显的迹象表明它会影响农民的健康。其他研究者则没有那么确定，包括密歇根州农业经济学家斯科特·斯温顿和布里登·范·戴恩斯，他们提醒道，草甘膦"比2,4-D的毒性要弱十倍"。1995年，加州大学环境健康项目认为在当时150种已投入使用的化学品中，2,4-D是在加州销售的四种毒性最大的农业除草剂之一。尽管如此，农民们还是感到他们不得不求助于像2,4-D这样的旧化合物，因为在很多情况下，这是能够杀死抗草甘膦杂草的唯一的东西。[46]

这一时期，孟山都重新启用的另一种用于解决抗药性问题的化学品，是一种已有悠久的历史、名为"麦草畏"的化合物。联邦政府在20世纪60年代首次批准在美国农场上使用麦草畏，此后几年间，它就成为农民除草剂武器库中最受欢迎的武器。到1990年，种植者在约15%的玉米地面积上喷洒麦草畏，此后十年用量还不断增长。但是，一个严重的设计缺陷阻碍了麦草畏的普及，数十年来都困扰着农民。[47]

早在20世纪70年代，研究者就发现麦草畏有挥发的倾向，会从一个农场飘移到另一个农场，特别是天气热的时候，而农达一般不会存在这个问题。随后的几年里一直有关于麦草畏飘移的报告，当孟山都在2000年初试图研发抗麦草畏农作物时，这依然是孟山都担忧的问题。当时，公司的代表们正在围猎像洛克斯这样的人，试图掩盖农达的抗药性问题，但公司显然很清楚，如果它想从这场抗药性惨剧中走出来的话，就必须改变方向。[48]

孟山都的农场客户们越来越沮丧，因为农达无法像在20世纪90年代那样发挥清除杂草的奇效。孟山都需要一个解决方案来应对它帮助制造出来的问题。公司转向麦草畏寻求出路。

孟山都大约花了十年，才开发出一种能够使棉花和大豆作物同时对麦草畏和草甘膦具有抗药性的新转基因种子并获得联邦政府批准。（孟山都本想寻求政府批准一种新的耐麦草畏玉米作物系统，但这一审查将需要更长的时间。）公司将这一新创造命名为"升级版抗农达作物系统"，在2014年和2015年时通过了最后的监管难关。

这算是个好消息，但在公司总部，所有事情都好像失控了。传说世界卫生组织打算对草甘膦采取严厉措施，将其贴上"可能的人类致癌物"的标签。抗药性还是个可以控制的麻烦；这个新闻则是重磅炸弹。"活动家们组织得非常充分"，孟山都对接联邦机构的规制事务专员丹·金肯斯在2014年发给同事的短信中这样说，"他们闻到血腥味"，正在"盘旋着"。数月后，金肯斯给另一位公司高管发短信表达他日益增长的忧虑："我觉得我们得谈谈政治层面的环保署策略，然后在多个方面建立一个达成共识的计划：……麦草畏、草甘膦、抗药性管理……我们的情况很糟糕，我们得制订计划了。"[49]

金肯斯是对的，孟山都的情况很糟糕。2015年，世界卫生组织发布了孟山都一直惧怕的那份报告，导致公司高管开始疯狂地阻止其他政府监管机构效仿世界卫生组织。公司寻找枪手代写文章，旨在证明只要运用得当，草甘膦是没有危险的。2016年10月，美国环保署传来好消息，该署发布决定，认为草甘膦"不太可能导致人类患癌"，但孟山都的经理们还是忧心忡忡，因为除了美国环保署，还有美国疾病控制与预防中心下属的有毒物质和疾病登记局。这个登记局打算对草甘膦做一次审查评估，而许多公司高管认为其结论很可能与美国环保署的报告相左。金肯斯和他的团队必须先发制人了。[50]

"和环保署沟通过，"金肯斯在短信中说，"督促他们务必保证登记局出具的意见跟他们一致。他们说他们会的。"孟山都的另一位高管埃里克·萨克斯给美国环保署的玛丽·曼尼布桑发短信提出一样的请求。曼尼布桑回复道："亲爱的，我认识很多人，你可以相信我。"这是个好消息。萨克斯说，孟山都高管"正在尝试所有可能的手段来阻止登记局得出跟世界卫生组织国际癌症研究机构一样的负面结论。我们需要你的帮助"。丹·金肯斯也赞赏美国环保署官员杰斯·罗兰，据说在一通给金肯斯的关于登记局审查的电话中，罗兰说："如果我能干掉这份报告，你们得给我颁个奖。"[51]

最终，疾控中心登记局的研究推迟了，但接下来还有许多麻烦。2016年，加州校园管理员德韦恩·约翰逊在旧金山法院提起农达诉讼。还有其他数千名原告在他后面排队等待审判。在可预见的未来，草甘膦将是一个重大问题。

但另一种除草剂——麦草畏——也面临重大问题。公司知道这种除草剂会传播到没有种植耐麦草畏作物的农场，给没有购买升级版抗农达种子的农民带来灾难性损失。公司尝试发明一种不会挥发、不会过分偏离目标的新麦草畏配方来解决问题，但这个问题在2015、2016年还没有完全得到解决，而此时的孟山都就已急于将它的新种子推向市场了。

和孟山都已经销售的许多其他化学品一样，计划的核心是控制信息流。孟山都不希望第三方研究者延缓其花费了大量时间和资源开发的种子系统的上市销售。2016年，在孟山都获得销售升级版抗农达种子的联邦许可，但还没有获得销售新麦草畏配方的美国环保署许可之前，公司高管做出了一个大胆的举动。他们禁止阿肯色州、密苏里州、伊利诺伊州的大学和其他大的农业学院的科学家对抑挥发型麦草畏除草剂——孟山都推出的含有用于防止除草剂扩散的"抑挥发"技术的新配方麦草畏混合物——进行挥发性测试。来自阿肯色州的詹森·诺斯沃西教授告诉路透社,"这是我第一次听说在市面上销售的除草剂,会规定能做什么、不能做什么的严格指引"。孟山都通过强调本次危机的紧急性来为其行为辩护。正如公司全球策略师斯科特·派崔吉所解释的,"要获得有意义的数据需要很长很长的时间",但他们已没有时间拖延了。农民们现在急需孟山都的技术,而公司也打算向农民提供这项技术。[52]

此时,耐麦草畏的种子已经上市。急于解决日益严重的杂草抗药性问题的农民们开始在2015年种植耐麦草畏棉花种子,而后在2016年种植耐麦草畏大豆种子。(耐麦草畏的玉米作物系统将使玉米种子对包括麦草畏在内的五种不同除草剂产生抗药性,在2021年,该系统在美国仍在接受合规审查。)由于美国环保署还未批准将孟山都的抑挥发型除草剂用于耐麦草畏农作物,2015、2016年,农民们用廉价的麦草畏来清除田地上的杂草,尽管这类产品在高温下容易挥发。随后马上就有关于麦草畏飘移的报告,但美国环保署并未采取行动制止这类新转基因种子的扩散。孟山都后来声称,如果农民不违反法律、等待公司将不挥发的新配方提供给其客户,广泛蔓延的麦草畏飘移问题本来是可以阻止的。但是,等到2017年的农耕季,当抑挥发型升级版麦草畏最终获得美国环保署批准进入市场时,容易挥发的旧配方麦草畏已经传遍整个美国南部地区。[53]

这是一场灾难。阿肯色州是受灾最严重的州之一,那里的植物委员会收到1000多封来自农民的投诉,抱怨麦草畏飘进他们的农场,侵害了他们的农作物。委员会应接不暇,决定停止麦草畏的进一步应用,直到找到方法防止这种除草剂扩散到喷洒区域之外。这个问题集中爆发在炎热的南方,但也遍及美国的所有农业地区,从佐治亚州到北达科他州都出现这个问题。美国环保署在2017年报告中称,总共有约2648项针对麦草畏损害的调查正在进行中。[54]

这个问题甚至"飘"进了孟山都的后院。当时,密苏里州最大的桃农比尔·巴德目睹了自家附近的大豆种植者开始大量喷洒麦草畏,给他的果园带来灭顶之灾。一旦遇到麦草畏飘移问题,像巴德这样的果农和果园主往往损失惨重,因为他们无法购买到能够耐受麦草畏的果实——拥有这种特性的果实并不存在。因此在2015年和2016年,巴德只能眼睁睁看着他的桃树枯萎凋谢。随着他的生意日渐衰落,巴德别无选择,只能把孟山都告上法庭。[55]

马克·洛克斯对当时的情形记忆犹新。他回忆起有一次,他质问一名推销巴斯夫公司的麦草畏除草剂Engenia的销售代表的情形。这款产品是巴斯夫公司推出的与孟山都抑挥发型升级版麦草畏竞争的麦草畏混合物。洛克斯直言不讳地质问道:"你们都在欺骗全世界。真无法直视你们的勾当。这就是没良心的企业。你们怎么假装整件事跟你们无关,怎么能这么干呢?你们的产品是有缺陷的!"[56]

到了2017年,在终于可以自由对孟山都抑挥发型麦草畏开展挥发性实验后,杂草科学家詹森·诺斯沃西研究发现,孟山都的麦草畏杀虫剂可以飘移到远离目标位置一个足球场外的距离,即390英尺之外。看起来孟山都的"新"技术并未解决飘移的旧难题。诺斯沃西的研究导致一些美国环保署的科学家建议在喷洒麦草畏的农场周围应当有443英尺的缓冲区,以保证飘移不会影响相邻的田地。[57]

孟山都的高管们对此加以反击。他们不想告诉农民要如此严格地限制除草剂的使用,这违背了公司销售更多化学品的要求。因此,孟山都的规制事务团队企图证明诺斯沃西是错的,质疑他的诚信度,并暗示他的研究受到了干扰,因为他曾经为拜耳生产的一款与升级版麦草畏竞争的产品"背书"。这是一个奇怪的指控:一方面,孟山都也一直在资助类似的大学研究(难道这些研究也应该受到质疑?);另一方面,孟山都当时正要与拜耳合并,而后者将诺斯沃西称为全国"最杰出的杂草科学家"。在倾听了孟山都的投诉后,美国环保署——此时在特朗普总统任上的第二任环保署长安德鲁·惠勒的领导下——决定延长孟山都除草剂的许可有效期,但要求添加一个标签,要求在农场的下风区一侧有110英尺的缓冲区,而农场的其他边缘应该有57英尺的缓冲区。[58]

那些还没有转向麦草畏的豆农和棉花农如今陷入了困境。俄亥俄州的杂草科学家早在七年前就预见到这一场景。他们在2011年的报告中指出:"偏离目标运动的风险将迫使(种植者)更快地采用"拥有抗麦草畏特征的种子,"因为种植者希望保护其大豆和棉花作物免遭附近喷洒麦草畏带来的伤害"。换言之,飘移问题迫使农民投向孟山都的新种子系统。选择拒绝孟山都转基因系列产品的农民,很可能得面临潜在的严重经济损失。谁会冒这个险呢?对许多农民而言,路只有一条,那就是购买这些种子。[59]

真正的解决方案似乎还没能找到。最终,如此高度依赖麦草畏的转基因系统必然导致杂草抗药性问题,而这个问题不得不尽快解决。这实际上反而有利于这个行业——至少对孟山都是如此。短期而言,麦草畏飘移问题将迫使坚持不用转基因种子的人转向孟山都的种子。长期而言,麦草畏的泛滥将产生杂草的抗药性,而这又将导致农民呼吁能够对抗这种抗药性的新转基因品种。这是一个恶性循环。

如果这些转基因农作物确实显著增加了粮食的产量,那么,所有的这一切——仗势欺人、公司垄断控制、抗药性杂草、回到旧除草剂,以及麦草畏飘移问题——也许还是值得的。毕竟,这是孟山都所宣扬的使命。"仅仅担心后代挨饿是无法养活他们的,"一则1998年的公司广告大声疾呼,"但食品生物科技可以。"转基因种子"肯定可以增加产量并提高生产率,这是让人民温饱的必要条件",夏皮罗在1995年告诉全世界。这是一项高尚的事业,对于这项事业,许多人应该已经预见到它需要付出难以预见的成本。但事实是,这些种子从未带来孟山都或夏皮罗所承诺的那种丰饶。[60]

2012年,美国农业部发表了第一份比较抗除草剂农作物与传统品种产量的大型部门研究。农业研究局的科学家斯蒂芬·杜克是2012年这份报告的主要作者。由于他一直在深入研究抗农达革命，同领域中有些人给他起了"农达先生"的外号。杜克给出的结论是："从引入抗草甘膦农作物的那些年到当前的产量数据显示，在引入之前和之后，产量的趋势是一致的。"[61]

两年后，美国农业部科学家豪尔赫·费尔南德斯-科尔内霍得出结论："抗除草剂种子对产量的影响好坏参半。""在商业化应用的最初15年，"他解释道，转基因农作物"并未被证明能够增加潜能产量"。与实际产量相反，潜能产量是指"当获得最佳管理且没有遇到诸如冰雹、霜冻或倒伏之类的自然灾害，没有水、营养和生物压力限制（水源压力因充分灌溉或充足雨水而得到消除）的情况下，一种改良品种的产量"。费尔南德斯-科尔内霍确实引用了一些研究，这些研究表明有些抗除草剂农作物"与统计学意义上显著的产量的小幅增长相关"。他还细致分析了一份证据，该证据显示一些拥有多重特性的种子——能够对两种或两种以上除草剂产生抗药性或含有抗虫 Bt 基因的种子——的种植者确实见证了农作物产量的增长，尤其是在害虫泛滥的环境中。但他又补充说："有些研究者发现，采用抗除草剂农作物和没有采用抗除草剂农作物在产量上没有显著区别。"换言之，抗除草剂特征本身并没有为农民提供显著的产量优势。[62]

海外的研究者们也在21世纪第二个十年开始研究转基因农作物和产量的问题。《农业科学期刊》在2013年发表了一篇论文，该文以在美国、加拿大、阿根廷和罗马尼亚的田野调查为基础，发现"抗除草剂技术并未显著增加产量"。这项研究的作者明确指出，转基因种子确实"有助于更经济有效的杂草控制"，还指出，通过基因改造以促进控制害虫的 Bt 作物，确实在一些农场产生了更高的产量，但统计证据根本不支持抗除草剂农作物能够大幅提高产量的观点。与此类似，一个研究巴西抗草甘膦大豆的团队在 2014 年报告称，抗草甘膦大豆作物的应用"对植物产量没有影响"。[63]

2016 年，《纽约时报》调查了联合国关于欧洲和美国大宗商品作物农场的数据。由于欧盟一些国家在 20 世纪 90 年代后期禁止使用转基因农作物，记者意识到他们有真实的数据可以帮助他们评估转基因作物是否实际上比传统品种更高产。该报的调查结果与其他科学家的研究结果一致。在对比了西欧和美国的种植情况后，该报得出结论："经过 30 多年的发展，两者的发展趋势曲线几乎没有偏差。"[64]

抗农达种子在美国面市 20 年后，国家科学院发布了关于在美国及世界其他地区采用转基因农作物的生物、生态和经济影响的第一份全面研究。这项具有里程碑意义的研究以重量级的大部头专著出版，正文和附录加在一起超过 600 页，其中包含了很多比较转基因农作物和传统培育品种产量的章节。国家科学院承认，"与传统育种相比，转基因特征在多大程度上能够增加产量，研究者们之间对此是存在明显分歧的"。而且，国家科学院评论道："总的实验数据表明转基因特征有助于实际产量的增长"，尤其是在害虫泛滥的农场使用Bt技术;但又总结道:"美国农业部的数据没有显示它们(转基因特征)实质性地提升了美国农业产量增长的速率。"这项研究的作者用明确的语言解释了他们的发现:"几乎没有证据表明,转基因作物的引入使得美国农场作物产量的年增长速度比使用转基因作物之前更快。"1996年,孟山都曾说过,抗农达作物将提高粮食产量,而这对养活饥饿的、不断增长的世界人口至关重要。但是,20年后的历史证据显示,这一切并没有按计划发生。[65]

"这并不意味着这种增长在未来无法实现。"国家科学院的科学家小心地补充道——这个限定条件反映了相关研究人员对转基因技术的总体信心。和斯蒂芬·杜克以及美国农业部完成这些突破性报告的其他人一样,国家科学院的研究员们并不激烈地反对转基因种子。事实上,很多人相信,抗旱种子等其他转基因创新能够带来更多的利好。在他们看来,问题并不是转基因技术本身不好;相反,他们只是指出各家转基因公司在20年前做出的承诺与实际情况相去甚远。[66]

2016年国家科学院研究项目的主持人、北卡罗来纳州立大学教授弗雷德·古尔德,也表达了相同的观点。"早些时候,"他说,"那些人都在承诺,通过选择抗旱或其他期望的特征来提高这些作物的产量,就能够如何如何",但是,他总结道,"事实证明是很难做到的。"据古尔德透露,在世界范围内种植的大多数转基因农作物——根据2008年的一个研究,大约80%——都对除草剂具有抵抗性。到21世纪第二个十年,全球销售的种子中只有一小部分具有抗旱的转基因特征。对于经改造而具有抗旱性的小比例转基因作物而言，主要的进步并不必然与生物科技的进步有关。例如，谈及抗旱玉米，古尔德解释道，"当前最大的进步"主要来自"传统育种法"，而不是将转基因特征植入种子。[67]

还有至关重要的一点不得不强调，孟山都销售的大部分转基因特征应用于三大主要商品作物，即大豆、玉米和棉花。如果这就是孟山都"养活全世界"的计划，从这个角度看，这是个奇怪的计划。毕竟，到 21 世纪第二个十年中期，美国生产的玉米大约一半用于喂养牲畜，另外 30% 用于乙醇生产。2013 年美国大豆中的 70% 成为牲畜的饲料。将这种饲养转化为适合人类消费的粮食是异常低效的。明尼苏达大学环境研究院主任乔纳森·福利博士在《国家地理》中写道："我们喂养动物的每 100 卡路里谷物，最终仅给我们提供了大约 40 卡牛奶、22 卡鸡蛋、12 卡鸡肉、10 卡猪肉或者 3 卡牛肉。"福利博士主张，如果未来要给数十亿人提供粮食的话，农民们要开始远离这种将更多谷物拿去喂养农场动物而非直接填饱人类肚子的单一作物农耕文化。但是，鉴于孟山都在转基因玉米和大豆上的巨大投资，这不是他们想要急切推动的事情。产量增长依然是孟山都关于助力消灭世界饥饿的公共对话中常用的口号。[68]

然而，似乎是传统的育种技术，而非新的基因技术，在驱动着 21 世纪的产量增长，这是一个与孟山都传递的信息相矛盾的事实。孟山都的升级版抗农达（Xtend）种子和除草剂的标志在首字母 X 上嵌入了两个动态箭头，两个箭头都指向前方——指向未来。公司强调其创新的新颖性。孟山都在2015年的一则升级版抗农达产品广告中预告:"一个强大的新大豆系统即将到来。"它将是一个提供"更多选择"和"更多灵活性"的系统。它是一种为农民们提供"未来的解决方案"的"先进"技术。这就是进步。[69]

但真的如此吗?农民现在回过头使用旧的化学品,试图控制因孟山都先前的作物系统而导致的杂草丛生。看起来,孟山都把过去卖给了农民,而农民换回的这个现在,与孟山都所承诺的并不相称。

而陷入这种困境的不仅仅是美国的种植者。从2000年到2020年,孟山都一直努力将它们的种子销往全世界。为了保持业绩增长,这是不得不为的选择。毕竟,到2015年前后,美国种植的大约90%的棉花、玉米和大豆都已经经过了抗草甘膦基因改造,没有业务上涨空间了。[70]

孟山都能否继续赚钱,就看国外市场了。而且如果要取得成功,公司必须迅速行动。毕竟,它在外国市场上销售的技术和令它在国内饱受批评的那些是一样的。孟山都能够让越南、巴西和其他国家的种植者在这些种子遭人嫌弃之前购买它们吗?

13
"他们正在兜售一个我们本来没有的问题"

"真是不可思议!"戴着眼镜的 60 多岁的若昂·保罗·卡波比安科回忆早在 21 世纪初与孟山都抗农达种子的战斗时反复感叹。当时他是巴西环境部(相当于美国的环保署)生物多样性和森林部门的国家秘书长,在路易斯·伊纳西奥·卢拉·达席尔瓦政府治下工作——卢拉总统是一位从工人成长为国家最高领导人的政治领袖,其传奇经历令全巴西着迷。卡波比安科曾领导一个政府委员会,负责调查在巴西将转基因种子合法化的利弊。[1]

那时,巴西最南端的南大河州的农民已经开始非法种植抗农达作物了,这一行为违反了巴西法院于 1998 年发布的一项禁令。当时,绿色和平组织和当地一个消费者维权组织抱怨说,巴西没有对种植抗农达作物进行充分的环境和人类健康评估,于是巴西法院发布了那项禁令。但南大河州的农民置之不理,种植了一种被称为"马拉多纳"种子的作物。之所以叫马拉多纳,是因为这种种子来自宿敌阿根廷——知名足球运动员迭戈·马拉多纳的故乡。1996年，阿根廷政府批准了抗农达种子的应用，孟山都立刻通过当地的种子商尼德拉开始销售推广。孟山都最初销售这些种子时并未向种植者收取技术许可费，但不到几年，公司就开始要求收取技术许可费。一些人对此强烈抗议，认为这是一个明显的诱售策略，旨在吸引农民进入孟山都的作物系统，然后再抬高价格，赚取巨额利润。在接下来的几年，当这家美国公司试图对种子收取费用时，许多种植者愤而反抗。面对来自种植者团体的压力，阿根廷监管者抵制了孟山都实施专利保护的企图，维持了允许农民保存种子和使用转基因特性而不向孟山都支付费用的法律。在这段时间，抗农达技术在阿根廷扩散开来，并跨越边境，进入巴西。[2]

当时，孟山都真的很需要巴西农民采用其经基因改造的种质。这个国家代表着南美大陆几乎一半的土地，是一个无可比拟的扩张市场。到20世纪90年代末，鉴于公司在其他地方推广其转基因种子系统时喜忧参半，巴西变得更加举足轻重。一直到2001年，也只有美国、阿根廷和加拿大三个国家广泛播种转基因种子，其中，转基因种植总面积的90%在阿根廷和美国（2003年数据）。此外还有印度政府在2002年批准了种植孟山都的保铃棉种子（这种棉籽经过基因改造，可以产生杀死昆虫的毒素）。除此之外，在世界其他地方，孟山都都遭遇抵制。例如，欧盟在21世纪初就禁止种植转基因作物，当时欧洲的健康倡导者和环保主义者指责孟山都的种子破坏生态。其他国家，如加拿大和南非，虽然批准了抗农达种子的种植，但这些国家的大宗商品作物种植面积远不及巴西这个南美最大的国家。鉴于以上情况，巴西是孟山都所展望的全球帝国的关键。[3]

这就是为什么有些人认为孟山都是从阿根廷向巴西秘密非法售卖马拉多纳种子的幕后黑手。在一个发生在布宜诺斯艾利斯的采访中，一位政府官员承认孟山都递交了从阿根廷向巴西出口抗农达种子的许可申请，尽管转基因种子的销售在巴西仍未获得批准。正如一位学者所说的，"阿根廷是孟山都用于进入"巴西和南美洲其他国家的"大门"。当被问及是否知道孟山都是马拉多纳种子贩卖的幕后黑手时，"当然！"卡波比安科愤怒地答道，"人人都知道！"[4]

这看起来是"不可逆转的境况"。卡波比安科说。他们能做什么呢？巴西南方的农民们不断乞求卢拉总统的办公室批准转基因大豆。当时的法律要求政府销毁这些农民的作物，而这些作物相当于数以千吨的大豆。"你能想象吗？"卡波比安科大声疾呼。他们必须做些什么来帮助农民，所以卢拉总统采取了行动。2003 年，他发布一道临时法令，允许南部农民在市场售卖其谷物。但农民们不能出售种子供未来使用。卢拉并没有过多选择。这是一个争取时间的补救措施，通过这种方式卢拉政府才能考虑接下来应该做什么。[5]

在这个时候，卡波比安科希望这一切暂停一下。他敦促联邦政府，在规制机关完成对这些作物对巴西生态系统可能影响的全面研究之前，不要批准转基因种子进一步进入巴西。卡波比安科说，这样的研究也许要花很多年，但它们对保护巴西人民和环境的健康与安全是非常重要的。他认为,在没有考虑到巴西独特环境的情况下,根据以美国农场和农田为中心进行研究而得出的结论来制定批准政策,这是不合情理的。[6]

但是,巴西的立法者并未听取卡波比安科的警告。2005年3月,巴西国会通过一项法律,批准抗农达种子的使用,而未要求任何进一步的环境影响研究。[7]

对于卡波比安科来说,除了把这件事情看成彻底的失败外,没有其他选择。"对我而言,这太糟糕、太让人悲伤了。"他说。他花了一段时间——五年的时间——敦促政客,在政府批准种植孟山都种子之前,要观察抗农达作物系统有没有不可预见的生态问题。如果那些政客能听他的话,他也许能够阻止已经在美国上演的问题蔓延到巴西。毕竟,当巴西国会正在批准巴西的抗农达种子时,美国的杂草科学家已经发现孟山都的作物系统存在问题,且抗农达杂草正在成为批判性科学分析的对象。孟山都试图掩盖这些事实,甚至骚扰像俄亥俄州杂草科学家马克·洛克斯这样的人(当时,马克·洛克斯刚开始研究抗药性问题),但随着时间的推移,这一事实昭然若揭:孟山都的转基因系统存在严重缺陷。[8]

但是,卡波比安科并没有获得更多的时间。相反,历史注定在巴西重演。由于巴西国会没有对引入孟山都的转基因种子施加任何行政规制,公司的转基因种质很快在全国迅速传播开来。不到十年,转基因大豆的采用率就增至88%左右,草甘膦的销量也随之暴涨。[9]

孟山都的休·格兰特早就预见到了这一切。多年来,他一直在为他心爱的农达品牌而奋力开垦巴西肥沃的土地。在成为首席执行官之前,格兰特督办了巴西东北部沿海一个工业小镇卡马萨里上一座新草甘膦工厂的建设。该厂于2001年竣工,负责将从爱达荷州苏打泉进口的磷转化为化学中间体,然后将这些中间体运到位于巴西圣荷西多斯坎波斯和阿根廷萨拉特的工厂进行最终合成。当时的想法是,通过在巴西进行有针对性的投资,将孟山都品牌推向巴西。"我们将开始在巴西生产农达的原材料,这可以让巴西和我们自己都减少进口。"一位公司事务代表向巴西媒体解释道。[10]

事实证明,这些投资是明智的,因为孟山都此时还有一项挑战,那就是阻止中国的草甘膦制造商在21世纪初期向巴西市场销售廉价药。公司声称中国竞争者通过向巴西市场低价倾销草甘膦,正在威胁本土产业。尽管孟山都的卡马萨里工厂不过雇用了数百人,在圣荷西多斯坎波斯雇用的也不过几百人,但公司还是利用这些本地工厂来寻求政府的保护。这一策略是成功的。为了回应孟山都公司的压力,巴西政府在2003年对中国草甘膦加征关税,该关税相当于产品利润的35.8%。[11]

时机再完美不过了。在政府实施关税保护的两年后,巴西国会批准在国内使用抗农达技术。接下来,格兰特亲眼见证了转基因种子和农达在农村的广泛传播。巴西成为世界上最大的转基因大豆出口国和第二大转基因玉米出口国。15年后,巴西的转基因作物种植面积跃居世界第二,仅次于美国。[12]

孟山都的巴西种子帝国的中心,就位于巴西的核心地带塞拉多热带草原。这个独特的生物群落区是一片广阔的区域,比美国密西西比河以东和佛罗里达州狭长地带以北的所有土地都要大。长期以来,这片土地被认为是不适于农业发展的,原因之一是土地太过贫瘠,以及全域覆盖着茂密的灌木丛(因此,"塞拉多"这个词在葡萄牙语中是"关闭"、"茂密"或"密集"的意思)。但在20世纪70年代,巴西领先的农业研究机构——巴西农业研究公司的大豆研究者有一个了不起的发现,使这片看似荒原的土地变成黄金地带。[13]

巴西农民需要的是能够适应塞拉多地区炎热潮湿的热带环境的大豆,而要实现这一点,有几个难关需要克服。首先,热带地区的白昼时间比大豆种植繁盛的温带地区要短。巴西也比中国农民在千年前首次种植大豆的那片土地要更加炎热。塞拉多的种植业要取得成功,大豆必须能够在温度更高而光照期更短的热带茁壮成长。此外,塞拉多的土壤并不利于农耕,这就意味着,能够适应这一环境的大豆必须是强健品种,能够适应这种缺乏基本植物大量营养素的高酸性土壤。[14]

1975年,巴西农业研究公司在南部巴拉那州的隆德里纳市设立了一家特殊的大豆研究所。正是在这家研究所中，研究者们培育出第一批适合在巴西广阔的腹地种植的热带大豆品种。这是举世瞩目的成就。巴西农业研究公司的种子本质上是一种超级种质，因为它们不仅能够在塞拉多的恶劣条件下生存，而且还比那些种植于南部温带地区的品种产量更高。[15]

在接下来的20年，巴西农业研究公司协助研发了大约40种独特的、适合巴西环境的大豆品种。它是开源模式，由一个几乎完全由政府资助的公共机构领导。巴西农业研究公司和本地育种者分享其种质，这些育种者又研发出逐年优化的很多种子。从巴西农业研究公司创立大豆研究中心起到1995年的20多年间，大豆每英亩产量的生产率几乎翻了一番。1995年，全国大豆大约一半产自塞拉多大草原。[16]

此时正是孟山都大举进军巴西种子业务的时候。1997年，公司收购了巴西最大的两家种业公司——Agroceres和FT种子。两家公司都拥有部分得益于巴西农业研究公司多年研究的种子储备。这一时机对孟山都而言是幸运的，因为它可以以划算的价格收购正处于挣扎中的巴西种业公司。面对巴西政府为抑制多年来的破坏性高通胀而施加的极高税率，这些公司早已苦不堪言。孟山都获得了一个金矿：经过几十年的公共投资和巴西育种者之间的公开交流，这些种质资源已经臻于完美。[17]

大豆种子只是孟山都从巴西收购项目中获得的丰厚回报的一部分。到21世纪初，公司还控制着巴西约40%的玉米种子市场。这一数据意义重大，因为在塞拉多，温暖的气候和全年的日照意味着农民每年可有两季收获，通常会轮种大豆和玉米。这里没有像在美国那样的冬季休耕。收获大豆作物和种植玉米作物之间的间隙可能只有短短的15分钟，大量的玉米种植机紧随大豆联合收割机进入田地。这是一个注定要给转基因公司带来数十亿收入的无缝衔接的播种系统。[18]

孟山都将其抗农达技术添加到由巴西育种者手工挑选了几十年的种质中，但将这些品种提供的产量潜能全部归功于自己。到2010年前后，该技术包含了在抗农达基因盒上"叠加"的"Bt"特征，从而使得植物能够自己产生杀虫剂。休·格兰特对此自吹自擂、赞不绝口。公司声称这些具有叠加属性的品种带来了显著的产量增长。例如，在2008年，格兰特甚至承诺，到2030年，孟山都的生物技术将使玉米、棉花、大豆的产量翻一番。[19]

虽然休·格兰特如此主张，但巴西国内领军的统计机构搜集的数据却表明，在塞拉多的一些区域，传统育种的大豆实际上比转基因品种的产量要高。马托格罗索农业经济研究所是巴西农业产量与成本数据的核心来源，是一家既支持转基因农业，也支持非转基因农业的机构。他们在2016年发布报告称：在深入塞拉多腹地的马托格罗索的西部农场，传统豆农从其田地中收获每英亩60袋大豆，而转基因种植者只收获55袋——每英亩少了五袋。该研究所指出，从全州的范围看，在六个马托格罗索地区中，有三个地区显示传统种植者的平均生产率超过转基因种植者。在另外三个地区，传统作物和转基因作物每英亩的产量是相同的。[20]

尽管如此，就像俄亥俄州的农民一样，巴西的许多农民还是选择购买抗农达种子，因为这一技术让生活更轻松，也让他们更省钱——至少在短期内是如此。要理解他们能省多少钱，必须先理解塞拉多草原上的这些农场到底有多大。早在1995年，塞拉多草原上60%的农场都超过了2400英亩，而到21世纪第二个十年，有些种植者的农场规模是这个规模的30倍。此景只应天上有——一望无垠的商品作物。这一规模产业吸引了来自各方的投资，其中就包括乔治·索罗斯——他将资金投入到被称为"种植池"的种植者合作社，这些合作社管理着塞拉多的大片土地。甚至美国教师退休基金会（TIAA-CREF）也将教师们的退休金投入到塞拉多大豆生产的重大投资中。[21]

抗农达技术在早期帮助这些大农场为他们的大投资人赚钱。种植者只需要简单设置他们的全球定位系统技术，然后坐在喷洒机上，由外太空的卫星指挥路线，穿越广阔的大豆荚绿色海洋，向抗农达作物喷洒廉价的草甘膦。2015年，在马托格罗索地区，管理一块转基因大豆田的除草剂成本大约是每英亩76美元，比种植传统作物的农民所支付的大约少11美元。虽然这看起来不是很大的数目，但对于大种植者来说，省下的这笔钱很快就积少成多。通过使用这一种植系统，一个3万公顷的大农场可以预期每年在除草剂成本上节约大概3.3万美元。参加抗农达革命看起来对许多巴西大种植者而言具有明显的经济意义。[22]

但是，只有当草甘膦能有效地清除杂草时，这种节约才是具有现实意义的。鉴于美国出现抗草甘膦物种所带来的问题，有理由担心这种除草剂不会无限期地维持其药效。最早是在2007年，在美国发生的事情也开始在巴西上演。那一年，科学家报告该国已发现四种抗草甘膦杂草，并预测这些杂草"有很大可能会成为问题"。[23]

孟山都价值数十亿美元的巴西产业正在受到威胁。到2010年左右，公司高管找到巴西农业部，想了解孟山都的耐麦草畏种子能否获得批准上市。在他们看来，耐麦草畏种子是消灭对农达具有抗药性的杂草（他们本该知道，在覆盖了草甘膦的塞拉多上，这种杂草必会生根发芽）的最佳工具。

"我们很担心。"当被问及在巴西引入抗麦草畏作物时，巴西农业研究公司的一名高管说。在美国，农民们知晓，高温将使麦草畏变成易挥发的化合物，而高温是处于热带的塞拉多的常态。密苏里州桃农比尔·巴德起诉孟山都因麦草畏挥发而对其带来损害的诉讼已历时两年，然而，看起来巴西正朝着相同的问题迈进，尽管已有来自外国的警示信号。一些农业研究者担心破坏的规模将是巨大的。若昂·保罗·卡波比安科曾经警告过：巴西不是美国，这一点非常重要。如果飘移发生在密苏里州还算是个不太严重的问题，发生在热带的巴西肯定是个大麻烦。[24]

"我非常害怕麦草畏。"杂草科学家拉斐尔·佩德罗索博士坦言。佩德罗索毕业于加州大学戴维斯分校,如今在巴西最好的农业大学——圣保罗大学的农学院工作。他并不反对转基因技术,也不反对在巴西使用化学品对付杂草。但是,他已经了解了美国因飘移问题而发生的事情,所以他不知道当升级版抗农达技术被引入巴西后,巴西人将如何避免相同的问题。"我想许多种植者可能都会选择它,但不是因为喜欢,而是为了保护自己免遭来自邻居的伤害。"[25]

而对于佩德罗索而言,还有另外一个问题困扰着他,那就是:麦草畏可能无论如何也不能解决农民的杂草问题。他注意到,在巴西,给农民带来最大麻烦的许多杂草其实是禾本杂草而非阔叶杂草,而禾本杂草是麦草畏无法控制的。换言之,这又是一个例子,说明适合一个地方的技术对另一个地方来说也许并不适合。[26]

有些人则看穿了孟山都的奇迹营销。巴西农民何塞·苏亚雷斯说他不会购买升级版种子系统,因为没有给他带来真正的好处。他说:"他们卖给我们一个我们不存在的问题,是为了能够卖给我们问题的解决方案。"他推断,孟山都的升级版种子系统在巴西肯定是没用的,那他为什么要为此费心呢?[27]

还有其他一些种植者加入了"自由大豆"运动。"自由大豆"运动由马托格罗索州的大豆种植者在2009年发起,其使命是通过研发和分发高产量传统品种来向农民提供转基因种子系统的替代品。正如巴西农业研究公司所解释的,这个运动旨在"保留农村生产者的自由选择权"。到21世纪第二个十年,马托格罗索州近40%的农民正在转向非转基因的大豆品种。[28]

但即使他们选择不加入孟山都的系统,麦草畏依然是这些农民的威胁。"麦草畏很危险。"何塞·苏亚雷斯告诉记者。毕竟,麦草畏飘移会伤害他的作物。对于像苏亚雷斯和"自由大豆"运动的成员这样不希望跟耐麦草畏种子打交道的人来说,唯一的希望就是政府禁止使用孟山都的技术。[29]

但这是不会发生的。雅伊尔·博索纳罗总统——唐纳德·特朗普的崇拜者和保守主义理论家——任命的都是希望政府放松管制的内阁官员。农业部仅建议在2019年到2020年的种植季开展短短一年的对升级版种子的转基因特性试验,而这一年的试验期可跟十年前卡波比安科提出的对转基因作物做五年的环境审查的提案完全不同。而在2021年,拜耳宣布其转基因种子"升级版无损二代"(Intacta 2 Xtend)——一种"叠加"的转基因种子,含有2个 Bt 基因、一个抗农达基因盒以及一个耐麦草畏特征——将"在2021/2022年收获季实现商品化"。不管农民们乐不乐意,大量麦草畏正在涌入巴西。[30]

到2020年末,巴西农民被卷入一个变得越来越难以逃脱的种子系统。但是,孟山都还有其他领域需要征服。在世界的另一端,在另一个热带生态系统中,孟山都正在尝试实现一个别人看来不可能实现的壮举：说服曾经被橙剂伤害的人们购买孟山都的种子。

这是越南战争发生40年后，2017年一个炎热的6月天。前越南北部上校陈玉心博士笑容满面地迎来越南橙剂受害者协会总部的访客。橙剂受害者协会由越战老兵和其他对此事关切的公民于2004年建立。经过十余年的发展，该协会已经成为美国国内为越南的橙剂受害者提供直接援助的主要慈善组织。目前还不清楚有多少越南公民被橙剂所伤害，但估计人数在100万到400多万之间。然而，橙剂受害者协会的官员在提供救济之前并不要求提供二噁英导致个人损害的确切证据。该组织为涉及广泛人群的救助项目提供资金，并向私人和国际组织（包括联合国儿童基金会）募捐。利用这些资源，橙剂受害者协会为据称因二噁英暴露而致残的儿童建立了多所学校。[31]

站在陈玉心博士旁边的是河内公共卫生大学的陈氏雪杏博士。雪杏博士一直在两个前美国空军基地研究二噁英污染：一个是在边和，另一个在海滨小镇岘港。研究者在20世纪90年代发现，尽管在很多喷洒过橙剂的地区，二噁英已经开始变性，但在全国范围内仍有几个热点区域需要即刻关注。他们集中关注设在富吉、边和和岘港的空军基地——这是美国空军储存用于"牧场之手行动"的橙剂的三个主要地点。在那里，土壤和临近的水体中二噁英的水平比越南政府设定的推荐安全标准高出数百倍。这些基地周边社区成员的血液样本和母乳样本显示，这种污染已经扩散到越南公民体内。岘港和边和的污染尤为严重，原因之一是此处是美军执行"步行者行动"时储存数千桶橙剂的地方。"步行者行动"是20世纪70年代美国国防部开展的从越南移除所有未使用的除草剂的官方行动，生锈渗漏的储存桶在被运往太平洋上的约翰斯顿环礁美军基地之前在这里放置了几个月，导致此地周围的土地被二噁英严重污染。[32]

在岘港和边和的研究中，雪杏博士证明了二噁英是如何通过鱼类、鸭子和其他牲畜从受污染的湖水传播到人体内的。在2015年发表在《国际环境卫生期刊》的一篇论文中，她发现，在这些热点社区，食用"高危"食品（包括放养的鸡、鱼、鸭等越南菜中受欢迎的食物）增加了"远远高于世卫组织建议的"二噁英日摄入量。[33]

雪杏博士的研究证实了美国科学家阿诺德·谢克特博士的发现。谢克特博士是研究二噁英对人体健康影响的世界领军专家，从1984年开始，当时还是纽约州立大学宾汉姆顿分校预防医学教授的谢克特前往东南亚与越南的研究者们合作。他从事检验二噁英从污染地点到人体的传播路径的研究。经过多年研究，在2005年，他得出如下结论："显然，食物……似乎应当对边和市居民体内升高的TCDD（二噁英）水平负责，尽管最初的橙剂污染发生在抽样的30到40年前。"谢克特教授和雪杏博士的研究清楚地显示，二噁英的污染渗透远远超过前美军基地的边界。解决这个问题将花费巨大成本。[34]

在河内的橙剂受害者协会管理者试图迫使孟山都为救助项目支付费用。2004年1月30日，协会起诉陶氏、孟山都和其他2,4,5-T的生产商，要求这些公司赔偿越南战争中使用橙剂造成的损失。他们援引《外国人侵权法》，一部1789年美国第一届国会通过的法律。根据这部历史悠久的法律，外国人可以对违反国际条约的美国企业提起诉讼。在本案中，橙剂受害者协会指控孟山都和陶氏向联邦政府销售一款明知有毒的毒药，这款毒药随后被用于伤害越南人民，这违反了禁止在战时使用毒药的国际协议，例如《日内瓦议定书》和《生物武器公约》。[35]

然而，被派到美国纽约东区地方法院审理该案的联邦法官杰克·韦恩斯坦法官并不是橙剂受害者协会友善的盟军。20年前的1984年，杰克·韦恩斯坦在越南老兵案中做出和解裁决，判决后还让孟山都的代理律师在他的办公室里开香槟庆祝。这位法官自诩是橙剂诉讼方面的法律专家，因此在发表对此案的意见时语气充满权威。2005年3月30日，他拒绝了原告的诉讼请求，首先驳回任何针对孟山都的国内法律索赔，理由是该公司受到"政府承包商保护"的保护。根据这一司法先例，如果侵权产品是依照联邦政府的命令生产的，那么生产企业可以免于承担产品的损害责任。然后，韦恩斯坦法官转向孟山都、陶氏和其他公司是否违反国际法的问题。对于这个问题，他认定，橙剂受害者协会并未有效证明孟山都或陶氏犯有战争罪行。他解释说，毕竟，当除草剂在越南被部署时，美国政府并未批准《日内瓦议定书》中的相关条款和其他禁止在战争中使用毒药的国际协议。韦恩斯坦主张，不能期待法院会溯及既往地执行越战时期仍未批准的条约。更重要的是，韦恩斯坦指出，即使这些条约对孟山都和陶氏有约束力，橙剂在国际法条款下也不是毒药："橙剂或者其他药剂……应该被定性为除草剂而非毒药。虽然它们对人和土地的不良影响可能导致某种类似于毒药的后果，但这种附带后果并不会改变这种物质在现有目的下的性质。"橙剂受害者协会对该判决提起上诉，后在2009年请求美国最高法院批准移审令，但最终，他们未能获得任何救济。[36]

孟山都还逃避了另外一笔日益累积的巨额费用，那就是由美国退伍军人事务部在20世纪90年代到21世纪初开始承担的、给予因橙剂致病的美国退伍军人及其家属的补偿金。1993年，退伍军人事务部部长杰西·布朗告知美国参议员，该部从今开始将向遭受包括软组织肉瘤、氯痤疮、霍奇金病和其他疾病在内的各类疾病的退伍军人提供补偿。布朗的声明是在国会1991年通过《橙剂法》两年后发表的，该法要求退伍军人事务部与国家科学院合作，审查与二噁英接触有关的健康危害。在1993年的讲话中，布朗援引了国家科学院根据《橙剂法》要求而做的一份813页的报告。这份报告显示，二噁英暴露将增加许多疾病风险，据布朗所说，这些疾病如今都将由退伍军人事务部负责。据退伍军人事务部称，军人无须证明二噁英导致其健康问题，因为该部计划实施"推定政策",即推定二噁英可能导致退伍军人事务部橙剂清单上的那些疾病。在此后几年,随着国家科学院修改其报告,可以享受新联邦政策的疾病数量逐渐增加。成千上万的退伍军人最终在这个由纳税人资助的项目中获得了补偿。[37]

随着政府负担了这笔费用,孟山都、陶氏和其他化学生产商避免了它们本可能需被强制承担的巨大成本。而它们对与二噁英有关的越南退五军人健康问题的责任也在1997年正式终结,因为在这一年,自1984年确定的1800万美元和解协议的剩余部分均支付完成。和解协议的赔偿金由七家公司共同承担,所以孟山都只负责了其中的一部分赔偿额度。最终,这起诉讼给越南退伍军人及其亲属带来了平均约3900美元的赔偿。加上应计利息,孟山都只负责了大约9800万美元,而且费用分十余年才支付完成。而从2010年8月到2011年8月,退伍军人事务部在一年的时间里向89000多名申请了橙剂名单上的三种疾病的美国退伍军人支付了22亿美元。孟山都的赔偿与退伍军人事务部的赔偿相比,真的是天壤之别。[38]

当这家市值几十亿美元的公司努力寻求逃避几十亿美元的橙剂赔偿问题之时,华盛顿特区一位有权势的国会工作人员却正将为越南人民伸张正义视为使命。

2006年12月,蒂姆·里斯降落在河内机场,他此行的任务是到越南寻找更多关于橙剂问题的信息。里斯是华盛顿特区一名精明的交易人。他长期担任佛蒙特州参议员帕特里克·莱希的助理,还是参议院拨款委员会中一个有影响力的工作人员。"国会山"博客把他称为"国会中掌管美国外交政策和对外援助的最有权势的工作人员之一"。而"政客"博客则将他列为"改变美国政治的前50大思想者、行动者和远见者"。参议员经常出现在媒体的聚光灯下,但像里斯这样的助理却在公众视野外,实际在做国会山的工作。[39]

蒂姆·里斯的职业生涯已超过30年,他一直与莱希参议员共同致力于改善美越关系。里斯帮助莱希建立了1989年经国会批准成立的战争受害者基金会。该基金会向被地雷和其他未爆弹药炸伤的人们提供义肢、轮椅和其他残疾援助。为了替莱希管理这些活动,里斯多次前往越南,就一系列问题与政府官员会面。而他在2017年时说道,几乎在"所有的对话、所有的会见中","越南人都会提到橙剂问题,以及它将持续成为一个严重的健康问题和环境问题这一事实"。"这显然是他们心怀巨大愤恨的事情。"里斯回忆道。当受橙剂影响的美国军人从退伍军人事务部拿到几十亿美元的赔偿时,这种沮丧情绪更加严重。里斯总结道:"我们政策上的这种不一致性真是骇人听闻、不可理喻。"必须得采取行动了。[40]

当然，里斯并非孤军奋战，他还有一些同道人也一直在为变革而奋斗，其中就包括福特基金会驻越南代表查尔斯·贝利。他发起一项特别行动，以解决橙剂救济问题。在贝利看来，找到二噁英暴露与特定残疾主张之间因果关系的绝对证据并非重点。重点是政府长期的不作为。每当越南官员会见美国高级外交官时，这仍然是一个关键的话题。福特基金会的资金可以为越南的变革埋下种子，贝利决心好好利用它。在接下来的十年，基金会将超过1700万美元投入橙剂救济项目中，很大程度上得益于贝利这一坚定决心。[41]

但是，尽管有像贝利这样的个人和福特基金会这样的组织伸出援手，这个问题还是需要更多实质性的经济援助。但国务院和五角大楼都不愿意触碰这个问题，最主要的担心是责任问题。如果美国批准救济项目，数百万越南公民汹涌而来要求补偿，那该怎么办？这是一个巨大的财政窟窿。[42]

里斯没有灰心丧气。从福特基金会和越南政府资助的研究中，他知悉了哪里是污染最严重的二噁英热点地区。有了定向资助，这些场所可以得到清理，这将大大有助于遏制与二噁英有关的健康问题在越南继续蔓延。[43]

2007年，参议员莱希和里斯合作，获得了300万美元的联邦资助，用于启动越南二噁英热点地区的清理工作和支持这些地区的医疗项目。当他们考虑解决二噁英问题的方法时，国会听取了越南著名科学家黎克山博士的证言。他前往华盛顿特区解释他的研究成果，证明二噁英在越南环境中的持久性。五年后，美国国际开发署（USAID）与越南国防部合作，在越南岘港机场启动了第一个大规模的二噁英清除项目。[44]

清除的规模令人叹为观止。岘港国际机场主跑道的尽头，有一个两层楼高、足球场大小的混凝土建筑物。经过五年时间，在岘港机场，美国国际开发署和越南国防部挖掘出大约9万立方米受二噁英污染的土壤，并通过被称为"堆内热解吸"的流程分两批加热这些土壤。2015年完成的一期工程通过混凝土帽上开钻的1250口加热井，将4.5万立方米的土壤加热至约335摄氏度。在加热过程中，混凝土建筑温度极高，因此要求监督建筑各个运行部件的工人每小时多次休息，检查血压，以确保他们不会因中暑而倒下。加热持续了数月，以确保维持二噁英的分子键被破坏掉。随后，一个漫长的冷却过程开始了，在几个月的时间里水被一点点加入，以冷却土壤。第一阶段完成后，混凝土柱帽被砸开，土壤被移出，另外一批4.5万立方米土壤被注入，然后重新安装加热井。到2018年11月，美国国际开发署和越南国防部宣布，清除计划完成了。[45]

这件事可是非常烧钱的。随着清除工作接近尾声，规划和执行热解吸的总费用高达约1.16亿美元。其他费用——大约占越南橙剂修复拨款总额的20%——被用于直接援助受二噁英污染问题困扰的家庭和社区。然而，这些有针对性的健康项目只覆盖了越南橙剂暴露造成的人员损失的一小部分。如二噁英专家阿诺德·谢克特所言，联邦政府花费大量金钱"清除污物"，但对人类健康问题却关注不足。真正的解决方案需要更多的资金。[46]

当美国纳税人为岘港机场的清理买单时，孟山都、陶氏和其他向美国政府出售污染产品的公司却完全不见踪影。

广受美国和越南政客们赞誉的岘港计划只是一个开始。摆在他们面前的还有边和空军基地，而那将是一个更大的问题。据负责清除工作的人员估算，边和被污染的土壤是岘港的五倍多，此处含二噁英的土壤占了所有三个主要空军基地热点区域的85%。虽然不同人对清除成本的估算各不相同，但美国国际开发署的克里斯·艾布拉姆斯猜测，该项目的耗资可能在4亿美元左右。[47]

2017年，蒂姆·里斯考虑过未来怎么办。"我们必须找到资金，"他说，"这并不容易。"莱希需要财力更雄厚的合作伙伴，他希望五角大楼能够帮助这些活动渡过难关。[48]

里斯注意到莱希从未去孟山都或其他在多年前向美国政府销售肮脏产品的私人承包商那里寻求资助，但他承认这可能是一种疏忽。"在我看来，他们可以有很多方式来出一份力而不用让自己陷入诉讼纠纷。"但是，他说希望更了解孟山都的历史。在他们将橙剂销售给美国政府之前，他们对二噁英污染和橙剂到底知道些什么？回答这一问题固然重要，但同时里斯也觉得，孟山都应该做出"善意的姿态"，帮助"减轻它参与造成的伤害"。[49]

有一件事是非常明确的：孟山都的财力足以在越南引发变革。2017年，公司的净收入总额超过22亿美元。将这笔收入的一小部分分配到边和的救济项目中，就足以覆盖里斯和其他人试图从国会那里挤出的那点费用。但到2010年前后,孟山都没有表现出其有兴趣参与这种人道主义救济项目的任何信号。相反,孟山都向越南人民提供了别的东西:转基因玉米种子。[50]

那场盛宴"就像婚礼一样有趣"——当被问到2015年前后在胡志明市外60多英里(1英里约为1.60934公里,下同)的地方举办的孟山都玉米种子"启动仪式"时,64岁的越南农民阮红兰如是说。阮红兰详细描述了那场铺张奢靡的活动,活动现场架起了多个硕大帐篷,每一个都能容纳几百人。就是在这场持续数日的庆祝活动上,像阮红兰这样的人了解到孟山都受专利保护的转基因种子所具有的神奇特质。在和一名越南记者交谈时,阮红兰穿着一件浅色马球衫,上面装饰有"越南迪卡尔布"标志和抓人眼球的口号:"共同开发"。迪卡尔布是孟山都在越南开展种子业务的子公司。公司的推广信息很明确:阮红兰已经成为孟山都全球帝国的合伙人,有权塑造公司的未来。服饰、派对和合作关系的承诺——所有这一切对一个在越南乡村追寻光明未来的老农而言,无疑是极具吸引力的。[51]

这便是孟山都在全世界发展中国家推广的标准节目单。孟山都越南子公司的负责人、首席执行官纳拉汉姆·乌帕亚乌拉说,公司一直在组织这类推广活动,目标是让农民们看到一个未来的"景象"。"看到才能相信。"乌帕亚乌拉解释道。[52]

阮红兰就是其中一个相信的人。2014年12月,他将大约7.5万平方英尺(1平方英尺约为0.0929平方米,下同)的水稻田改造成专门种植孟山都转基因玉米的农田。这是在这个东南亚国家种植的第一批转基因种子。孟山都再次以深刻的方式改变了越南的面貌。在阮红兰之后,其他人也纷纷效仿。越南一家本地报纸在2015年10月报道称,"越南迪卡尔布已经在超过200个地点训练超过1.6万名农民"如何种植转基因玉米种子。农民刘文陈也附和阮红兰对孟山都新产品的赞成票:"现在我可以安心一点,因为对我家玉米地里的主要杂草和害虫可以少操心很多了。"[53]

为了这一时刻,孟山都其实筹划已久,它涉及的不仅仅是田地上的派对。多年来,孟山都与美国农业部和国务院合作,推动越南的转基因种子业务。早在2007年,美国农业部海外农业局就协助邀请了"八名越南高官"到孟山都总部,作为"为期一周的生物科技研究旅行"的其中一站。数月后,美国农业部为"一个越南高级别官员代表团"参加2007年生物国际大会付费,这是关注生物科技和基因工程最重要的全球性大会。接下来的几年里,国务院和农业部陆续资助有权有势的越南官员们到全球旅行,提供免费的国际航班和其他补贴。密苏里州——孟山都的故乡——是这些政府资助旅行中经常到的站点。[54]

当孟山都的政府伙伴帮助孟山都建立关键政治关系的同

时，公司在越南学术圈的影响也日渐扩大。例如，2014年，公司为越南农业大学提供总额超过7万美元的经费，支持基因工程方面的毕业作品。在其他越南研究机构，孟山都也提供类似的捐赠。通过这一在美国运用过的类似手段，孟山都成为越南各个大学的重要经济伙伴。[55]

美国农业部还帮助孟山都与东南亚的媒体机构建立重要关系。例如，该部为培训越南记者的工作坊提供资助，这些工作坊的主题是"如何教给农民关于生物科技作物的知识"。培训课程的其中一节在孟山都的故乡举办。美国农业部还资助几名越南记者到密苏里州参加名为"关于生物技术优点的记者培训"的课程。[56]

所有这些努力为2014年孟山都转基因产品在越南的上市打下了基础。那一年，越南政府批准了由越南迪卡尔布公司分销的两款转基因玉米种子的使用。其中一款种子包含了能够产生驱除害虫的Bt杀虫剂的基因，另外一款则赋予玉米抗农达的能力。抗农达革命蔓延到越南了。[57]

孟山都取得了非凡的成就，尽管它是全球产量最大的化学品生产商，但却免于为越南的橙剂救助项目支付任何费用。在母国，公司也逃脱了重大财务责任，在越南老兵案中与宽宏大量的原告达成一项和解协议，还逃避了最终由退伍军人事务部支付的几十亿美元医疗费用。简言之，美国联邦政府在保护孟山都的现金储备方面发挥了重要作用,这才使得孟山都拥有足够的财力去创造一个海外种子帝国。在橙剂问题上,孟山都从未遭遇过重大损失。

国家援助在帮助孟山都进入越南商业市场方面也发挥了重要作用。得益于政府紧急财政的援助,孟山都虽在越南参与制造了二噁英污染,但最终清理污染以平息民怨的数百万美元费用是从美国纳税人口袋里掏出来的。此外,美国农业部和国务院还对越南科学家、记者和政客提供了各种资助,以争取他们对生物科技优点的认同。

当玉米种植者阮红兰被问及他对从一家历史如此肮脏的公司那里购买种子有什么感觉时,既不会说也不能阅读英语的阮红兰承认他并不知道越南迪卡尔布公司与橙剂有关。他只知道这些种子承诺会带来金钱,帮助他过上更好的生活,而这场转基因赌博使其得偿所愿的证据就是20%的利润增长带来的真金白银。接受孟山都的要约并未使像阮红兰这样的人感到道德上的焦虑;这看起来仅仅是一桩聪明的买卖。[58]

但是,新近的历史暗示着前路的坎坷。越南政府批准孟山都抗农达种子在国内使用后仅仅四年,美国加州人德韦恩·约翰逊就在旧金山赢得一场诉讼。在这场诉讼中,陪审团裁定农达是导致约翰逊患癌的原因。与此同时,密苏里桃农比尔·巴德和他的代理律师共同完成了其麦草畏诉讼的证据开示程序,获取了揭示孟山都转基因系统存在严重问题的公司文件。而麻烦也正在巴西酝酿,那里的杂草科学家正焦急地等待着,他们要观察当麦草畏这种挥发性化合物被投放到热带的塞拉多,以消灭孟山都曾声称其抗农达系统必将消灭的杂草时,会发生什么。

毫无疑问,阮红兰相信,通过购买抗农达种子系统,他正在参与农业的未来。但年过六旬的他,当然还没见过孟山都许诺的那个未来。事实是,他在他的农场上喷洒的化合物农达,是在半个世纪前创造出来替代橙剂中的 2,4,5-T 的。而橙剂的遗留问题如今依然在越南的土地上挥之不去。如果事情像另一个半球那边一样发展,阮红兰很快就不得不购买更大剂量的在 20 世纪中期上市的其他化学品——也许是麦草畏,甚至是曾经在橙剂中使用的 2,4-D——来处理抗农达作物产生的抗除草剂杂草。最终,孟山都的转基因种子没有把阮红兰带到未来,却把他带回了过去,一个在越南可能还没有翻篇的过去。

苏打泉工厂设施的入口通道,一棵另类的植物述说着发生在工厂背后的故事。

第五部分
丰收

结语
"恶意代码"

当拜耳的高管齐聚德国勒沃库森召开 2020 年股东大会时，新冠疫情正在全球肆虐。大会不得不在一个没有任何股东的房间里通过互联网直播。在公司总部一间无菌玻璃房中，六名西装革履的高管坐在洁白的办公桌前，彼此相隔六英尺的距离。在首席执行官沃纳·鲍曼上台发言之前，一名佩戴口罩和橡胶手套的女士走近讲台，用酒精擦拭麦克风。会议室里一片可怕的寂静。[1]

拜耳曾遭遇过这种处境。第一次世界大战结束那一年发生的西班牙大流感夺去数百万人的生命，活着的人都在担心疾病降落在自己身上。全世界都忧心忡忡。这家德国公司在 19 世纪 90 年代发明的阿司匹林产品大卖，人们用它缓解这场流行性感冒所导致的发热。[2]

那时，大西洋彼岸尚处于婴孩时期的孟山都还只是在试着跟上拜耳的脚步。公司的创始人约翰·奎尼埋头苦干，开发着他自己的阿司匹林和另一款能够帮助感染者缓解发烧症状的非那西汀。在开发工作最热火朝天的时候，孟山都非那西汀生产线上的工人因血管爆裂而暴死在工厂的地板上——这是暴露于有毒化合物的后果。约翰·奎尼对此虽感遗憾，但他的脚步并未放缓，因为他认为，鉴于美国人没有除德国和其他欧洲公司之外的抗流感关键药物供应源，他的工作事关生死。在第一次世界大战爆发时，他说德国人告诉他，除非孟山都停止向英国同盟销售化学品，否则他们将对孟山都断供。他决不允许这样的事情发生。"我让他们滚蛋。"约翰·奎尼打趣道。他要把美国从德国公司的"卡脖子"困境中解放出来，研发自己的药物，治疗那些正在为世界民主而战的得病的士兵。[3]

如今，在一个多世纪后，当鲍曼走向麦克风时，德国人再次控制了约翰·奎尼的公司。2018年6月，在鲍曼的策划下，拜耳最终成功以630亿美元完成对孟山都的股权收购——这是德国公司历史上最大的一笔收购。拜耳拥有孟山都的所有资产，包括其升级版抗农达种子技术。约翰·奎尼独立于德国公司的追求最终以失败告终。[4]

在整个转基因种子行业中，这种大型并购案层出不穷。陶氏和杜邦在2017年的合并案中将他们的农业部门合并后独立出来，成立了一家名为科迪华的新公司。一年后，总部在北京的中国化工收购了瑞士生物技术巨头先正达。到2019年，拜耳、科迪华、中国化工以及巴斯夫四家公司，控制了全球种子市场大约60%的份额。[5]

但在勒沃库森，并非所有人都在欢庆；一些拜耳的员工认为，这家阿司匹林制造商刚刚吞下的是一颗毒药。其中就包括沃纳·鲍曼的上一任马尔金·戴克斯,他担心孟山都的遗产将有损拜耳的品牌。戴克斯是荷兰人,2010年到2016年担任拜耳的首席运营官。和孟山都一样,他尝试从公司的投资组合中取消许多老旧的化工产品生产线,专注生命科学的核心领域,包括广泛的作物技术投资。德国证券交易所回报了他的努力,股价一路走高,这就是为什么他不愿意接受孟山都的有毒资产。[6]

鲍曼就没有那么谨小慎微,他在2015年开始筹划对孟山都的并购。当他在一年后成为首席执行官时,刚好是大宗商品作物价格走低以及孟山都收购先正达竞价失败导致公司估价下跌的时候。鲍曼认定此时正是收购的最佳时机。为了达成协议,他积极行动,最终一举拿下孟山都。[7]

但事实证明,也许这并不是收购的最佳时机。仅在收购的一个月后,德韦恩·约翰逊在法院获得了他的2.89亿美元的农达赔偿,拜耳的股票价格应声跳水,到2018年11月,公司在资本市场上损失了将近300亿美元。第二年3月,另一名起诉拜耳的原告,加州人爱德温·哈德曼赢得判决,获得了8000万美元赔偿,案件的陪审团认定农达暴露是导致哈德曼罹患非霍奇金淋巴瘤的"实质性因素"。到第二届股东大会,公司三分之一的市值化为泡影,降至它当初用于收购孟山都的总额。投资者们大为光火,于是出现了一个历史性时刻——大多数股东对沃纳·鲍曼及管理层投出不信任票。这在德国证券交易所历史上从未发生。[8]

鲍曼在接下来的12个月中一直在努力重获投资者的信

任,甚至通过"路演"来安抚股东的担忧,但坏消息却接踵而来。2019年的股东大会之后,又一起农达诉讼对拜耳产生不利影响:一对声称草甘膦导致他们罹患癌症的夫妇艾伯特和阿尔瓦·皮利奥德在旧金山湾区赢得了惊人的20亿美元赔偿判决。到那时,包括比利时、丹麦和法国在内的一些国家已经禁止或者逐步淘汰了草甘膦。(越南在2019年禁止对草甘膦的使用,但是,后来因为面临来自美国的压力,在2020年临时中止了该禁令。在本书付梓之际,草甘膦在越南仍被批准使用,尽管进口和生产禁令仍然有效。)[9]

2020年2月,林博法官在巴德农产案中判决拜耳赔偿2.65亿美元。林博法官允许律师贝弗·兰德尔和比利·兰德尔在本案中申请惩罚性赔偿,因为他相信,证据显示当孟山都推出其耐麦草畏的升级版种子时是带着"鲁莽的冷漠"行动的。数十名等待审判的其他农民因看到赔偿的希望而欢欣鼓舞。一个月后,欧洲因新冠肺炎而封城,全球经济冰封。拜耳股票价格持续下跌,2017年6月拜耳的股价处于每股135美元的高位,待2020年4月投资者在勒沃库森开会时,每股已经降至68美元。[10]

这一次,股东们没有发起不信任投票,可能是因为很多股东受到下面这条新闻的鼓舞:拜耳正在努力达成一个大和解协议,以结束后面还在排队的各种农达诉讼——此时有大约超过12万宗,包括已经提起和未提起的诉讼。不过,孟山都的历史遗留问题显然还困扰着这些投资者。将近四个小时,鲍曼和其他董事会成员都在阅读和回应洪水般涌来的关于麦草畏和农达案的问题，回答了超过 240 个提问，中间没有任何停歇。鲍曼看起来不急不躁，用《金融时报》的描述是举止"有点机械"。最终，他保住了自己的工作，这已经比许多拜耳员工强得多，因为公司在并购孟山都后为了降低成本已经裁掉了数千名工人。[11]

尽管采取了这些安抚策略，孟山都带来的遗留问题依然继续困扰着拜耳的未来。2020 年 6 月，美国第九巡回上诉法院发布了一道禁止继续使用拜耳麦草畏除草剂的禁令，裁定在美国"麦草畏已经导致实质性的、毫无争议的损害"。这个案件是在美国环保署无法解决麦草畏飘移问题之后，食品安全中心、全国家庭农场联合会、农药行动网络和生物多样性中心与几家非营利性组织联合提起诉讼的。在诉讼中，拜耳请求法院不要撤销麦草畏在即将到来的种植季的使用许可，即使法院判决原告胜诉，但法官仍然拒绝了拜耳这一请求。由三名法官组成的审判庭在强而有力的即决声明中表示，那样做将进一步"撕裂全国农业社区的社会结构"。[12]

特朗普总统领导下的环保署在该案判决后立即发布一道命令，告诉农民可以在即将到来的种植季使用原有库存中的麦草畏，但第九巡回法院的原告们提出阻止这一豁免的动议。全国的种植者赶在最终决议产生之前匆忙地在农地上使用麦草畏。俄亥俄州的杂草科学家马克·洛克斯说起他和一位在艾奥瓦州的朋友交谈时，他的这位朋友说到麦草畏无处不在："你几乎可以在空气中闻到它的味道。" 2020 年 10 月，美国环保署颁发麦草畏配方的新许可，但食品安全中心立即宣布，它打算挑战环保署的决定。2021年3月，拜登政府环保署的一位新任代理助理行政官发布一则不和谐的声明，承认"政治干预"已经"破坏了2018年麦草畏审批程序的完整性"。鉴于法律上的不确定性，许多农民无所适从。[13]

这不仅仅是一个美国问题。在本书付梓之际，巴西塞拉多草原深处的农民正在筹备第一次大规模使用拜耳的升级版转基因种子系统。尽管麦草畏问题在美国尚未得到解决，尽管科学家警告塞拉多的生态系统会导致拜耳的除草剂产生高挥发性，拜耳如今还是义无反顾地将它的技术出口到热带环境中。[14]

麦草畏和农达只是麻烦的一部分。在2020年拜耳股东大会的三周前，美国一名地区法院法官允许巴尔的摩市就孟山都从未清理的多氯联苯污染向拜耳索赔。这个马里兰州的大都会加入到西雅图、辛辛那提和圣迭戈的行列——这几个城市在早些年都提起过类似的诉讼。很快，其他城市和州也纷纷效仿。2020年4月，沃纳·鲍曼在给股东的讲话中对多氯联苯责任只字未提，但它们代表着巨大的财务风险。毕竟，多氯联苯和农达、麦草畏一样，还残留在全世界各个角落。在西雅图，检察总长鲍勃·弗格森宣布，他的办公室已经确定了从普吉特海湾延伸到斯波坎市的大约600个多氯联苯热点区域，他还指出，由于多氯联苯污染，哥伦比亚河及其他支流上发布了许多钓鱼警告。时任俄亥俄州检察总长的麦克·迪怀恩在2016年也表达了这种担忧。他引用美国环保署的一项研究，该研究的结论是"鱼类中的多氯联苯污染是俄亥俄州水域大部分人类健康损害的原因"。这些城市向拜耳喊话：如果拜耳真想养活全世界，可以好好把这些被污染的河流清理一下，因为这些河流可以给数百万人提供食物。[15]

2020年6月，鲍曼试图一劳永逸地解决所有这些问题——麦草畏问题、农达诉讼和挥之不去的多氯联苯遗留问题。他宣布拜耳将单独划出4亿美元来解决剩下的麦草畏诉讼，并拨出8.2亿美元来了结所有未决的多氯联苯诉讼。他还说，他已经与代理农达诉讼的几家律所会面，并同意支付100亿美元的和解金，涵盖约12.5万宗未决案件中的9.5万宗。拜耳的律师试图在和解协议中包含一个条款，这个条款要求创立一个独立的科学顾问审判庭，负责就农达是否致癌做出简易判决。拜耳要求，如果该审判庭判定农达是安全的，未来与这一产品有关的集团诉讼将被禁止。但是，这项100亿美元的协议最终失败了，与麦草畏、多氯联苯和农达诉讼相关的和解谈判在2021年时也还没有最终结果。[16]

别忘了还有橙剂。在越南南部的边和空军基地，美国国际开发署在2019年启动了为期十年的二噁英清除行动，预计总成本将超过3亿美元——所有费用都来自公共资金，没有一分钱来自当初向美国政府兜售这些污染产品的公司。越南和美国官员举行了盛大的庆祝活动，在令人振奋的和解时刻握手。但一些活动人士，包括社区发展中心行动组织的阮氏兰安并不满意。"我们获得资金为残疾人提供服务，"她说,"但我们知道,在我们周围还有很多其他人同样受到二噁英的影响,需要特别看护。"她需要更多资助:"我们不能再等40年了,那样就太迟了。"[17]

视角回到西弗吉尼亚,查尔斯顿的律师斯图尔特·考威尔还在继续战斗,自从他第一次代理被2,4,5-T损害的奈特罗工人至今已有40年。他后来又组织了一场集团诉讼——"比布诉孟山都案"(Bibb v. Monsanto),涉及数百名主张孟山都污染了整个奈特罗镇的诉讼当事人。他的委托人要求孟山都出资监护5000多名奈特罗居民的健康状况,并清理由此造成的灾难。该案并未进入审判程序,因为孟山都在2012年同意支付9300万美元的和解金,用于未来30年的医疗监护及住宅区清理项目。另外,孟山都还同意允许原告保留起诉公司的权利,如果原告的血液样本确实显示较高的二噁英水平。这是拜耳背负的又一项从孟山都那里继承来的法律责任。[18]

在这一争议时刻,拜耳努力将自己重塑为一家不再受其污染环境的过往羁绊、专注自己作为"数字农业"先锋角色的高科技生命科学公司。这场被一些支持者称为"第四次农业革命"的革命最早出现在20世纪90年代末,当时农业科学家们开始推广使用先进的计算机技术来提高"精准农业"技术的想法。这一想法是应用新出现的工具——土壤传感器、卫星图像、无人机和全球定位系统——来帮助农民精确地喷洒除草剂、监测田地营养、追踪天气模式，从而通过数据挖掘增加产量。[19]

一些出自这场数字农业革命的新技术很抓人眼球，包括一家荷兰初创公司在20世纪90年代末推出的"WEED-IT"产品。这是一款每小时飞行25英里的喷洒机，下部装有能够检测杂草的LED光学传感器的除草剂涂药器。拜耳并不拥有WEED-IT，但拜耳投资了类似的电子化装备，包括能够播撒目标剂量除草剂的无人机。拜耳还投资了人工智能，能够汇总从全球田地中的数字传感器、检测器和无人机中提取的数据，并为农民提供分析以帮助他们做出"关键、及时、因地制宜的决策"。[20]

帮助农民做决策这一功能非常重要。拜耳主张，它的大数据工具可以"通过提供可行动的洞见来为农民助力"，使他们可以"使用更少资源的同时最大限度地利用他们的土地"。一切都是为了自由。数据挖掘技术可以让农民不再依赖来自地底的昂贵石油化工产品。[21]

这些话从拜耳这样的公司口里说出来是一件很奇怪的事情，尤其是当它同时也向投资者保证其除草剂的销量将继续保持稳健的时候。2020年的股东大会上，一位董事会成员被问及拜耳开发"草甘膦替代品"的情况时便清楚地阐明了这一点。"在接下来的几年，"他说，"草甘膦将继续作为全球农业中控制杂草的有效工具，"并补充道，"草甘膦的产品特色和特征是任何其他除草剂无法匹敌或者超越的。"抗农达技术是拜耳在这个新的数字农业时代不能放弃的撒手锏。换句话说，拜耳在很大程度上依然是一家化学经济时代诞生的化学公司，不管它拥有多少架无人机。[22]

为了挣得一个更光明的未来，这家德国公司再一次撑开过去制作的"养活全世界"的横幅。20 世纪 90 年代，孟山都的罗伯特·夏皮罗已经承诺，"DNA 编码信息"，一款植入转基因种子的基因软件，将使得公司能够"以信息替代物质"，从而可以在不对环境施加沉重负担的前提下增加粮食产量。如今，拜耳发出了同样的呼吁。"世界人口仍在增长，"拜耳在公司网站上提到数字农业时说，"如果我们希望长期保证粮食稳定供应，就必须提高农业生产力。"拜耳声称，为了"塑造一个健康而可持续的农业未来"，农民需要"无人机、传感器等其他数字技术来帮助他们信任像草甘膦这样的除草剂"。[23]

转基因公司从来都是兜售问题的好手——定义困境，再把自己塑造成解决方案。但历史表明他们往往解决不了问题。当孟山都在 1996 年发起转基因革命时，它说这么做的原因之一是为了解决世界各地的饥荒。这谁能反驳呢？然而，25 年后，由美国农业部和国家科学院，以及其他知名科学团体分析的历史数据显示，孟山都转基因技术并未带来产量增长，有的话也是微不足道的。确实，多年来转基因作物的生产率有所增长，Bt 技术也帮助许多虫害严重地区的种植者提高了产量，但是，非转基因作物也在同步实现生产率增长。[24]

而且，转基因种子未能消灭它们曾扬言能够消灭的杂草。例如，声称这些技术将降低对化学品的依赖就被证明是虚妄的。1995年到2015年间，美国农场上草甘膦的用量呈指数型增长，而随着杂草的抗药性问题在农场蔓延，孟山都承诺农民不再大量需要的旧除草剂——如2,4-D和麦草畏——如洪水般涌回田地。孟山都从这些新问题上获益，因为有了问题，公司就能够在新一轮商业周期中兜售新的"解决方案"——跟"新"化学品捆绑的转基因种子2.0和3.0。[25]

不可否认，在采用转基因种子的最初几年，孟山都的Bt特征显著降低了全球玉米和棉花农场许多有毒杀虫剂的用量。但到21世纪第二个十年，几种昆虫物种对Bt产生抗药性，致使科学家站出来呼吁更好的管理实践。而从2015年到2018年，美国玉米和棉花农场上使用的综合杀虫剂的总用量开始慢慢回升，不过许多种植Bt作物的农民使用的杀虫剂数量还是比种植转基因作物之前减少了。然而，这种杀虫剂的减少与天文数字般的除草剂增长相比，真是相形见绌。到2010年前后，对于诸如玉米、大豆和棉花等经济作物，美国化学农药投入的总量，即除草剂和杀虫剂加在一起，比1996年引入转基因种子时增加了许多。[26]

在转基因粮食革命25周年之际，我们所了解到的最重要的是，孟山都所兜售的重组DNA既没有带来它承诺的显著产量增长，也没有让农民不再严重依赖几十年前从深埋地底的尸体残骸中提取出来的化学品。

孟山都在20世纪七八十年代试图逃离这种化石燃料经

济。然而，公司高管们看完公司的化学品资产库后，便意识到大约80%的孟山都产品最终都来自石油和天然气原料。当强大的石油和天然气公司埃克森、雪佛龙等也开始投资化学生产设施，耗尽了它们曾经低价供应给孟山都的石化资源时，孟山都深感担忧。公司感觉陷入困境，这就是它能迈出勇敢的一步，开始投资种子和生物科技，并开始完全剥离大部分商业化工生产业务的原因之一。[27]

但是，对于那些把公司从化学品的过往带入生物技术未来的拳头产品，比如农达，公司却紧紧抓住不放。尽管公司高管喜欢畅谈"新"孟山都与旧孟山都有多么大的区别，但事实是，公司的未来依然与它的化学起源——食腐资本主义纠缠不清。到2001年，公司一半的年收入来自农达，这款从数百万年前干枯的海底开采的磷酸盐矿石中提取的产品。换言之，孟山都永远不可能完全摆脱它参与创造的化学经济。

本书并非对基因工程的全面控诉。毕竟，新兴的基因编辑工具，例如CRISPR（短回文重复序列），很可能（只要在正确的人手中）在未来数十年释放新的产量潜能。基因工程也带来了重要的药物和疫苗的发展，包括那些对治疗新冠病毒感染有关键作用的药物和疫苗。但转基因种子最初25年的发展显示，由销售化学品的公司对转基因技术进行的企业化整合带来了一个问题重重的农耕系统。基因工程领域创新的可能性受到产品研发生产系统的限制，使得孟山都进行资本投资的视野变得狭窄。孟山都也经常吹嘘抗旱种子，但孟山都却从未像关注抗农达技术那样关注抗旱技术，很大程度是因为这个领域很难在研发投资上创造相同的回报。事实证明，有很多因素导致作物的抗旱性，这些因素无法被轻易提炼成一个简短的基因序列。于是，公司更专注于销售可以连带促进其化学品销售的种子，因为这样才能赚到钱，用以覆盖围绕除草剂业务建立的所有生产和营销基础设施的相关成本。当拜耳在2020年宣布在它的"产品研发生产系统"中有了一种"作为创新除草剂活性物质的新候选物质"时，该公司的态度表明它依然通过为公司获利的化学通道这一狭隘视野在看待世界粮食的未来。

本书出场的很多人是基因工程的支持者，也有一些人对孟山都研发的种子无感。但他们共同的故事揭示出，在过去20年里，转基因技术被错误运用，更多用在如何销售化学品，而不是投资于能真正解决我们粮食问题的领域，这不但错失了发展的机会，也浪费了世界的资源。

到2020年，罗伯特·夏皮罗在20世纪90年代提出的真诚信念——转基因技术将"以信息替代物质"——基本上已被完全颠覆。在数字农业时代，如拜耳这样的转基因公司正在利用从农民那里挖掘来的信息销售更多东西——传感器、无人机、卫星和化学品。而所有这些大机器和品牌除草剂都价格不菲，许多资金短缺的农民根本负担不起。[28]

美国国土安全部对此表示担忧。2018年，它发布了一份题为"精确农业的威胁"的报告，概述了与数字农业革命有关的国家安全问题。国土安全部指出，大部分无人机系统是"外国制造"的，具有可能让其他国家获得美国粮食生产关键数据的漏洞。报告还解释道，外国可以"在危机时刻或在关键的种植或收获期……利用恶意代码"远程破坏这些计算机化的设备。[29]

这听起来并不像拜耳在其大数据品牌营销过程中兜售的那种解放和自由。这是一个能够扰乱粮食生产的新的、数字化的害虫问题，是一个半个世纪前的农民们根本想象不到的问题。

拜耳的董事会成员清楚病毒的危险。正当他们端坐在2020年的股东大会上时，全球经济陷入衰退，而一切均源于一段迅速席卷全球的、快速复制的RNA单链。他们的所有计划都被迫搁置。

然而，大会传递的所有信息是，一切尽在拜耳的掌控中。在超过6小时的会议上，沃纳·鲍曼等董事会的高层向投资者保证，拜耳能够处理过去的所有问题。它正迈着自信的步伐走向未来。[30]

但是，农民和农民所养活的人们是否应该相信拜耳？本书提供的历史证明，孟山都的技术并未像该公司所说的那样成功。多年来，孟山都和拜耳都对这一说法提出质疑，并说农民的购买就是明证。但是，近年这个逻辑就不再那么合理了。2016年，《华尔街日报》发表一篇重大报道——《孟山都交易的背后，对转基因革命的质疑》，其中详细描述许多农民因转基因种子"难以解释"的高昂价格而放弃生物技术产品的事例。从1997年开始，转基因大豆和玉米种子的价格几乎翻了两番，但它们的产量却并不总比非转基因品种高。抗药性杂草的爆炸性增长也使得孟山都的顾客无法像以前一样在除草剂费用上省钱。[31]

为了继续销售农达，拜耳愿意花几十亿美元来了结这些诉讼，这表明这家公司仍然多么依赖半个世纪前开发的化学品。与此同时，过去25年的历史也显示，农民对农达的需求量并没有这一产业期望的那么多。全年不喷洒农达的非转基因种植者能够获得与种植孟山都转基因品种的其他农民一样多（甚至更多）的产量。

对于那些希望摆脱因转基因技术而成本上升的农民而言，这应该是个好消息。通往另一种粮食未来的大门并未关闭。幸运的是，还有种子商在销售着大宗商品作物的非转基因种子，而且许多食物——特别是水果和蔬菜——仍然是从孟山都创造的转基因系统之外的种子成长而来的。

但是，在未来，想要逃脱这一系统可能会越来越难。升级版抗农达种子的故事揭示了，基因软件就像恶意软件那样，在农场间像病毒般传播，迫使种植者进入转基因系统，不管他们乐不乐意。而拜耳并无动力阻止这一切的发生。毕竟，公司正急于向被诉讼吓得心神不宁的投资者们保证，公司还有除草剂这台印钞机。

因此，如今的状况是，拜耳企图让农民将这些旧化学品当作农业的未来。但唯一的问题在于，农民是否还会继续相信拜耳，购买这家公司兜售的商品。

致谢

我写这本书时正值全球新冠疫情肆虐。在这样特殊的时期,我比以往任何时候都更加珍视来自机构的支持,以及来自同事、朋友和家人的爱和善意。他们自愿献出自己的时间和精力来帮助这样一个花了近十年时间才完成的项目。

2012年,位于塔斯卡卢萨的亚拉巴马大学历史系——当时的系主任是才华横溢的卡里·弗雷德里克森——录用了我这个几乎只会写博士论文的研究生,给了我一个环境史方向的终身职位。我永远感激那些在遴选委员会工作的人——特蕾莎·克里贝利、安德鲁·休伯纳、乔治·麦克卢尔和乔什·罗斯曼。他们把我带进了一个支持我开展本书早期研究的群体。我也要感谢我在塔斯卡卢萨的朋友,他们带我到树林里冒险,到溪流中划船,到雄伟壮阔的墨西哥湾海岸旅行,让我保持清醒。周五的阿尔科夫酒吧之行也让我印象深刻。

四年后,我北上去了俄亥俄州立大学,在那里,一个新的学术共同体接纳了我。在那个由富有同情心和深思熟虑的内森·罗森斯坦和斯科特·利瓦伊英明领导的院系里,我加入了一个由杰出学者组成的才华横溢的团队,他们专注环境、健康、技术与社会的历史(EHTS)。团队成员包括尼克·贝约格鲁、约翰·布鲁克、菲尔·布朗、基普·柯蒂斯、詹妮弗·伊格林、冯孝、克里斯·奥特、蒂娜·塞萨、戴夫·斯泰利和山姆·怀特。我也很高兴与一群出色的美国现代历史学家密切合作,包括葆拉·贝克、克莱·霍华德、哈桑·杰弗里斯、约瑟夫·帕罗特、兰迪·罗斯、丹尼尔·里弗斯、大卫·斯特本,以及大卫·斯泰格沃尔德。我们有幸拥有几位 EHTS 在读研究生——迪伦·卡恩、迈克·科西、詹姆斯·埃斯波西托、吉姆·哈里斯、艾夫斯·莱克斯·哈特曼、尼尔·汉弗莱、凯蒂·朗、达斯汀·梅尔和科迪·巴顿。他们为我们的环境史"实验室"会议增添了丰富内容。这些学者是我这个研究项目的核心合作者。我特别要感谢亚拉巴马大学和俄亥俄州立大学的研究生助教,他们对我尽心尽力,使我过去四年授课顺利。可持续发展研究所也为我提供了跨学科交流的机会,我特别感谢埃琳娜·欧文帮我联系了其他学院的学者。

几位俄亥俄州立大学的本科生和研究生自愿以研究助理的身份参与这个项目。萨沙·兹博罗沃斯基在"毒药文件"项目(Poison Papers)的档案中查阅了有关孟山都多氯联苯业务的文件,马修·邦纳则飞往圣路易斯,在那里找到了与孟山都公共战略相关的关键文件。卡莉娅·泰利斯和我一起去了密苏里州的开普吉拉多,考察了巴德农场的案例,而约翰纳森·亨迪、米根·凯利斯、梅根·拉法兰西、艾略特·

平、马库斯·斯科夫、玛迪·西斯克以及阿里·齐默尔曼都对本书中特定内容的研究提供了协助。

俄亥俄州立大学巴西门户项目帮我安排了在圣保罗、隆德里纳等地的实地研究。门户项目的主管简·阿帕雷西多帮助极多,她为我联系了巴西农业专家,其中包括菲利普·萨托里,那时他还是圣保罗大学路易斯·德·奎罗斯农学院的博士生。他是我在巴西不可或缺的向导,载着我在巴西南部四处访谈农民及其他人,倾听这些人谈论孟山都在这个国家的活动。我也特别怀念与许多农学院成员在一起的时光,特别是拉斐尔·穆尼奥斯·佩德罗索教授和安德烈·弗罗斯达·博尔贾·里斯教授,他们都曾跟我就巴西的杂草控制项目进行了深入的交谈。位于隆德里纳和巴西利亚的巴西农业研究公司总部的高管们也给予我极大的帮助。还有巴伊亚联邦大学的克劳迪奥·瓦兹·迪·曼布罗·里韦罗教授,他帮助我组织了一次前往孟山都草甘膦工厂的探访。我还要感谢博士后研究员卡琳·佩沙德,是她帮我跟巴西农业研究公司的巴西利亚高管取得了联系。

在越南,我很感谢美国陆军老兵查克·瑟西,他帮我联系了越南橙剂受害者协会的官员,帮我规划了去河内、岘港和胡志明市的行程。美国国际开发署驻岘港办事处的克里斯·艾布拉姆斯也慷慨地抽出时间与我会面,跟我讨论了正在进行的橙剂清理行动。在河内期间,我见了黎克山博士,他在越南政府从事二噁英治理项目的工作。福特基金会的前成员查尔斯·贝利和佛蒙特州参议员帕特里克·莱希的高级政策助理蒂姆·里斯与我讨论了越南橙剂清理运动的历史。在河内橙剂受害者协会总部，我见到了协会的陈玉心博士和河内公共卫生大学的陈氏雪杏博士等人，跟他们讨论了越南二噁英污染的悠久历史。我还拜访了橙剂受害者协会在岘港的分支机构。在越南南部，我与记者梁奠密切合作，他在橙剂和孟山都当前的种子业务方面的工作对我撰写第 13 章起到了非常重要的作用。此外，我还要感谢前越南驻联合国大使孙努氏宁女士与我分享了她对越南二噁英污染问题的见解。

在苏打泉，我很幸运地遇到了一些人，包括孟山都前工程师和市议会主席米奇·哈特，他跟我讨论了第 7 章和第 9 章所涉及的话题。罗伯特·冈内尔也在犹他州普罗沃坐下来接受了我的访谈，谈论了他在美国环保署对苏打泉进行超级基金调查后与孟山都的谈判。曾居住在苏打泉镇的居民马修·切拉米分享了爱达荷州小镇持续存在污染问题的重要信息，而爱达荷州立大学名誉教授托马斯·格塞尔对孟山都在爱达荷州的工厂进行的放射学研究提供了重要的见解。美国环保署官员也在波卡特洛与我会面，并通过电话讨论了爱达荷州的磷矿和设施正在进行的修复工作。最后，肖松尼-班诺克部落商业委员会主席布莱恩·埃德莫和其他成员对美国环保署在苏打泉的补救努力中的缺陷提出了批评。

在所有这些旅行中，我信任的朋友乔纳森·扎德拉一直陪伴在我身边。他不仅是一名野外摄影师、一名难得的露营伙伴，还是一位数据科学家，利用数据分析的专业技能帮我进行了统计分析。如果没有他的陪伴，这一研究之旅将孤独得多。

如果没有新美国智库的资金支持，这本书就不可能出版。新美国是一个位于华盛顿特区的无党派智库，为各种公共政策问题的研究提供资金。2016年，在纽约卡内基公司的赞助下，该智库为我提供了为期一年的项目资助，让我能在2017—2018学年当了一年的埃里克和温迪·施密特研究员。

哥伦比亚大学新闻学院和哈佛大学尼曼新闻基金会也为本书提供了大额资助。2020年，他们给这个研究项目颁发了J. 安东尼·卢卡斯奖。鉴于许多历史学家在新冠疫情开始时面临财政困难，证明这笔资金至关重要，特别是在这本书快要完成的时候。

俄亥俄州立大学文理学院主管研究的副校长办公室给我提供了一笔大额资助，让我能够支付在巴西实地调研的大部分费用。慕尼黑的雷切尔·卡森中心为我提供了为期两周的德国之旅的资金；华盛顿大学圣路易斯分校的朱利安·爱迪生特藏部也提供了资助，让我得以在那里查看孟山都公司的档案。

华盛顿大学的档案员米兰达·雷克滕瓦尔德是一个不可或缺的盟友，帮我获得了孟山都公司的许可，让我查看保存在特殊收藏中的公司记录。我还要感谢埃默里大学的凯西·苏梅克，在我前往斯图尔特·罗斯手稿、档案和珍本图书馆时为我提供了帮助。斯图尔特·考威尔的律师事务所也提供了与奈特罗案相关的关键法庭文件，国家档案馆的档案员帮我找到了这本书中提到的各种主要资料来源。

商业史大会、《农业史、企业与社会》杂志以及美国环境史学会都接受了我撰写的关于孟山都研究的论文。在会议上，我收到了关于关键章节的宝贵反馈。我也感谢克里斯·琼斯和亚利桑那州立大学朱莉·安·瑞格利全球可持续发展研究所，以及杨百翰大学查尔斯·瑞德西方研究中心的布伦登·雷斯尼克，他们邀请我做了关于农达研究的讲座。瑞德中心的活动于我而言特别有收获，因为我遇到了历史学家布莱恩·坎农。他告诉我他是罗伯特·冈内尔的邻居，并很快帮我取得跟冈内尔的联系。俄亥俄州立大学的蒸汽工坊也被证明是跨学科合作的宝贵场所。在那里，我遇到了杂草学家马克·劳克斯，他后来把我介绍给了一些农民和俄亥俄州立大学的其他科学家，对我完成研究提供了帮助。

为了写这本书，在过去的七年里，我访谈了几十位科学家、律师、孟山都的员工、农民和记者。其中一些访谈对象是读者现在已经认识的琳达·伯恩鲍姆、斯图尔特·考威尔、弗雷德·古尔德、斯蒂芬·杜克、弗雷德·庞德、兰德尔夫妇、马克·瓦纳希特等人。还有一些人，包括孟山都的工作人员，通过私下和我交谈，为本书提供了宝贵的历史信息。还有一些人提供了有价值的背景信息，尽管我没有一一写进书里。虽然我在致谢中没有提到他们所有人的名字，但我非常感谢他们愿意与我交谈。

我向多个公共机构提交了几份政府信息公开申请，感谢那些辛勤制作尚未向社会公布的文件的工作人员。我特别要感谢俄亥俄州立大学公共记录办公室的斯科特·海纳，他帮我提交了一个政府信息公开申请，获得了关于孟山都公司为俄亥俄州立大学食品、农业和环境科学学院提供财务资助的相关信息。

我关于孟山都的全球环境史的写作是基于几位有才华的历史学家和记者的工作基础之上的。与多氯联苯相关的章节主要参考了我的好朋友艾伦·格里菲斯·斯皮尔斯的研究成果，而详细描述最近的农达诉讼案的章节则借鉴了凯莉·吉拉姆的报道。弗雷德·阿夫塔利恩的《国际化工史》和阿尔弗雷德·钱德勒的《塑造工业世纪》是对化工业进行全面观察的样板书。而当我在电脑前不停地敲打键盘时，玛丽-莫尼克·罗宾关于孟山都的书和丹尼尔·查尔斯的《收获之神》也一直在我手边。

很多优秀的人阅读了这部书稿的部分章节。这些读者包括艾德·艾尔斯、布莱恩·巴洛格、凯特·布朗、布伦特·西布尔、詹妮弗·伊格林、杰罗姆·埃尔莫尔、乔亚·埃尔莫尔、谢恩·汉密尔顿、马克·赫西、威廉·托马斯·奥基、托雷·奥尔森、福尔·默瑟、斯蒂芬·迈瑟卡鲁、凯瑟琳·麦沾恩、安迪·罗比肖、克里斯·罗森、埃德蒙·拉塞尔、艾伦·格里菲斯·斯皮尔斯、马克·斯托尔、史蒂文·斯托尔、伯特·韦、乔安娜·扎德拉，以及乔纳森·扎德拉。我还要感谢我的经纪人盖瑞·托马，他阅读了部分章节早期的多次修改稿，并帮助我准备出版。

当然，有一位读者付出了比任何人都多的努力，那就是诺顿出版社的编辑贾斯汀·卡希尔。他阅读了书稿的每一版。与他共事是非常令人愉快的事情。感谢你再一次陪伴我开启一次疯狂的全球之旅,并在我的文思误入蜿蜒小道时把控着正确的方向。

  这本书的完成还得益于很多其他朋友的帮助。有些人提供直接的帮助,比如杰西·帕帕斯,是他想出了这本书的名字。在塔斯卡卢萨时,托马斯·奥特曼、托尼·布尔、劳伦·卡登、埃里克·库彻森、凯瑟琳·德拉戈、乔什·埃尔、帕特里克·弗兰顿、埃利奥特·帕内克、奈杰尔·希曼、萨拉·施泰因博克-普拉特和雷切尔·斯蒂芬斯极力帮我散心。乔·拜耳、陈晨、艾琳·克罗蒂、邓肯·福布斯、詹姆斯·福布斯、皮特和珍·卡泽尔夫妇、克雷·格肯特和莎拉·伦恩凯在哥伦布市也做了同样的事情。我在华盛顿访问新美国智库和国家档案馆时,艾琳和汤姆·科克伦让我住在他们家,而艾琳作为这个项目的通信主管,废寝忘食地辛勤工作。当我在纽约工作时,贾斯汀·斯托贝克和克里斯汀·拉杜卡热情地招待了我。祖宾·德赛设计并负责更新我的网站,帮助我制定了如何将研究成果推广给更多受众的方案。马特·拉恩陪我"熬夜",一边照看小孩一边指导我如何面对写作的考验。我的大学伙伴凯尔·海特里奇、赫曼特·乔希、克里斯蒂安·刘和乔·西斯尔为我提供了关键的心理支持。我也永远感谢巴瓦尼·列夫,是她给我们提供了一栋"蓝宫"豪宅,让我们一家可以逃离城市的喧嚣;也感谢乔伊·勒布朗,给我提供了充满欢声笑语、好吃好喝的农场时光。其他朋友提供的支持不仅有编辑建议，还有飞盘高尔夫、激流探险、山地车、美味的晚餐、北卡罗来纳徒步旅行、篝火旁的音乐，以及电话和视频会议软件 Zoom 上的玩笑。我无法在这里罗列出每个人的名字，但我爱你们。

在写这本书的过程中，我失去了母亲，但也迎来了两个新生命：瑞弗·拉马尔和布鲁·博伊德·维斯提克·埃尔莫尔。我知道，如果没有他们，我们作为一个家庭所面临的一些艰难时刻会更加艰难。谢谢瑞弗和布鲁给你们的父亲带来如此多的欢声笑语。我希望我能像我父亲对待我那样对待你们。

我要对我所珍视的人科林斯、斯科特和丽莎说，没有你们对我的信任，我无法承担这个大的写作计划。我们正处于新冠疫情结束的边缘，我知道我们都准备好有一个集体大拥抱。感谢我的姻亲约翰·普茨、拉奎尔·雅各布、乔·麦克默里、玛雅·范·戴克、阿曼达·麦克默里和诺亚·麦克默里，以及我的侄子欧文和格里芬，感谢你们对待我，就像我们出生在同一个屋檐下一样。在我写作的最后阶段，你们及时提供了娱乐、笑话和笑声，大大减轻了我心头的负担。

最后，敬我的妻子乔亚。这本书献给你，因为没有你，我不可能写成这本书。我从来没有见过一个人如此无私，如此富有同情心，如此致力于公正与正义。我希望这本书对得起你为我们所做的一切。

注 释

第一部分 种子

引言 "千万别这样做,不然就等着吃官司吧!"

〔1〕贝弗·兰德尔和比利·兰德尔是巴德农场股份有限公司诉孟山都公司和巴斯夫公司案(*Bader Farms, Inc. v. Monsanto Co., and BASF Corporation*, No. 1: 18-md-2820-SNLJ, Case No. 1: 16-CV-299-SNLJ, US District Court, E. D. Missouri, Southeastern Division [2019])(下称巴德农场诉孟山都)原告的代理律师。作者访谈,2020年5月29日。作者也参加了2020年1月27日的庭审。

〔2〕Randles, interview.

〔3〕Randles, interview.

〔4〕Randles, interview. "Randles, Pierson Enter Race for Missouri Lieutenant Governor," Columbia Daily Tribune, July 2, 2012, https://www.columbiatribune.com/article/20150702/news/307029914. Bev Randles, email correspondence with author, April 5, 2021.

〔5〕关于内布拉斯加大学及其抗麦草畏研究,参见 Transcript of Testimony at 1702-1703, 2428, *Bader Farms v. Monsanto*。

〔6〕关于对果园和无花果树的影响,参见 Transcript of Testimony at 448, 550, 1325-37, *Bader Farms v. Monsanto*。

〔7〕Randles, interview.

〔8〕Transcript of Testimony at 53-55, *Bader Farms v. Monsanto*.

〔9〕Transcript of Testimony at 144, 260-61, *Bader Farms v. Monsanto*;

Johnathan Hettinger, "'Buy It Or Else': Inside Monsanto and BASF's Move to Force Dicamba on Farmers," *St. Louis Post-Dispatch*, December 6, 2020, https://www.stltoday.com/news/local/state-and-regional/buy-it-or-else-inside-monsanto-and-basf-s-moves-to-force-dicamba-on-farmers/article_002f5e83-004d-52de-a686-eef5cb108192.html；作者感谢乔纳森·赫廷杰和圣路易斯公共广播电台的科珏·拉夫在我们参加 2020 年巴德案庭审时与我讨论了这个案件。Plaintiff's Exhibit 13, Letter from Kimberly Magin, Monsanto, to Steve Smith, July 24, 2012. 这些证据可在美国知情权网站（USRTK）上找到。该网站的研究主任兼记者凯莉·吉拉姆自参与协助收集这些案件的重要资料以来，整理了麦草畏和农达试验的相关文件并撰写了多篇文章。她的两本书《基改之王——孟山都的遗产》（*Whitewash: The Story of a Weed Killer, Cancer, and the Corruption of Science*, Washington, DC: Island Press, 2017）和《孟山都文件：致命秘密，企业腐败和一个人的正义之旅》（*Monsanto Papers: Deadly Secrets, Corporate Corruption, and One Man's Search for Justice*, Washington, DC: Island Press, 2021）详细分析了德韦恩·约翰逊的农达案件和孟山都如何试图影响关于农达致癌性的辩论。作者要感谢凯莉·吉拉姆就这些案例与作者的交流。与麦草畏相关的资料可以在这里找到：https://usrtk.org/pesticides/dicamba-papers/。

〔10〕 Transcript of Testimony at 157, 2479, *Bader Farms v. Monsanto*; Plaintiff's Exhibit 22, Roundup Ready Xtend Crop System, Reflections on Building FTO [Freedom to Operate], marked "Monsanto Company Confidential," 31, USRTK.

〔11〕 Transcript of Testimony at 147, 444, 2056, *Bader Farms v. Monsanto*.

〔12〕 Transcript of Testimony at 2454, 2455, *Bader Farms v. Monsanto*; 对兰德尔的访谈内容。

〔13〕 Transcript of Testimony at 150, 430-32, 742, *Bader Farms v. Monsanto*; Plaintiff's Exhibit 292, Email from Joseph Sandbrink to Jeff Travers, Re: Norsworthy Visit, April 11, 2015, USRTK.

〔14〕 巴德农场诉孟山都案庭审中作者的观察，2020 年 1 月 27 日; Transcript of Testimony at 983, 994-98, *Bader Farms v. Monsanto*.

〔15〕 Transcript of Testimony at 155, 542-44, *Bader Farms v. Monsanto*; Plaintiff's Exhibit 178, Email from Boyd Carey to Melanie Knaak-Guyer et al.,

Re: Xtend Inquiry Support—Grower List, July 28, 2017, USRTK; 原告证据第179项还显示了，孟山都只会检查"优质孟山都客户"的农场。"我需要一份购买记录，"孟山都的萨拉·艾伦写给她的上司，"以确定（投诉的农民）是否是'优质孟山都客户'从而需要派人处理。" Email from Sara Allen to Ty Witten, July 3, 2017, USRTK.

[16] Transcript of Testimony at 156–57, 160–61, *Bader Farms v. Monsanto*.

[17] Transcript of Testimony at 2080, *Bader Farms v. Monsanto*.

[18] Transcript of Testimony at 158, *Bader Farms v. Monsanto*; Plaintiff's Exhibit 177, Email from John Cantwell to Tony White, August 7, 2017, USRTK.

[19] Transcript of Testimony at 156, 160–61, *Bader Farms v. Monsanto*.

[20] 2018年记者凯莉·吉拉姆对德韦恩·约翰逊的采访。吉拉姆向作者提供了这段采访；"Jurors Give \$289 Million to Man They Say Got Cancer from Monsanto's Roundup Weedkiller," *CNN*, August 11, 2018, https://www.cnn.com/2018/08/10/health/monsanto-johnson-trial-verdict/index.html; "Bayer loses California appeal of Roundup verdict, but damages are reduced," *Reuters*, July 21, 2020, https://www.reuters.com/article/us-bayer-glyphosate-lawsuit/bayer-loses-california-appeal-of-roundup-verdict-but-damages-are-reduced-idUSKCN24M2BT; "Roundup's Maker Agrees to Pay More Than \$10 Billion to Settle Thousands of Claims that the Weedkiller Causes Cancer," *New York Times*, June 24, 2020, B1. 关于农达系列案的总结和约翰逊案的关键事实，参见 the US Right to Know webpage, "Glyphosate Fact Sheet: Cancer and Other Health Concerns," https://usrtk.org/pesticides/glyphosate-health-concerns/。还可参见凯莉·吉拉姆的《基改之王——孟山都的遗产》和《孟山都文件》两本书，了解关于约翰逊案和其他农达诉讼案的详细历史。

[21] "Jurors Give \$289 Million to Man They Say Got Cancer from Monsanto's Roundup Weedkiller," *CNN*, August 11, 2018, https://www.cnn.com/2018/08/10/health/monsanto-johnson-trial-verdict/index.html; "Chemical Giant Monsanto Ordered to Pay \$289 Million in Roundup Cancer Trial," *HuffPost*, August 10, 2018, https://www.huffpost.com/entry/monsanto-to-pay-roundup-cancer-trial_n_5b6e14f1e4b0bdd062095477.

〔22〕Videotaped Deposition of Monsanto toxicologist Donna Farmer, January 11, 2017, referencing Donna Farmer email from September 21, 2009; Email from Stephen Adams to Gary Klopf, December 14, 2010, Monsanto Papers, made available by the Baum HedlundAristei& Goldman law firm. 文件可获取自：https：//www.baumhedlundlaw.com/toxic-tort-law/monsanto-roundup-lawsuit/monsanto-secret-documents/（下称"Monsanto Papers"）。还可参见 Carey Gillam, "Formulations of Glyphosate-Based Weedkillers are Toxic, Tests Show," *Guardian*, January 23, 2020, https：//www.theguardian.com/business/2020/jan/23/formulations-glyphosate-based-weedkillers-toxic-tests。

〔23〕参见，例如 Robin Mesnage, Charles Benbrook, and Michael N. Antoniou, "Insight into the Confusion over Surfactant Co-formulants in Glyphosate-Based Herbicides," *Food and Chemical Toxicology* 128 (2019)：138; Robin Mesnage et al., "Potential Toxic Effects of Glyphosate and Its Commercial Formulations," *Food and Chemical Toxicology* 84 (2015)：135; Christophe Gustin, Mark Martens, and C. Bates (孟山都的科学家), "Clustering Glyphosate Formulations with Regard to the Testing for Dermal Uptake," confidential draft dated July 2001, released in trial; Email from William Heydens to Charles Healey, April 2, 2002, Monsanto Papers。

〔24〕"Clustering Glyphosate Formulations with Regard to the Testing for Dermal Uptake," confidential draft dated July 2001, released in trial; Email from William Heydens to Charles Healey, April 2, 2002, Monsanto Papers.

〔25〕Email from Mark A. Martens to Larry D. Kier, William F. Heydens, et al., April 19, 1999; Email from William F. Heydens to Mark A. Martens, Larry D. Kier, et al., September 16, 1999, Monsanto Papers.

〔26〕Proposal for Post-IARC Meeting Scientific Projects, Draft, 5, May 11, 2015; Email from William Heydens to Michael S. Koch, Donna Farmer, et al., May 11, 2015; Email from John Acquavella to William F. Heydens, November 3, 2015; Dr. David Saltmiras "custodial file," "Glyphosate activities," August 4, 2015, Monsanto Papers.

〔27〕Glyphosate Issue Paper：*Evaluation of Carcinogenic Potential*, 140, September 12, 2016, https：//www.epa.gov/sites/production/files/2016-09/documents/glyphosate_issue_paper_evaluation_of_carcincogenic_potential.pdf; International Agency for Research on Cancer, *IARC Monographs Volume 112：*

Evaluation of Five Organophosphate Insecticides and Herbicides, published by the World Health Organization (2015), https://monographs.iarc.fr/wp-content/uploads/2018/06/mono112-10.pdf; Agency for Toxic Substances and Disease Registry, "Toxicological Profile for Glyphosate," Draft for Public Comment (April 2019), 5, https://www.atsdr.cdc.gov/toxprofiles/tp214.pdf.

〔28〕"'We Did The Right Thing': Jurors Urge Judge to Uphold Monsanto Cancer Ruling," *Guardian*, October 18, 2018, https://www.theguardian.com/business/2018/oct/18/monsanto-verdict-jurors-judge-dewayne-johnson.

〔29〕"EPA Takes Next Step in Review Process for Glyphosate, Reaffirms No Risk to Public Health," EPA Press Release, April 30, 2019, https://www.epa.gov/newsreleases/epa-takes-next-step-review-process-herbicide-glyphosate-reaffirms-no-risk-public-health.

〔30〕2017年6月14日,作者参观了位于越南胡志明市中央大厦的孟山都公司总部。关于转基因玉米种子在越南和其他国家获批的时间,参见国际农业生物技术应用服务组织(International Service for the Acquisition of Agri-Biotech Applications)官网:https://www.isaaa.org/gmapprovaldatabase/event/default.asp?EventID=86。

〔31〕关于孟山都在越南战争期间与美军签订的除草剂合同的规模,参见Peter H. Schuck, *Agent Orange on Trial: Mass Toxic Disasters in the Courts* (Cambridge, MA: Belknap Press of Harvard University Press, 1987), 156。

〔32〕本书以环境历史学家埃德蒙·罗素在进化史上的开创性工作为基础。进化史研究关注的是植物、动物和人类在历史上共同进化的方式。要进一步了解这一历史研究领域,参见Edmund P. Russell的*Evolutionary History: Uniting History and Biology to Understand Life on Earth* (Cambridge: Cambridge University Press, 2011); "Man Awarded \$80M in Lawsuit Claiming Roundup Causes Cancer," USA Today, March 27, 2019, https://www.usatoday.com/story/money/2019/03/27/monsanto-roundup-cancer-lawsuit-california-man-awarded-80-million/3293824002/; "Findings Released as Major Scientific Study Shows Eating Organic Lowers Cancer Risk," Environmental Working Group Press Release, October 24, 2018, https://www.ewg.org/release/roundup-breakfast-part-2-new-tests-weed-killer-found-all-kids-cereals-sampled。

〔33〕Roundup Ready Canola, FarmCentral.com(一个孟山都资助的网

站），https：//web. archive. org/web/19981202105106/，http：//www. farmcentral. com/s/rr/s3rrzzzzz. htm；"Another Great Option—XtendiMax © Herbicide with VaporGrip © Technology," Bayer product website，https：//traits. bayer. ca/en/soybeans/roundup-ready-xtend-crop-system/chemistry-options/；Roundup Ready Xtend Crop System Farmer Testimonial Video，featuring Kentuckyfarmer Brian Shouse, https：//www. youtube. com/watch? v = aSDKO50KriQ；"Innovation for Generations," *Today's Acre*（Winter 2019）（孟山都电子杂志），https：//www. roundupreadyxtend. com/todays - acre/Pages/winter2019 - innovation-for-the-generations. aspx.

〔34〕Philip H. Howard, "Visualizing Consolidation in the Global Seed Industry：1995-2008," Sustainability 1, no. 4（2009），1274.

〔35〕这本书试图将工厂的环境史与农场的环境史结合起来。2003年，农业历史学家黛博拉·菲茨杰拉德撰写了获奖著作《每个农场都是工厂：美国农业的工业理想》(*Every Farm a Factory: the Industrial Ideal In American Agriculture*)（New Haven：Yale University Press, 2003），研究了农场主如何从工业部门借鉴商业做法，从而在20世纪20年代及以后实现了美国农业的现代化。菲茨杰拉德的这一"工厂-农场"主题值得更多关注。本书以孟山都为对象，通过将工厂的历史与农业作物的历史放在一起，更清楚地展示了化学公司高管、工厂工人、农民和动植物如何相互作用，共同塑造了我们今天所依赖的粮食系统。大多数历史学家所写的工业化农业和农业化学的生态历史研究，主要集中在使用合成除草剂和杀虫剂带来的终端环境影响上，本书与它们有重要的区别。相关研究可参见：Angus Wright, *The Death of Ramón González：The Modern Agricultural Dilemma*（Austin：University of Texas Press, 1990）；Carol Van Strum, *A Bitter Fog：Herbicides and Human Rights*（San Francisco：Sierra Club Books, 1983）；Clinton L. Evans, The War on Weeds in the Prairie：An Environmental History（Calgary：University of Calgary Press, 2002）；Pete Daniel, *Toxic Drift：Pesticides and Health in the Post-World War II South*（Baton Rouge：Louisiana State University Press, 2007）；J. L. Anderson, *Industrializing the Corn Belt：Agriculture, Technology, and Environment, 1945-1972*（Dekalb：Northern Illinois University Press, 2009）；Frederick Rowe Davis, *Banned：A History of Pesticides and the Science of Toxicology*（New Haven：Yale University Press, 2014）；David D. Vail, *Chemical Lands：Pesticides, Aerial Spraying, and Health in North*

America (Tuscaloosa: University of Alabama Press, 2018)。关于美国杀虫剂的文化史，参见 Michelle Mart, *Pesticides, a Love Story* (Lawrence: University of Kansas Press, 2018)。本书的研究建立在这些作品的基础上，但进一步开拓了新的领域，将生产除草剂的产业工人的生活和在农村土地上使用这些化学品的农民的生活更紧密地编织在一起，最终解释了工厂经理和工人的决策是如何与田间劳作的种植者和商人的决策相关联的。此外，这本书提供了一个对这场抗农达革命更深入的历史描述。这是一个需要历史学家更多关注的主题。关于转基因作物发展的最全面的历史都是由记者，而非农业或环境历史学家撰写的。其中值得一提的是记者丹尼尔·查尔斯的《收获之神：生物技术、巨额财富和食品的未来》(*The Lords of the Harvest: Biotech, Big Money, and the Future of Food*) (Cambridge, MA: Perseus Publishing, 2001)，为转基因作物种植的诞生提供了一项深入的研究。社会学家小杰克·拉尔夫·克洛彭伯格也在他精彩的著作《从种子开始：植物生物技术的政治经济学，1492—2000》(*First the Seed: The Political Economy of Plant Biotechnology, 1492—2000*) (1988; repr., Madison: University of Wisconsin Press, 2004) 中讨论了转基因种子公司的崛起。但这两本书的故事都从 21 世纪初开始讲起，而那时抗农达除草剂的问题还没有真正成为一件让农民头疼的事情。2017 年的调查显示，《环境历史》(*Environmental History*) 和《农业历史》(*Agricultural History*) 两本领先的学术期刊上几乎没有任何关于农达或转基因作物的文章发表，尽管农业环境历史学家具有独特的专业技能可以处理转基因作物种植相关的历史数据。《农业历史》从 20 世纪 90 年代至今，只有四篇文章提及转基因作物。这四篇是 "Agricultural History Talks to Karen-Beth G. Scholthof," *Agricultural History* 87, no. 2 (Spring 2013): 194-200; Melissa Walker, "Contemporary Agrarianism: A Reality Check," *Agricultural History* 86, no. 1 (Winter 2012): 1-25; Louis Ferleger, "Arming American Agriculture for the Twentieth Century: How the USDA's Top Managers Promoted Agricultural Development," *Agricultural History* 74, no. 2 (Spring 2000): 211-26; Peter A. Coclanis, "Food Chains: The Burdens of the (Re) Past," *Agricultural History* 72, no. 4 (Autumn 1998): 661-74。本书试图填补这一空白，将环境、农业和商业的历史结合在一起，向读者展示，今日我们食用的转基因作物实际上是如何与古老的化学工业体系联系在一起的。

〔36〕关于孟山都公司在最令人讨厌的公司排行榜上的排名，参见

"Bad Reputation: America's Top 20 Most-Hated Companies," *USA Today*, February 1, https://www.usatoday.com/story/money/business/2018/02/01/bad-reputation-americas-top-20-most-hated-companies/1058718001/。关于孟山都的高管们是如何与"孟撒旦"的标签做斗争的,参见 Shane Hamilton and Beatrice D'Ippolito, "From Monsanto to 'Monsatan': Ownership and Control of History as a Strategic Resource," Business History (2020), https://www.tandfonline.com/doi/full/10.1080/00076791.2020.1838487 (published online)。

〔37〕美国国家公共电台(NPR)记者丹尼尔·查尔斯在撰写他的优秀著作《收获之神》时,曾与孟山都的科学家和研究人员进行过接触。他也相信,孟山都的许多员工"像我们所有人一样,梦想着做一些有意义的事情,为世界带来改变"。参见"Prologue," xiv. In *Seeds of Science: Why We Got It So Wrong on GMOs* (London: Bloomsbury Sigma, 2018; 2020)。马克·莱纳斯(Mark Lynas)引用了 2010 年一项涉及孟山都内部人士的社会学研究,认为他们真诚地相信他们正在为世界做一些好事(89 页)。莱纳斯的书详细描述了他从一个反对转基因的激进分子转变为转基因技术利益支持者的过程。本书中提到的莱纳斯的书是其 2020 年版。

第二部分　根茎

1　"参议员,您现在谈到化学了,这个主题我知之甚少"

〔1〕Document titled "John F. Queeny," based on interview with Samuel Allender authored by Francis J. Curtis, December 7, 1950, series 14, box 22, folder: Queeny, John F. (Misc.) (Folder 1), Monsanto Company Records, Washington University in St. Louis, Julian Edison Department of Special Collections, St. Louis, Missouri(下称 MCR);路易斯·韦隆的日记显示,1902 年 2 月 6 日,"在奎尼夫妇的见证下,蒸汽机的生产正式开始了。"韦隆还表示,"实际生产已于 2 月 14 日开始"。参见 document titled "Reminiscences about Monsanto's Beginnings," featuring excerpts from Dr. Louis Veillon'sdiary, series 10, box 5, folder: Monsanto Company History (Historical Accounts [Veillon, Louis]), MCR;关于奎尼的胡子和身高,参见 Monsanto History, by Hubert Kay, 1st Draft, Edgar M. Queeny'sCopy, Part II, "John F. Queeny and the Founding of American Industry," F-9, series 6, box 2, folder:

Monsanto and the American Idea (Hubert Kay) (1st Draft) (Queeny's Copy); "Early Days," document authored by Francis J. Curtis, series 10, box 5, folder: Monsanto Company History (Historical Accounts [Kernon, Jules]) —Oversaw Personnel, MCR; 关于圣路易斯 2 月份的天气，参见 the National Oceanic & Atmospheric Administration's National Center for Environmental Information, which contains records on climatological observations for St. Louis dating back to 1902. The database can be accessed here: https://www.ncdc.noaa.gov/cdo-web/search。

[2] Deer Creek Tapes, November 17, 1951, 10-11, series 10, box 5, folder: Monsanto Company History (Historical Accounts [Bebie, DuBois, Veillon Reunion, 1951]), MCR.

[3] Deer Creek Tapes, November 17, 1951, 10-11; Document titled "John F. Queeny and the Early Days," based on interview with Bert Langreck, authored by Francis J. Curtis, February 12, 1951, series 10, box 4, folder: Monsanto Company History (Historical Accounts [Misc.] [Folder 2]), MCR.

[4] Document titled "John F. Queeny," based on interview with Samuel Allender authored by Francis J. Curtis, December 7, 1950, series 14, box 22, folder: Queeny, John F. (Misc.) (Folder 1), MCR; 关于奥尔加·孟山都对奎尼酗酒的担忧，参见 Deer Creek Tapes, November 17, 1951, 10; Document titled "John F. Queeny," based on interview with Gaston DuBois/Louis Veillon authored by Francis J. Curtis, April 3, 1951, series 14, box22, folder: Queeny, John F. (Misc.) (Folder 1), MCR; 关于奎尼的"嗜酒癖好"，参见 Monsanto History, by Hubert Kay, 1st Draft, Edgar M. Queeny's Copy, Part II, "John F. Queeny and the Founding of American Industry," F-32, series 6, box 2, folder: Monsanto and the American Idea (Hubert Kay) (1st Draft) (Queeny's Copy); "Early Days," document authored by Francis J. Curtis, series 10, box 5, folder: Monsanto Company History (Historical Accounts [Kernon, Jules]) —Oversaw Personnel, MCR。

[5] Document titled "John F. Queeny," based on interview with Samuel Allender authored by Francis J. Curtis, December 7, 1950, series 14, box 22, folder: Queeny, John F. (Misc.) (Folder 1), MCR。

[6] "John F. Queeny," based on interview with Samuel Allender authored by Francis J. Curtis, December 7, 1950; Dan Forrestal, *Faith, Hope &*

$5,000: The Story of Monsanto* (New York: Simon & Schuster, 1977), 18.

[7] Document titled "John F. Queeny," based on interview with Charles Belknap authored by Francis J. Curtis, December 29, 1950; Document titled "John F. Queeny," based on interview with Charles Huisking authored by Francis J. Curtis, January 15, 1951; Document titled "Early Days: John F. Queeny," based on interview with Miss Fitzpatrick authored by Francis J. Curtis, December 28, 1950, series 14, box 22, folder: Queeny, John F. (Misc.) (Folder 1); Forrestal, *Faith, Hope & $5,000*, 13.

[8] Leonard A. Paris, "Monsanto: The First 75 Years," Corporate Public Relations article (1976), series 10, box 5, folder: Monsanto Company History (Historical Accounts [Misc.]); "President's Message," *Monsanto Current Events* 15, no. 1 (February 1936): 3–6, series 8, box 10, folder: Monsanto Current Events (1936–37); John Queeny timeline (June 1966), series 14, box 22, folder: Queeny, John F. (Obituaries); "It's Dangerous to be *Too* Good a Loser," *Monsanto Current Events* 4, no. 1 (May 1925): 1–2, 14, series 14, box 22, folder: Queeny, John F. (Misc.) (Folder 1); "John Queeny," in *The Book of St. Louisans*, 2nd ed. (St. Louis: St. Louis Republic, 1912), 486–87, series 14, box 22, folder: Queeny, John F. (Misc.) (Folder 1), MCR; Forrestal, *Faith, Hope & $5,000*, 11.

[9] 在 1911 年"美国诉 40 大桶和 20 小桶可口可乐"案（*United States v. Forty Barrels and Twenty Kegs of Coca-Cola*）中，奎尼在做证时对其早年的生活做了简要的介绍。参见 Transcript of Testimony at 1062–63, *United States v. Forty Barrels and Twenty Kegs of Coca-Cola*, 191 F. 431 (E. D. Tenn. 1911); Forrestal, Faith, Hope & $5,000, 12; "Little Stories of Big Successes," reprint from Greater St. Louis, *Monsanto Current Events* 4, no. 4 (November 1925): 1–2; "Mr. John Queeny Celebrates His Fiftieth Anniversary in the Drug and Chemical Business," *Monsanto Current Events* 3, no. 3 (May 1922): 5, series 8, box 9, folder: Monsanto Current Events, 1920–26, MCR。

[10] Document titled "John F. Queeny," from interview with Charles Belknap authored by Francis J. Curtis, December 29, 1950, series 14, box 22, folder: Queeny, John F. (Misc.) (Folder 1); William Haynes, *Chemical Pioneers: The Founders of the American Chemical Industry* 1 (New York: D. Van Nostrand, 1939), 230–31, series 14, box 22, folder: John F. (Misc.) (Fold-

er 2), MCR; "Drugs: Is There Any Adulteration in Those Unpleasant Articles?," *Chicago Daily Tribune*, July 12, 1874, 10; "The Manitoba or 'Tolu Wave' Is Now Upon Us," *Chicago Daily Tribune*, October 17, 1880, 1; "Brunker's Carminative Balsam," *Herald and Review* (Decatur, IL), August 4, 1881, 2.

〔11〕"Drugs," *Chicago Daily Tribune*, 10.

〔12〕William Haynes, *Chemical Pioneers*, 231; Boss quoted in Forrestal, *Faith, Hope & $5,000*, 12; "John Queeny," in *The Book of St. Louisans*, 2nd ed., 486-87.

〔13〕关于一个简明的化学和制药工业的全球史，参见 Alfred D. Chandler Jr., *Shaping the Industrial Century: The Remarkable Story of the Evolution of the Modern Chemical and Pharmaceutical Industries* (Cambridge, MA: Harvard University Press, 2005), 114-15, 117, 178, 291。还可参见 Fred Aftalion, *A History of the International Chemical Industry: From the "Early Days" to 2000* (Philadelphia: Chemical Heritage Foundation, 2002), 39-47。

〔14〕Chandler Jr., *Shaping the Industrial Century*, 125, 127.

〔15〕Chandler Jr., *Shaping the Industrial Century*, 32, 42-43, 183, 189, 193-94, 197-98. 关于杜邦公司早期历史的更多内容，参见 Alfred Chandler, "Du Pont—Creating the Autonomous Division," in *Strategy and Structure: Chapters in the History of The Industrial Enterprise* (Cambridge, MA: MIT Press, 2013, 1962), 52-113。关于陶氏化学公司历史的更多内容，参见陶氏公关总监的作品：E. N. Brandt, *Growth Company: Dow Chemical's First Century* (East Lansing: Michigan State University Press, 1997)。

〔16〕"Drunkenness," *Times-Democrat* (New Orleans, LA), May 24, 1892, 10; "Bladon Springs," *Times-Picayune* (New Orleans, LA), July 12, 1885, 9.

〔17〕"Boneset Bourbon Tonic," *Times-Picayune* (New Orleans, LA), June 25, 1881, 8. 据他的密友透露，有证据表明，可口可乐的发明者、亚特兰大药剂师约翰·彭伯顿（John Pemberton）明显对吗啡上瘾，曾将可卡因作为治疗手段之一。参见 Mark Pendergrast, *For God, Country and Coca-Cola: The Definitive History of the Great American Soft Drink and the Company That Makes It* (New York: Basic Books, 2000, 1993), 25。

〔18〕"John Queeny," in *The Book of St. Louisans*, 2nd ed., 486-87;

"It's Dangerous to be Too Good a Loser," *Monsanto Current Events*; Document titled "Monsanto Chemical Company," dated 1941, series 10, box 5, folder: Monsanto Company History (Historical Accounts [Misc.]), MCR. 与奎尼在迈耶公司日常工作有关的记录很少,部分原因是该公司没有大量保存那段时期的档案材料。华盛顿大学孟山都记录中一封写给历史学家休伯特·凯(Hubert Kay)的信解释道:"卡尔·迈耶报告说,迈耶兄弟药品公司每五年就会销毁他们的记录,关于1901年发生的涉及糖精或奎尼薪水的事情,我们无从得知。"参见 letter to Hubert Kay, April 27, 1951, series 10, box 5, folder: Monsanto Company History (Historical Accounts [Misc.] [Folder2]), MCR。大部分关于奎尼生活的描述都表明他从新奥尔良直接去了圣路易斯,但在1911年"美国诉40大桶和20小桶可口可乐"案的证词中,奎尼说,他首先去了"洛杉矶,并在那里待了一年",然后才去圣路易斯。参见 Transcript of Testimony at 1063, *United States v. Forty Barrels and Twenty Kegs of Coca-Cola*。关于默克在美国的子公司的早期历史,参见 Chandler Jr., *Shaping the Industrial Century*, 183。

[19] Letter to Hubert Kay, Re: Monsanto Book, September 22, 1952, series 14, box 22, folder: Queeny, John F. (Misc.) (Folder 1), MCR. 根据这一文件,唐·伊曼纽尔因在新格林纳达(New Grenada)(现在的哥伦比亚)为国王服务而被西班牙女王伊莎贝拉授予爵位,后来他搬到了维尔京群岛的圣托马斯。他的儿子、奥尔加的父亲莫里斯(Maurice)生活优越,在德国汉诺威市(Hanover)一个理工大学学习土木工程,并在那里遇到了妻子艾玛·克利夫斯,汉诺威国王乔治四世(King George IV of Hanover)秘书的女儿。19世纪中期,莫里斯和艾玛回到圣托马斯,生下了女儿奥尔加。但1877年,一场飓风摧毁了他们在岛上的家,不久后他们便搬到了纽约。Deer Creek Tapes, November 17, 1951, 10–11; John Queeny timeline (June 1966), series 14, box 22, folder: Queeny, John F. (Obituaries), MCR; Forrestal, *Faith, Hope & $5,000*, 13; "The Wedding Bells Rang Merrily," *Merck's Market Report*, February 15, 1896, 98, series 14, box 22, folder: John F. Queeny (Misc.) (Folder 1), MCR; "Hoboken"(奎尼婚礼公告), *New-York Daily Tribune*, February 9, 1896, 18.

[20] John Queeny timeline (June 1966), series 14, box 22, folder: Queeny, John F. (Obituaries); "Unique Double Birthday Party," *St. Louis Republic Sun*, August 19, 1900, 4. 关于奥尔加是一个富裕的女人,可参见以

下资料中对奥尔加·孟山都的描述: "To Hubert Kay, Reference: Monsanto Book," September 22, 1952, series 14, box 22, folder: Queeny, John F. (Misc.), Folder 1, MCR。

[21] William Haynes, *Chemical Pioneers*, 232-33.

[22] "It's Dangerous to be Too Good a Loser," *Monsanto Current Events*; Document titled "John F. Queeny," from interview with Charles Huisking authored by Francis J. Curtis, January 15, 1951, series 14, box 22, folder: Queeny, John F. (Misc.) (Folder 1), MCR; Forrestal, *Faith, Hope, and $5, 000*, 14.

[23] 关于媒体对奎尼夫人的音乐天赋和职业责任的评价,参见"Hoboken,"(奎尼婚礼公告), *New York Daily Tribune*, February 9, 1896, 18; "Music Teacher's Convention," *St. Louis Post-Dispatch*, May 30, 1897, 5; "Heathen Concert in a Christian Country," *Star Tribune* (Minneapolis), June 20, 1897, 4; "Music Teachers Convention," *The Inter Ocean* (Chicago), June 20, 1897, 24; "Heathen Concerts in a Christian Country," *Philadelphia Inquirer*, June 20, 1897, 26; "Where Music Will Charm," *Pittsburgh Post*, June 20, 1897, 21; 关于奎尼抓小偷的事件,参见"Chicago Man is Held," *St. Louis PostDispatch*, March 20, 1899, 7; 关于奎尼父亲的逝世,参见"Deaths," *Chicago Tribune*, September 15, 1898, 5。

[24] Document titled "Early Days," based on interview with Carl Meyer, Meyer Brothers executive, and Mr. Vaughn, treasurer, authored by Francis J. Curtis, December 27, 1950, series 14, box 22, folder: Queeny, John F. (Misc.) (Folder 1), MCR.

[25] Document titled "Early Days: John Queeny and Pure Food and Drug Laws," authored by Francis J. Curtis, June 19, 1951, series 14, box 22, folder: John F. (Civic Issues), MCR.

[26] "Early Days: John Queeny and Pure Food and Drug Laws," authored by Francis J. Curtis, June 19, 1951.

[27] "Hydroleine," *Meyer Brothers Druggist* 10, no. 1 (January 1888), xxxvi; John F. Queeny, *Minority Report of the Committee on Adulteration*, National Wholesale Druggists Association (October 4, 1899), series 14, box 22, folder: Queeny, John F. (on Civic Issues), MCR. 奎尼对联邦监管的支持,与进步时代学者对这一时期大企业和政府机构的看法相吻合。除了孟山

都，在国内外反企业情绪高涨的时候，许多公司寻求监管机构的支持，以使他们的业务合法化。关于这一历史，可参见 Gabriel Kolko, *The Triumph of Conservatism: A Reinterpretation of American History*, *1900-1916* (New York: Free Press of Glencoe, 1963); Thomas K. McCraw, *Prophets of Regulation: Charles Francis Adams*, *Louis D. Brandeis*, *James M. Landis*, *Alfred E. Kahn* (Cambridge, MA: Belknap Press of Harvard University, 1984); Martin J. Sklar, *The Corporate Reconstruction of American Capitalism*, *1890-1916* (Cambridge, UK: Cambridge University Press, 1988); James Weinstein, *The Corporate Ideal in the Liberal State*, *1900-1918* (Boston: Beacon Press, 1968)。

[28] Queeny, *Minority Report of the Committee on Adulteration*.

[29] Letter from Minneapolis wholesaler to John F. Queeny, October 6, 1899; Letter from Clayton F. Shoemaker, Miers Busch, May 9, 1899, regarding Pure Food and Drug Act, series 14, box 22, folder: Queeny, John F. (on Civic Issues), MCR.

[30] Letter from Harvey W. Wiley to John F. Queeny, October 29, 1900; John F. Queeny, "Hearing Before the Committee on Manufactures, United States Senate, On the Bill (S. 198) For Preventing the Adulteration, Misbranding, and Imitation of Foods, Beverages, Candies, Drugs, and Condiments, in the District of Columbia and the Territories, and for Other Purposes, and the Bill (H. R. 6295) For Preventing the Adulteration of Misbranding of Foods or Drugs And for Regulating Traffic Therein, and for Other Purposes," February 24, 1904, series 14, box 22, folder: Queeny, John F. (on Civic Issues), MCR.

[31] Letter from Alvin G. Lazen to George Roush Jr., September 13, 1979; Letter from Helen M. Vaden to Mr. M. C. Throdahl, February 27, 1980, series 3, box 3, folder: Saccharin (History); "About Saccharin," *Monsanto Current Events* 17, no. 2 (June-July 1938): 20-21, series 8, box 10, folder: Monsanto Current Events (1938-39), MCR; Carolyn De La Peña, *Empty Pleasures: The Story of Artificial Sweeteners from Saccharin to Splenda* (Chapel Hill: University of North Carolina Press, 2010), 16, 19.

[32] Interview with Leo Hertling (June 1956), series 10, box 5, folder: Monsanto Company History (Historical Accounts [Hertling, Leo]), MCR; Carolyn de la Peña, *Empty Pleasures*, 19-20; Bartow J. Elmore, *Citizen Coke: The Making of Coca-Cola Capitalism* (New York: Norton, 2014), 77; Frederick

Allen, *Secret Formula: How Brilliant Marketing and Relentless Salesmanship Made Coca-Cola the Best-Known Product in the World* (New York: HarperBusiness, 1994), 104; Deborah Jean Warner, *Sweet Stuff: An American History of Sweeteners from Sugar to Sucralose* (Washington, DC: Rowman & Littlefield, 2011), 182.

〔33〕孟山都创始人之一、瑞士化学家朱尔斯·贝比早年曾打趣说奎尼"不是一个技术人员"。参见 Deer Creek Tapes, November 17, 1951, 10-11; US Senate Committee on Finance, *Tariff Act of 1921: Volume II, Schedule 1—Chemicals, Oils, and Paints*, 67th Cong., 2nd Sess., 1922, 887。

〔34〕Monsanto History, by Hubert Kay, 1st Draft, Edgar M. Queeny's Copy, Part II, "John Queeny and the Founding of American Industry," F-17; Proceedings of a Special Meeting of the Board of Directors of the Monsanto Chemical Works, November 30, 1902, series 14, box 22, folder: Queeny, John F. (Misc.) (Folder 1), MCR.

〔35〕Document titled "Section 1, Monsanto Chemical to 1947," series 10, box 5, folder: Monsanto Company History (Historical Accounts [Misc.]), MCR; Ellen Griffith Spears, *Baptized in PCBs: Race, Pollution, and Justice in an All-American Town* (Chapel Hill: University of North Carolina Press, 2014), 2; Alfred Chandler, *Scale and Scope: The Dynamics of Industrial Capitalism* (Cambridge, MA: Belknap Press of Harvard University Press, 1990), 170.

〔36〕Document titled "Early Days," based on interview with Gaston DuBois, authored by Francis J. Curtis, series 10, box 5, folder: Monsanto Company History (Historical Accounts [DuBois, Gaston]); Leonard A. Paris, "Monsanto: The First 75 Years," 3, Corporate Public Relations article (1976), series 10, box 5, folder: Monsanto Company History (Historical Accounts [Misc.]); Document titled "Early Days, Some of Edgar Queeny's Recollections," authored by Francis J. Curtis, December 25, 1950, series 10, box 5, folder: Monsanto Company History (Historical Accounts [Misc.] [Folder 2]); Document titled "Reminiscences about Monsanto's Beginnings," featuring excerpts from Dr. Louis Veillon's diary, series 10, box 5, folder: Monsanto Company History (Historical Accounts [Veillon, Louis]), MCR.

〔37〕Monsanto History, by Hubert Kay, 1st Draft, Edgar M. Queeny's Copy, Part II, "John F. Queeny and the Founding of American Industry," F-

20; "Reminiscences about Monsanto's Beginnings."

[38] 加斯顿·杜布瓦后来回忆道:"一切似乎都是在非常匆忙的情况下建成的。" Gaston DuBois, "How Monsanto Grew Chemically," speech before Monsanto Study Group, February 6, 1940, series 10, box 5, folder: Monsanto Company History (Historical Accounts [Misc.] [Folder 2]), MCR; Monsanto History, by Hubert Kay, 1st Draft, Edgar M. Queeny's Copy, Part II, "John F. Queeny and the Founding of American Industry," F-21.

[39] Proceedings of Meeting of the Stockholders of the Monsanto Chemical Works, August 22nd, 1902, at the office of the company, no. 1812 South Second Street, in the City of St. Louis, Missouri, series 14, box 22; Document titled "John F. Queeny," based on interview with Samuel Allender authored by Francis J. Curtis, December 7, 1950, series 14, box 22, folder: Queeny, John F. (Misc.) (Folder 1), MCR.

[40] Document titled "Monsanto Growth," based on interview with J. W. Livingston, January 8, 1951, series 14, box 15, folder: Queeny E. M. (Character + Outlook [Business Concerns] [2]), MCR.

[41] Document titled "Early Days, Veillon Comes to Monsanto," based on interview with Louis Veillon, Gaston DuBois, and Jules Bebie authored by Francis J. Curtis, April 1, 1951, series 10, box 05, folder: Monsanto Company History (Historical Accounts [Veillon, Louis]), MCR; US Government Industrial Inventory (1916), marked confidential, series 10, box 6, folder: Monsanto Company (WWI), Monsanto Company Archives; 关于奎尼只会说英语,参见 document titled "Early Days," authored by Francis J. Curtis, February 19, 1951, series 10, box 5, folder: Monsanto Company History (Historical Accounts [Kernon, Jules]), MCR; "Magdalene EmmaKithonCleeves," Ancestry.com, https://www.ancestry.com/genealogy/records/magdalene-emma-kithon-cleeves-24-zvln1v。

[42] "Reminiscences about Monsanto's Beginnings."

[43] "Early Days, Veillon Comes to Monsanto"; Monsanto History, by Hubert Kay, 1st Draft, Edgar M. Queeny's Copy, Part II, "John F. Queeny and the Founding of American Industry," F-25.

[44] "Reminiscences about Monsanto's Beginnings."

[45] "The Accomplishments of Gaston DuBois," speech by Dr. C. A.

Thomas, Dayton, Ohio, in presentation of the Perkins Prize, January 7, 1944, series 14, box 3, folder: Gaston F. DuBois (Correspondence and Speeches), MCR; Document titled "John F. Queeny," interview with Gaston DuBois/Louis Veillon authored by Francis J. Curtis, April 3, 1951, series 14, box 22, folder: Queeny, John F. (Misc.) (Folder 1), MCR; "Reminiscences about Monsanto's Beginnings"; 关于咖啡因的销售收入,参见 document titled "Monsanto Chemical Company," dated 1941, series 10, box 5, folder: Monsanto Company History (Historical Accounts [Misc.]); "How Monsanto Grew Chemically," speech before Monsanto Study Group by Gaston DuBois, February 6, 1940, series 10, box 5, folder: Monsanto Company History (Historical Accounts [Misc.] [Folder 2]), MCR。

[46] Document titled "Saccharin (very early history), Very old notes on Saccharin found in Monsanto library. Some written by Howard McDonough and others by [Gaston F.] DuBois," series 3, box 3, folder: Saccharin (History), MCR.

[47] "Reminiscences about Monsanto's Beginnings"; Document titled "Early Days, Some of Edgar Queeny's Recollections," authored by Francis J. Curtis, December 25, 1950, series 10, box 5, folder: Monsanto Company History (Historical Accounts [Misc.] [Folder 2]), MCR.

[48] Financial History of Monsanto Chemical Company, document dated 1957 series 10, sub-series 1, box 4, folder: Finance (History), MCR; Document titled "Monsanto Chemical Company," dated 1941, series 10, box 5, folder: Monsanto Company History (Historical Accounts [Misc.]), MCR; "Caffeine," *Meyer Brothers Druggist* 29, no. 3 (March 1908), 16, box 216, Harvey Wiley Papers, Library of Congress, Washington, DC (下称 Wiley Papers); "Reminiscences about Monsanto's Beginnings"; Notes on Monsanto from a diary of Jules Bebie (1910-1911), series 10, box 5, folder: Monsanto Company History (Historical Accounts [Bebie, Jules]), MCR.

[49] "Prelude to a Start-Up: A Century of Changes," *Monsanto Magazine* 2 (1997), 14, series 10, box 6, folder: Monsanto Company History (Timeline/Milestones); Document titled "Miscellaneous Stuff on Early Days," authored by Francis J. Curtis, n. d., series 10, box 5, folder: Monsanto Company History (Historical Accounts [Misc.] [Folder 2]); "Reminiscences about Monsanto's

Beginnings"; Haynes, *Chemical Pioneers*, 237-38; "Early Days, Some of Edgar Queeny's Recollections"; Document titled "Bebie's Recollections of Early Problems," from interview with Dr. Bebie, authored by Francis J. Curtis, December 27, 1950, series 10, box 5, folder: Monsanto Company History (Historical Accounts [Bebie, Jules]), MCR.

[50] Haynes, *Chemical Pioneers*, 238; "Bebie's Recollections of Early Problems"; Deer Creek Tapes, November 17, 1951, 10-11, "Reminiscences about Monsanto's Beginnings."

[51] Monsanto History, by Hubert Kay, 1st Draft, Edgar M. Queeny's Copy, Part II, "John F. Queeny and the Founding of American Industry," F-30; "Bebie's Recollections of Early Problems"; "Reminiscences about Monsanto's Beginnings"; Document titled "Saccharin (very early history), Very old notes on Saccharin found in Monsanto library. Some written by Howard McDonough and others by [Gaston F.] DuBois," series 3, box 3, folder: Saccharin (History), MCR.

[52] "Monsanto—A Missouri Story," *Missouri News Magazine* (December 1956), series 10, box 6, folder: Monsanto Company History (Publications About Monsanto 1933-1969); "John Queeny," in *The Book of St. Louisans*, 2nd ed., 486-87; Letter from John Queeny to L. F. DuBois [Gaston DuBois's father], LeLocle, Switzerland, 1908, series 14, box 3, folder: Gaston F. DuBois (Correspondence and Speeches), MCR; "Monsanto Chemical Works," *St. Louis Daily Globe-Democrat*, January 18, 1910, 13; Financial History of Monsanto Chemical Company, document dated 1957; Monsanto History, Significant Events (October 1955), series 10, sub-series 1, box 4, folder: Finance (History); Interview with Leo Hertling, June 1956, series 10, box 5, folder: Monsanto Company History (Historical Accounts [Hertling, Leo]); Document titled "Early Days, Veillon Comes to Monsanto," based on interview with Louis Veillon, Gaston DuBois, and Jules Bebie authored by Francis J. Curtis, April 1, 1951, series 10, box 05, folder: Monsanto Company History (Historical Accounts [Veillon, Louis]); History of Monsanto, filed by company librarian Mr. Marple, July 20, 1944, series 10, box 5, folder: Monsanto Company History (Historical Accounts [Misc.]), MCR; 关于1912年的进一步扩张,参见"Chemical Work Buys Land," *St. Louis Daily Globe-Democrat*, November 28,

1912, 13; "Building Records of 1911 Will Be Broken This Year," *St. Louis Star*, December 1, 1912, 4; "Bebie's Recollections of Early Problems"; "Reminiscences about Monsanto's Beginnings"; Deer Creek Tapes, November 17, 1951, 10-11。

2 "煤焦油之战"

[1] US Department of Agriculture, Office of the Secretary, Food Inspection Decision 135, issued April 29, 1911, in US Bureau of Chemistry, *Food Inspection Decisions*, 1-212 (Washington, DC: GPO, 1905-34); "The New 'Poison Squad,'" *New York Times*, November 1, 1907, 8; 关于咖啡因和可口可乐, 参见 Bartow J. Elmore, *Citizen Coke: The Making of CocaCola Capitalism* (New York: Norton, 2014), 58-75; 如威利所说, "从天然原料中提取出咖啡因以及在饮料中添加却没有给出如何使用该产品的建议, 对我来说都是令人反感的做法, 无论这种生物碱的有害属性是什么"。参见 "Is the Drinking of Tea or Coffee Harmful to Health," *New York Times*, September, 15, 1912, SM11; "Fight on Coca-Cola is Waxing Warm," *Atlanta Georgian*, March 16, 1911, in Scrapbook marked "Coca-Cola Trial, March 13-March 24, 1911, box 200, folder: Caffein [sic], Harvey Wiley Papers, Library of Congress, Washington, DC (下称 Wiley Papers); 关于关税, 参见 "The Chemist Steps Out of the Laboratory," speech by Gaston F. DuBois, Vice President, Monsanto Chemical Company, January 7, 1944, on the occasion of Perkin Medal award, series 14, box 3, folder: Gaston F. DuBois (Correspondence and Speeches), Monsanto Company Records, Washington University in St. Louis, Julian Edison Department of Special Collections, St. Louis, Missouri (下称 MCR)。

[2] Notes on Monsanto from Jules Bebie diary, 1910-11, series 10, box 5, folder: Monsanto Company History (Historical Accounts [Bebie, Jules]), MCR.

[3] Note dated March 13, 1911, in scrapbook titled "Coca-Cola Trial, Book 1 March 13-March 24, 1911"; "Candler Cursed Me Says the Inspector," *The Atlanta Georgian*, March 14, 1911, in scrapbook titled "Coca-Cola Trial, Book 1, March 13-March 24, 1911," box 200, folder: Caffein [sic]; "Government Spies Busy For Over Two Years," *Chattanooga Times*, March 16, 1911, in scrapbook titled "Coca-Cola Trial, Book 1, March 13-March 24,

1911," box 200, folder: Caffein [sic], Wiley Papers; "The Caffeine Content in Eight Coca-Colas Would Kill If Concentrated in One Dose, Says Expert on the Witness Stand," *Columbus Daily Enquirer* (Columbus, GA), March 19, 1911, 1; "Dangerous 'Soft Drinks,'" *Our Messenger* (Wichita, KS) 25, no. 8 (July 1, 1910), 1; "Coca-Cola Contains Caffeine, Deadly to Interior Organisms," *The Weekly Tribune* (Tampa, FL), March 23, 1911, 10. 还可参见 Elmore, *Citizen Coke*, 58-75, 60-62。

[4] "Rebuttal Evidence in the Coca-Cola Case," *Chattanooga News*, April 1, 1911, in scrapbook titled "Coca-Cola Trial, Book 2, March 24-, 1911," box 200, folder: Caffein [sic], Wiley Papers.

[5] Transcript of Testimony at 499 and 562, *United States v. Forty Barrels and Twenty Kegs of Coca-Cola*, 191 F. 431 (E. D. Tenn. 1911); 还可参见 Elmore, *Citizen Coke*, 65-66。

[6] Opinion in *United States v. Forty Barrels and Twenty Kegs of Coca-Cola*, 191 F. 431 (E. D. Tenn. 1911), in US Department of Agriculture, *Decisions of Courts in Cases Under the Federal Food and Drugs Act* (Washington, DC: GPO, 1934), 242, 245, 256.

[7] 除了咖啡因和糖精，监管机构还审查了人造黄油、牛奶和其他加工食品。关于美国镀金时代和进步时代加工食品天然属性的争论史，参见 Benjamin R. Cohen, *Pure Adulteration: Cheating on Nature in the Age of Manufactured Food* (Chicago: University of Chicago Press, 2019); Kendra Smith-Howard, *Pure and Modern Milk: An Environmental History since 1900* (New York: Oxford University Press, 2013); Ai Hisano, *Visualizing Taste: How Business Changed the Look of What We Eat* (Cambridge, MA: Harvard University Press, 2019); Anna Zeide, *Canned: The Rise and Fall of Consumer Confidence in the American Food Industry* (Berkeley: University of California Press, 2018)。

[8] *U. S. v. Forty Barrels and Twenty Kegs of Coca-Cola*, 241 U. S. 265, 284-85, 276 (1916).

[9] Frederick Allen, *Secret Formula: How Brilliant Marketing and Relentless Salesmanship Made Coca-Cola the Best-Known Product in the World* (New York: Harper Collins, 1994), 90.

[10] Letter from John F. Queeny to Theodore Roosevelt, July 3, 1911, se-

ries 3, box 3, folder: Saccharin (Correspondence) (1906-19), MCR; Letter from President Theodore Roosevelt to John F. Queeny, July 7, 1911, series 3A, vols. 20-23, May 29-July 19, 1911, reel 367, Theodore Roosevelt Papers, Library of Congress.

[11] 沃里克·霍夫承认他一直在广泛分享罗斯福的信:"我已经用了一段时间了。"参见 USDA, Office of the Secretary, *Saccharin: Under the Food and Drugs Act of June 30, 1906*, Issued December 16, 1911; Letter from Warwick M. Hough to Ira Remsen, November 18, 1911, Record Group 16: Records of the Office of the Secretary of Agriculture, General Correspondence of the Office of the Secretary, 1906-70, Reports-Retirement, 1911-12, box 37, folder: Saccharin [2 of 2], National Archives, College Park, Maryland (下称NARA)。

[12] Letter from Warwick M. Hough to editor, January 2, 1912, Record Group 16: Records of the Office of the Secretary of Agriculture, General Correspondence of the Office of the Secretary, 1906-70, Reports-Retirement, 1911-12, box 37, folder: Saccharin [1 of 2], NARA.

[13] Warwick M. Hough, "A Regulation on Saccharin: Brief on the Interpretation of the Conclusions of the Referee Board of Consulting Scientific Experts on Saccharin with Suggestions as to a Regulation to be Adopted by the Three Secretaries to give Legal Effect Thereto," published by Nixon Jones Press (1911), Record Group 16: Records of the Office of the Secretary of Agriculture, General Correspondence of the Office of the Secretary, 1906-70, Reports-Retirement, 1911-12, box 37, folder: Saccharin [2 of 2], NARA; William Haynes, *Chemical Pioneers: The Founders of the American Chemical Industry* 1 (New York: D. Van Nostrand, 1939), 239, series 14, box 22, folder: John F. (Misc.) (Folder 2), MCR.

[14] Letter from John Queeny to Frank L. McCartney, War Department, Purchase, Storage & Traffic Division, Office of the Director of Purchase & Storage, April 8, 1919, series 3, box 3, folder: Saccharin Correspondence) 1906-19, MCR; Letter from John F. Queeny, October 12, 1912, series 3, box 3, folder: Saccharin (History), MCR.

[15] Letter from Warwick Hough, April 2, 1912, series 3, box 3, folder: Saccharin (Correspondence) 1906-19, MCR.

〔16〕History of Monsanto, filed by company librarian Mr. Marple, July 20, 1944, series 10, box 5, folder: Monsanto Company History (Historical Accounts [Misc.]); "Government Drops Saccharin Suit," *Monsanto Current Events* 4, no. 1 (May 1925): 5, series 14, box 22, folder: Queeny, John F. (Misc.), Folder 1, MCR.

〔17〕Document titled "Accounting notes," series 10, box 5, folder: Monsanto Company History (Historical Accounts [DuBois, Gaston]); Document titled "Monsanto Chemical Company," dated 1941, series 10, box 5, folder: Monsanto Company History (Historical Accounts [Misc.], MCR.

〔18〕Letter from John F. Queeny to Claude Kitchin, Tariff Conference Committee, House of Representatives, September 12, 1913, series 14, box 22, folder: Queeny, John F. (Facility Planning—Chlorine), MCR; US Senate Committee on Finance, *Tariff: American Valuations*, 67th Cong., 1st Sess., July 25, 1921, 310.

〔19〕Fred Aftalion, *A History of the International Chemical Industry: From the "Early Days" to 2000* (Philadelphia: Chemical Heritage Foundation, 2002), 78, 125.

〔20〕关于第一次世界大战发生时孟山都对欧洲的依赖，参见 document titled "Monsanto in World War I," based on interview with Louis Veillon, Gaston DuBois, and Jules Bebie, authored by Francis J. Curtis, 1951, series 10, sox 5, folder: Monsanto Company History (Historical Accounts [Veillon, Louis]), MCR; "It's Dangerous to be Too Good a Loser," *American Magazine* (May 1925), 196, series 14, box 22, folder: Queeny, John F. (Misc.) (Folder 1), MCR; Document titled "Saccharin (very early history), Very old notes on Saccharin found in Monsanto library。部分由 Howard McDonough 撰写，其余文章的作者是 [Gaston F.] DuBois," series 3, box 3, folder: Saccharin (History), MCR。

〔21〕"Monsanto in World War I"; Gaston DuBois, "How Monsanto Grew Chemically," talk before Monsanto Study Group, February 6, 1940, series 10, box 5, folder: Monsanto Company History (Historical Accounts [Misc.] [Folder 2]), MCR.

〔22〕关于奎尼的节俭，参见 document titled "Early Days: John F. Queeny," based on interview with Miss Fitzpatrick, authored by Francis J. Curtis, December 28, 1950, series 14, box 22, folder: Queeny, John F. (Facility Planning-Chlorine); Monsanto History, by Hubert Kay, 1st Draft, Edgar M. Queeny's Copy, Part II, "John F. Queeny and the Founding of American Industry," F-69, series 6, box 2, folder: Monsanto and the American Idea (Hubert Kay) (1st Draft) (Queeny's Copy), MCR; 关于扫帚事件，参见 document titled "Early Days," based on interview with Bill Wendt and Leo Hertling, authored by Francis J. Curtis, February 26, 1951, series 10, box 5, folder: Monsanto Company History (Historical Accounts [Wendt, Leo]), MCR。

[23] Harry A. Stewart, "It's Dangerous to be Too Good a Loser!," *American Magazine*, 196-97, series 14, box 22, folder: Queeny, John F. (Misc.) (Folder 1), MCR.

[24] DuBois, "How Monsanto Grew Chemically"; Letter from John Queeny to W. F. Gephart, Chairman of the United States Food Administration, October 25, 1918, series 3, box 3, folder: Saccharin (Correspondence) 1906-19; "Monsanto Division on Parade," 1965, series 1, box 4, folder: International Division (History) (Folder 1); Monsanto Press Release from 1962, series 3, box 3, folder: Saccharin (History); Document titled "Early Days," based on interview with J. F. Stickley, Plant B, authored by Francis J. Curtis, December 5, 1950, series 3, box 3, folder: Saccharin (History); Excerpt on saccharin taken from Gaston DuBois "Statement Regarding the Value of Processes Used by Monsanto Chemical Works for the Manufacture of Glycerophosphates, Saccharin, Vanillin, Phenacetin, Phenolphthalein," dated April 26, 1920, series 3, box 3, folder: Saccharin (History), MCR.

[25] Stewart, "It's Dangerous to be Too Good a Loser!"; Ellen Griffith Spears, *Baptized in PCBs: Race, Pollution, and Justice in an All-American Town* (Chapel Hill: University of North Carolina Press, 2014), 62-63.

[26] Stewart, "It's Dangerous to be Too Good a Loser!"; Spears, *Baptized in PCBs*, 62-63.

[27] 关于银行债务，参见 Financial History of Monsanto Company, 1957, series 10, sub-series 1, box 4, folder: Finance (History) (Folder 6); Document titled "Monsanto Chemical Company," dated 1941, series 10, box 5, folder: Monsanto Company History (Historical Accounts [Misc.]); Stewart, "It's Dangerous to be Too Good a Loser!"; Deer Creek Tapes, November 17,

1951, 10-11, series 10, box 5, folder: Monsanto Company History (Historical Accounts [Bebie, DuBois, Veillon Reunion, 1951]), MCR。

[28] Ferdinand Zienty, "Roots, Origins of the Monsanto Agricultural Chemical Enterprise," presented to the Technical Community of Monsanto, April 26, 1989, St. Louis, Missouri, series 10, box 5, folder: Monsanto Company History (Historical Accounts [Misc.] [Folder 2]); "Speech: Industrial Nurses Association," no author, November 16, 1967, series 1, box 4, folder: Medical Department, MCR.

[29] Document titled "John F. Queeny and the Early Days," based on interview with Bert Langreck, authored by Francis J. Curtis, February 12, 1951, series 14, box 22, folder: Queeny, John F. (Misc.) (Folder 1), MCR.

[30] Document titled "Early Days," based on interview with Jules Kernon, authored by Francis C. Curtis, February 19, 1951, series 10, box 5, folder: Monsanto Company History (Historical Accounts [Kernon, Jules] —Oversaw Personnel); US Government Industrial Inventory (1916), marked confidential, series 10, box 6, folder: Monsanto Company (WWI); Document titled "Early Days," authored by Francis J. Curtis, February 19, 1951, series 10, box 5, folder: Monsanto Company History (Historical Accounts [Kernon, Jules] —Oversaw Personnel).

[31] Deer Creek Tapes, November 17, 1951, 10-11; 沃尔特·约翰逊 (Walter Johnson) 在《美国破碎的心：圣路易斯与美国暴力史》(*The Broken Heart of America: St. Louis and the Violent History of the United States*) 一书中描写了圣路易斯种族暴力的悠久历史 (New York: Basic Books, 2020), 217-19, 225, 253。

[32] Monsanto History, by Hubert Kay, 1st Draft, Edgar M. Queeny's copy, Part II, "John F. Queeny and the Founding of American Industry," F-48; Document titled "Monsanto Chemical Company," dated 1941, series 10, box 5, folder: Monsanto Company History (Historical Accounts [Misc.]); John F. Queeny, "The West at Work: Filling the Gaps in the St. Louis Factory Line," n.d., series 14, box 22, folder: Queeny, John F. (Misc.) (Folder 2), MCR.

[33] "A Romance," published by Monsanto, 1931, series 10, box 5, folder: Monsanto Company History (Historical Accounts [Misc.] [Folder 2]);

还可参见 "Heavy Chemical Making in the Mississippi Valley Metropolis," April 8, 1920, series 10, sub-series 1, box 2, folder: Chemical Industry (1900-50); John F. Queeny, "The West at Work: Filling the Gaps in the St. Louis Factory Line," n. d., series 14, box 22, folder: Queeny, John F. (Misc.) (Folder 2), MCR。

[34] 1922年,加斯顿·杜布瓦惊叹道:"这个行业的半壁江山始于煤炭,这是人类已知的最大的有机矿产。" Gaston DuBois, "Politics, Statesmanship and Organic Chemicals," *Monsanto Current Events* 4, no. 3 (September 1925), 2, series 8, box 9, folder: Monsanto Current Events, 1920-26, MCR.

[35] Untitled document dated December 1916, series 3, box 1, folder: Coal Tar, MCR; 还可参见 Bartow J. Elmore, "The Commercial Ecology of Scavenger Capitalism: Monsanto, Fossil Fuels, and the Remaking of a Chemical Giant," *Enterprise and Society* 19, no. 1 (March 2018), 160。

[36] US Tariff Commission, *Report on Dyes and Related Coal-Tar Chemicals, 1918* (Washington, DC: Government Printing Office, 1919), 15; 弗朗西斯·柯蒂斯 (Francis J. Curtis) 的一项研究证实了这一点。参见 Curtis, "Twenty Years of the American Chemical Industry," Monsanto Current Events (June 1937), series 8, box 9, folder: *Monsanto Current Events*, 1920-26, MCR。

[37] Untitled document titled "Coal tar!" dated December 1916, potentially authored by Dr. Nickel, series 3, box 1, folder: Coal Tar; 更多关于食腐资本主义,参见 Elmore, "The Commercial Ecology of Scavenger Capitalism: Monsanto, Fossil Fuels, and the Remaking of a Chemical Giant," 153-78。作者在阅读了范·琼斯 (Van Jones) 在《绿领经济》(*Green Collar Economy*) 一书中谈到的"依靠死物的经济"后,开始思考"食腐资本主义"这个概念。参见 Van Jones, "The Green Economy," Center for American Progress website, October 7, 2008。https://www.americanprogress.org/issues/green/news/2008/10/07/5063/the-green-collar-economy/. Van Jones, *The Green Collar Economy: How One Solution Can Fix Our Two Biggest Problems* (New York: Harper One, 2008)。

[38] Dan J. Forrestal, *Faith, Hope & 5, 000: The Story of Monsanto* (New York: Simon & Schuster, 1977), 29; Letter from Juanita McCarthy to H. A. Marple, May 2, 1961, series 10, box 6, folder: Monsanto Company History

(WWI); Document titled "Monsanto in World War I," based on interview with Louis Veillon, Gaston DuBois, and Jules Bebie, authored by Francis J. Curtis, 1951, series 10, box 5, folder: Monsanto Company History (Historical Accounts [Veillon, Louis]); "The Coal-Tar Industry After the War," interview with John F. Queeny and Gaston DuBois, October 14, 1920, series 10, sub-series 1, box 2, folder: Chemical Industry (1900-50); Document titled "Monsanto Chemical Company," dated 1941, series 10, box 5, folder: Monsanto Company History (Historical Accounts [Misc.]), MCR; John Barry, *The Great Influenza: The Epic Story of the Deadliest Plague in History* (New York: Penguin Books, 2005), 354.

[39] "Ruabon's Century of Progress," *Autoclave*, a Monsanto Chemicals Limited publication, 1-11, series 1, box 4, folder: Monsanto Chemical Limited (History); Document titled "A Romance," produced by the Monsanto Chemical Company in 1931, series 10, box 5, folder: Monsanto Company History (Historical Accounts [Misc.] [Folder 2]); "Monsanto in England," *Chemical and Metallurgical Engineering* 44, no. 4 (April 1937), 191, series 1, box 4, folder: Monsanto Chemical Limited (History), MCR.

[40] Forrestal, *Faith, Hope & $5,000*, 38.

[41] Monsanto History, by Hubert Kay, 1st Draft, Edgar M. Queeny's copy, Part II, "John F. Queeny and the Founding of American Industry," F-51; Letter from Edgar M. Queeny to Joseph Pulitzer, February 6, 1941, series 14, box 16, folder: Queeny, E. M. (Correspondence, 1938-43); "New Year's Greeting," *Monsanto Current Events* (January 1923), series 14, box 22, folder: Queeny, John F. (Misc.), Folder 1; Jules Kernan, "Evolution personnel Function, Medical Services," n.d., series 1, box 4, folder: Medical Department; "Prelude to a Start-Up: A Century of Changes," *Monsanto Magazine* 2 (1997), 15, series 10, box 6, folder: Monsanto Company History (Timeline/Milestones), MCR.

[42] "Financial History of Monsanto Chemical Company," 1957, series 10, subseries 1, box 4, folder 6, Finance (History); Monsanto History, by Hubert Kay, 1st Draft, Edgar M. Queeny's copy, Part II, "John F. Queeny and the Founding of American Industry," F-54；关于战略性收购，还可参见 Alfred D. Chandler Jr., *Shaping the Industrial Century: The Remarkable Story of the E-*

volution of the Modern Chemical and Pharmaceutical Industries (Cambridge, MA: Harvard University Press, 2005), 63; Aftalion, *A History of the International Chemical Industry*, 175; 关于金融市场的实力, 以及此时持有股票的家庭数量增长情况, 参见 Julia Ott, *When Wall Street Met Main Street: The Quest for an Investor's Democracy* (Cambridge, MA: Harvard University Press, 2011)。

〔43〕Monsanto History, by Hubert Kay, 1st Draft, Edgar M. Queeny's copy, Part II, "John F. Queeny and the Founding of American Industry," F-69; 关于奎尼的中风, 参见 document titled "John F. Queeny," based on interview with Charles Huisking, authored by Francis J. Curtis, January 15, 1951; 关于舌癌, 参见 document titled, "John F. Queeny," based on interview with Samuel Allender, authored by Francis J. Curtis, December 7, 1950, series 14, box 22, folder: Queeny, John F. (Misc.), Folder 1, MCR; Forrestal, *Faith, Hope & $5,000*, 40。

3 "弱肉强食规则的铁杆粉丝"

〔1〕Interview with Ralph C. Piper conducted by James E. McKee Jr., September 11, 1981, 23, series 10, box 5, folder: Monsanto Company History (Oral History Project, 1981, Folder 2), Monsanto Company Records, Washington University in St. Louis, Julian Edison Department of Special Collections, St. Louis, Missouri (下称 MCR).

〔2〕Interview with Ralph C. Piper, 24.

〔3〕Interview with Ralph C. Piper, 24. 在他的回忆录中, 拉尔夫·派珀讨论了他作为孟山都飞行员的时光, 参见 Ralph E. Piper, *Point of No Return: An Aviator's Story* (Ames: Iowa State University Press, 1990)。

〔4〕Interview with Ralph C. Piper, 32-33.

〔5〕Interview with Ralph C. Piper, 33-34; Letter from Edgar M. Queeny to PietroCrespi, Crespi Cotton Company, July 31, 1958, series 14, box 16, folder: Queeny, E. M. (1958), MCR.

〔6〕Interview with Ralph C. Piper, 24.

〔7〕Interview with Ralph C. Piper.

〔8〕Interview with Ralph C. Piper.

〔9〕Interview with Ralph C. Piper, 24-25.

〔10〕Letter from Edgar Queeny to Richard E. Bishop, July 27, 1942, series 14, box 16, folder: Queeny, E. M. (Correspondence, 1938-43), MCR; Leonard A. Paris, "Monsanto: The First 75 Years," 4, Corporate Public Relations article (1976), series 10, box 5, folder: Monsanto Company History (Historical Accounts [Misc.]), MCR; 关于钢琴和埃德加的母亲，参见 document titled "Bebie's Recollections of Early Problems," from interview with Dr. Bebie, authored by Francis J. Curtis, December 27, 1950, series 10, box 5, folder: Monsanto Company History (Historical Accounts [Bebie, Jules]); Document titled "John F. Queeny," authored by Clayton Wolfe, n. d.; Document titled "Early Days," interview with Carl Meyer, Meyer Brothers executive, and Mr. Vaughn, treasurer, authored by Francis J. Curtis, December 27, 1950; Document titled "John F. Queeny and the Early Days, Transition and Growth," authored by William M. Rand, February 8, 1951, series 14, box 22, folder: Queeny, John F. (Misc.), Folder 1, MCR。

[11] 一位曾编纂公司历史的作者解释说："他对化工行业的兴趣不大。"参见 Hubert Kay, "Monsanto and the American Dream," draft copy, "Part II, Chapter 3, The Boss's Son," E-14, series 6, box 1, folder: Monsanto and the American Idea, by Hubert Kay, 1st Draft (Forrestal's Copy), Folder 1, MCR。

[12] Monsanto Chemical Works 1928 Annual Report, 6; Hubert Kay, "Monsanto and the American Dream," draft copy, "Part II, Chapter I: The Two Selves of Edgar Queeny," E-14, series 6, box 1, folder: Monsanto and the American Idea, by Hubert Kay, 1st Draft (Forrestal's Copy), Folder 1, MCR.

[13] "Tailors Say Businessmen Best Dressed Astaire Is Lone Actor on List of Ten," *Bergen Evening Record* (Hackensack, NJ), November 29, 1935, 2; Letter from Edgar Queeny to Robert Woodruff, December 10, 1935; Letter to Robert W. Woodruff, December 3, 1935; Letter from Robert W. Woodruff to Edgar Queeny, December 4, 1935; Letter from Edgar Queeny to Robert W. Woodruff, March 21, 1945, series 1, box 257, folder: Queeny, Edgar M., 1935-46, Robert Winship Woodruff Papers, Stuart A. Rose Manuscript, Archives, and Rare Book Library, Emory University (下称 RWW Papers); Letter from Edgar Queeny to Garet Garett, October 23, 1945, series 14, box 16, folder: Queeny, E. M. (Correspondence, 1944-45); Letter from Edgar Queeny to J. P. Sprang Jr., Gillette Razor Company, March 28, 1960, series 14, box 16,

folder: Queeny, E. M. (Correspondence, 1959-60), MCR.

[14] Edgar Queeny, *The Spirit of Enterprise* (New York: Charles Scribner's Sons, 1943), ix, 17, 19-21, 34, 147, 150; Letter from Edgar Queeny to Rose Wilder Lane, September 9, 1943, series 14, box 16, folder: Queeny, E. M. (Correspondence, 1938-43); Letter from Edgar Queeny to Charles J. Graham, September 1, 1943; Letter from Edgar Queeny to Rose Wilder Lane, July 29, 1943, series 14, box 16, folder: Queeny, E. M. Correspondence, 1938-43); Letter from Edgar Queeny to the editor of the *St. Louis Post-Dispatch*, April 22, 1943, series 14, box 15, folder: Queeny, E. M. (Character + Outlook [Business Concerns] [2]), MCR.

[15] Queeny, *Spirit of Enterprise*, 32-33; Letter from Edgar Queeny to Herbert Hoover, April 8, 1943; 在一封信中, 埃德加确实表示过, 他意识到"东欧移民所做的贡献"。"但是,"他补充道,"我认为事实已经证明, 这个国家的运动主要是东欧人在参与。"参见 letter from Edgar Queeny to Elisha E. Friedman, August 11, 1943, series 14, box 16, folder: Queeny, E. M. (Correspondence, 1938-43), MCR。

[16] Letter from Edgar M. Queeny to Ben Reese, *St. Louis Post-Dispatch*, April 1, 1943, series 14, box 16, folder: Queeny, E. M. (Correspondence, 1938-43), MCR; Queeny, *Spirit of Enterprise*, ix; Leonard A. Paris, "Monsanto: The First 75 Years."

[17] "Prelude to a Start-Up: A Century of Changes," *Monsanto Magazine* 2 (1997), 15, series 10, box 6, folder: Monsanto Company History (Timeline/Milestones), MCR.

[18] "Merrimac is Oldest and Largest New England Chemical Company," *Monsanto Current Events* 8, no. 7, December 4, 1929, series 8, box 10, folder: Monsanto Current Events (1927-29); Document titled "Monsanto Chemical Company," dated 1941, series 10, box 5, folder: Monsanto Company History (Historical Accounts [Misc.]), MCR.

[19] Letter from Gaston DuBois to Edgar M. Queeny, March 22, 1932, series 14, box 9, folder: Livingston, William G., MCR.

[20] Letter from Charles Belknap to Edgar M. Queeny, March 14, 1932; Letter from G. Lee Camp to Edgar M. Queeny, March 10, 1932, series 14, box 9, folder: Livingston, William G., MCR; 关于埃德加和杜布瓦之间的不和,

参见 "Allender's Comments on First Outline," series 14, box 15, folder: Queeny E. M. (Character + Outlook [Business Concerns] [2]), MCR。

[21] Memorandum from Edgar M. Queeny to the Board of Directors, March 8, 1932, series 14, box 9, folder: Livingston, William G., MCR.

[22] Hubert Kay, "Monsanto and the American Dream," draft copy, "Part II, Chapter 5, How Monsanto Grew," E-39, series 6, box 1, folder: Monsanto and the America Idea, by Hubert Kay, 1st Draft (Forrestal's Copy); "Swann Corporation Has Shown Diversity in Its Development," *Monsanto Current Events* 8, no. 1 (February 1934), 7, 15, series 8, box 10, folder: Monsanto Current Events (1934); "Monsanto at a Glance," *Monsanto Magazine* 3 (1995), 32, series 10, box 6, folder: Monsanto Company History (Timeline/Milestones); "President's Message, *Monsanto Current Events* 14, no. 2 (April 1935), 3, series 8, box 10, folder: Monsanto Current Events (1935), MCR; 关于从磷酸盐中提取的一些化合物的列表，参见 Monsanto Chemical Company 1939 Annual Report, 13; Ellen Griffith Spears, *Baptized in PCBs: Race, Pollution, and Justice in an All-American Town* (Chapel Hill: University of North Carolina Press, 2014), 57; Gerald Markowitz and David Rosner, "Monsanto, PCBs, and the Creation of a 'World-Wide Ecological Problem,'" *Journal of Public Health Policy* 39 (2018), 467。

[23] "Electro Chemical Operations Feature Monsanto's Newest Subsidiary," *Monsanto Current Events* 14, no. 3 (June-July 1935): 4-6; 关于这笔300万美元的投资，参见 document titled "Monsanto Chemical Company, 1941," series 10, box 5, folder: Monsanto Company History (Historical Accounts [Misc.]); Letter from J. Harris, Dayton Laboratories, Monsanto, to Curtis, November 6, 1951, series 3, box 2, folder: Detergents, MCR; Dan Forrestal, *Faith, Hope, & $5,000: The Story of Monsanto* (New York: Simon & Schuster, 1977), 80-81。

[24] Hubert Kay, "Monsanto and the American Idea," draft copy, "Part II, Chapter 5, How Monsanto Grew," E-39, June 1958, series 6, box 1, folder: Monsanto and the America Idea, by Hubert Kay, 1st Draft (Forrestal's Copy), MCR; Paul H. Sisco, "Population Changes in Memphis, 1950-1958," *Southeastern Geographer* 1 (1961), 24.

[25] Edgar M. Queeny, "The Chemical Industry Turns to the South,"

Manufacturer's Record, August 1933, series 10, sub-series 1, box 2, folder: Chemical Industry (1900-1950); "President's Message," *Monsanto Current Events* 14, no. 4 (September 1935), 3, series 8, box 10, folder: Monsanto Current Events (1935), MCR; Queeny, *Spirit of Enterprise*, 139. 关于埃德加对田纳西河谷管理局的其他批评，参见 letter to the editor authored by Edgar Queeny, *St. Louis Post Dispatch*, April 22, 1943, series 14, box 15, folder: Queeny, E. M., MCR。

[26] Report on Idaho-Utah Visits, July 11 and 12, 1951; "Idaho Phosphate Furnace Promises Record Flow," *Lake Telegram* (Salt Lake City, UT), July 13, 1951; Pamphlet on Monsanto, Soda Springs, Idaho, undated; "Power Rates OKed by Idaho PUC," n. d., 1951, series 2, box 6, folder: USA (Soda Springs, Idaho), MCR; 早在1936年，公司就在年度报告中表达了对磷酸盐供应的担忧："为了完成我们的任务，我们制订了一个1936年的全面计划。计划关涉磷矿和储备的获取，以稳定和降低这一重要原料的成本。" 参见 Monsanto Chemical Company 1935 Annual Report, 13。

[27] Monsanto Chemical Company 1934 Annual Report, 13.

[28] Alfred Chandler, *Shaping the Industrial Century: The Remarkable Story of the Evolution of the Modern Chemical and Pharmaceutical Industries* (Cambridge, MA: Harvard University Press, 2005), 27, 55-56, 69, 72-73, 113, 146; Mark Fiege, *Republic of Nature: An Environmental History of the United States* (Seattle: University of Washington Press, 2014), 372.

[29] Memorandum from W. G. Livingston to H. C. Greer regarding Chemstrand Corporation, March 18, 1958, series 14, box 17, folder: Queeny, E. M. (Correspondence by Subject: Board of Directors, 1935-64), MCR; Alfred D. Chandler Jr., *Shaping the Industrial Century*, 42-46; Fred Aftalion, *A History of the International Chemical Industry: From the "Early Days" to 2000* (Philadelphia: Chemical Heritage Foundation, 2002), 155. 更多关于杜邦的历史，参见 Pap A. Ndiaye, *Nylon and Bombs: DuPont and the March of the Modern World* (Baltimore: Johns Hopkins University Press, 2007); Alfred Chandler, "Du Pont—Creating the Autonomous Division," in *Strategy and Structure: Chapters in the History of the Industrial Enterprise* (Cambridge, MA: M. I. T. Press, 1962), 52-113; 关于杜邦的合成纤维如何改变美国时尚的历史，参见，例如 Regina Lee Blaszczyk, "Styling Synthetics: DuPont's Mar-

keting of Fabrics and Fashions in Postwar America," *Business History Review* 80, no. 3 (2006): 485-528. 这本书付印时, 布拉斯奇克 (Blaszczyk) 正在撰写一本与杜邦纤维有关的新书。

[30] Chandler Jr., *Shaping the Industrial Century*, 56-57. 更多关于陶氏的历史, 参见 E. N. Brandt, *Growth Company: Dow Chemical's First Century* (East Lansing: Michigan State University Press, 1997)。

[31] Chandler Jr., *Shaping the Industrial Century*, 71-75.

[32] Monsanto Chemical Company 1939 Annual Report, 3-4; "Prelude to a Start-Up: A Century of Changes," *Monsanto Magazine* 2 (1997): 15-16, series 10, box 6, folder: Monsanto Company History (Timeline/Milestones), MCR.

[33] Monsanto Chemical Company 1939 Annual Report, 15; "President's Message," *Monsanto Current Events* 17, no. 2 (June-July 1938), 3, series 8, box 10, folder: Monsanto Current Events (1938-39), MCR; US Bureau of Labor Statistics, "Labor Force Statistics from the Current Population Survey, 1929-1939," https://data.bls.gov/timeseries/LFU21000100&series_id=LFU22000100&from_year=1929&to_year=1939&periods_option=specific_periods&periods=Annual+Data.

[34] "Charles Allen Thomas, Monsanto's New President," *Monsanto Magazine* 30, no. 3 (April 1951), 4-7, series 8, box 12, folder: Monsanto Magazine (1950-51), MCR; 关于小托马斯·米格利的丑事的讨论, 参见 J. R. McNeill, *Something New Under the Sun: An Environmental History of the Twentieth-Century World* (New York: W. W. Norton, 2001), 111-13。

[35] "Prelude to a Start-Up: A Century of Changes," 15-16; Document titled "Historical Background of Monsanto," n.d., series 1, box 4, folder: Monsanto Chemical Limited (History); "From the Hub of the 'Middlewest' to the World's Chemical Marketplace," *Chemical Markets* (August 1930), series 10, box 5, folder: Monsanto Company History (Incorporation Statements, Missouri); Document titled "Monsanto Canada Limited, History," n.d., series 10, box 5, folder: Monsanto Company History (Canada) (Folder 1); Letter from Edgar M. Queeny to Monsanto's Board of Directors, May 11, 1938, series 14, box 17, folder: Queeny, E. M. (Correspondence by Subject: Board of Directors, 1935-64), MCR.

[36] Letter from Edgar M. Queeny to Lammot du Pont, October 3, 1938, series 14, box 17, folder: Queeny, E. M. (Correspondence by Subject: Board of Directors, 1935-64); Letter from Lammot du Pont, President of Du Pont, to Edgar M. Queeny, October 6, 1938, series 14, box 17, folder: Queeny, E. M. (Correspondence by Subject: Board of Directors, 1935-64), MCR.

[37] Letter from Edgar M. Queeny to Lammot du Pont, October 18, 1938, series 14, box 17, folder: Queeny, E. M. (Correspondence by Subject: Board of Directors, 1935-64), MCR.

[38] E. I. du Pont de Nemours & Company 1939 Annual Report, 12; "How Recent and Prospective Chemical Developments Will Affect Business," speech by Francis J. Curtis at the National Association of Purchasing Agents conference, San Francisco, California, May 22, 1939, series 14, box 3, folder: Francis J. Curtis, MCR.

[39] Curtis, "How Recent and Prospective Chemical Developments Will Affect Business." 柯蒂斯的话会得到 20 世纪二三十年代兴起的"农业化学"(chemurgy) 运动中越来越多的农业科学家和商业领袖的支持。美国农业化学家提倡将国内生产的农作物转向工业用途, 避免使用那些倾向于依赖外国原材料和商品的技术。关于对这场化学运动的一个简明总结, 参见, 例如 Mark R. Finlay, "Old Efforts at New Uses: A Brief History of Chemurgy and the American Search for Biobased Materials," *Journal of Industrial Ecology* 7, no. 3-4 (2004), 33-46。

[40] Curtis, "How Recent and Prospective Chemical Developments Will Affect Business"; "Fill ' Er Up," *Monsanto Magazine* 26, no. 4 (September 1946), 20, series 8, box 12, folder: Monsanto Magazine (1946-47), MCR.

[41] Rubber Situation, 1942, series 10, box 7, folder: Monsanto Company History (WWII [Misc.]), Folder 2, MCR.

[42] "A Synthetic Rubber Plant in Less Than a Year," *Monsanto Magazine* 22, no. 3 (June-July 1943), 4-6, series 8, box 11, folder: Monsanto Magazine (1942-1943), MCR; Hubert Kay, "Monsanto and the American Dream," draft copy, "Part V—Challenge and Response in Texas City," TC-4, series 6, box 2, folder: Monsanto and the American Idea (Hubert Kay) (1st Draft) (Forrestal's Copy) (Folder 3), MCR.

[43] Monsanto in World War II, Summary of Divisions and Plant Reports

Written in 1945, authored by Francis J. Curtis, April 12, 1951, series 10, box 7, folder: Monsanto Company History (WWII [Misc.] [Folder 2]); Spears, *Baptized in PCBs*, 72, 161; Recommended Procedures for the Disposal of PCB-Containing Wastes (Industrial Facilities), February 27, 1976; 1972 (?) US Government Printing Office (GPO) Report on PCBs, Poison Papers archive, managed by the Bioscience Research Project and the Center for Media and Democracy and largely based on papers collected by environmentalist and journalist Carol Van Strum, https://www.poisonpapers.org/the-poison-papers/ (下称 PPA); Markowitz and Rosner, "Monsanto, PCBs, and the Creation of a 'World-Wide Ecological Problem,'" 468-69.

[44] Keith V. Gilbert, "History of the Dayton Project" (June 1969), series 2, box 2, folder: USA (Dayton, Ohio) Central Research Department, MCR.

[45] Letter from J. Robert Oppenheimer to Dr. Charles A. Thomas, September 8, 1945, series 2, box 2, folder: USA (Dayton, Ohio) Central Research Department, MCR; 更多关于"代顿计划"的历史,参见 declassified secret document titled "Manhattan District History, Book VIII, Los Alamos Project (Y) - Volume 3, Auxiliary Activities," 4.1-11.1, posted by the US Department of Energy Office of Scientific and Technical Information on the agency's website, https://www.osti.gov/includes/opennet/includes/MED_scans/Book%20VIII%20-%20%20Volume%203%20-%20Auxiliary%20Activities%20-%20Chapter%204,%20Da.pdf。

[46] Document titled "Development Projects Which were Either Completed By or Received The Attention of Monsanto During the War," series 10, box 7, folder: Monsanto Company History (WWII [Misc.] [Folder 2]); Document titled "Summary of Operations of Government-Owned Plants by Monsanto," series 10, box 7, folder: Monsanto Company History (WWII [Misc.] [Folder 2]), MCR.

[47] "Monsanto in World War II, Summary of Divisions and Plant reports Written in 1945," authored by Francis J. Curtis, April 12, 1951, series 10, box 7, folder: Monsanto Company History (WWII [Misc.] [Folder 2]), MCR.

[48] 关于百事对可口可乐战时合同的不满,参见 Letter from Walter Mack to Chester Bowles, Director of the Office of Price Administration, October

9, 1944, Record Group 188: Records of Office of Price Administration, box 927, folder: Sugar Problems, National Archives, College Park, Maryland; Bartow J. Elmore, *Citizen Coke: The Making of Coca-Cola Capitalism* (New York: Norton, 2014), 160; Constance Hays, *The Real Thing: Truth and Power at the Coca-Cola Company* (New York: Random House, 2004), 81-82; 关于1943年每月美国军队的需求量, 还可参见 Classified Message from Eisenhower's Headquarters in North Africa, June 29, 1943, box 85, folder 2, RWW Papers; Memorandum from Ralph Hayes to Mr. W. J. Hobbs, September 12, 1947, box 49, folder: Caffeine, 1927-51, RWW Papers。

[49] Document titled "Section 1, Monsanto Chemical to 1947," series 10, box 5, folder: Monsanto Company History (Historical Accounts [Misc.]), MCR; Monsanto Chemical Company 1943 Annual Report, 2.

[50] Chandler Jr., *Shaping the Industrial Century*, 26-27, 83, 113, 120-21, 129; Michael J. Kelly, *Prosecuting Corporations for Genocide* (New York: Oxford University Press, 2016), 32; Fred Aftalion, *A History of the International Chemical Industry*, 168.

[51] Letter from Edgar Queeny to J. M. O. Monasterio, August 3, 1943, series 14, box 16, folder: Queeny, E. M. (Correspondence, 1938-43); "Meet These Officers and Executives of Merrimac Chemical Company," *Monsanto Current Events* 8, no. 7 (December 4, 1929), 14, series 8, box 10, folder: Monsanto Current Events (1927-29); "Prelude to a Start-Up: A Century of Changes," *Monsanto Magazine* 2 (1997), 16, series 10, box 5, folder: Monsanto Company History (Timeline/Milestones), MCR; Queeny, *Spirit of Enterprise*; Letter from Edgar Queeny to L. G. Ryan, August 4, 1943, series 145, box 16, folder: Queeny, E. M. (Correspondence, 1938-43), MCR; Letter from Herbert Hoover to Edgar Queeny, March 16, 1961; Letter from Herbert Hoover to Edgar Queeny, December 29, 1942, box 182, folder: Queeny, Edgar Monsanto, Correspondence—1946-63, Herbert Hoover Presidential Library, West Branch, Iowa.

[52] Leonard A. Paris (Corporate Public Relations), "Monsanto: The First 75 Years," 5, 1976, series 10, box 5, folder: Monsanto Company History (Historical Accounts [Misc.]), MCR.

[53] Letter from Edgar Queeny to Walt Disney, July 25, 1958, series 14,

box 16, folder: Queeny, E. M. (1958), MCR; Letter from Edgar Queeny to Robert W. Woodruff, December 21, 1942; Letter from Robert W. Woodruff to Edgar Queeny, November 8, 1946, box 257, folder: Queeny, Edgar M., 1935-46, RWW Papers.

[54] Letter from Edgar Queeny to Honorable John W. Bricker, March 30, 1956, series 14, box 15, folder: Queeny E. M. (1953-56); Edgar Queeny, "Tariffs or Socialism," speech delivered before the Chamber of Commerce Annual Dinner, Little Rock, Arkansas, January 13, 1956, series 14, box 15, folder: Queeny, E. M. (Character + Outlook [Business Concerns]), MCR.

[55] Letter from Edgar M. Queeny to Edward Mallinckrodt, May 24, 1954, series 14, box 16, folder: Queeny, E. M. (1953-56), MCR.

[56] Document titled "Monsanto Products Used in World War II," series 10, box 7, folder: Monsanto Company History (WWII [Products]), MCR; 孟山都公司停止销售滴滴涕后，埃德加·奎尼写信给公司总裁查尔斯·萨默："我很遗憾地看到报道说我们已经停止生产滴滴涕。毫无疑问，你肯定有很好的理由，但我想知道原因。" Letter from Edgar M. Queeny to Charles H. Sommer, February 21, 1956, series 14, box 16, folder: Queeny, E. M. (1953-56), MCR. 关于滴滴涕和其他在第二次世界大战中发展起来的杀虫剂的一个很好的历史记录，参见 Edmund P. Russell, *War and Nature: Fighting Humans and Insects with Chemicals from World War I to Silent Spring* (Cambridge, UK: Cambridge University Press, 2001)。关于滴滴涕，还可参见 David Kinkela, *DDT and the American Century: Global Health, Environmental Politics, and the Pesticide That Changed the World* (Chapel Hill: University of North Carolina Press, 2011); Thomas Dunlap, *DDT: Scientists, Citizens, and Public Policy* (Princeton: Princeton University Press, 2016)。

[57] Letter from Edgar M. Queeny to Mr. Louis Reinhart, August 6, 1945, series 14, box 16, folder: Queeny, E. M. (Correspondence, 1944-45), MCR.

[58] Paul K. Conklin, *Revolution Down on the Farm: The Transformation of American Agriculture Since* 1929 (Lexington: University of Kentucky Press, 2009), 11, 60-76; Deborah Fitzgerald, *Every Farm a Factory: The Industrial Ideal in American Agriculture* (New Haven: Yale University Press, 2003), 93; 关于新政时期农业改革的更多内容，参见 Sarah T. Philips, *This Land, This*

Nation: Conservation, Rural America, and the New Deal (New York: Cambridge University Press, 2007)。

[59] Paul K. Conklin, *Revolution Down on the Farm*, 23, 60-69, 72-73, 75, 79-80, 87, 99; Fitzgerald, *Every Farm a Factory*, 6-8, 53, 73; 关于20世纪初高产杂交玉米种子的发展, 参见 Deborah Fitzgerald, *The Business of Breeding: Hybrid Corn in Illinois, 1890-1940* (Ithaca: Cornell University Press, 1990)。

[60] Tore Olsson, *Agrarian Crossings: Reformers and the Remaking of the US and Mexican Countryside* (Princeton: Princeton University Press, 2017), 10, 41, 99, 132-33, 153, 155; Nick Cullather, *The Hungry World: America's Cold War Battle Against Poverty in Asia* (Cambridge, MA: Harvard University Press, 2013), 45, 61, 68; John Perkins, *Geopolitics and the Green Revolution: Wheat, Genes, and the Cold War* (New York: Oxford University Press, 1997), vi, 103, 115, 187, 259.

[61] 关于孟山都如何进入农用化学品领域的一个很好的企业概述, 参见 Ferdinand Zienty, "Roots: Origins of the Monsanto Agricultural Chemical Enterprise," presentation to the Technical Community of Monsanto, April 26, 1989, St. Louis, Missouri, series 10, box 5, folder: Monsanto Company History (Historical Accounts [Misc.] [Folder 2]); "We Cannot Waste Our Land," *Monsanto Magazine* 28, no. 5 (October 1948): 18-23, series 8, box 12, folder: Monsanto Magazine (1948-49); Frederick W. Hatch, Consolidating to Compete in the Agricultural Products Markets, document dated June 1960, series 1, box 5, folder: Organic Chemical Divisions (Product Development), MCR。对硫磷对人类极其危险, 但在20世纪中叶, 监管机构错误地认为对硫磷和其他有机磷比滴滴涕等氯代烃的危害更小, 因为它们似乎在环境中降解得很快。在1972年美国环保署禁止使用滴滴涕之后, 有机磷仍然在使用, 尽管这些化学物质"导致数千名农场工人中毒, 并导致无意中接触到的野生动物大量死亡"。参见 Frederick Rowe Davis, *Banned: A History of Pesticides and the Science of Toxicology* (New Haven; London, Yale University Press, 2014), 104-106, 159-161, 185, 217, 223。

[62] "Our Dwindling Resources," *Monsanto Magazine* 27, no. 3 (June 1948), 4-5, series 8, box 12, folder: Monsanto Magazine (1948-49), MCR.

[63] Minutes of the Research Directors Meeting, November 14-15, 1940,

series 10, sub-series 1, box 1, folder: Board Committee and Meetings, MCR.

〔64〕关于工业卫生专业在20世纪早期的发展,参见 Christopher C. Sellers, *Hazards of the Job: From Industrial Disease to Environmental Health Science* (Chapel Hill: University of North Carolina Press, 1997); Quoted in Spears, *Baptized in PCBs*, 70-71; Markowitz and Rosner, "Monsanto, PCBs, and the Creation of a 'WorldWide Ecological Problem,'" 467-68. 弗雷德里克·罗·戴维斯 (Frederick Rowe Davis) 讨论了毒理学的其他进展,包括芝加哥大学药理学家盖林 (E. M. K. Geiling) 建立的毒性实验室。戴维斯还指出,杜邦、陶氏化学和联合碳化物公司都在20世纪30年代中期建立了自己的内部毒理学实验室。参见 Frederick Rowe Davis, *Banned*, 8, 214-215。

〔65〕Quoted in Spears, *Baptized in PCBs*, 72; Speech to the Industrial Nurses Association, author unknown, November 15, 1967, series 1, box 4, folder: Medical Department, MCR; Markowitz and Rosner, "Monsanto, PCBs, and the Creation of a 'World-Wide Ecological Problem,'" 469.

〔66〕Company-Wide Medical Problems, n. d., series 14, box 8A, folder: Kelly, R. E., MCR.

第三部分　植物

4　"奇妙的东西！2,4,5-T！"

〔1〕Transcript of Direct Examination of James Ray Boggess in James R. Boggess, et. al., v. Monsanto Company, submitted with errata sheet on July 20, 1984, 6137-38, 6162, The Calwell Practice law office files, Charleston, West Virginia (下称 TCP files)。西弗吉尼亚州的人身伤害诉讼律师斯图尔特·考威尔 (Stuart Calwell) 在20世纪80年代代表奈特罗公司的工人第一次起诉孟山都公司。从那时起,他就一直在为他们及他们的家人而战。考威尔让我查阅了律所大量的案件记录,包括案情摘要、证词、在取证过程中公布的公司机密文件以及法庭记录等。

〔2〕"How Industry Handled the Dioxin Question," *St. Louis Post-Dispatch*, November 14, 1983, 80-81; Transcript of Direct Examination of James Ray Boggess in *James R. Boggess, et. al., v. Monsanto Company*, 6137-38, 6162.

［3］Transcript of Direct Examination of James Ray Boggess in *James R. Boggess, et. al., v. Monsanto Company*, 6166, 6168; "How Industry Handled the Dioxin Question," *St. Louis Post-Dispatch*, November 14, 1983, 80-81.

［4］Deposition of Chester A. Jeffers in *James M. Adkins v. Monsanto Company*, Civil Action Nos. 81-2098, 81-2239, 81-2504, 83-2199, United States District Court for the Southern District of West Virginia (1983), 3-5, 8, 13, 21-22, 25, 37, TCP files; 关于这200名工人的数据，参见 Marion Moses et. al. "Health Status of Workers With Past Exposure to 2, 3, 7, 8-Tetrachlorodibenzo-p-dioxin in the Manufacture of 2,4,5-Trichlorophenoxyacetic Acid: Comparison Findings With and Without Chloracne," *American Journal of Industrial Medicine* 5 (1984), 167。

［5］Plaintiff's Response to Defendant's Motion for Summary Judgment—Statute of Limitations in *Jeffers v. Monsanto*, Civil Action No. 81-2239, Docket No. 225, 73-74, TCP files.

［6］"Neighbors Defend Safety at Carbide," *New York Times*, April 6, 1986, 23.

［7］Bill Wintz, *Nitro: The World War I Boom Town: An Illustrated History of Nitro West Virginia and the Land on Which It Stands* (Charleston, WV: Jalamap Publications, 1985), 3-4; 关于对19世纪第二个十年奈特罗工厂的描述，参见 Letter from Ward C. Griffing, infantryman in Nitro, to Mrs. Hattie P. Griffing, his mother in Manhattan, Kansas, January 27, 1919, http://griff-wjg.blogspot.com/2009/03/letter-119-december-21-1918.html。还可参见 Nathan Cantrell, "West Virginia's Chemical Industry," *West Virginia Historical Society Quarterly* 18, no. 2 (April 2004): 1-15, https://web.archive.org/web/20100707161835/, http://www.wvculture.org/history/wvhs1821.pdf。

［8］"India, Falls Are to Enter Merger," *Akron Beacon Journal* (Akrin, OH), May 29, 1929, 15; "J. Q. Dickinson 'Oldest,'" *Sunday Gazette-Mail* (Charleston, WV), October 9, 1977; Monsanto Chemical Works 1929 Annual Report, 4-5; Monsanto Chemical Company 1951 Annual Report, 28; Kelly Hill, *Cases in Corporate Acquisitions, Buyouts, Mergers, and Takeovers* (Detroit: Gale Group, 1999), 59.

［9］Carol Van Strum, *A Bitter Fog: Herbicides and Human Rights* (San Francisco: Sierra Club Books, 1983), 11; John Lewallen, *Ecology of Devasta-*

tion: *Indochina* (Baltimore: Penguin Books, 1971), 62; Marie-Monique Robin, *The World According to Monsanto* (New York: New Press, 2010), 40; Russell, *War and Nature*, 225.

[10] "2,4-D Action Remains a Mystery," *Washington Post*, October 21, 1961, C13; Lewallen, *Ecology of Devastation*, 62; Robin, *The World According to Monsanto*, 35-36.

[11] Gale E. Peterson, "The Discovery and Development of 2,4-D," *Agricultural History* 41, no. 3 (July 1967): 247-48; Van Strum, *A Bitter Fog*, 11, 75; Lewallen, *Ecology of Devastation*, 63; Michelle Mart, *Pesticides, A Love Story: America's Enduring Embrace of Dangerous Chemicals* (Lawrence: University Press of Kansas, 2015), 94.

[12] American Chemical Paint Company advertisement, *Fort Worth StarTelegram* (Fort Worth, TX), June 7, 1953, 16; 关于化学品和美国的草坪,参见 Ted Steinberg, *American Green: The Obsessive Quest for the Perfect Lawn* (New York: Norton, 2006)。

[13] Peter H. Schuck, *Agent Orange on Trial: Mass Toxic Disasters in the Courts* (Cambridge, MA: Belknap Press of Harvard University Press, 1987), 85; Monsanto Chemical Company 1949 Annual Report, 7; "Company History," Monsanto corporate website preserved in Internet Archive, https://web.archive.org/web/20170602185911/, http://www.monsanto.com/whoweare/pages/monsanto-history.aspx; C. J. Burns et al., "Mortality in Chemical Workers Potentially Exposed to 2,4-Dichlorophenozyacetic Acid (2,4-D) 1945-94: An Update," *Occupational & Environmental Medicine* 58, no. 1 (2001), 24.

[14] Van Strum, *A Bitter Fog*, 12; Thomas Whiteside, *Defoliation: What Are Our Herbicides Doing to Us?* (New York: Ballantine Books, 1970), 5; "Country Diary: Wonderful Stuff, This 2,4,5-T!" *Daily Boston Globe*, December 14, 1953, 15; "The Garden Doctor," *Los Angeles Times*, May 27, 1956, N59. 关于战后美国人是如何"爱上"人造除草剂的,参见 Michelle Mart, *Pesticides: A Love Story* (Lexington: University Press of Kentucky, 2015), 11-30。

[15] Transcript of Direct Examination of James Ray Boggess in *James R. Boggess, et. al., v. Monsanto Company*, 6137-6138.

[16] 关于在肮脏环境中工作的弱势群体经常遭受的"慢性暴力",

参见 Rob Nixon, *Slow Violence and the Environmentalism of the Poor* (Cambridge, MA: Harvard University Press, 2011); Ellen Griffith Spears, *Baptized in PCBs: Race, Pollution, and Justice in an All-American Town* (Chapel Hill: University of North Carolina Press, 2014), 15; Transcript of Direct Examination of James Ray Boggess in *James R. Boggess, et. al., v. Monsanto Company*, 6167-68, 6388; "How Industry Handled the Dioxin Question," *St. Louis Post-Dispatch*, November 14, 1983, 32。

[17] Transcript of Direct Examination of James Ray Boggess in *James R. Boggess, et. al., v. Monsanto Company*, 6170-71.

[18] *Jeffers v. Monsanto*, Civil Action No. 81-2239, Docket No. 225, Plaintiff's Response to Defendant's Motion for Summary Judgment—Statute of Limitations, 50, TCP files; Raymond Suskind, "Report on Clinical and Environmental Survey, Monsanto Chemical Company, Nitro, West Virginia," report commissioned by Monsanto for internal use, 1953, 2, TCP files.

[19] Steven Higgs, *Eternal Vigilance: Nine Tales of Environmental Heroism in Indiana* (Bloomington: Indiana University Press, 1995), 139; *Jeffers v. Monsanto*, Civil Action No. 81-2239, Docket No. 225, Plaintiff's Response to Defendant's Motion for Summary Judgment—Statute of Limitations, 46, TCP files.

[20] Raymond R. Suskind et al., "Progress Report. Patients from Monsanto Chemical Company, Nitro, West Virginia," report commissioned by Monsanto for internal use, July 20, 1950, TCP files.

[21] Suskind et al., "Progress Report," 10-17.

[22] Suskind et al., "Progress Report," 23; *Jeffers v. Monsanto*, Civil Action No. 81-2239, Docket No. 225, Plaintiff's Response to Defendant's Motion for Summary Judgment—Statute of Limitations, 55, TCP files.

[23] 2010年，西弗吉尼亚州只有约12%的工人加入工会，但半个多世纪前，该州36%以上的工人都缴纳了工会会费；Barry T. Hirsch, David A. Macpherson, and Wayne G. Vroman, "Union Density Estimates by State, 1964-2015," http://unionstats.gsu.edu/MonthlyLaborReviewArticle.htm; Bureau of Labor Statistics, "Union Affiliation of Employed Wage and Salary Workers by State," https://www.bls.gov/webapps/legacy/cpslutab5.htm; John Skaggs (attorney, Stuart Calwell Practice), interview by the author, Febru-

ary 23, 2017; "Decline of the Unions," *Washington Post*, June 5, 1983, C6.

〔24〕需要注意的是，在1913年，西弗吉尼亚州的政客们使用"工人（workmen）"而不是"工人（workers）"，许多其他州的立法机构也是如此。我使用"工人"（workmen）一词仅指在进步时代出现的特定法律名称和委员会名称。*Jeffers v. Monsanto*, Civil Action No. 81-2239, Docket No. 225, Plaintiff's Response to Defendant's Motion for Summary Judgment—Statute of Limitations, 48, TCP files; Gregory P. Guyton, "A Brief History of Workers' Compensation," *Iowa Orthopedic Journal* 19 (1999): 106-8; "Personal Injury Within the Meaning of the West Virginia Workmen's Compensation Act," *West Virginia Law Quarterly* 43 (1936-37): 154-56; James Weinstein, "Big Business and the Origins of Workmen's Compensation," in *United States Constitutional and Legal History: A Twenty Volume Series Reproducing Over 450 of the Most Important Articles on the Topic*, ed. Kermit L. Hall (New York: Garland Publishing, 1987), 158, 166-67, 174; John Fabian Witt, *The Accidental Republic: Crippled Workingmen, Destitute Widows, and the Remaking of American Law* (Cambridge, MA: Harvard University Press, 2004), 11, 127.

〔25〕*Jeffers v. Monsanto*, Civil Action No. 81-2239, Docket No. 225, Plaintiff's Response to Defendant's Motion for Summary Judgment—Statute of Limitations, 48-51, TCP files.

〔26〕William F. Ashe and Raymond R. Suskind, "Progress Report—Patients from Monsanto Chemical Company, Nitro, West Virginia," n. p., report commissioned by Monsanto, April 1950, TCP files. 关于健康研究结果未与工人沟通的情况，还可参见 Plaintiff's Response to Monsanto's Motion for Directed Verdict and Brief in Support Thereof, filed by Stuart Calwell in the case of *James R. Boggess, et. al., v. Monsanto Company*, November 9, 1984, 62-73, TCP files。

〔27〕*Jeffers v. Monsanto*, Civil Action No. 81-2239, Docket No. 225, Plaintiff's Response to Defendant's Motion for Summary Judgment—Statute of Limitations, 52, 54, 57, TCP files; Raymond Suskind, "Report on a Clinical and Environmental Survey, Monsanto Chemical, Co., Nitro, W. VA.," report commissioned by Monsanto, 1953, 2, TCP files.

〔28〕Raymond Suskind, "Chloracne and Associated Health Problems in Manufacture of 2,4,5T," report commissioned by Monsanto, n. d., 2; *Jeffers v.*

Monsanto, Civil Action No. 81-2239, Docket No. 225, Plaintiff's Response to Defendant's Motion for Summary Judgment—Statute of Limitations, 53-55, TCP files.

[29] Suskind, "Report on a Clinical and Environmental Survey, Monsanto Chemical, Co., Nitro, W. VA," 2.

[30] Transcript of Direct Examination of James Ray Boggess in *James R. Boggess, et. al., v. Monsanto Company*, 6185-87.

[31] Transcript of Direct Examination of James Ray Boggess in *James R. Boggess, et. al., v. Monsanto Company*, 6185-87;约翰·斯卡格斯（John Skaggs）是20世纪80年代奈特罗工人诉孟山都案的代理律师，他对自己的客户有类似的描述："他们中的大多数人都是在那个地区出生和长大的，没有人受过正规教育。"Skaggs, interview；1936年毕业于奈特罗高中的一位当地历史学家表示："毕业的学生中，90%的人都在化学行业工作。孟山都的惯例是雇用高中刚毕业的年轻人来运营公司不断扩建的设施。"参见William B. Wintz, *Nitro*, 106-7。

[32] "Workers Sue Monsanto, Claiming Chemical Company Ignored Health Risk," *Baltimore Sun*, July 8, 1984, 11A.

[33] Skaggs, interview; "How Industry Handled the Dioxin Question," *St. Louis Post-Dispatch*, November 14, 1983, 34; Union contracts for the Nitro workers contain details about this shoveling and shuffling work. Local 12610, District 50, U. M. W. A., and Monsanto Chemical Company, Nitro, West Virginia, Amended Raw Material Handlers Agreement, September 29, 1963, in Confidential Contract and Grievance History of Nitro Plant, prepared by Dwight E. Harding, TCP files；在《钚之国：核家庭、原子城市，以及苏联和美国的钚灾难》（*Plutopia: Nuclear Families, Atomic Cities, and the Great Soviet and American Plutonium Disasters*, New York: Oxford University Press, 2013）一书中，历史学家凯特·布朗（Kate Brown）描述了华盛顿里奇兰（Richland）的工人如何用"生物性权利换取消费者权利"，同意将自己的身体置于高度辐射的环境中，以换取中产阶级身份、郊区住宿和高级服装（第5页）。在孟山都的奈特罗工厂，我们也看到了一个类似的妥协故事。

[34] Agreement dated March 14, 1956, outlining the wage rate for Mr. Paul Willard, Confidential Contract and Grievance History of Nitro Plant, prepared by Dwight E. Harding, TCP files.

〔35〕Document titled "Monsanto's Progress," offering financial statistics on the firm and comparisons with other chemical companies, series 10, box 5, folder: Monsanto Company Historical Accounts (〔Misc.〕〔Folder 2〕), MCR.

〔36〕Hubert Kay, "Monsanto and the American Idea," draft copy, "Part II, Chapter 5: How Monsanto Grew," E-38, series 6, box 1, folder: Monsanto and the American Idea (Hubert Kay), 1st Draft (Forrestal's Copy), Folder 1; Organizational Chronology of Monsanto Domestic Operating Units Including Major Acquisitions and Divestitures, prepared by H. C. Godt Jr., PhD, private consultant for Monsanto, August 1997, series 10, box 7, folder: Organization, 1928-97; "Prelude to a Start-Up: A Century of Changes," *Monsanto Magazine* 2 (1997), 17, series 10, box 6, folder: Monsanto Company History (Timeline/Milestones), MCR; Alfred D. Chandler Jr., *Shaping the Industrial Century: The Remarkable Story of the Evolution of the Modern Chemical and Pharmaceutical Industries* (Cambridge, MA: Harvard University Press, 2005), 144-54.

〔37〕Frederick W. Hatch, "Consolidating to Compete in the Agricultural Products Market," confidential Monsanto document, series 1, box. 5, folder: Organic Chemical Divisions (Product Development); Ferdinand Zienty, "Roots: Origins of the Monsanto Agricultural Chemical Enterprise," presentation given to the Technical Community of Monsanto, April 26, 1989, series 10, box 5, folder: Monsanto Company History (Historical Accounts〔Misc.〕〔Folder 2〕), MCR;谈到20世纪50年代,弗雷德·阿夫塔利昂(Fred Aftalion)指出:"然而,奇怪的是,孟山都最初是生产阿司匹林、香草醛、香豆素和糖精这些精细化学品的,现在却主要专注于大规模的无机物和有机物生产,而没考虑生产药品。"Fred Aftalion, *A History of the International Chemical Industry: From the "Early Days" to 2000* (Philadelphia: Chemical Heritage Foundation, 2002), 252.

〔38〕值得注意的是,孟山都公司的科学家之所以在20世纪70年代首次对农达的商业化研发加以重视,不仅是因为它比早期的孟山都品牌更能有效杀死杂草,还因为最初的研究表明,跟之前的除草剂相比,农达对人类健康和生态系统更安全。"Charles Allen Thomas, Monsanto's New President," *Monsanto Magazine* 30, no. 2 (April 1951), 4-7, series 8, box 12, folder: Monsanto Magazine (1950-51); Interview with Bob Rumer, February 11, 2007, series 10, box 5, folder: Monsanto Company History (Historical Accounts [Phillion, Lee]); Zienty, "Roots"; 关于埃德加对朗道克星的信心, 参见 Letter from Edgar Queeny to "Jim," September 4, 1956, series 14, box 16, folder: Queeny, E. M. (1953-56); *Monsanto Corporate Research Community Mirror*, Monsanto in-house publication, February 1991, series 8, box 9, folder: Research Community Mirror, 1989-93, MCR; "CDAA and CDEC," document published by K. E. Maxwell, Monsanto Chemical Company, Santa Clara, California, n. d., posted to University of California Agriculture and Natural Resources website, https://ucanr.edu/repository/fileaccess.cfm?article=163323&p=EDMNSR; Letter from Deloris Graham to Robert Taylor, Re: EPA Registration No. 524-312, Randox, Caswell #284, April 29, 1980, https://www3.epa.gov/pesticides/chem_search/cleared_reviews/csr_PC-019301_29-Apr-80_004.pdf; US EPA pesticide label for Vegadex technical, https://www3.epa.gov/pesticides/chem_search/ppls/000524-00309-19740829.pdf。更多关于蒜胺草胺（朗道克星中的氯乙酰胺化合物名称）和硫酸盐（蔬菜清中硫代氨基甲酸酯化合物的名称）的毒性, 参见"Allidochlor," International Union of Pure and Applied Chemistry website, https://sitem.herts.ac.uk/aeru/iupac/Reports/1192.htm#:~:text=Allidochlor%20is%20herbicide%20that%20is, known%20skin%20and%20eye%20irritant; "Sulfullate," International Union of Pure and Applied Chemistry website, https://sitem.herts.ac.uk/aeru/iupac/Reports/2589.htm。

[39] Philip C. Hamm, "Discovery, Development, and Current Status of the Chloroacetamide Herbicides," *Weed Science* 22, no. 6 (November 1974), 542; Paul K. Conklin, *A Revolution Down on the Farm: The Transformation of American Agriculture Since* 1929 (Lexington: University of Kentucky Press, 2008), 87; Michelle Mart, *Pesticides, a Love Story* (Lawrence: University of Kansas Press, 2018), 13.

[40] "News from Monsanto Chemical Company," company news release, September 13, 1959, series 2, box 6, folder: USA (St. Louis, Mo. [Creve Coeur]), MCR.

[41] 1951年公司的一项调查表明,"孟山都总公司的人口中心"现在位于西郊。五年后, 这个中心"又向西移动了1.5英里"。参见"News from Monsanto Chemical Company," company news release, October 13, 1957, series 2, box 6, folder: USA (St. Louis, Mo. [Creve Coeur]), MCR; Walter

Johnson, *The Broken Heart of America: St. Louis and the Violent History of the United States* (New York: Basic Books, 2020), 225, 312, 315, 319-20, 328。

〔42〕"News from Monsanto Chemical Company," company news release, 1959, series 2, box 6, folder: USA (St. Louis, Mo. [Creve Coeur]), MCR; 更多关于当时的环境理念和郊区景观, 参见 Adam Rome, *Bulldozer in the Countryside: Suburban Sprawl and the Rise of American Environmentalism* (Cambridge, UK: Cambridge University Press, 2005); 还可参见 Paul Robbins, *Lawn People: How Grasses, Weeds, and Chemicals Make Us Who We Are* (Philadelphia: Temple University Press, 2012); Ted Steinberg, *American Green: The Obsessive Quest for the Perfect Lawn* (New York: Norton, 2006)。

〔43〕Transcript of Direct Examination of James Ray Boggess in *James R. Boggess, et. al., v. Monsanto Company*, 6189.

〔44〕Transcript of Direct Examination of James Ray Boggess in *James R. Boggess, et. al., v. Monsanto Company*, 6190-91.

〔45〕"Thirteen Centuries Experience Leaves Plant," *Nitrometer* 4, no. 7 (Nitro, WV, Monsanto Company newspaper), January 1984, 1, TCP files.

〔46〕Transcript of Direct Examination of James Ray Boggess in *James R. Boggess, et. al., v. Monsanto Company*, 6387; *Jeffers v. Monsanto*, Civil Action No. 81-2239, Docket No. 225, Plaintiff's Response to Defendant's Motion for Summary Judgment—Statute of Limitations, 55, 71, TCP files.

〔47〕Plaintiff's Response to Monsanto's Motion for Directed Verdict and Brief in Support Thereof, filed by Stuart Calwell in the case of *James R. Boggess, et. al., v. Monsanto Company*, November 9, 1984, 62-73, TCP files. 这份摘要中引用的孟山都1955年的一份备忘录称, 公司高管可以与特定的西弗吉尼亚州的公共卫生官员分享苏斯金德的研究结果, 但声明这些报告不应成为公共记录的一部分。参见 Plaintiffs Response to Monsanto's Motion for Directed Verdict, 70; Confidential memorandum from Robert E. Soden, Monsanto chemist, to J. R. Durland, Nitro plant manager, December 7, 1955, Document 2006-10-23 (45), TCP files; "How Industry Handled the Dioxin Question," *St. Louis Post-Dispatch*, November 14, 1983, 32。1956年, 苏斯金德博士说, 奈特罗工厂某一区域大气中"2,4,5-T 粉尘的浓度几乎是1953年同一地点的两倍"。在对另一个与生产2,4,5-T相关的建筑进行调查后发现, 相关的操作与1953年4月无异, 并没什么进步。参见 "Report on Environmental Survey Carried Out in Building 34 of Monsanto Chemical Company at Nitro, West Virginia," unpublished report, February 21, 1956, 1, 4, TCP files.

[48] "How Industry Handled the Dioxin Question," *St. Louis Post-Dispatch*, November 14, 1983, 32, 34; *Jeffers v. Monsanto*, Civil Action No. 81-2239, Docket No. 225, Plaintiff's Response to Defendant's Motion for Summary Judgment—Statute of Limitations, 60, TCP files; Plaintiff's Response to Directed Verdict, n. d., *James R Boggess v. Monsanto*, 100, TCP Files; Thomas Whiteside, *The Pendulum and the Toxic Cloud: The Course of Dioxin Contamination* (New Haven: Yale University Press, 1979), 149.

[49] R. R. Suskind and V. S. Hertzberg, "Human Health Effects of 2,4,5-T and Its Toxic Contaminants," *Journal of the American Medical Association* 251, no. 8 (May 11, 1984), 2372; Robin, *The World According to Monsanto*, 37; Thomas Whiteside, *The Pendulum and the Toxic Cloud*, 150; "How Industry Handled the Dioxin Question," *St. Louis Post - Dispatch*, November 14, 1983, 32.

[50] "Many Workers at Nitro Plant are Sick, But Who's To Blame?," *St. Louis Post-Dispatch*, November 14, 1983, 33; "How Industry Handled the Dioxin Question," *St. Louis Post-Dispatch*, November 14, 1983, 34; Van Strum, *A Bitter Fog*, 13; Plaintiff's Response to Defendant's Motion for Summary Judgment—Statute of Limitations in *Jeffers v. Monsanto*, Civil Action No. 81-2239, Docket No. 225, 6, 67, TCP files.

[51] Addendum to 2,4,5-T Agreement, January 2, 1957, A/O Material from Nitro General Files, Item #61; Local Union No. 12610, District 50, U. M. W. A., and Monsanto Chemical Company, Nitro, West Virginia, Agreement for the Operation of 2,4,5-T, September 29, 1964, Confidential Contract and Grievance History of Nitro Plant, prepared by Dwight E. Harding, TCP files.

[52] Addendum to 2,4,5-T Agreement, January 2, 1957; Local Union No. 12610, District 50, UMWA, and Monsanto Chemical Company, Nitro, West Virginia, Agreement for the Operation of 2,4,5-T, October 16, 1956, TCP Files.

5 "所以你看,我准备为任何一方辩护"

[1] Peter H. Schuck, *Agent Orange on Trial: Mass Toxic Disasters in the*

Courts (Cambridge, MA: Belknap Press of Harvard University Press, 1987), 16; Jeanne MagerStellman et al., "The Extent and Patterns of Usage of Agent Orange and Other Herbicides in Vietnam," *Nature* 422 (April 17, 2003): 681. 这项研究仍然是目前评估越南战争期间使用的武器化除草剂最全面的总结之一。要了解早期喷洒行动的细节,参见 Thomas Whiteside, *Defoliation: What Are Our Herbicides Doing to Us?* (New York: Ballantine Books, 1970), 7-8。特别关注越南地狱行动对环境影响的杰出研究包括约翰·勒瓦伦 (John Lewallen) 的《破坏生态学:中印半岛》(*Ecology of Devastation: Indochina*) (Baltimore: Penguin, 1971)。勒瓦伦在战争期间前往越南,亲眼目睹了橙剂空袭的影响。还可参见 Arthur H. Westing, *Herbicides in War: The Long-term Ecological and Human Consequences* (Stockholm: Stockholm International Peace Research Institute, 1984)。更多近期作品包括 David Zierler, *The Invention of Ecocide: Agent Orange, Vietnam, and the Scientists Who Changed the Way We Think About the Environment* (Athens: University of Georgia Press, 2011); Alvin L. Young, *The History, Use, Disposition, and Environmental Fate of Agent Orange* (New York: Springer, 2009); David Andrew Biggs, *Footprints of War: Militarized Landscapes in Vietnam* (Seattle: University of Washington Press, 2018), 138-40, 170-76, 189-94。要从一位执行除草行动的美国飞行员的角度了解更多关于"牧场之手"行动的信息,可参见 Frederick Cecil, *Herbicidal Warfare: The Ranch Hand Project in Vietnam* (New York: Praeger, 1986)。

〔2〕关于导致肯尼迪最终选择除草剂行动的一系列事件的总结,参见 David Zierler, *Invention of Ecocide*, 48-66, 81-82; Edwin A. Martin, *Agent Orange: History, Science, and the Politics of Uncertainty* (Amherst: University of Massachusetts Press, 2012), 20-26, 42; US Institute of Medicine (US) Committee to Review the Health Effects in Vietnam Veterans of Exposure to Herbicides, *Veterans and Agent Orange: Health Effects of Herbicides Used in Vietnam* (Washington, DC: National Academies Press, 1994), 89。

〔3〕Zierler, *Invention of Ecocide*, 60-61, 78-79.

〔4〕Zierler, *Invention of Ecocide*, 60-61, 79-88.

〔5〕Zierler, *Invention of Ecocide*, 60-61; 更多关于自然界作为南方游击队军事盟友的信息,参见 Richard Tucker and Ed Russell, *Natural Enemy, Natural Ally: Toward an Environmental History of Warfare* (Corvallis: Oregon

State University Press, 2004)。

[6] 顺便提一下, 若按产量计算, 陶氏是第二大橙剂制造商, 市场占有率为 28.6%。Peter H. Schuck, *Agent Orange on Trial*, 87, 156.

[7] "Monsanto Dissects Pesticide Criticism," *New York Times*, September 22, 1962, 28; "'Silent Spring' Is Now Noisy Summer," *New York Times*, July 22, 1962, 87; "Rachel Carson Dies of Cancer; 'Silent Spring' Author Was 56," *New York Times*, April 15, 1964, 1; Michelle Mart, *Pesticides, a Love Story: America's Enduring Embrace of Dangerous Chemicals* (Lawrence: University Press of Kansas, 2015), 60.

[8] "Reviving Rachel," *Globe and Mail* (Toronto, Ont.), December 6, 1997, D19; "Rachel Carson," *New York Times*, April 16, 1964, 36; "Rachel Carson Dies of Cancer," *New York Times*; Justus C. Ward, "The Functions of the Federal Insecticide, Fungicide, and Rodenticide Act," *American Journal of Public Health Nations Health* 55, no. 7 (July 1965), 27–31; *Use of Pesticides*, A report of the President's Science Advisory Committee (Washington, DC: White House, May 15, 1963).

[9] Ward, "The Functions of the Federal Insecticide, Fungicide, and Rodenticide Act"; Richard N. L. Andrews, *Managing the Environment, Managing Ourselves: A History of American Environmental Policy*, 3rd ed. (New Haven: Yale University Press, 2020), 216, 243; Frederick Rowe Davis, *Banned: A History of Pesticides and the Science of Technology* (New Haven; London: Yale University Press, 2014), 120; Michelle Mart, *Pesticides, a Love Story*, 36–38.

[10] Peter H. Schuck, *Agent Orange on Trial*, 16; Thomas Whiteside, *Defoliation*, 30; Carol Van Strum, *A Bitter Fog: Herbicides and Human Rights* (San Francisco: Sierra Club Books, 1983), 12; Stellman et al., "The Extent and Patterns of Usage of Agent Orange and Other Herbicides in Vietnam," 682, 684.

[11] Stellman et al., "The Extent and Patterns of Usage of Agent Orange and Other Herbicides in Vietnam," 682, 685; 这个 1200 万的数字可能包括第二代橙剂———一种后来在战争中使用的新配方, 其活性成分的浓度略有不同, 但仍然是 2,4-D 和 2,4,5-T 的 50/50 的混合物。Charles Bailey and Le Ke Son, *From Enemies to Partners: Vietnam, the U.S. and Agent Orange* (Chicago: G. Anton Publishing, 2018), 156, 411 (Kindle 版)。

[12] Nguyễn Thị Hô`ng quoted in Brenda M. Boyle and Jeehyun Lim, eds., Looking Back on the Vietnam War: Twenty-First Century Perspectives (New Brunswick, NJ: Rutgers University Press, 2016), 3737, 3750-51, 3760 (Kindle 版).

[13] Lewallen, *Ecology of Devastation*, 60, 71.

[14] Lewallen, *Ecology of Devastation*, 69-70; Westing, *Herbicides in War*, 18-22.

[15] Westing, *Herbicides in War*, 18-22.

[16] Lewallen, *Ecology of Devastation*, 59.

[17] "What the Government Knew, and What It Did," *St. Louis Post-Dispatch*, November 14, 1983, 37; Schuck, *Agent Orange on Trial*, 19, 78; David R. Plummer, "Vietnam Veterans and Agent Orange" (master's thesis, California State University Dominguez Hills, 2000), 66; Van Strum, *A Bitter Fog*, 13, 68-69; Whiteside, *Defoliation*, 61; Lewallen, *Ecology of Devastation*, 68, 114-15; Thomas Whiteside editorial, *New Yorker*, August 6, 1971, 54; Zierler, *Invention of Ecocide*, 123; Michelle Mart, *Pesticides, a Love Story*, 98.

[18] Plaintiff's Response to Defendant's Motion for Summary Judgment—Statute of Limitations in *Jeffers v. Monsanto*, Civil Action No. 81-2239, Docket No. 225, 73-74, The Calwell Practice law office files, Charleston, West Virginia; "Monsanto Documents on Dioxin Released," *St. Louis Post-Dispatch*, June 8, 1984, 1, 4; "How Industry Handled the Dioxin Question," *St. Louis Post-Dispatch*, November 14, 1983, 80; "1965 Memos Show Dow's Anxiety on Dioxin," *New York Times*, April 19, 1983, A1.

[19] Whiteside, *Defoliation*, 2, 11; Schuck, *Agent Orange on Trial*, 19; Zierler, *Invention of Ecocide*, 101.

[20] Schuck, *Agent Orange on Trial*, 17; Van Strum, *A Bitter Fog*, 108.

[21] Schuck, *Agent Orange on Trial*, 19, 22; Thomas Whiteside, *The Withering Rain: America's Herbicidal Folly* (New York: E. P. Dutton, 1971), 11-12, 41; Whiteside, *Defoliation*, 17, 21, 23; Lewallen, *Ecology of Devastation*, 115; Thomas Whiteside, *The Pendulum and the Toxic Cloud: The Course of Dioxin Contamination* (New Haven: Yale University Press, 1979), 30; "Thomas Whiteside, 79, Dies; Writer Exposed Agent Orange," *New York Times*, Oc-

tober 12, 1977, 44; Thomas Whiteside editorial, *The New Yorker*, August 6, 1971, 54; Institute of Medicine (US) Committee to Review the Health Effects in Vietnam Veterans of Exposure to Herbicides, *Veterans and Agent Orange*, 22; Zierler, *Invention of Ecocide*, 124; 大多数2,4,5-T的使用在1979年受到限制,但政府还是继续允许在牧场和田地喷洒,参见 Strum, *A Bitter Fog*, 167; David Biggs, "Following Dioxin's Drift: Agent Orange Stories and the Challenge of Metabolic History," *International Review of Environmental History* 4, no. 1 (2018), 8。

〔22〕"Monsanto Organic Chemicals Division, Summer Orientation Program," May 5, 1966, series 1, box 5, folder: Organic Chemical Divisions (History) (Folder 1); Monsanto Company 1966 Annual Report, frontmatter. 1962年,孟山都公司的年销售额首次达到10亿美元。"Monsanto At a Glance," *Monsanto Magazine* 3 (1995), 32, series 10, box 6, folder: Monsanto Company History (Timeline/Milestones); Leonard A. Paris, "Monsanto: The First 75 Years," corporate public relations publication, 1976, series 10, box 5, folder: Monsanto Company History (Historical Accounts [Misc.]); "Prelude to a Start-Up: A Century of Changes," *Monsanto Magazine* 2 (1997), series 10, box 6, folder: Monsanto Company History (Timeline/Milestones), Monsanto Company Records, Washington University in St. Louis, Julian Edison Department of Special Collections, St. Louis, Missouri (下称MCR); Monsanto Company 1964 Annual Report, 5; Monsanto Company 1963 Annual Report, 14.

〔23〕Letter from Edgar Queeny to Crawford H. Greenewalt, November 4, 1960, series 14, box 16, folder: Queeny, E. M. (1959-60); Letter from Edgar Queeny to Skeets and Tom, October 1, 1962, series 14, box 16, folder: Queeny, E. M. (1961-63); Letter from Edgar Queeny to A. K. Chapman, June 26, 1963; Letter from Edgar Queeny to August Belmont, August 13, 1963, series 14, box 16, folder Queeny E. M. (1963-64), MCR.

〔24〕Letter from Edgar M. Queeny to Rev. Bishop and Mrs. William Scarlett, Castine, Maine, February 8, 1963, series 14, box 16, folder: Queeny E. (1963-64), MCR.

〔25〕Letter from Edgar Queeny to Jack Clink, March 7, 1961, series 14, box 16, folder: Queeny, E. M. (1961-63), MCR.

〔26〕Edgar Queeny *New York Times* obituary, July 7, 1968, box 257, folder: Queeny, Edgar M., 1949-68, Robert Winship Woodruff Papers, Stuart A. Rose Manuscript, Archives, and Rare Book Library, Emory University.

[27] "Top Officers Are Shifted by Monsanto Chemical," *New York Times*, March 24, 1960, 47; "Who's News: Sommer Elected Monsanto Executive Vice President," June 16, 1959, 20; Paris, "Monsanto: The First 75 Years"; Interview with Bob Rumer, February 11, 2007, series 10, box 5, folder: Monsanto Company History (Historical Accounts [Phillion, Lee]), MCR.

[28] "Prelude to a Start-Up: A Century of Changes," *Monsanto Magazine*; Dan Forrestal, *Faith, Hope, and $5,000: The Story of Monsanto* (New York: Simon & Schuster, 1977), 201.

6 "能卖多久卖多久"

[1] Report of a New Chemical Hazard, December 15, 1966, Poison Papers archive, managed by the Bioscience Research Project and the Center for Media and Democracy and based on papers collected by environmentalist and journalist Carol Van Strum, https://www.poisonpapers.org/the-poison-papers/ (下称 PPA); Letter from Henry Strand, Rising and Strand, Sweden, to David Wood, Monsanto Europe, Brussels, Belgium, November 28, 1966, PPA; Gerald Markowitz and David Rosner, "Monsanto, PCBs, and the Creation of a 'World-Wide Ecological Problem,'" *Journal of Public Health Policy* 39 (2018): 482. 这篇文章是马科维茨（Markowitz）和罗斯纳（Rosner）根据他们在2010年为声称因接触多氯联苯而受到伤害的客户辩护时，为律师事务所撰写的提交法院的报告改写的。本章展示的这两位作者所引用的许多资料，与艾伦·格里菲斯·斯皮尔斯在《在多氯联苯中受洗：美国安尼斯顿镇的种族、污染和正义》(Chapel Hill: University of North Carolina Press, 2014) 一书中引用的材料一致。任何对多氯联苯的历史感兴趣的人都应该进一步阅读他们的著作。要想更全面地了解化学公司隐瞒有毒产品有害信息的历史，参见 Gerald Markowitz and David Rosner, *Deceit and Denial: The Deadly Politics of Industrial Pollution* (Berkeley: University of California Press, 2001)。

[2] Recommended Procedures for the Disposal of PCB-Containing Wastes (Industrial Facilities), February 27, 1976; 1972 (?) US Government Printing Office (GPO) Report on PCBs, PPA; Spears, *Baptized in PCBs*, 161; Markowitz and Rosner, "Monsanto, PCBs, and the Creation of a 'World-Wide

Ecological Problem,'" 473. 全球大约有15家多氯联苯生产商，但没有一家能像孟山都那样大规模生产这些化合物。例如，20世纪第二大多氯联苯生产企业拜耳在1930—1977年期间的销售额还不到孟山都公司多氯联苯总生产量的23%。大多数公司的销售额不到56000吨，而孟山都的这一数字是707788吨。参见 International Agency for Research on Cancer, *Polychlorinated Biphenyls and Polybrominated Biphenyls* 107, IARC Monographs on the Evaluation of Carcinogenic Risks to Humans (2016), 72。

〔3〕Memorandum from R. Emmet Kelly to D. Wood, February 10, 1967, Chemical Industry Archives, a project of the Environmental Working Group, https://web.archive.org/web/20170117202824/http://chemicalindustryarchives.org/search/（下称 CIAEWG）。当本书在2021年付印时，该电子资料库已无法访问。

〔4〕Letter from R. Emmet Kelly to J. W. Barrett, September 20, 1955, CIAEWG; Spears, *Baptized in PCBs*, 89; 更多关于孟山都在1966年之前就掌握的信息，参见 Markowitz and Rosner, "Monsanto, PCBs, and the Creation of a 'World-Wide Ecological Catastrophe,'" 476-82; Heinz Martin, *Polymers, Patents, Profits: A Classic Case Study for Patent Infighting* (Weinheim: Wiley-VCH, 2007), 56; Letter from Elmer P. Wheeler, Assistant Director, Medical Department, Monsanto, to Illegible, Administrator, Industrial Hygiene, Westinghouse Electric Corporation, October 23, 1959, PPA。美国国家环境健康科学研究所的科学家萨莉·怀特（Sally White）和琳达·伯恩鲍姆（Linda Birnbaum）在描述多氯联苯的毒性时解释说："虽然多氯联苯有多种、重叠的结构类型，但多氯联苯本身就是一种混合物，不会存在于没有二噁英类多氯联苯的一般环境中。同样，TCDD（二噁英）和多氯联苯很少在没有对方的环境中被发现。尽管如此，大多数单独的多氯联苯都有其固有的毒性，而且可以与二噁英和其他多氯联苯同质物相互作用，形成叠加、协同和/或拮抗作用，使观察到的混合物的活性具有高变异性。"参见 Sally S. White and Linda S. Birnbaum, "An Overview of the Effects of Dioxins and Dioxin-like Compounds on Vertebrates, as Documented in Human and Ecological Epidemiology," *Journal of Environmental Science and Health, Part C: Environmental Carcinogenesis and Ecotoxicology Reviews* 27, no. 4 (October 2009): 197-211。

〔5〕Spears, *Baptized in PCBs*, 130.

〔6〕Memorandum from E. P. Wheeler, St. Louis, October 21, 1968; Memorandum from Elmer Wheeler, Monsanto Manager of Environmental Health, March 3, 1969; Statement of Robert Risebrough before the Committee on Commerce, US Senate, August 4, 1971, PPA; "State Says Some Striped Bass and Salmon Pose a Toxic Peril," *New York Times*, August 8, 1975; Spears, *Baptized in PCBs*, 137-39; Markowitz and Rosner, "Monsanto, PCBs, and the Creation of a 'World-Wide Ecological Problem,'" 488.

〔7〕Report of Aroclor 'Ad Hoc' Committee (Second Draft), October 15, 1969; Memorandum from W. R. Richard, Monsanto Research Center, to Elmer P. Wheeler, Re: Defense of Aroclor F. Fluids, September 9, 1969, PPA; Markowitz and Rosner, "Monsanto, PCBs, and the Creation of a 'World-Wide Ecological Problem,'" 496-97.

〔8〕关于20世纪60年代的环境行动主义和地球日运动的来源，参见Adam Rome, *The Genius of Earth Day: How a 1970 Teach-In Unexpectedly Made the First Green Generation* (New York: Hill & Wang, 2013); Robert Gottlieb, *Forcing the Spring: The Transformation of the American Environmental Movement* (Washington, DC: Island Press, 2005); 要了解美国环境政策演变的详细历史，参见Richard N. L. Andrews, *Managing the Environment, Managing Ourselves: A History of American Environmental Policy*, 3rd ed. (New Haven: Yale University Press, 2020); Sally F. Fairfax and Edmund Russell, eds., *Guide to U.S. Environmental Policy* (Los Angeles: SAGE, 2014)。

〔9〕Memorandum from W. R. Richard to E. P. Wheeler, May 26, 1969, CIAEWG; Spears, *Baptized in PCBs*, 160; Memorandum from W. R. Richard, Monsanto Research Center, to Elmer P. Wheeler, Re: Defense of Aroclor F. Fluids, September 9, 1969; Letter from Howard S. Bergen, Director, Functional Fluids, to Fred H. Dierker, Executive Officer, State of California Resources Agency, San Francisco Bay Region, March 27, 1969, PPA.

〔10〕Spears, *Baptized in PCBs*, 155; Report and Comments on Meeting on Chlorinated Biphenyls in the Environment at Industrial Biotest Laboratories, Chicago, March 21, 1969, by Robert Metcalf, U. of Illinois, CIAEWG; Memorandum from W. R. Richard, Monsanto Research Center, to Elmer P. Wheeler, Re: Defense of Aroclor F. Fluids, September 9, 1969; Report of Aroclor 'Ad Hoc' Committee (Second Draft), October 15, 1969, PPA. 后来，该实验室

在20世纪70年代和80年代初遭到抨击,因为美国环境保护署发现该实验室伪造了各种化学品的毒理学报告。Michelle Mart, *Pesticides, A Love Story: America's Enduring Embrace of Dangerous Chemicals* (Lawrence: University Press of Kansas, 2015), 155.

[11] Report of Aroclor 'Ad Hoc' Committee (Second Draft), October 15, 1969, PPA; Spears *Baptized in PCBs*, 142-43; Markowitz and Rosner, "Monsanto, PCBs, and the Creation of a 'World-Wide Ecological Problem,'" 465.

[12] Report of Aroclor 'Ad Hoc' Committee (Second Draft), October 15, 1969, PPA; Markowitz and Rosner, "Monsanto, PCBs, and the Creation of a 'World-Wide Ecological Problem,'" 492.

[13] Quoted in Attorney General of Washington Press Release, "AG Ferguson Makes Washington First State to Sue Monsanto Over PCB Damages, Cleanup Cost," December 8, 2016, http://www.atg.wa.gov/news/news-releases/ag-ferguson-makes-washington-first-state-sue-monsanto-over-pcb-damages-cleanup; See also Confidential Report of Aroclor 'Ad Hoc' Committee, October 2, 1969; Undated PCB Presentation to CorporateDevelopment Committee, listed as January 1, 1970, in the Chemical Industry Archives, CIAEWG; "Monsanto Releases PCB Production Figures to Department of Commerce," Monsanto Industrial Chemicals CompanyNews Release, November 30, 1971, PPA; Spears, *Baptized in PCBs*, 129; Markowitz and Rosner, "Monsanto, PCBs, and the Creation of a 'World-Wide Ecological Problem,'" 503-4.

[14] Memorandum from W. R. Richard, Monsanto Research Center to Elmer Wheeler, Re: Defense of Aroclor F. Fluids, September 9, 1969; The PCB Pollution Problem, St. Louis Meeting with General Electric, January 21 and 22, 1970, PPA; Letter from Elmer P. Wheeler, Medical Department, Monsanto, Re: Status of Aroclor Toxicological Studies, January 29, 1970, CIAEWG; Spears, *Baptized in PCBs*, 156; Markowitz and Rosner, "Monsanto, PCBs, and the Creation of a 'World-Wide Ecological Problem,'" 494.

[15] Outline: PCB Environmental Pollution Abatement Plan, November 10, 1969, PPA.

[16] 环保署评估了是否氯含量更低的多氯联苯在事实上对人类健康危害越小,并在1979得出结论认为"**所有的**当时在用的多氯联苯混合物,包括氯含量更低的产品(比如亚老格尔1016),在低浓度水平下都会对哺

乳动物和水生生物产生严重毒性效果"。参见 Environmental Protection Agency, Support Document/Voluntary Environmental Impact Statement for Polychlorinated Biphenyls (PCBs) Manufacturing, Processing, Distribution in Commerce, and Use Ban Regulation (Section 6 (e) of TSCA), Prepared by Office of Toxic Substances, April 1979, PPA; Memorandum from N. T. Johnson, Monsanto, St. Louis, to Various, Re: Pollution Letter, February 16, 1970, CIAEWG; Spears, *Baptized in PCBs*, 143; Markowitz and Rosner, "Monsanto, PCBs, and the Creation of a 'World-Wide Ecological Problem,' " 500。

[17] The PCB Pollution Problem, St. Louis Meeting with General Electric, January 21 and 22, 1970, PPA; Outline, PCB Environmental Pollution Abatement Plan, Rough Draft, November 10, 1969, CIAEWG.

[18] The PCB Pollution Problem, St. Louis Meeting with General Electric, January 21 and 22, 1970.

[19] Monsanto Press Release, Monsanto Replies to Charge That PCB Threatens Environment, April 10, 1970, PPA.

[20] 1972 (?) US Government Printing Office (GPO) Report on PCBs, PPA.

[21] "Monsanto's PCB Problem," W. B. Papageorge, Presented at ANSI Committee C-107 Meeting, September 14, 1971; Memorandum from John Mason, Monsanto, General Office—St. Louis, Subject: PCB's, Report on Meeting with Congressman Wm. F. Ryan (Dem.) 20th District, New York, Washington DC, July 8, 1970, July 13, 1970, PPA.

[22] Letter from R. Emmet Kelly to W. B. Papageorge, March 30, 1970, PPA; Markowitz and Rosner, "Monsanto, PCBs, and the Creation of a 'World-Wide Ecological Problem,' " 502.

[23] Spears, *Baptized in PCBs*, 138; Letter forwarding Testimony of William Papageorge Re: Proposed Toxic Pollutant Effluent Standards for Aldrin-Dieldrin, et al—FWPCA (307)—Docket No. 1, addressed to Betty J. Billings, Hearing Clerk, Environmental Protection Agency, March 12, 1974, PPA.

[24] Memorandum from W. B. Papageorge to E. P. Wheeler, et al., Re: PCB Environmental Problem August Status Report, September 8, 1970, CIAEWG; Letter from W. E. Shalk, Director of Sales, Plasticizers, to Customers, June 1, 1970, PPA; Memorandum from W. B. Papageorge, Re: PCB En-

vironmental Problem September Status Report, October 6, 1970, CIAEWG; Spears, *Baptized in PCBs*, 152.

[25] Outline: PCB Environmental Pollution Abatement Plan, November 10, 1969 (Rough Draft), PPA; Spears, *Baptized in PCBs*, 129.

[26] Spears, *Baptized in PCBs*, 151; Memorandum from W. B. Papageorge, Re: PCB Environmental Problem September Status Report, October 6, 1970, CIAEWG.

[27] Undated PCB Presentation to Corporate Development Committee, listed as January 1, 1970, in the Chemical Industry Archives, CIAEWG; Report from Working Group on Disposal of Toxic and Hazardous Waste, June 1973, PPA.

[28] "Monsanto's PCB Problem," W. B. Papageorge, Presented at ANSI Committee C-107 Meeting, September 14, 1971, PPA; Council on Environmental Quality, *Toxic Substances* (Washington, DC: GPO, 1971), 13-14.

[29] Special Undertaking by Purchasers of Polychlorinated Biphenyls, Signed by Monsanto and GE, January 21, 1972, CIAEWG; Markowitz and Rosner, "Monsanto, PCBs, and the Creation of a 'World-Wide Ecological Problem,' " 518-19.

[30] Letter forwarding Testimony of William Papageorge Re: Proposed Toxic Pollutant Effluent Standards for Aldrin-Dieldrin, et al—FWPCA (307) — Docket No. 1, addressed to Betty J. Billings, Hearing Clerk, Environmental Protection Agency, March 12, 1974, PPA.

[31] Minutes of Meeting on Proposed PCB Effluent Standards, Monsanto Company, St. Louis, MO, February 28, 1974, PPA.

[32] Letter from Dr. E. L. Simons, Manager, Environmental Protection Operation, General Electric, to Dr. C. High Thompson, Chairman, Hazardous and Toxic Substance, Regulation Task Force, Office of Water Program Operations, EPA, November 21, 1973, PPA.

[33] Memorandum from H. S. Bergen, B2SL, Monsanto, to W. B. Papageorge, et al., Re: Polychlorinated Biphenyl Effluent Standards, March 8, 1974, PPA; Letter forwarding Testimony of William Papageorge Re: Proposed Toxic Pollutant Effluent Standards for Aldrin - Dieldrin, et al—FWPCA (307) —Docket No. 1, addressed to Betty J. Billings, Hearing Clerk, Envi-

ronmental Protection Agency, March 12, 1974, PPA.

[34] Letter from W. B. Papageorge to Dan A. Albert, Westinghouse Electric Corporation, March 18, 1975, PPA; Markowitz and Rosner, "Monsanto, PCBs, and the Creation of a 'World-Wide Ecological Problem,'" 521.

[35] Letter from W. B. Papageorge to Dan A. Albert, Westinghouse Electric Corporation, March 18, 1975, PPA.

[36] Letter from W. B. Papageorge to Dan A. Albert, Westinghouse Electric Corporation, March 18, 1975, PPA.

[37] Letter from Robert A. Emmett, Chief, Legal Branch, Water Enforcement Division, EPA, to William B. Papageorge, June 5, 1975, PPA.

[38] Letter from Robert A. Emmett, Chief, Legal Branch, Water Enforcement Division, EPA, to William B. Papageorge, June 5, 1975, PPA.

[39] Memo from Floyd A. Bean, Monsanto Marketing Manager, to All Marketing, Re: Inerteen Information, August 29, 1975, PPA.

[40] Spears, *Baptized in PCBs*, 165; EPA Administrator Russell Train's Press Conference Regarding the Toxic Substances Control Act, December 1976, https://www.youtube.com/watch?v=qA5sx6nsQw8; ANSI Committee C107 Meeting Minutes on Use and Disposal of Askarel and Askarel-Soaked Materials, January 12 and January 13, 1976, PPA.

[41] Environmental Protection Agency, Support Document/Voluntary Environmental Impact Statement for Polychlorinated Biphenyls (PCBs) Manufacturing, Processing, Distribution in Commerce, and Use Ban Regulation (Section 6(e) of TSCA), Prepared by Office of Toxic Substances, April 1979, PPA.

[42] PCB Preparedness Q & A, From D. Bishop and D. Wood, St. Louis, to J. Carr, Brussels, September 29, 1976, CIAEWG; "Through Six Reigns: The Story of Our Company from 1867 to 1953," *The Autoclave* 5, no. 3 (June 1953), 12.

[43] Memorandum from Pierre R. Wilkins, New York, Monsanto, to Mr. Earle H. Harbison, Re: Report by PCB Study Group, December 10, 1975, CIAEWG.

[44] 1975年，拉塞尔·特雷恩写信给孟山都说，必须考虑到多氯联苯禁令的"经济影响"。Letter from Russell Train, EPA, to Mr. Hanley, Monsanto, December 22, 1975, CIAEWG; Environmental Protection Agency,

Support Document/Voluntary Environmental Impact Statement for Polychlorinated Biphenyls (PCBs) Manufacturing, Processing, Distribution in Commerce, and Use Ban Regulation (Section 6 [e] of TSCA), Prepared by Office of Toxic Substances, April 1979, PPA. 关于向环保署请愿的公司名单,参阅这一文件第 107-116 页。

[45] Environmental Protection Agency, Support Document/Voluntary Environmental Impact Statement for Polychlorinated Biphenyls (PCBs) Manufacturing, Processing, Distribution in Commerce, and Use Ban Regulation (Section 6 (e) of TSCA), Prepared by Office of Toxic Substances, April 1979, PPA.

[46] *Environmental Defense Fund v. Environmental Protection Agency*, 636 F. 2d 1267 (D. C. Cir., 1980).

[47] Letter from Thomas E. Kotoske, lawyer representing Indiana University, to Roger Strelow, Vice President, Corporate Environmental Program, General Electric Company, December 12, 1988, PPA.

[48] Dana Loomis et al., "Cancer Mortality Among Electric Utility Workers Exposed to Polychlorinated Biphenyls," *Occupational and Environmental Medicine* 54 (1997): 720.

[49] Thomas Sinks et al., "Mortality Among Workers Exposed to Polychlorinated Biphenyls," *American Journal of Epidemiology* 136, no. 4 (1992): 389-98, PPA; 环保署的多氯联苯变压器数据库可以在这里找到: https://www.epa.gov/pcbs/registering-transformers-containing-polychlorinated-biphenyls-pcbs。

[50] Recommended Procedures for the Disposal of PCB-Containing Wastes (Industrial Facilities), February 27, 1976, PPA; "State Says Some Striped Bass and Salmon Pose a Toxic Peril," *New York Times*, August 8, 1975, 1; "GE Nears End of Hudson River Cleanup," *Wall Street Journal*, November 11, 2015, https://www.wsj.com/articles/ge-nears-end-of-hudson-river-cleanup-1447290049#:~:text=As%20the%20dredging%20phase%20comes%20to%20a%20close,%20GE%20faces.

7 "战略性撤退渠道"

[1] 这一描述是基于作者 2016 年 6 月的实地报道;关于这一区域用于制作百威的大麦,参见 "Teetotalling Mormons Grow Barley for Beer," *Bal-*

timore Sun, September 8, 2010, https://www.baltimoresun.com/bs-mtblog-2010-09-teetotalling_mormons_grow_barl-story.html（最后登录：2018 年 11 月 26 日）作者要感谢《农业历史》允许我在这一章和第九章再次使用我 2019 年发表在该杂志上的一篇期刊文章中的材料。"Roundup from the Ground Up: A Supply-Side Story of the World's Most Widely Used Herbicide," *Agricultural History* 91, no. 1 (Winter 2019): 102-38.

[2] "Idaho Rejects Request to Limit Mercury," *Spokesman-Review*, April 26, 2008, https://www.spokesman.com/stories/2008/apr/26/idaho-rejects-request-to-limit-mercury/; "Monsanto Released Dangerous Chemicals at Idaho Plant," *St. Louis Post-Dispatch*, March 26, 2015, https://www.stltoday.com/business/local/monsanto-released-dangerous-chemicals-at-idaho-plant/article_d08e6444-fc62-5347-a30d-295d3f62a8bb.html; "Monsanto Wants Tighter Mercury Rules in Idaho," *Times-News* (Twin Falls, ID), July 24, 2009. 我通过匿名渠道确认了孟山都公司汞污染问题的存在。Air Pollutant Report for Monsanto P4 Production Plant, EPA Enforcement and Compliance History Online, https://echo.epa.gov/air-pollutant-report?fid=110000743982; Hubert Kay, "Monsanto and the American Idea," draft copy, June 1958, "Part II, Chapter 5, How Monsanto Grew," E-4, E-39, folder: Monsanto and the America Idea (Hubert Kay) 1st Draft (Forrestal's Copy), box 1, series 6, Monsanto Company Records, Washington University in St. Louis, Julian Edison Department of Special Collections, St. Louis, Missouri（下称 MCR）; Mitch Hart（前孟山都公司采矿工程师）, interview by the author, Soda Springs, Idaho, July 14, 2016.

[3] Monsanto Chemical Company 1952 Annual Report, 17, 54.

[4] Interview with John E. Franz conducted by James J. Bohning, St. Louis, Missouri, November 29, 1994, Chemical Heritage Foundation Oral History Program, 1-3, 10.

[5] Interview with John E. Franz, 2, 5.

[6] Interview with John E. Franz, 2.

[7] Interview with John E. Franz, 11.

[8] Interview with John E. Franz, 11, 14-16.

[9] Interview with John E. Franz, 24.

[10] 1964 年，孟山都指出，洗涤剂是孟山都磷酸盐的最大市场。

Monsanto Company 1964 Annual Report, 3; Monsanto Chemical Company 1952 Annual Report, 17; Hubert Kay, "Monsanto and the American Idea," draft copy, June 1958, "Part II, Chapter 5, How Monsanto Grew," E-46, series 6, box 1, folder: Monsanto and the America Idea (Hubert Kay) 1st Draft (Forrestal's Copy), MCR; Dan Forrestal, *Faith, Hope, & $5,000: The Story of Monsanto* (New York: Simon & Schuster, 1977), 106-7, 136; "Monsanto Plans Expansion of its Phosphorous Facilities," *Wall Street Journal*, August 2, 1954, 5; "Phosphate Shuffling Nearing End Game," *Chemical and Engineering News* 77, no. 12 (March 22, 1999), 17-20; Monsanto Chemical Company News Release, May 24, 1957, series 04, box 1, folder: all (Laundry detergent); Lever House News Release, "Coin-Op Vending Box Containing Active 'all' Detergent Selected for 5, 000-Year Time Capsule at World's Fair," n. d., series 04, box 1, folder: all (Laundry detergent), MCR.

[11] 新的化学品就是氮川三醋酸钠（NTA）———一种可以取代磷酸基三聚磷酸钠（STPP）的新型化学合成剂。1957年收购孟山都奥霸洗涤剂的利华兄弟公司，在1970年改用孟山都提供的这种新化学物质。但在那一年的12月，卫生局局长办公室对氮川三醋酸钠作为潜在致癌物提出了新的担忧。该机构敦促谨慎采用氮川三醋酸钠，而且此后多年，关于这种化学物质是否适合大规模用于洗涤剂工业的辩论一直在进行。然而，到了20世纪80年代，孟山都最终获得了氮川三醋酸钠的联邦批准，正式结束了对三聚磷酸钠的依赖。"Lever Brothers to Use More NTA in Products and Less Phosphates," *Wall Street Journal*, May 28, 1970, 10; House Committee on Interstate and Foreign Commerce, Subcommittee on Oversight and Investigations, *EPA's Action Concerning Nitrilotriacetic Acid (NTA)*, 96th Cong., 2nd Sess., June 26, 1980; 更多关于磷酸盐洗涤剂的历史与富营养化，参见 Chris Knud-Hansen, "Historical Perspective of the Phosphate Detergent Conflict," Conflict Research Consortium Working Paper 94-54, February 1994, 3; National Academy of Sciences, "Eutrophication: Causes, Consequences, and Correctives," report from proceedings of symposium held at the University of Wisconsin, Madison, June 11-15, 1967 (Washington, DC: NAS, 1969), 6; "Lake Erie Choked by Eutrophication," *Hartford Courant*, February 12, 1968, 8A; "Phosphates Help Little Firms Slip Past Soap Giants," *Los Angeles Times*, November 15, 1970, 11; "Detergents Held Pollution Factor," *New York Times*,

December 15, 1969, 1; Terence Kehoe, "Merchants of Pollution?: The Soap and Detergent Industry and the Fight to Restore Great Lakes Water Quality, 1965-1972," *Environmental History Review* 16, no. 3 (Autumn 1992), 31; "Report Urges Phosphate Ban," *Atlanta Journal Constitution*, April 10, 1970, 19A。

[12] "Anti-Phosphate Move Bodes Ill for Plants," *Idaho State Journal* (Pocatello, ID), December 24, 1970, 11.

[13] Interview with John E. Franz, 24.

[14] Interview with John E. Franz, 18-21, 24, 26, 28; Monsanto Company 1972 Annual Report, 12.

[15] "Q&A—Monsanto in Idaho," transcript of interview with Monsanto's Randy Vranes, President of the Idaho Mining Association, published on the Idaho Mining Association website, February 20, 2014, http://mineidaho.com/2014/02/20/713/. Website no longer available. Text in author's possession.

[16] "Roundup," Monsanto Company website, https://web.archive.org/web/20190320150119/, http://www.monsantoglobal.com/global/au/products/pages/roundup.aspx; Interview with John E. Franz, 33; EPA Fact Sheet, "Regulatory Status of 2-4-5T," (October 1978), 1; "Backgrounder: History of Monsanto's Glyphosate Herbicides," Monsanto publication posted online, June 2005, https://web.archive.org/web/20190619171544/, https://monsanto.com/app/uploads/2017/06/back_history.pdf. 关于2,4-D和2,4,5-T的精彩历史纪录，参见 Carol Van Strum, *A Bitter Fog: Herbicides and Human Rights* (San Francisco: Sierra Club Books, 1983); Thomas Whiteside, *Defoliation: What Are Our Herbicides Doing to Us?* (New York: Ballantine Books, 1970); Thomas Whiteside, *The Withering Rain: America's Herbicidal Folly* (New York: E. P. Dutton, 1971); 直到20世纪80年代德国科学家发现草甘膦是EPSP合酶抑制剂，孟山都公司才知道这一情况。换句话说，多年来，孟山都根本不了解草甘膦确切的工作原理。Daniel Charles, *The Lords of the Harvest* (Cambridge, MA: Perseus Publishing, 2001), 62.

[17] 关于草甘膦、微生物群落和EPSP合酶抑制的科学研究，参见 Qixing Mao et al., "The Ramazzini Institute 13-Week Pilot Study on Glyphosate and Roundup administered at HumanEquivalent Dose to Sprague Dawley Rats: Effects on the Microbiome," *Environmental Health* 17 (2018): 1-12; 孟山都

质疑这项研究的有效性,称研究人员是试图禁止草甘膦的"激进组织"的成员。参见"Glyphosate Shown to Disrupt Microbiome 'At Safe Levels,' Study Claims," *Guardian*, May 16, 2018, https://www.theguardian.com/environment/2018/may/16/glyphosate-shown-to-disrupt-microbiome-at-safe-levels-study-claims. YassineAirbali et al., "Glyphosate-Based Herbicide Exposure Affects Gut Microbiota, Anxiety and Depression-like Behaviors in Mice," *Neurotoxicology and Teratology* 67 (2018): 44-49; Veronica L. Lozano et al., "Sex-Dependent Impact of Roundup on the Rat Gut Microbiome," *Toxicology Reports* 5 (2018): 96-107; Erick V. S. Motta et al. "Glyphosate Perturbs the Gut Microbiota of Honey Bees," *Proceedings of the National Academy of Sciences of the United States of America* 115, no. 41 (2018): 10305-10; Nicolas Blot et al., "Glyphosate, but Not Its Metabolite AMPA, Alters the Honeybee Gut Microbiota," *PLoS One* 14, no. 4 (2019): e01215366; Lola Rueda-Ruzafa et al., "Gut Microbiota and Neurological Effects of Glyphosate," *NeuroToxicology* 75 (2019): 1-8。加州大学戴维斯分校的进化生物学家乔纳森·艾森(Jonathan Eisen)编制了一个研究草甘膦及其对土壤、人类和动物微生物群落的影响的数据库,参见 https://www.zotero.org/groups/341914/glyphoate_microbiota_and_microbiomes/items/H37I47CR/library。关于土壤细菌和草甘膦,可参见 L. H. S. Zobiole, "Glyphosate Affects Micro-Organisms in Rhizospheres of Glyphosate-Resistant Soybeans," *Journal of Applied Microbiology* 110, no. 1 (January 2011): 118-27。关于一项呼吁对草甘膦如何影响土壤生物群落进行更多调查的研究,参见 J. R. Powell and C. J. Swanton, "A Critique of Studies Evaluating Glyphosate Effects on Diseases Associated with *Fusarium* spp.," *Weed Research* 48, no. 4 (August 2008): 307-18。一项刊登于权威刊物《自然》的研究也指出对这一主题的研究过于匮乏:"令人惊讶的是,尽管世界各地大量使用以草甘膦为基础的除草剂,而且围绕草甘膦产品的研究也在积极进行,但很少有人知道它们对非目标土壤生物的潜在影响。"尽管如此,该文得出了这样的结论:"当草甘膦降解有效,而农达在推荐的范围内使用时,农达控制杂草的效果可能对农业土壤中食物网的结构和功能有轻微和短暂的影响。"参见 Marleena Hagner, "Effects on Glyphosate-Based Herbicide on Soil Animal Trophic Groups and Associated Ecosystem Functioning in a Northern Agricultural Field," *Scientific Reports* 9 (2019): 2, 9。

[18] Monsanto Company 1972 Annual Report, 12; Monsanto Company 1975 Annual Report, 2. 关于1972年《农药控制法》的历史，Richard N. L. Andrews, Managing the Environment, Managing Ourselves: A History of American Environmental Policy, 3rd ed. (New Haven: Yale University Press, 2020), 243-44, 262; "Farmers Risk Fine for Herbicide Use," Messenger-Inquirer (Owensboro, KY), July 20, 1977, 1A, 8A; 关于早期监管的历史，参见 Carey Gillam, *Whitewashed: The Story of a Weed Killer, Cancer, and the Corruption of Science* (Washington, DC: Island Press, 2017), 25-36。

[19] "Monsanto Goes Outside Industry in Choosing New President-Chief," *Wall Street Journal*, October 27, 1972, 25; "The Outsider at Monsanto," *New York Times*, November 19, 1972, F9; "New Monsanto President," *St. Louis Post-Dispatch*, October 26, 1972, 9C; Forrestal, *Faith, Hope &5, 000*, 227-29; Monsanto Company 1972 Annual Report, 1.

[20] Monsanto 1975 Annual Report, 4-5, 23; Monsanto Company 1976 Annual Report, 67-68; Interview with William B. Daume (former head of Executive Compensation Committee) conducted by James E. McKee Jr., November 17, 1981; Interview with Winthrop R. Corey conducted by James E. McKeeJr., December 30, 1981, series 10, box 5, folder: Monsanto Company History (Oral History Project, 1981, Folder 2), MCR; "N. C. Wyeth, Inventor, Dies at 78; Developed the Plastic Bottle," *New York Times*, July 7, 1990, 12; 关于可口可乐公司对塑料瓶争论的回应，参见 "Monsanto to Expand Plastic Bottle Output, Has Accord to Supply CocaCola Bottlers," *Wall Street Journal*, October 15, 1973, 13; "A Market Thirst, Never Quenched," *New York Times*, April 9, 1978, F1; "Technology: The Dispute Over Plastic Bottles," *New York Times*, April 13, 1977, 79; Letter from Paul Austin to Woodruff, February 15, 1977, box 16, folder 5, Robert Winship Woodruff Papers, Stuart A. Rose Manuscript, Archives, and Rare Book Library, Emory University。在杜邦的基础上，固特异公司在20世纪70年代末为可口可乐的主要竞争对手百事可乐生产了首批PET塑料瓶。参见 "Goodyear Commits to Plastic Recycling," *The Akron Beacon*, December 23, 1990, D12。

[21] "Johnsongrass Cure Looks Promising During Tests," *El Paso Times*, February 25, 1973, 8-D; "No More Mr. Nutgrass," *Honolulu Advertiser*, March 23, 1975; "Wet and Weedy," *Guardian*, November 23, 1974, 12; Car-

ey Gillam, *Whitewashed*, 28; "Roundup Herbicide Promising," *Red Deer Advocate* (Red Deer, Alberta, Canada), May 28, 1976, 12; Daniel Charles, *Lords of the Harvest*, 62.

[22] Paul K. Conklin, *A Revolution Down on the Farm: The Transformation of American Agriculture Since 1929* (Lexington: University Press of Kentucky, 2009), 131; 1977 Monsanto advertisement featured in Mathieu Asselin, *Monsanto: A Photographic Investigation* (Arles: ActesSud, 2019), n. p. ; Tore Olsson, *Agrarian Crossings: Reformers and the Remaking of the US and Mexican Countryside* (Princeton: Princeton University Press, 2017), 155; Nick Cullather, *The Hungry World: America's Cold War Battle Against Poverty in Asia* (Cambridge, MA: Harvard University Press, 2013), 68, 70, 78, 134, 231, 261, 266–71; John Perkins, *Geopolitics and the Green Revolution: Wheat, Genes, and the Cold War* (New York: Oxford University Press, 1997), vi, 187, 258–59; Michelle Mart, *Pesticides, a Love Story*, 84–85.

[23] "Johnsongrass Cure Looks Promising During Tests," *El Paso Times*, February 25, 1973, 8–D; "No More Mr. Nutgrass," *Honolulu Advertiser*, March 23, 1975; "Monsanto Faces A Possible Rival Line of Herbicide," *Wall Street Journal*, April 8, 1982, 7.

[24] Monsanto Company 1975 Annual Report, 1–2.

[25] "Interest Growing in Phosphate–rich Region," *Idaho State Journal* (Pocatello, ID), February 3, 1975, 9; "Development of Phosphate Mines Could Have Huge Economic Impact," *Idaho State Journal*, December 15, 1974, C–2.

[26] US Department of the Interior, Geological Survey, Bureau of Land Management, US Department of Agriculture, and Forest Service, Draft Environmental Impact Statement, "Development of Phosphate Resources in Southeastern Idaho," Volume 1 (1976), 1–34, 1–349, 1–373, 1–464; Letter from Donald Dubois, EPA Regional Manager, to Vincent McKelvey, US Geological Survey, July 23, 1976, in *Development of Phosphate Resources in Southeastern Idaho*, 3 (1976), 35.

[27] EPA, Office of Radiation Programs, Las Vegas Facility, *Idaho Radionuclide Study* (April 1990), 1; EPA. *Idaho Radionuclide Exposure Study—Literature Review* (October 1987), 3.1–5.2, https://www.osti.gov/servlets/

purl/5811680.

〔28〕North Wind, Inc., private contractor commissioned by the Idaho Department of Environmental Quality, Pocatello Regional Office Mining Program, "Ballard, Enoch Valley, and Henry (P4) Mines Community Involvement Plan," (2012), 2.

〔29〕关于美国环保署早期实施的《超级基金法》的详细环保史，可参见 David Brooks, *Restoring the Shining Waters: Superfund Success at Milltown, Montana* (Norman: University of Oklahoma Press, 2015)。关于洛夫运河，参见 Elizabeth Blum, *Love Canal Revisited: Race, Class, and Gender in Environmental Activism* (Lawrence: University of Kansas Press, 2008)。

〔30〕Letter from David A. Becker, Regional Project Manager, Ecology and Environment, Inc., Seattle, Washington, to Kent Lott, Monsanto Company, March 4, 1987; Letter to John Osborn, USEPA, Region X from Jeffrey Whidden, Ecology & Environment, Inc., April 10, 1987, Re: Trip Report, Monsanto Chemical Company, Soda Springs, Idaho; Letter from Jeffrey Whidden, Ecology and Environment, to John Osborn, EPA, Region X, September 9, 1987; 1989 年 5 月 5 日，环保署提议将苏打泉工厂列入国家优先清单，这将使它有资格获得超级基金清理协议。一年多以后，也就是 1990 年 8 月 30 日，该地址正式成为一个超级基金修复点。EPA Record of Decision (Cleanup Plan) for Monsanto site, with attachments including administrative record index, April 30, 1997, FOIA request number EPA-R10-2015-007749. 作者整理。

8 "他们可以拿走我的房子，只需要给我 30 天的时间搬离"

〔1〕以上描述是根据 2016 年 10 月 11 日作者对西弗吉尼亚州查尔斯顿的斯图尔特·考威尔律师事务所的访问而写的。

〔2〕Stuart Calwell (律师), interview by the author, Charleston, West Virginia, October 11, 2016.

〔3〕Calwell, interview, October 11, 2016.

〔4〕Calwell, interview, October 11, 2016.

〔5〕Calwell, interview, October 11, 2016.

〔6〕Calwell, interview, October 11, 2016.

〔7〕Calwell, interview, October 11, 2016. 关于考威尔离开加州的决

定,他说:"除了一些像这样的经历所带来的浪漫光辉,残酷的现实是,当你在黎明前在一艘发臭的鲍鱼船上醒来……你把手伸进发动机舱,把沾满了黏糊糊柴油残渣的潜水服拉出来,你穿上潜水服,天一亮就跳出船外,全身又冷又湿。这一切可不像人们想象的那么浪漫。"

〔8〕"Dioxin Leaves Mark on a City Called Nitro, But Extent of Impact Is at Issue," *New York Times*, August 4, 1983; Calwell, interview, October 11, 2016.

〔9〕"Workers Sue Monsanto, Claiming Chemical Company Ignored Health Risk," *Baltimore Sun*, July 8, 1984, 11A; Calwell, interview, October 11, 2016.

〔10〕Calwell, interview, October 11, 2016.

〔11〕Plaintiffs' Amended Complaint, 56, April 13, 1981, Docket No. 4, *Dorothy Adkins et al. v. Monsanto Company*, Civil Action 81-2098, US District Court for the Southern District of West Virginia, National Archives at Philadelphia, Philadelphia, Pennsylvania (下称 *Adkins* case file, Philadelphia NARA); "Monsanto, Workers Settle Poisoning Case," *St. Louis PostDispatch*, June 9, 1988, 8D; Monsanto Company 1981 Annual Report, 1.

〔12〕Monsanto Company 1980 Annual Report, 26;下文中关于孟山都依赖石油的分析最早发表于2018年《企业与社会》杂志上。参见Bartow J. Elmore, "The Commercial Ecology of Scavenger Capitalism: Monsanto, Fossil Fuels, and the Remaking of a Chemical Giant," *Enterprise & Society* 19, no. 1 (March 2018): 153-78; Richard J. Mahoney, *A Commitment to Greatness* (St. Louis: Monsanto Company, 1988), 9-10; Fred Aftalion, *A History of the International Chemical Industry: From the 'Early Days' to 2000* (Philadelphia: Chemical Heritage Foundation, 2002), 262-64, 320; Alfred D. Chandler Jr., *Shaping the Industrial Century: The Remarkable Story of the Evolution of the Modern Chemical and Pharmaceutical Industries* (Cambridge, MA: Harvard University Press, 2005), 146-52。

〔13〕Chandler Jr., *Shaping the Industrial Century*, 10.

〔14〕Remarks to Shareholders by Howard A. Schneiderman, Monsanto Shareholders Meeting, April 23, 1982, 2, series 14, box 6, folder: Hanley, John W. (Remarks [Shareholders Mtg., 1982-83]), Monsanto Company Records, Washington University in St. Louis, Julian Edison Department of Special

Collections, St. Louis, Missouri（下称 MCR）; Daniel Charles, *The Lords of the Harvest* (Cambridge, MA: Perseus Publishing, 2001), 12.

[15] Monsanto Company 1982 Annual Report, 7; Monsanto Company 1980 Annual Report, 26; "Dramatic Climb by Oil Prices Gives U. S. Chemical Industry Executives a Headache," *The Sun* (Baltimore), December 2, 1979, K9.

[16] Bartow J. Elmore, "The Commercial Ecology of Scavenger Capitalism," 16; Richard J. Mahoney, *Commitment to Greatness*, 10; Richard J. Mahoney, *In My Opinion: Writings on Public Policy* (St. Louis: Murray Weidenbaum Center on the Economy, Government, and Public Policy at Washington University in St. Louis, 2003), 8, 19–20.

[17] Monsanto EMC Report on Biotech, April 23, 1984, series 1, box 1, folder: Biotechnology (Association of Reserves, 1984–89), MCR; Mahoney, *Commitment to Greatness*, 20; Jack Ralph Kloppenburg Jr., *First the Seed: The Political Economy of Plant Biotechnology, 1492–2000* (1988; repr., Madison: University of Wisconsin Press, 2004), 209.

[18] Chandler, *Shaping the Industrial Century*, 30, 59; Aftalion, *A History of the International Chemical Industry*, 320, 322, 324, 332; Charles, *Lords of the Harvest*, 6; Thomas K. McCraw and William R. Childs, eds., *AmericanBusiness Since 1920*, 3rd ed. (John Wiley & Sons, 2018), 166; Mark Lynas, *Seeds of Science: Why We Got It So Wrong on GMOs* (London: Bloomsbury Sigma, 2020), 91.

[19] Carol Van Strum, *A Bitter Fog: Herbicides and Human Rights* (San Francisco: Sierra Club Books, 1983); Thomas Whiteside, "A Reporter at Large: Contaminated," *New Yorker* (September 1978), 34–81; "Panetta Introduces Agent Orange Bill," *Santa Cruz Sentinel* (Santa Cruz, CA), March 10, 1983, 8; Thomas Whiteside, *The Pendulum and the Toxic Cloud: The Course of Dioxin Contamination* (New Haven: Yale University Press, 1979); Thomas Whiteside, "The Pendulum and the Toxic Cloud," *New Yorker* (July 1977), 55; Whiteside published two earlier treatises on dioxin in *The Withering Rain: America's Herbicidal Folly* (New York: E. P. Dutton, 1971) and *Defoliation: What Are Our Herbicides Doing to Us?* (New York: Ballantine Books, 1970); Marie-Monique Robin, *The World According to Monsanto* (New York: New Press, 2010), 48.

〔20〕Plaintiff's Response to Defendant's Motion for Summary Judgment—Statute of Limitations in *Jeffers v. Monsanto*, Civil Action No. 81-2239, Docket No. 225, 75-76, The Calwell Practice law office files, Charleston, West Virginia（下称 TCP files）.

〔21〕Plaintiff's Response to Defendant's Motion for Summary Judgment—Statute of Limitations in *Jeffers v. Monsanto*, 75-76; Letter from James R. Boggess to Senator Robert Byrd, March 17, 1986, Freedom of Information Act (FOIA) request EPA-R3-2016-005049. 作者申请。

〔22〕在审判期间，这份 1977 年的文件被称为"奇迹"文件，因为它是孟山都特种化学品赔偿部门人事经理约翰·奇迹（John S. Wonders）撰写的。Memorandum from John S. Wonders, Employee/Union Requests Employee Health Data, November 16, 1977, Exhibit A attached to Plaintiff's Complaint, Docket No. 1, *Adkins* case file, Philadelphia NARA; Plaintiff's Response to Defendant's Motion for Summary Judgment—Statute of Limitations in *Jeffers v. Monsanto*, Civil Action No. 81-2239, Docket No. 225, 78, TCP files; "How Industry Handled the Dioxin Question," *St. Louis Post-Dispatch*, November 14, 1983, 32.

〔23〕Robin, *The World According to Monsanto*, 46; *Jeffers v. Monsanto*, Civil Action No. 81-2239, Docket No. 225, Plaintiff's Response to Defendant's Motion for Summary Judgment—Statute of Limitations, 83, TCP files.

〔24〕J. A. Zack and R. R. Suskind, "The mortality experience of workers exposed to tetrachlorodibenzodioxin in a trichlorophenol process accident," *Journal of Occupational Medicine* 22, no. 1 (January 1980): 11-14; R. R. Suskind and V. S. Hertzberg, "Human Health Effects of 2,4,5-T and Its Toxic Contaminants," *Journal of the American Medical Association* 251, no. 18 (1984): 2372-80; Plaintiff's Response to Defendant's Motion for Summary Judgment—Statute of Limitations, 77, TCP files; Letter from Monsanto Company to Frank Cagnetti, Executive Director, Medical Center Fund of Cincinnati, July 13, 1979, Docket No. 2228, *Adkins* case files, Philadelphia NARA.

〔25〕Linda Birnbaum, interview by the author, October 26, 2016; Marilyn A. Fingerhut et al., "Cancer Mortality in Workers Exposed to 2, 3, 7, 8-Tetrachlorodibenzo-P-Dioxin," *New England Journal of Medicine* 324, no. 4 (1991): 212; ManolisKogevinas et al., "Cancer Mortality in Workers Exposed to Phenoxy Herbicides, Chlorophenols, and Dioxins: An Expanded and Updated International Cohort," *American Journal of Epidemiology* 145, no. 12 (June 15, 1997): 1061-75; Sally S. White and Linda S. Birnbaum, "An Overview of the Effect of Dioxin and Dioxin-like Compounds on Vertebrates, as Documented in Human and Ecological Epidemiology," *Journal of Environmental Science and Health, Part C: Environmental Carcinogenesis and Ecotoxicology Reviews* 27, no. 4 (October 2009): 197-211; Clapp quoted in "EPA Wants to Delay Cleanup of Dioxin in Kanawha River," *Charleston Gazette*, May 21, 2000; US Department of Health and Human Services, *14th Report on Carcinogens* (Washington, DC: Department of Health and Human Services, 2016), https://ntp.niehs.nih.gov/pubhealth/roc/index - 1.html; "Study Concludes Dioxin Definitive Cause of Cancer: Report will Be Used to Determine Future Regulations," *Charleston Gazette*, January 23, 2001, P3A. 关于目前与二噁英接触有关的健康研究最全面的综合分析，参见 the National Academy of Sciences, *Veterans and Agent Orange: Update* 2014 (Washington, DC: National Academy of Sciences Press, 2016)。该报告自20世纪90年代中期以来每两年更新一次。

[26] *Jeffers v. Monsanto*, Civil Action No. 81-2239, Docket No. 225, Plaintiff's Response to Defendant's Motion for Summary Judgment—Statute of Limitations, 77, TCP files; Judith A. Zack and William R. Gaffey, "A Mortality Study of Workers Employed at the Monsanto Company Plant in Nitro, West Virginia," in *Human and Environmental Risks of Chlorinated Dioxins and Related Compounds*, eds. Richard E. Tucker, Alvin L. Young, and Allan P. Gray (Boston: Springer US, 1983), 575-91; Alastair Hay and Ellen Silbergeld, "Assessing the risk of dioxin exposure," *Nature* 315 (May 9, 1985), 102.

[27] *James Mandolidis v. Elkins Industries, Inc.*, 246 S. E. 2d 907 (1978).

[28] *James Mandolidis v. Elkins Industries, Inc.* 关于这一拼写错误，参见 "Employer Liability In West Virginia: Compensation Beyond The Law," *Washington & Lee Law Review* 151 36, no. 1 (Winter 1979), 152。

[29] Calwell, interview, October 11, 2016.

[30] Transcript of Proceedings before the Honorable John T. Copenhaver Jr. filed on January 23, 1984, 25-27, Docket No. 2228, *Adkins* case files, Philadelphia NARA; Stuart Calwell, interview by the author, September

15, 2017.

〔31〕Transcript of Proceedings before the Honorable John T. Copenhaver Jr. filed on January 23, 1984, 31, 34-35, Docket No. 2228, *Adkins* case files, Philadelphia NARA.

〔32〕"Mule-Headed," *Charleston Gazette*, November 28, 1985; Calwell, interview, September 15, 2017; "Jury Awards \$58 Million to 47 Railroad Workers Exposed to Dioxin," *New York Times*, August 27, 1982; "DisasterDefense," *Wall Street Journal*, June 7, 1957, 1; "Monsanto Suits Fester in W. Va. ," *Pittsburgh Press*, April 13, 1986, 1B.

〔33〕"Monsanto Denies It Favored Profit Over Safety," *St. Louis Post-Dispatch*, June 26, 1984, 1A, 9A. 据报道，当天地面平均气温为70度，没有降雨。https://www.wunderground.com/history/airport/KCRW/1984/6/25/DailyHistory.html?req_city=&req_state=&req_statename=&reqdb.zip=&reqdb.magic=&reqdb.wmo=&MR=1。

〔34〕Peter H. Schuck, *Agent Orange on Trial: Mass Toxic Disasters in the Courts* (Cambridge, MA: Belknap Press of Harvard University Press, 1987), 87, 112, 166; Jack B. Weinstein, "Preliminary Reflections on Administration of Complex Litigations," *Cardozo Law Review De-Novo* 1 (2009), 8.

〔35〕"Monsanto Denies It Favored Profit Over Safety," *St. Louis Post-Dispatch*, June 26, 1984, 1A, 9A; "Dioxin Trial Opens Against Monsanto," *New York Times*, June 26, 1984, A10. 就在《圣路易斯邮报》报道这个案件的同一天，该报还讨论了里根政府的放松管制政策，其中包括降低环保署对《清洁空气法》的执行严格程度。这真是这一时期的一个生动写照。"Monsanto Trial Starts; 'Chemical Soup' Cited," *The Tennessean* (Nashville, TN), June 26, 1984, 1-B. 20世纪80年代，30多岁的记者威廉·弗雷沃格尔（William Freivogel）曾为《圣路易斯邮报》报道过此案。在2016年9月26日的一次采访中，他向我讲述了这段经历。

〔36〕"Monsanto Denies It Favored Profit Over Safety," *St. Louis Post-Dispatch*, June 26, 1984, 1A, 9A; "Monsanto Trial Starts; 'Chemical Soup' Cited," *The Tennessean* (Nashville, TN), June 26, 1984, 1-B; "The Canadian Connection," *Asbury Park Press* (Asbury, NY), June 13, 1983, C8.

〔37〕"Monsanto Charted Ills' Costs Against Profits, Attorney Says," *Charleston Gazette*, June 26, 1984, 7A.

〔38〕"Monsanto Co. Defends Its Health Record," *St. Louis Post–Dispatch*, June 27, 1984, 12A; "Monsanto Trial Starts; 'Chemical Soup' Cited," *The Tennessean*.

〔39〕"Monsanto Co. Defends Its Health Record," *St. Louis Post–Dispatch*.

〔40〕"Workers Not Told of All Risks, Monsanto's Doctor Says," *St. Louis Post–Dispatch*, July 3, 1984, 17A; "Workers Sue Monsanto, Claiming Chemical Company Ignored Health Risk," *Baltimore Sun*, July 8, 1984, 11A.

〔41〕Written Communication Between the Court and the Jury During Deliberations, filed May 7, 1985, Docket No. 2911, *Adkins* case files, Philadelphia NARA; "Monsanto Suits Fester in W. Va. ," *Pittsburgh Press*, April 13, 1986, 1B.

〔42〕Motion by Plaintiffs for Stay on Motion for New Trial and For Injunction Pending Appeal, May 28, 1985, 2, Docket No. 2915, *Adkins* case files, Philadelphia NARA.

〔43〕Judgment, May 17, 1985, Docket No. 2912; Bill of Costs by Defendant, July 26, 1985, Docket No. 2928; Memorandum Order, December 30, 1985, Docket No. 3235; Order, June 11, 1986, Docket No. 3247; Order, January 24, 1986, Docket No. 3241, *Adkins* case files, Philadelphia NARA.

〔44〕"Monsanto Suits Fester in W. Va. ," *Pittsburgh Press*, April 13, 1986, 1B.

〔45〕"Monsanto Suits Fester in W. Va. ," *Pittsburgh Press*.

〔46〕"Monsanto Suits Fester in W. Va. ," *Pittsburgh Press*.

〔47〕Calwell, interview, October 11, 2016.

〔48〕"Monsanto is Upheld in a Suit on Dioxin Brought by Workers," *New York Times*, August 29, 1987, 9; "Monsanto, Workers Settle Poisoning Case," *St. Louis Post–Dispatch*, June 9, 1988, 8D.

〔49〕"Weary Monsanto Case Jury Voices Relief Upon Dismissal," *Charleston Gazette*, May 8, 1985, 1A, 6A; Summary Guide to Notebooks Containing Jury Instructions, Jury Charge, and Cases and Secondary Authorities, Docket No. 2867, *Adkins* case files, Philadelphia NARA.

〔50〕"Only Medical Records Studied By Witness," *Charleston Gazette*, January 18, 1985, 8A; "Judge Again Refuses EPA Map As Evidence,"

Charleston Gazette, March 14, 1985, 11A.

〔51〕"Former Juror Questions Monsanto's Actions," *Charleston Gazette*, March 29, 1986, 9A.

〔52〕"Former Juror Questions Monsanto's Actions," *Charleston Gazette*.

9 "未经允许擅入我们自己的领地"

〔1〕"Making a Difference at Monsanto," an article based on an interview with Dr. Ernest G. Jaworski, *Monsanto Corporate Research Community Mirror* (February, 1991), 1-4, series 8, box 9, folder: MCR-Research Community Mirror, 1989-93, Monsanto Company Records, Washington University in St. Louis, Julian Edison Department of Special Collections, St. Louis, Missouri (下称 MCR); 更多关于贾沃斯基的生平, 参见 Daniel Charles, *The Lords of the Harvest* (Cambridge, MA: Perseus Publishing, 2001), 8。

〔2〕Yvonne Cripps, "A Legal Perspective on the Control of the Technology of Genetic Engineering," *Modern Law Review* 44, no. 4 (July 1981): 369-70; Jack Ralph Kloppenburg Jr., *First the Seed: The Political Economy of Plant Biotechnology, 1492-2000* (1988; repr., Madison: University of Wisconsin Press, 2004), 252; Marie-Monique Robin, *The World According to Monsanto* (New York: New Press, 2010), 133-35; Errol C. Friedberg, *Biography of Paul Berg: The Recombinant DNA Controversy Revisited* (Singapore: World Scientific, 2014), 138-40; "Origins of Recombinant DNA," Interview with Janet E. Mertz conducted by Stephanie Chen, April 5, 2013, https://dukespace.lib.duke.edu/dspace/bitstream/handle/10161/11704/2013%2005%20April%20Janet%20Mertz%20Interview%20REDACTED.pdf?sequence=1&isAllowed=y.

〔3〕Robin, *The World According to Monsanto*, 133-35; Kloppenburg Jr., *First the Seed*, 196-97; Fred Aftalion, *A History of the International Chemical Industry: From the 'Early Days' to 2000* (Philadelphia: Chemical Heritage Foundation, 2002), 342; 关于基因泰克和其他生物技术初创公司的早期财务增长, 参见 Charles, Lords of the Harvest, 11-12; "People," Los Angeles Times, March 26, 1987, F3; NicholaKalaitzandonakes, "Mycogen: Building a Seed Company for the Twenty-first Century," Review of Agricultural Economics 19, no. 2 (Winter 1997), 456; Thomas K. McCraw and William R. Childs, eds., American Business Since 1920, 3rd ed. (JohnWiley & Sons,

2018), 169。

[4] "Making a Difference at Monsanto"; National Academy of Sciences (NAS), *Genetically Engineered Crops: Experiences and Prospects* (Washington, DC: National Academies Press, 2016), 67-73; 关于席尔和奇尔顿以及他们关于农杆菌的发现, 参见 Charles, *Lords of the Harvest*, 3-6, 10, 14-17, 21-23; 关于基因枪的发展, 参见 Charles, *Lords of the Harvest*, 74-91; Mark Lynas, *Seeds of Science: Why We Got It So Wrong on GMOs* (London: Bloomsbury Sigma, 2018, 2020), 59-70。

[5] Mark Lynas, *Seeds of Science*, 95-96.

[6] Charles, *Lords of the Harvest*, 41-49.

[7] Charles, *Lords of the Harvest*, 62.

[8] Charles, *Lords of the Harvest*, 65-68; L. Comai et al., "Expression in Plants of Mutant *aroA* Gene from *Salmonella typhimurium* Confers Tolerance to Glyphosate," *Nature* 317 (1985): 741-44.

[9] Charles, *Lords of the Harvest*, 67-69; Robin, *The World According to Monsanto*, 141; 更多关于细菌衍生的 EPSP 合酶基因和在卢林工厂附近的发现的相关细节, 参见 Jerry M. Green and Michael D. K. Owen, "Herbicide-Resistant Crops: Utilities and Limitations for Herbicide-Resistant Weed Management," *Journal of Agricultural and Food Chemistry* 59, no. 11 (2011), 5825。

[10] Senate Committee on Environment and Public Works, Subcommittee on Nuclear Regulation, *Phosphate Slag Risk*, 101st Cong., 2nd Sess., August 21, 1990, 47; "Soda Springs Temporarily Bans Use of Slag on Roads," *Deseret News* (Salt Lake City, UT), June 25, 1990; "Betting the Farm on Biotech," *New York Times*, June 10, 1990, 36; Joseph M. Hans Jr. et al., *Above Ground Gamma Ray Logging for Locating Structures and Areas Containing Elevated Levels of Uranium Decay Chain Radionuclides*, prepared by the Office of Radiation Programs of the EPA (April 1978), 1, 17; Tom Gesell, interview by the author, Pocatello, Idaho, July 14, 2016; "State Wants Ban on Phosphate Slag," *Idaho State Journal*, September 27, 1976, 2; EPA, "Radiological Surveys of Idaho Phosphate Ore Processing—The Thermal Process Plant," report produced by EPA's Office of Radiation Programs (November 1977), 2.

[11] 关于这次空中调查的详细描述, 参见 EPA, Office of Radiation

Programs, Las Vegas Facility, *Idaho Radionuclide Study* (April 1990), I, 2-8; H. A. Barry, Project Scientist, Nuclear Radiation Department, Department of Energy Remote Sensing Department operated for the US Department of Energy by EG&G Energy Measurements, Inc., "An Aerial Radiological Survey of Pocatello and Soda Springs, Idaho, and Surrounding Area" (February 1987)。一位第十区的环保署官员向作者提供了巴利（Barry）的这份报告; Gesell, interview; Senate Committee on Environment and Public Works, Subcommittee on Nuclear Regulation, *Phosphate Slag Risk*, 101st Cong., 2nd Sess., August 21, 1990, 47。

［12］"Soda Springs Temporarily Bans Use of Slag on Roads," *Deseret News* (Salt Lake City, UT), June 25, 1990; "Betting the Farm on Biotech," *New York Times*, June 10, 1990, 36.

［13］"Republican State Senators," *Caribou County Sun*, June 22, 1989, FOIA request number EPA-R10-2015-007749. 由作者提交。

［14］Matthew Cheramie（曾居住在苏打泉镇的居民），email correspondence with the author, January 18, 2020. 作者想要感谢马修·切拉米（Matthew Cheramie）先生提供的关于他在苏打泉生活时的见解。

［15］Cheramie email correspondence; Deberah Hansen obituary, https://www.findagrave.com/memorial/26544930/debera-hansen.

［16］目前尚不清楚环保署官员何时或是否发表过这种反击性的言论，但参议员詹姆斯·麦克卢尔（James McClure）在他的国会证词中似乎回忆起，"大概三个月"前，"环保署的一名地区负责人"发表过这种"加强监管"的"威胁"，据报道这位负责人是"援引爱达荷州一篇新闻文章"说，"由于这些社区并没有像环保署希望的那样对早前关于炉渣的声明做出反应，环保署决定采取更强有力的策略去说服他们。" Senate Committee on Environment and Public Works, Subcommittee on Nuclear Regulation, *Phosphate Slag Risk*, 101st Cong., 2nd Sess., August 21, 1990, 2, 8; Steven Douglas Symms and Larry Grupp, *The Citizen's Guide to Fighting Government* (Ottawa, IL: Jameson Books, 1994).

［17］Senate Committee on Environment and Public Works, Subcommittee on Nuclear Regulation, *Phosphate Slag Risk*, 49. 在被指定为超级基金清理点后，对房地产价值下降的担忧并非毫无根据。环境历史学家肯特·柯蒂斯（Kent Curtis）解释说，在铜冶炼城市蒙大拿州的阿纳康达（Anaconda），

由于1983年该镇的大部分地区被宣布为超级基金清理区,此后这一片的房屋"折价也卖不出去"。Kent Curtis, "Greening Anaconda: EPA, ARCO, and the Politics of Space in Postindustrial Montana," *Beyond the Ruins: The Meaning of Deindustrialization*, eds. Jefferson Cowie and Joseph Heathcott (Ithaca: ILR Press, 2003), 101.

[18] Letter from Raymond C. Loehr, Oddvar F. Nygaard, and James E. Martin, EPA Science Advisory Board, to William R. Reilly, January 21, 1991; Letter from Dana A. Rasmussen, Regional EPA administrator, to Senator Larry Craig, January 24, 1992; "Phase II Remedial Investigation Report - Volume I," Golder Associates, November 21, 1995, 1-13, FOIA request number EPA-R10-2015-007749.

[19] Letter from Raymond C. Loehr, Oddvar F. Nygaard, and James E. Martin, EPA Science Advisory Board, to William R. Reilly.

[20] Environmental Protection Agency (EPA), Graded Decision Guidelines for Phosphorous Slag, https://web.archive.org/web/20131111125111/http://yosemite.epa.gov/r10/cleanup.nsf/ID+slag/Graded+Decision+Guidelines+for+Phosphorus+Slag; Environmental Protection Agency (EPA), informational website for the southeast Idaho Phosphorus Slag Program, "What if Your Building Has Slag in It," https://web.archive.org/web/20170512180830/https://yosemite.epa.gov/R10/CLEANUP.NSF/webpage/what+if+your+building+has+slag+in+it?OpenDocument; Southeastern Idaho Public Health website on phosphate slag, http://www.sdhdidaho.org/comhealth/slag.php.

[21] Environmental Protection Agency (EPA), Graded Decision Guidelines for Phosphorous Slag; Southeastern Idaho Public Health website on phosphate slag. 更多关于辐射比较的信息,参见 the United States Nuclear Regulatory Commission, "Doses in Our Daily Lives," https://www.nrc.gov/about-nrc/radiation/around-us/doses-daily-lives.html。

[22] Environmental Protection Agency (EPA), Graded Decision Guidelines for Phosphorous Slag; Southeastern Idaho Public Health website on phosphate slag; Environmental Protection Agency (EPA), "What if Your Building Has Slag in It."

[23] Southeastern Idaho Public Health website on phosphate slag; Environmental Protection Agency (EPA), "What if Your Building Has Slag in It."

[24] Letter from Dana S. Rasmussen to Senator Larry Craig, January 24, 1992, FOIA request number EPA-R10-2015-007749; Letter from Raymond C. Loehr et al., Science Advisory Board, to William K. Reilly, EPA, January 21, 1991, FOIA request number EPA-R10-2015-007749; Richard N. L. Andrews, *Managing the Environment, Managing Ourselves: A History of American Environmental Policy*, 3rd ed. (New Haven: Yale University Press, 2020), 267.

[25] Letter from Raymond C. Loehr et al., Science Advisory Board, to William K. Reilly, EPA; Community Relations Plan for Monsanto Chemical Corporation, Caribou County, Idaho, written by EPA, December 17, 1991, FOIA request number EPA-R10-2015-007749.

[26] Community Relations Plan for Monsanto Chemical Corporation, Caribou County, Idaho; "Republican State Senators Tour Plants," *Caribou County Sun*, June 22, 1988, FOIA request number EPA-R10-2015-007749. 与其他超级基金修复社区相比，俄克拉荷马州皮歇尔（Picher）的例子很有启发意义。地理学家大卫·罗伯逊（David Robertson）研究了这个在1983年被环保署列入超级基金修复点名单的铅锌矿镇，他发现，"皮切尔居民认识到该地区的环境威胁，并在20世纪90年代成立了一些草根组织，其使命是公开揭露他们社区的污染问题。"在一项调查中，80%的镇民表示，他们将参与由环保署发起的一项收购计划，该计划将帮助那些家庭重新安置。因此，这是一个跟苏打泉镇不一样的案例。皮切尔案所展示的，是一个矿业社区积极努力提高对他们城镇环境问题的认识，许多社区成员愿意考虑彻底的补救措施。不可否认，皮切尔和苏打泉之间有许多不同之处（比如健康问题和铅污染之间的因果关系在皮切尔更明确）。但有必要指出的是，皮切尔的矿业公司早就放弃了这个俄克拉荷马州社区，在20世纪60年代就关闭了他们在这里的锌矿和铅矿。而在苏打泉，污染企业仍在运营，还是当地经济的关键推动力，那里的许多市民还在担忧治理举措会对企业雇主造成不利影响。David Robertson, *Hard as the Rock Itself: Place and Identity in the American Mining Town* (Boulder: University Press of Colorado, 2006), 161, 165.

[27] "Phase II Remedial Investigation Report - Volume I," Golder Associates, November 21, 1995; Monsanto Superfund Site Public Meeting transcript for meeting held on August 13, 1996, Soda Springs High School Auditorium, So-

da Springs, Idaho, FOIA request number EPA-R10-2015-007749; EPA, Office of Radiation Programs, Las Vegas Facility, *Idaho Radionuclide Study*, 1; 孟山都雇佣的环境咨询公司高达咨询（Golder Associates）在一份1995年的报告说，苏打泉工厂的窑炉排放的放射性核素（包括钋-210）每年产生0.6居里的辐射，低于20世纪90年代美国环保署规定的元素磷工厂每年2居里的国家有害空气污染物排放标准。然而，钋-210可以在工厂周围的土壤和河流沉积物样本中找到。参见"Phase II Remedial Investigation Report – Volume I," Golder Associates, November 21, 1995, 1-14, 4-16, 4-19, and Table 2-3, Table 2-4, Table 4-13, Table 5-1, and Figure 4-18。

[28] Robert Gunnell, interview by the author, Provo, Utah, February 28, 2019.

[29] Monsanto Superfund Site Public Meeting transcript for meeting held August 13, 1996; Letter from Robert D. Gunnell to Tim Brincefield, EPA, September 3, 1996; Letter from Charlotte Gunnell to Tim Brincefield, EPA, September 8, 1996, FOIA request number EPA-R10-2015-007749; "Phase II Remedial Investigation Report – Volume I," Golder Associates, Table 4-17, Figure 4-13; *Fourth Fifth-Year Review Report for Monsanto Chemical Co. (Soda Springs Phosphorous Plant), Superfund Site, Caribou County, Idaho* (September 12, 2018), 8-9, https://semspub.epa.gov/work/10/100113049.pdf.

[30] Letter from Robert D. Gunnell to Tim Brincefield, EPA, September 3, 1996, FOIA request number EPA-R10-2015-007749.

[31] Letter from Robert D. Gunnell to Tim Brincefield, EPA, September 3, 1996, FOIA request number EPA-R10-2015-007749. 罗伯特的哥哥也写了一封信支持家人。参见 letter from E. Leroy Gunnell to Tim Brincefield, September 9, 1996, FOIA request number EPA-R10-2015-007749。

[32] Letter from Ron and Carolyn Lau to Tim Brincefield, EPA, September 26, 1996; Memorandum from Timothy Brincefield to Monsanto Site File and Administrative Record, April 30, 1997, FOIA request number EPA-R10-2015-007749.

[33] Phone Conversations Considered/Relied Upon During the Selection of Remedy, 4/30/97, Summary from Earlier Handwritten notes taken by the Remedial Project Manager (RPM), FOIA request number EPA-R10-2015-007749; Gunnell, interview.

［34］Phone Conversations Considered/Relied Upon During the Selection of Remedy; Letter from Robert L. Geddes, Monsanto, to Kathleen Stryker, EPA, June 17, 1997, FOIA request number EPA-R10-2015-007749.

［35］Letter from Hyland P. James, Monsanto, to Randy Smith, EPA, March 7, 1996, FOIA request number EPA-R10-2015-007749.

［36］EPA, *Fourth Fifth-Year Review Report for Monsanto Chemical Co.*, 11, 21-22.

［37］EPA, *Third Five-Year Review Report for Monsanto Chemical Co. (Soda Springs Phosphorous Plant)*, September 2013, vii, 28, 41, https://www3.epa.gov/region10/pdf/sites/monsanto/monsanto_3rd_FYR_091013.pdf.

［38］US Government Accountability Office (GAO), *Phosphate Mining: Oversight Has Strengthened, but Financial Assurances and Coordination Still Need Improvement* (May 2012), 9; Idaho Mining Association, Selenium Committee, *Final—Summer 2001 Area-Wide Investigation Data Summary*, Southeast Idaho Phosphate Resource Area Selenium Project, prepared by Montgomery Watson Harza (July 2002), 1-2; Elizabeth Niven, "Reaching Out to the Community in Idaho," Monsanto company blog, October 19, 2012, http://monsantoblog.com/2012/10/19/reaching-out-to-the-community-in-idaho/; North Wind, Inc., private contractor commissioned by the Idaho Department of Environmental Quality, Pocatello Regional Office Mining Program, "Ballard, Enoch Valley, and Henry (P4) Mines Community Involvement Plan," (2012), 3; EPA News Release, "Idaho mining company agrees to pay \$1.4 million penalty to settle alleged clean water act violations," April 20, 2011, http://yosemite.epa.gov/opa/admpress.nsf/eeffe922a687433c85257359003f5340/8bf6aa09197a30f58525787800796252!OpenDocument.

［39］Shoshone-Bannock Tribal Council, interview by the author, Fort Hall Indian Reservation, Idaho, July 14, 2016.

［40］"Monsanto's Phosphate Operation," *Chemical & Engineering News* 87, no. 33 (August 17, 2009); "AP News Break: EPA Says Monsanto Mine Violates Law," *San Diego Union-Tribune*, June 25, 2009, http://www.sandiegouniontribune.com/sdut-us-monsanto-mine-violations-062509-2009jun25-story.html.

［41］关于污染治理中的权力失衡，参见例如 Robert Bullard, *Dumping*

in Dixie: Race, Class, and Environmental Quality (Boulder: Westview Press, 1990)。这本书记录了有色人种所在社区如何不成比例地承受处理有毒废物的负担，并且往往无法说服政府当局不要在他们的家乡附近开展危害活动。关于美国环境种族主义的深度历史，参见 Carl A. Zimring, Clean and White: A History of Environmental Racism in the United States (New York: New York University Press, 2017)。苏打泉的人口主要是白人（超过95%），但是居住在附近的少数族裔社区同样会受到环保署决策的影响。肖松尼－班诺克部落的代表曾清楚表达过不满，认为他们的声音对环保署的影响似乎没有其他选区的那么大。

10 "你需要的唯一除草剂"

[1] Stephen O. Duke, "The History and Current Status of Glyphosate," *Pest Management Science* 74, no. 5 (May 2018): 1030.

[2] Marie-Monique Robin penned this critical quip referring to Monsanto in her 2008 book, *The World According to Monsanto* (New York: New Press, 2010), iii; 1985 Searle Annual Report, 1–9; Daniel Charles, *The Lords of the Harvest* (Cambridge, MA: Perseus Publishing, 2001), 114.

[3] Robin, *The World According to Monsanto*, 189; "Monsanto Visionary in a Cubicle; Could His Company's Special Culture Survive A Merger," *New York Times*, March 3, 1999, C1, C2.

[4] "Monsanto Visionary in a Cubicle," *New York Times*; "Monsanto's Bet: There's Gold in Going Green," *Fortune*, April 14, 1997, 166, http://archive.fortune.com/magazines/fortune/fortune_archive/1997/04/14/224981/index.htm; 2014年，当我联系夏皮罗先生时，我也感受到邮件秒回。Email from Bob Shapiro, February 18, 2014. Journalist Marie-Monique Robin details a similar experience in The World According to Monsanto. 记者玛丽-莫尼克·罗宾也在《孟山都眼中的世界》(*The World According to Monsanto*) 一书中详细描述了类似的经历。

[5] Robin, The World According to Monsanto, 306; Carl Franken, "Monsanto Breaks the Mold," *Tomorrow magazine* (May/June, 1996), 62, series 14, box 26, folder: Shapiro, R. (Speeches) 1996, Monsanto Company Records, Washington University in St. Louis, Julian Edison Department of Special Collections, St. Louis, Missouri（下称 MCR）; Joan Magretta, "Growth

Through Global Sustainability: An Interview with Monsanto's CEO, Robert Shapiro," *Harvard Business Review* (January-February 1997): 82; Charles, Lords of the Harvest, 269.

[6] Magretta, "Growth Through Global Sustainability," 82.

[7] 1993 Monsanto Company Annual Report, 40-41.

[8] 1992 Monsanto Company Annual Report, frontmatter; 1993 Monsanto Company Annual Report, 3, 11.

[9] Monsanto Company 1993 Annual Report, 32. 尽管生产力从来都不是导致世界上许多地方饥荒的根本原因,但关于生产力如何成为世界粮食供给运动口号的精彩历史,参见 Nick Cullather, *The Hungry World: America's Cold War Battle Against Poverty in Asia* (Cambridge, MA: Harvard University Press, 2010)。关于促使政策制定者大举投资提高美国农业生产率的冷战外交政策的进一步分析,参见 Shane Hamilton, *Supermarket USA: Food and Power in the Cold War Farms Race* (New Haven: Yale University Press, 2018)。

[10] Monsanto Company 1993 Annual Report, 8, 14, 17; Monsanto Company 1994 Annual Report, 8; Monsanto BST Public Affairs Plan (September 1986), 1, series 1, box 2, folder: Biotechnology (Public Affairs Plan), MCR. 作者要感谢马修·邦纳 (Matthew Bonner),他在俄亥俄州立大学写本科荣誉论文时发现了这份文件。参见 Matthew Bonner, "From the Boardroom to the Courtroom: The Monsanto Corporate Influence and Liabilities," (undergraduate honors thesis, The Ohio State University, Department of Management and Human Resources, May 2020), 38. Charles, *Lords of the Harvest*, 94-95。

[11] Monsanto Company 1994 Annual Report, 1, 6, 8; "Betting the Farm on Biotech," *New York Times*, June 10, 1990, 36.

[12] Charles, *Lords of the Harvest*, 72, 126-48, 151.

[13] *Diamond v. Chakrabarty*, 447 US 303 (1980); Committee on a National Strategy for Biotechnology in Agriculture, National Research Council, "Agricultural Biotechnology: Strategies for National Competitiveness," published by the National Academies of Science (1987), 57; Jack Ralph Kloppenburg Jr., *First the Seed: The Political Economy of Plant Biotechnology, 1492-2000* (1988; repr., Madison: University of Wisconsin Press, 2004), 261-63.

[14] Kloppenburg Jr., *First the Seed*, 132-51, 262-63.

〔15〕Kloppenburg Jr., *First the Seed*, 263-65.

〔16〕更多关于大卫·金斯伯里和他对生物技术的看法，参见"Kingsbury on NSF, Biotech Regulation," *The Scientist*, March 23, 1987, https: //www.the-scientist.com/news/kingsbury-on-nsf-biotech-regulation-63924; "Scientist and Rule-Maker: Dr. David T. Kingsbury," *New York Times*, July 21, 1986, A10; Fact Sheet: Proposal for a Coordinated Framework for Regulation of Biotechnology, John A. Svahn (Jack) Files, box 13531, folder: Biotechnology (2), Ronald Reagan Presidential Library, Simi Valley, CA。

〔17〕"Redesigning Nature: Hard Lessons Learned; Biotechnology Food: From the Lab to Debacle," *New York Times*, January 25, 2001, A1; Robin, *The World According to Monsanto*, 142-43; Charles, *Lords of the Harvest*, 25-29.

〔18〕George H. W. Bush's 1987 Visit to Monsanto, https: //www.youtube.com/watch? v=EeS6usKzMTE; Robin, *The World According to Monsanto*, 143-44.

〔19〕President's Council on Competitiveness, Report on National Biotechnology Policy, June 28, 1990, NLGB Control No. 40029; Stephen Hopgood, *American Foreign Environmental Policy and the Power of the State* (New York: Oxford University Press, 1998), 141; Memorandum from Vice President Dan Quayle to President George H. W. Bush, July 24, 1990, NLGB Control No. 2106; Michael Boskin, Council of Economic Advisers, Briefing for the Council on Competitiveness, Fostering the Competitiveness of the U. S. Biotechnology Industry, n. d., NLGB Control No. 8436, George H. W. Bush Library, College Station, Texas (下称 GHWBL).

〔20〕Larry Lindsey, domestic economic policy adviser to George H. W. Bush, Memorandum for the Biotechnology Working Group of the Council of Competitiveness, March 9, 1990, NLGB Control No. 2105, GHWBL; Rebecca Goldburg et al., *Biotechnology's Bitter Harvest: Herbicide-Tolerant Crops and the Threat to Sustainable Agriculture*, a report of the Biotechnology Working Group (March 1990), 1, 5, https: //blog.ucsusa.org/wp-content/uploads/2012/05/Biotechnologys-Bitter-Harvest.pdf; Charles, *Lords of the Harvest*, 92-97.

〔21〕Lindsey, Memorandum.

〔22〕Food and Drug Administration, "Food For Human Consumption and Animal Drugs, Feeds, and Related Products: Foods Derived from New Plant Varieties; Policy Statement, 22984," *Federal Register* 57, no. 104 (May 29, 1992), 22984, https://www.fda.gov/regulatory-information/search-fda-guidance-documents/statement-policy-foods-derived-new-plant-varieties; Robin, *The World According to Monsanto*, 144–46.

〔23〕"Making Decisions By Consensus Suits Shapiro's Management Style," *St. Louis Post-Dispatch*, December 10, 1996, A12, series 10, box 07, folder: Organization (1998 Merger), MCR; "Company News; A Promotion to President at Monsanto," *New York Times*, December 8, 1992, D6.

〔24〕关于罗斯个人退休账户和401k计划的历史，参见 John Cassidy, *Dot. con: The Greatest Story Ever Sold* (New York: Penguin, 2003), 29–31, 118。关于详细描述20世纪80年代股市中中产阶级权益的爆炸式增长的出色图表，参见 Julia C. Ott, *When Wall Street Met Main Street: The Quest for an Investors' Democracy* (Cambridge, MA: Harvard University Press, 2014), 101。

〔25〕Monsanto Company 1995 Annual Report, 4, 8; Monsanto Company 1997 Annual Report, 6. 1997年，夏皮罗在给孟山都员工的一封内部邮件中提到，孟山都是"基因工程领域的微软"。Email to Charlotte J. Kuhn, Re: Monsanto Tomorrow—LSC, May 14, 1997, series 10, box 07, folder: Organization (1997 Solutia Separation), MCR; 主管农业研究的副总裁罗伯特·弗雷利也把这个比喻向微软公司宣传。参见 Charles, *Lords of the Harvest*, 110。

〔26〕Charles, *Lords of the Harvest*, 149–50; Monsanto Company 1996 Annual Report, 3.

〔27〕Charles, *Lords of the Harvest*, 164–67, 239.

〔28〕Patrick J. Tranel and Terry R. Wright, "Review: Resistance of Weeds to ALS-inhibiting Herbicides: What Have We Learned?" *Weed Science* 50 (November–December 2002): 700–712; Stephen O. Duke and Stephen B. Powles, "Mini-Review: Glyphosate: A Once-in-a-Century Herbicide," *Pest Management Science* 64 (2008): 321. 关于一张展现"抗农达"革命前美国除草剂使用的构成图，参见 Scott M. Swinton and Braeden Van Deynze, "Hoes to Herbicides: The Economics of Evolving Weed Management," *European Journal of Development Research* 29, no. 3 (2017): 565; Mark Loux (weed scientist at The Ohio State University), interview by the author, September 5,

2018; Mark Loux, interview by the author, November 14, 2018。

[29] Mark Loux, interview by the author, November 14, 2018.

[30] Monsanto Agricultural Group, "Roundup Ready™ Soybean Checklist," *Midwest MAGnifier* 3, no. 4 (June 1996), 1 (emphasis in the original); Monsanto advertisement for Roundup Ready Cotton (April/May 1998), attached to author email correspondence with Mark Loux, September 4, 2018; Monsanto Agricultural Group, "Growers Give New Soybeans an A+," *Midwest MAGnifier* 4, no. 1 (March 1997), 1; Monsanto Agricultural Group, "Clean Fields and High Yields with Roundup Ready Soybeans," *Midwest MAGnifier* 4, no. 2 (May 1997), 1-2, all in author's possession; Sylvie Bonny, "Genetically Modified Herbicide-*Tolerant* Crops, Weeds, and Herbicides: Overview and Impact," *Environmental Management* 57 (2016): 39.

[31] Laura D. Bradshaw et al., "Perspectives on Glyphosate Resistance," *Weed Technology* 11, no. 1 (January-March 1997): 189, 196.

[32] Christopher Preston et al., "A Decade of Glyphosate-Resistant *Lolium* around the World: Mechanisms, Genes, Fitness, and Agronomic Management," *Weed Science* (2009): 435; Stephen B. Powles et al., "Evolved Resistance to Glyphosate in Rigid Ryegrass (*Loliumrigidum*) in Australia," *Weed Science* 46 (1998): 604-7; Bonny, "Genetically Modified Herbicide-Tolerant Crops, Weeds, and Herbicides," 39.

[33] Roundup Ready Canola, FarmCentral.com（一个孟山都资助的网站）, https://web.archive.org/web/19981202105106/http://www.farmcentral.com/s/rr/s3rrzzzzz.html; Monsanto, *1996 Environmental Annual Review*, 3, https://web.archive.org/web/19970714063108/http://www.monsanto.com:80/monpub/environment/monsantoear96/96earall.pdf; Monsanto Chairman Robert B. Shapiro, Remarks to Society of Environmental Journalists, October 28, 1995, https://web.archive.org/web/19961111115403/http://www.monsanto.com:80/MonPub/InTheNews/Speeches/951028Shapiro_Robert.html; Magretta, "Growth Through Global Sustainability," 82.

[34] Charles, *Lords of the Harvest*, 14, 60, 109, 193.

[35] Monsanto Company 1996 Annual Report, frontmatter; Charles, *Lords of the Harvest*, 60-61, 159, 195; "Monsanto to Buy Seed Concern for as Much as $1.02 Billion," *Wall Street Journal*, January 7, 1997, https://

www. wsj. com/articles/SB852557052805035500; "Monsanto in a Big Seed Deal Whose Price Raises Eyebrows," *New York Times*, January 7, 1997, D8.

[36] Charles, *Lords of the Harvest*, 120-23, 160.

[37] Charles, *Lords of the Harvest*, 121-22, 161.

[38] Charles, *Lords of the Harvest*, 123-24; 152-55.

[39] Charles, Lords of the Harvest, 187, 210; Duke, "The History and Current Status of Glyphosate," 1030.

[40] Email to Charlotte J. Kuhn, Re: Monsanto Tomorrow—Monday, December 9, 1996, Email to Charlotte J. Kuhn, Re: Monsanto Tomorrow—Thursday, December 17, 1996, Email to Charlotte J. Kuhn, Re: Monsanto Tomorrow—Wednesday, December 18, 1996, series 10, box 07, folder: Organization (1997 Solutia Separation); "It's Official: Monsanto to Divide Into 2 Firms," *St. Louis Post-Dispatch*, December 10, 1996, A1, series 10, box 07, folder: Organization (1998 Merger); "Monsanto's Shapiro Repeats As Top-Paid Executive," *St. Louis Post-Dispatch*, July 19, 1998, E1, series 10, box 7, folder: Organization (1998 Merger), MCR; "Solutia's Ultimatum is Called Bid for Attention," *St. Louis Post-Dispatch*, December 7, 2003, G1, Rich Sauget Sr. scrapbook made available to the author in Sauget, Illinois; "Bankruptcy Stalks Solutia if Bondholders Won't Relent," *St. Louis Post-Dispatch*, Rich Sauget Sr. scrapbook; "Merger Between Monsanto and Pharmacia," *St. Louis Post-Dispatch*, December 21, 1999, A8.

[41] Monsanto Company 1997 Annual Report, 24.

[42] "It's Official: Monsanto to Divide Into 2 Firms," *St. Louis Post-Dispatch*.

11 "我必须替他们哭泣"

[1] Affidavit of Robert G. Kaley II, Ph. D., Director of Environmental Affairs, Monsanto, in *Walter Owens et al. v. Monsanto Company*, August 14, 1996, M01569, M01571-M01572, Chemical Industry Archives, a project of the Environmental Working Group https://web. archive. org/web/20170117202824/http://chemicalindustryarchives. org/search/ (下称 CIAEWG); Monsanto Property Purchase Program, Document sent to Anniston homeowners, 1995, Poison Papers archive, managed by the Bioscience Research Project and the Center

for Media and Democracy and based on papers collected by environmentalist and journalist Carol Van Strum, https://www.poisonpapers.org/the-poison-papers/（下称 PPA）; Ellen Griffith Spears, *Baptized in PCBs: Race, Pollution, and Justice in an All-American Town* (Chapel Hill: University of North Carolina Press, 2014), 215. 1995 年，亚拉巴马州公共卫生部的统计显示，距离孟山都工厂一英里以内居住着 5296 人，其中 44% 是黑人。参见 Health Consultation, Monsanto Company, Anniston, Calhoun County, Alabama, CERCLIS No. ALD004019048, prepared by Alabama Department of Public Health, 1995, CIAEWG。

[2] 大卫·贝克在接受历史学家艾伦·格里菲斯·斯皮尔斯（Ellen Griffith Spears）的采访时承认他早年对多氯联苯问题的一无所知。参见 Spears, *Baptized in PCBs*, 215。另见 Dennis Love, *My City Was Gone: One American Town's Secret, It's Angry Band of Locals, and a $700 Million Day in Court* (New York: Harper Perennial, 2006), 159。如果没有斯皮尔斯和记者丹尼斯·洛夫（Dennis Love）的努力，本书的这一部分就不可能完成。他们两人都对大卫·贝克进行了采访，并对安尼斯顿的故事进行了深入调查。更多关于孟山都对这个小镇的影响的细节，请参阅他们的优秀作品。

[3] Love, *My City Was Gone*, 23; Spears, *Baptized in PCBs*, 96-100.

[4] 哥伦比亚广播公司的《60 分钟》节目制作了一集关于安尼斯顿的节目，名为《有毒小镇》(*Toxic Town*)。在这期节目中，记者史蒂夫·克罗夫特（Steve Kroft）采访了一些市民，他们都说自己的血液中含有极高水平的多氯联苯。参见 "Toxic Town," 60 Minutes, broadcast on November 7, 2002。大卫·贝克向记者丹尼斯·洛夫透露，他血液中的多氯联苯水平为 341ppb，是美国人血液正常浓度 1.5 ppb 的 227 倍。Health Consultation, Monsanto Company, Anniston, Calhoun County, Alabama, CERCLIS No. ALD004019048, prepared by Alabama Department of Public Health, 1995, CIAEWG; ADEM, Draft Study Proposal—Choccolocco Creek Watershed, November 1993, CIAEWG; Love, *My City Was Gone*, 209, 227; Spears, *Baptized in PCBs*, 5, 203, 229.

[5] Love, *My City Was Gone*, 206; Spears, *Baptized in PCBs*, 204, 215-16, 235, 238.

[6] Love, *My City Was Gone*, 31, 145-52, 157.

[7] Spears, *Baptized in PCBs*, 214.

[8] Quoted in Spears, *Baptized in PCBs*, 214-15; Love, *My City Was Gone*, 158-59.

[9] Love, *My City Was Gone*, 163.

[10] Letter from David Baker of Community Against Pollution, Anniston, Alabama, to Richard D. Green, Director, Waste Management Division, Region IV, EPA, Re: Anniston PCB contamination, February 18, 1999, CIAEWG.

[11] Report of Aroclor "Ad Hoc" Committee (Second Draft), October 15, 1969, PPA; Spears, *Baptized in PCBs*, 229, 241.

[12] "St. Louis CEOs Pocketed $430 Million Last Year," *St. Louis Post-Dispatch*, July 19, 1998, A1; "Monsanto's Shapiro Repeats As Top-Paid Executive," *St. Louis Post-Dispatch*, July 19, 1998, E1, series 10, box 7, folder: Organization (1998 Merger), Monsanto Archives; "Merger Between Monsanto and Pharmacia," *St. Louis Post-Dispatch*, December 21, 1999, A8.

[13] "Merger Between Monsanto and Pharmacia," *St. Louis Post-Dispatch*, December 21, 1999, A8; Daniel Charles, *The Lords of the Harvest* (Cambridge, MA: Perseus Publishing, 2001), 235.

[14] "Timeline: The EU's Unofficial GMO Moratorium," *Financial Times*, February 7, 2006, https://www.ft.com/content/624a88c6-97db-11da-816b-0000779e2340; USDA Economic Research Service, "Impacts of Adopting Genetically Engineered Crops in the U.S.—Preliminary Results," July 20, 1999, 1-2, folder: Agriculture Biotech/USDA [United States Department of Agriculture], binder 3, Global Environmental Affairs-Bowles, Ian, Clinton Presidential Records.

[15] Charles, *Lords of the Harvest*, 216-217.

[16] Charles, *Lords of the Harvest*, 218-21, 258; Dan Charles, "Top Five Myths of Genetically Modified Seeds, Busted," *NPR*, October 18, 2012, https://www.npr.org/sections/thesalt/2012/10/18/163034053/top-five-myths-of-genetically-modified-seeds-busted; "Royal Society: GM Food Hazard Claim is 'Flawed,'" *Nature* 399 (May 20 1999): 188; "Killer Potatoes: Where's the Data," *Nature Biotechnology* 17 (1999): 207; Stanley Ewen and Arpad Pusztai, "Effects of Diets Containing Genetically Modified Potatoes Expressing *Galanthus nivalis* Lectin on Rat Small Intestine," *Lancet* 354 (1999): 1354-55; Marie-Monique Robin, *The World According to Monsanto* (New

York: New Press, 2010), 179-83.

[17] Charles, *Lords of the Harvest*, 222, 238.

[18] Charles, *Lords of the Harvest*, 243–44; John E. Losey et al., "Transgenic Pollen Harms Monarch Larvae," *Nature* 399 (1999): 214; Patricia Anderson et al., "Effects on Fitness and Behavior of Monarch Butterfly Larvae Exposed to a Combination of CRY1AB-Expressing Corn Anthers and Pollen," *Environmental Entomology* 34, no. 4 (August 2005): 944-52; Tom Clarke, "Monarch Safe from Bt," *Nature* news website, September 12, 2001; John M. Pleasants and Karen S. Oberhauser, "Milkweed Loss in Agricultural Fields Because of Herbicide Use: Effect on the Monarch Butterfly Population," *Insect Conservation and Diversity* 6, no. 2 (March 2013): 135-44.

[19] Charles, *Lords of the Harvest*, 240.

[20] Charles, *Lords of the Harvest*, 229, 257.

[21] Spears, *Baptized in PCBs*, 285-89.

[22] "Monsanto: Pharmacia & Upjohn, Monsanto Will Merge," *St. Louis Post-Dispatch*, December 20, 1999, A8; Spears, *Baptized in PCBs*, 11, 240, 270.

[23] Spears, *Baptized in PCBs*, 235, 249-53, 263.

[24] Love, *My City Was Gone*, 288; Robin, *The World According to Monsanto*, 27; Senate Subcommittee of the Committee on Appropriations, *PCB Contamination in Anniston, Alabama*, 107 Cong., 2nd Sess., April, 19, 2002, 39.

[25] Spears, *Baptized in PCBs*, 259-60; "Proposed Settlement in PCB Case Denounced," *Washington Post*, March 24, 2002, A6.

[26] Senate Subcommittee of the Committee on Appropriations, *PCB Contamination in Anniston, Alabama*, 37.

[27] Senate Subcommittee of the Committee on Appropriations, *PCB Contamination in Anniston, Alabama*, 37-38.

[28] Spears, *Baptized in PCBs*, 16, 235, 262-63.

[29] Spears, *Baptized in PCBs*, 16, 270, 275. 首诺公司于2008年走出破产阴影。后来孟山都继续与它共同承担遗留下来的环境责任。"Saving Solutia," *Pensacola News Journal*, March 16, 2008, 1B; "Everyone Gets Something in Complex Case," *St. Louis Post-Dispatch*, September 27, 2007, C4.

〔30〕Spears, *Baptized in PCBs*, 270; Monsanto Company 2003 10-K form filed with SEC, 17; Monsanto Company 2004 Annual Report, 2; Monsanto Company 2007 Annual Report, 2.

〔31〕"St. Louis CEOs Pocketed $430 Million Last Year," *St. Louis Post-Dispatch*, July 19, 1998, A1; "Monsanto's Shapiro Repeats As Top-Paid Executive," *St. Louis Post-Dispatch*, July 19, 1998, E1, series 10, box 7, folder: Organization (1998 Merger), MCR; "Merger Between Monsanto and Pharmacia," *St. Louis Post-Dispatch*, December 21, 1999, A8; "Timeline: The EU's Unofficial GMO Moratorium," *Financial Times*, February 7, 2006, https://www.ft.com/content/624a88c6-97db-11da-816b-0000779e2340; "Reed Considered Past Pay of Board Nominees," *Los Angeles Times*, November 6, 2003, C4; "Lawsuit Gives Rise to Dark Theories in Solutia Spinoff," *St. Louis Post-Dispatch*, August 25, 2006, C1; Love, *My City Was Gone*, 302; "Money Grab," *Forbes*, November 15, 2004, https://www.forbes.com/forbes/2004/1115/162.html#594bdacd196a.

〔32〕Spears, *Baptized in PCBs*, 272-73; "Money Grab," *Forbes*, November 15, 2004, https://www.forbes.com/forbes/2004/1115/162.html#594bdacd196a.

〔33〕Spears, *Baptized in PCBs*, 292-93; The EPA still maintains an "Anniston PCB Site (Monsanto Co.)" Superfund site here: https://cumulis.epa.gov/supercpad/SiteProfiles/index.cfm?fuseaction=second.docdata&id=0400123/.

第四部分 杂草

12 "天哪！利润真的非常、非常、非常高"

〔1〕下面的描述是作者与一位不愿透露姓名的前孟山都员工的对话。

〔2〕Opinion in the *National Family Farm et al.* v. U.S. *Environmental Protection Agency* case, filed June 3, 2020, at 5, https://www.courthousenews.com/wp-content/uploads/2020/06/Dicamba.pdf.

〔3〕Fred Pond, interview by the author, September 20, 2018.

〔4〕Pond, interview, September 20, 2018.

〔5〕Philip H. Howard, "Visualizing Consolidation in the Global Seed Industry: 1995-2008," *Sustainability* 1, no. 4 (2009), 1274-75; "Monsanto Buying Leader in Fruit and Vegetable Seeds," *New York Times*, January 25, 2005, C7; "Monsanto's Family Tree: Monsanto Acquisitions and Collaborations, 1965-2008," *Seed Today* (Second Quarter 2008), provided to the author by John Armstrong, secretary/manager of the Ohio Seed Improvement Association; 关于一份详细介绍孟山都在全球种子行业地位的图表，参见 "2017 Family Tree," published by AgWeb, https://www.agweb.com/assets/1/6/2017%20Seed%20Family%20Tree2.pdf。

〔6〕关于大豆和玉米种子的成本，参见 USDA Economic Research Service, "Commodity Costs and Returns," https://www.ers.usda.gov/data-products/commodity-costs-and-returns/commodity-costs-and-returns/#Recent%20Cost%20and%20Returns; "As Crop Prices Fall, Farmers Focus on Seeds," Wall Street Journal, October 16, 2016, https://www.wsj.com/articles/as-crop-prices-fall-farmers-focus-on-seeds-1476669901; Description of the TUA system on FarmCentral.com, https://web.archive.org/web/20021104140425/http://www.farmcentral.com:80/s/rrs/s4rsstzzz.htm; Pond, interview, September 20, 2018。

〔7〕Pond, interview, September 20, 2018.

〔8〕Pond, interview, September 20, 2018; Fred Pond, email correspondence with the author, February 18, 2018.

〔9〕Fred Pond, interview by the author, October 5, 2018; Pond, email correspondence, February 18, 2018.

〔10〕Pond, interview, October 5, 2018.

〔11〕Paul K. Conkin, Revolution Down on the Farm: The Transformation of American Agriculture Since 1929 (Lexington: University of Kentucky Press, 2009), 30; David B. Danbom, *Born in the Country: A History of Rural America* (Baltimore: Johns Hopkins University Press, 1995), 229; USDA National Agricultural Statistics Service, *Crop Production Historical Track Records* (April 2018), 31, 163-64, https://www.nass.usda.gov/Publications/Todays_Reports/reports/croptr18.pdf; USDA Economic Research Service, "Historical Costs and Returns: Soybeans"; USDA Economic Research Service, "Historical Costs and Returns: Soybeans"; USDA Enomic Research Service, "Historical Costs and Returns: Corn," https://www.ers.usda.gov/data-products/commodity‐costs‐and‐returns/commodity‐costs‐and‐returns/#Historical%20Costs%20and%20Returns:%20Corn.

[12] Pond, interview, September 20, 2018.

[13] Pond, interview, September 20, 2018; Pond, email correspondence, February 18, 2001; Mark Lynas, *Seeds of Science: Why We Got It so Wrong on GMOs* (London: Bloomsbury Sigma, 2020), 104.

[14] Pond, interview, September 20, 2018.

[15] Marc Vanacht, interview by the author, November 26, 2018; Marc Vanacht LinkedIn page, https://www.linkedin.com/in/vanacht‐mark‐8b101362; *Farmers Edge Inc. , and Farmers Edge (US) v. Farm mobile LLC*, Case No. 8:16‐CV‐00191‐JFB‐SMB in the United States District Court for the District of Nebraska, Order on Final Pretrial Conference, Addenda 2, https://www.govinfo.gov/content/pkg/USCOURTS‐ned‐9_16‐cv‐00191/pdf/USCOURTS‐ned‐8_16‐cv‐00191‐8.pdf.

[16] Vanacht, interview.

[17] Vanacht, interview.

[18] Vanacht, interview; Monsanto Company 2000 Annual Report, 8, 21, 24; "The Power of Roundup: A Weed Killer Is A Block For Monsanto to Build On," *New York Times*, August 2, 2001, C1; Carey Gillam, White-washed: *The Story of a Weed Killer, Cancer, and the Corruption of Science* (Washington, DC: Island Press, 2017), 46; 关于农达复杂的专利史, 参见 "Last Roundup: Monsanto Herbicide's Patents Expiring," *St. Louis Post‐Dispatch*, September 30, 1991, 9BP。

[19] Vanacht, interview.

[20] Vanacht, interview.

[21] Pond, interview, September 20, 2018.

[22] Stephen O. Duke, "The History and Current Status of Glyphosate," *Pest Management Science* 74, no, 5 (May 2018), 1027‐30. 杜克在2020年12月17日的电子邮件中将该研究中的抗草甘膦作物数据提供给了作者。Sylvie Bonny, "Genetically Modified Herbicide‐Tolerant Crops, Weeds and Herbicides: Overview and Impact," *Environmental Management* 57 (2016): 36.

[23] Michael Livingston et al. , *The Economics of Glyphosate Resistance Management in Corn and Soybean Production*, Economic Research Service, Eco-

nomic Research Report Number 184 (April 2015), 1; 美国农业部科学家在 2014 年的一份研究中解释: "抗除草剂作物使得草甘膦能够替代毒性更大、残留时间更久的除草剂。" 参见 Jorge Fernandez-Conejo et al., *Genetically Engineered Crops in the United States*, *Economic Research Service*, Economic Research Report Number 162 (February 2014); Swinton and Van Deynze, "Hoes to Herbicides," 565。

[24] Justin G. Gardner et al., "Genetically Modified Crops and Household Labor Savings in US Crop Production," *AgBioForum* 12 (2009): 310; National Academy of Sciences (NAS), *Genetically Engineered Crops: Experiences and Prospects* (Washington, DC: National Academies Press, 2016), 267; Fernandez-Conejo et al., *Genetically Engineered Crops in the United States*, 22.

[25] Pond, interview, September 20, 2018.

[26] 作者希望感谢俄亥俄州杂草科学家马克·洛克斯,他与作者环游俄亥俄州的农场并与探讨杂草抗药性问题。

[27] 特别感谢俄亥俄州立大学校友艾略特·平 (Elliot Ping), 他在 2020 年秋季研究了这段企业资助历史。她向俄亥俄州立大学档案室提交了《信息自由法案》申请。想要获得此处提及的数据, 参见 The Ohio State University Public Records Office FOIA Request 21-0509: Financial requests related to donations, research funding, and monies given by Monsanto to the University within the Office of Sponsored Programs and Endowments from 2000-2020; "Public Research, Private Gain: Corporate Influence Over University Agricultural Research," Food and Water Watch report (April 2012), 1-5, https://www.foodandwaterwatch.org/sites/default/files/Public%20Research%20Private%20Gain%20Report%20April%202012.pdf; Letter from Thomas P. Hardy, Chief Records Officer at University of Illinois at Urbana-Champaign, to Monica Eng, Chicago Public Radio, forwarding response to FOIA No. 16-132, March 4, 2016; Monica Eng, "Why Didn't an Illinois Professor Have to Disclose GMO Funding?" WBEZ Chicago public radio website, March 15, 2016, https://www.wbez.org/stories/why-didnt-an-illinois-professor-have-to-disclose-gmo-funding/eb99bdd2-683d-4108-9528-de1375c3e9fb; 关于公立大学在私人资助方面缺乏透明度的更多论述, 参见 Molly McCluskey, "Public Universities Get an Education in Private Industry," *The Atlantic*, April 3, 2017, https://www.theatlantic.com/education/archive/2017/04/public-uni-

versities-get-an-education-in-private-industry/521379/。关于早在20世纪20年代驱动早期推广工作和赠地大学研究的企业心态的研究，参见 Deborah Fitzgerald, *Every Farm a Factory: The Industrial Ideal in American Agriculture* (New Haven: Yale University Press, 2003), 8。论证更早时期（19世纪30年代到40年代）商业和农业改进组织之间复杂关系的作品，参见 Emily Pawley, *The Nature of the Future: Agriculture, Science, and Capitalism in the Antebellum North* (Chicago: University of Chicago Press, 2020)。

[28] Mark J. VanGessel, "Rapid Publication: Glyphosate-Resistant Horseweed from Delaware," *Weed Science* 49 (2001): 703-5; Mark Loux, interview by the author, September 5, 2018.

[29] Mark Loux, interview by the author, September 5, 2018.

[30] Loux, interview, May 1, 2017; Loux, interview, September 5, 2018.

[31] Monsanto 2005 Technology Use Guide, 1, https://web.archive.org/web/20060316093655/https://monsanto.com/monsanto/us_ag/content/stewardship/tug/tug2005.pdf; Marie-Monique Robin, *The World According to Monsanto* (New York: New Press, 2010), 208-9; "Seeds of Discord: Monsanto's Gene Police Raise Alarm on Farmers' Rights, Rural Tradition," *Washington Post*, February 3, 1999, A1; Center for Food Safety, *Monsanto vs. U. S. Farmers* (2005), 25, 31, https://www.centerforfoodsafety.org/files/cfsmonsantovsfarmerreport11305.pdf; Monsanto, 1996 *Environmental Annual Review*, 3, https://web.archive.org/web/19970714063108/http://www.monsanto.com:80/monpub/environment/monsantoear96/96earall.pdf.

[32] "Seed Makers' Suits Show Hostility," *Arkansas Democrat-Gazette*, May 18, 2003, quoted here https://www.grain.org/article/entries/2051-syngenta-also-cracks-down-on-seed-saving; Center for Food Safety, *Monsanto vs. U. S. Farmers* (2005), 33, 45; "Monsanto Wins Patent Case on Plant Genes," *New York Times*, May 22, 2004, C1.

[33] "Seeds of Discord: Monsanto's Gene Police Raise Alarm on Farmers' Rights, Rural Tradition," *Washington Post*, February 3, 1999, A1. 更多关于施梅哲的故事，参见 Robin, *The World According to Monsanto*, 213-16。《收获之神》的作者丹尼尔·查尔斯指出："据我所知，孟山都从未因为仅仅通过交叉授粉而将微量转基因作物带入农田而起诉过任何人。"参见 Dan

Charles, "Top Five Myths of Genetically Modified Seeds, Busted," NPR, October 18, 2012, https://www.npr.org/sections/thesalt/2012/10/18/163034053/top-five-myths-of-genetically-modified-seeds-busted; Daniel Charles, *The Lords of the Harvest* (Cambridge, MA: Perseus Publishing, 2001), 188-89。

[34] *Monsanto Canada Inc v. Schmeiser*, 1 S. C. R. 902, 2004 SCC 34; "Monsanto Wins Patent Case on Plant Genes," *New York Times*, May 22, 2004, C1; "*Monsanto Canada Inc., v. Schmeiser*," *Berkeley Technology Law Journal* 20, no. 1 (January 2005): 179.

[35] "Seeds of Discord: Monsanto's Gene Police Raise Alarm on Farmers' Rights, Rural Tradition," *Washington Post*, February 3, 1999, A1; Robin, *The World According to Monsanto*, 208; Charles, *Lords of the Harvest*, 187; Author call to 1-800-ROUNDUP, January 15, 2018.

[36] 关于美国和全世界抗草甘膦杂草的完整清单,参见 the International Survey of Herbicide Resistant Weeds, Weeds Resistant to the Herbicide Glyphosate, WeedScience.org, http://www.weedscience.org/Summary/Resist-by Active.aspx; "在多年的研究后,"孟山都在2001年公司的一份宣传册中告诉农民,"只有升级版农达(加强版)(Roundup UltraMAX)是大多数杂草控制项目的最佳选择。"两年后,公司称"由于草甘膦独特的作用模式,相较于许多其他除草剂中的活性成分,杂草对草甘膦产生抗药性的可能性更小"。Quoted in Sylvie Bonny, "Genetically Modified Herbicide-Tolerant Crops, Weeds and Herbicides: Overview and Impact," *Environmental Management* 57 (2016): 39; Livingston et al., *The Economics of Glyphosate Resistance Management in Corn and Soybean Production*, 21-22; 美国农业部2017年的一项研究表明,"草甘膦抗药性对2005年和2010年美国农民的杂草控制成本和玉米产量产生了显著影响"。Seth J. Wechsler, Jonathan R. McFadden, and David J. Smith, "What Do Farmers' Weed Control Decisions Imply About Glyphosate Resistance? Evidence from Surveys of US Corn Fields," *Pest Management Science* 74, no. 5 (2018): 1143.

[37] Loux, interview, May 1, 2017.

[38] Bonny, "Genetically Modified Herbicide-Tolerant Crops, Weeds and Herbicides," 43; Stephen O. Duke and Stephen B. Powles, "Mini-Review: Glyphosate: A Once-In-A-Century Herbicide," *Pest Management Science* 64 (2008): 319.

[39] "Hugh Grant Is Elected President and Chief Executive Officer of Monsanto Company," Monsanto News Release, May 29, 2003; "Verfaillie Resigns as CEO of Monsanto, Company Says It Was 'Mutual,'" *St. Louis Business Journal*, December 18, 2002; "Chief of Monsanto Resigns After String of Poor Results," *New York Times*, December 19, 2002, C2; "Monsanto Struggles Even as It Dominates," *New York Times*, May 31, 2003, C1.

[40] "Monsanto's CEO Isn't Deterred by Rival's Rebuffs," *Wall Street Journal*, June 23, 2015, https://www.wsj.com/articles/monsantos-ceo-isnt-deterred-by-rivals-rebuffs-1435026949; "Life After the Monsanto Sale," *Wall Street Journal*, June 21, 2018, https://www.wsj.com/articles/life-after-the-monsanto-sale-1529586001; "Planting the Seeds of Growth," *Barron's*, August 10, 2013, https://www.barrons.com/articles/SB50001424052748703759004578650384123880880; "Can Monsanto Save the Planet," *Fortune*, June 6, 2016, https://fortune.com/longform/monsanto-fortune-500-gmo-foods/.

[41] "Planting the Seeds of Growth," *Barron's*, August 10, 2013; "Monsanto's Hugh Grant Has Altered Course When Needed," *Wall Street Journal*, June 23, 2015, https://www.wsj.com/articles/monsantos-hugh-grant-has-altered-course-when-needed-1435026641.

[42] "Monsanto's CEO Isn't Deterred by Rival's Rebuffs," *Wall Street Journal*, June 23, 2015; "Planting the Seeds of Growth," *Barron's*, August 10, 2013.

[43] "The Power of Roundup; A Weed Killer is a Block for Monsanto to Build On," *New York Times*, August 2, 2001, C1.

[44] Interview with Hugh Grant for PBS documentary *Harvest of Fear*, December 2000, https://www.pbs.org/wgbh/harvest/interviews/grant.html.

[45] Livingston et al., *The Economics of Glyphosate Resistance Management in Corn and Soybean Production*, 1; "Doubts About a Promised Bounty," *New York Times*, October 30, 2016, A1; Bonny, "Genetically Modified Herbicide-Tolerant Crops, Weeds and Herbicides," 36; Swinton and Van Deynze, "Hoes to Herbicides," 572; National Academy of Sciences (NAS), *Genetically Engineered Crops: Experiences and Prospects* (Washington, DC: National Academies Press, 2016), 135.

[46] Gale E. Peterson, "The Discovery and Development of 2,4-D," *Ag-*

ricultural History 41, no. 3 (July 1967): 245; James R. Troyer, "In the Beginning: The Multiple Discovery of the First Hormone Herbicides," *Weed Science* 49, no. 2 (March-April, 2001): 290-97; Duke and Powles, "Mini-Review: Glyphosate," 319; Swinton and Van Deynze, "Hoes to Herbicides," 563, 571; 在做这一评估时,斯温顿和范·戴恩斯援引了由豪尔赫·费尔南德斯-科尔内霍等人所做的农业部的研究,参见"Conservation Tillage, Herbicide Use, and Genetically Engineered Crops in the United States: The Case of Soybeans," *AgBioForum* 15, no. 3 (2012): 235。法国国际研究国家研究院学者西尔维·邦妮(Sylvie Bonny)注意到,一些除草剂的使用,"特别是2,4-D,可能对健康和环境有害"; Bonny, "Genetically Modified Herbicide-Tolerant Crops, Weeds and Herbicides," 32; William S. Pease et al., "Pesticide Use in California: Strategies for Reducing Environmental Health Impacts," An Environmental Health Program Report, Center for Occupational and Environmental Health, School of Public Health, University of California, Berkeley (1996), 29, 63; Lois Levitan, "An Overview of Pesticide Assessment Systems (a. k. a. 'Pesticide Risk Indicators') based on Indexing or Ranking Pesticides by Environmental Impact," Background Paper Prepared for the Organisation of Economic Cooperation and Development (OECD), Workshop on Pesticide Risk Indicators, April 21-23, 1997, Copenhagen, Denmark, 5, 9, http://citeseerx. ist. psu. edu/viewdoc/download? doi = 10. 1. 1. 195. 3449&rep = rep1&type =pdf; Loux, interview, May 1, 2017.

[47] F. L. Timmons, "A History of Weed Control in the United States and Canada," *Weed Science* 53 (2005), 754; Douglas J. Doohan and Roger A. Downer, "Reducing 2,4-D and Dicamba Drift Risk to Fruits, Vegetables and Landscape Plants," The Ohio State University Extension Fact Sheet, published January 21, 2016, https://ohioline. osu. edu/factsheet/hyg-6105; Bob Hartzler, "A Historical Perspective on Dicamba," Iowa State University Extension and Outreach PowerPoint presentation, December 19, 2017, https://crops. extension. iastate. edu/blog/bob-hartzler/historical-perspective-dicamba.

[48] Hartzler, "A Historical Perspective on Dicamba"; Ellery Knake, "Weed Control in Corn and Soybeans," 140-41, conference presentation published in Summaries of Presentations, January 26 & 27, 1972, Twenty-Fourth Illinois Custom Spray Operators Training School, Urbana, Illinois; Monsanto

Company 2005 Annual Report, 15.

〔49〕Text message from Dan Jenkins to Michael Dykes, Vice President of Government Affairs, November 6, 2014; Text message from Dan Jenkins to Ty Vaughn, Monsanto's Director of Regulatory Affairs, August 27, 2015, marked "Confidential—Produced Subject to Protective Order," files released by the law firm of Baum HedlundAristei& Goldman (下称 Monsanto Papers) and made available at the firm's website, http://baumhedlundlaw.com/pdf/monsanto-documents/55-Text-Messages=Detailing=Monsantos-Collusion-with-EPA.pdf; Dan Jenkins LinkedIn profile, https://www.linkedin.com/in/dan-jenkins-7858286; Michael Dykes LinkedIn profile, https://www.linkedin.com/in/michael-dykes-ba60587.

〔50〕关于虚假署名文章，参见如 Dr. David Saltmiras "custodial file," "Glyphosate activities," August 4, 2015, Monsanto Papers。关于环保署2016年对草甘膦的审查，参见 EPA Office of Pesticide Programs, "Glyphosate Issue Paper: Evaluation of Carcinogenic Potential," 140, September 12, 2016, https://www.epa.gov/sites/production/files/2016-09/documents/glyphosate_issue_paper_evaluation_of_carcincogenic_potential.pdf。

〔51〕Text messages involving Dan Jenkins and other Monsanto officials, February 11, 2003, to March 10, 2016, Document No.: MONGLY03293245; Email from Dan Jenkins to William F. Heydens, April 28, 2015; Text message from Mary Manibusan to Eric Sachs, June 21, 2015; Text message from Eric Sachs to Mary Manibusan, June 21, 2015, Monsanto Papers; Maria Dinzeo, "Roundup Cancer Trial: Emails Show Monsanto Cozy With Feds," *Courthouse News Service*, April 15, 2019, https://www.courthousenews.com/roundup-cancer-trial-emails-show-monsanto-cozy-with-feds/.

〔52〕"Scant Oversight, Corporate Secrecy Preceded U.S. Weed Killer Crisis," *Reuters*, August 9, 2017, https://www.reuters.com/article/us-usa-pesticides-dicamba-insight/sc%E2%80%A6ght-corporate-secrecy-preceded-u-s-weed-killer-crisis-idUSKBN1AP0DN.

〔53〕孟山都关于"滥用"旧麦草畏配方的主张，参见 Defendant's Reply Brief: In Support of Motion to Dismiss, *Steven W. Landers v. Monsanto Company*, Case No. 1: 17-cv-20-SNJ, US Eastern District Court, Southeastern Division, http://fingfx.thomsonreuters.com/gfx/rngs/MONSANTO-DI-

CAMBA/010051MK3NZ/data/monsanto.pdf; 对 2015 年和 2016 年麦草畏飘移问题的一个极佳时间线梳理，参见 "Special Report: The Decisions Behind Monsanto's Weed – Killer Crisis," *Reuters*, November 9, 2017, https://www.reuters.com/article/us-monsanto-dicamba-specialreport/special-report-the-decisions-behind-monsantos-weed-killer-crisis-idUSKBN1D91PZ。

[54] EPA, "Dicamba/Auxin Formulations: An Update on Label Changes inResponse to Reported Incidents," PowerPoint presentation at the Pesticide Program Dialogue Committee Meeting, November 1, 2017; "Dicamba Scofflaws A Worry for Board," *Arkansas Democrat – Gazette*, July 31, 2019, https://www.arkansasonline.com/news/2019/jul/31/dicamba-scofflaws-a-worry-for-board-201/.

[55] Douglas J. Doohan and Roger A. Downer, "Reducing 2,4-D and DicambaDrift Risk to Fruits, Vegetables and Landscape Plants," The Ohio State University Extension Service Fact Sheet, January 21, 2016; Memorandum and Order, *Bader Farms, Inc. v. Monsanto*, *US District Court*, Eastern District of Missouri, Southeastern Division, Case No. 1: 16-CV-299-SNLJ, https://cases.justia.com/federal/district-courts/missouri/moedce/1:2016cv00299/150890/50/0.pdf?ts=1491905010; Bev Randls（巴德农场案代理律师）, interview by the author, January 10, 2018; Bev Randls（巴德农场案代理律师）, email correspondence with theauthor, May 14, 2019.

[56] Mark Loux, interview by the author, September 5, 2018.

[57] "EPA Scientists' Dicamba Input Went Unheeded," *Arkansas DemocratGazette*, November 21, 2018, https://www.arkansasonline.com/news/2018/nov/21/epa-scientists-dicamba-input-went-unhee/.

[58] "Seeds, Weeds and Divided Farmers" *New York Times*, September 21, 2017, B1; "Monsanto Attacks Scientists After Studies Show Trouble For Weedkiller Dicamba," *NPR*, October 26, 2017, https://www.npr.org/sections/thesalt/2017/10/26/559733837/monsanto-and-the-weed-scientists-not-a-love-story; "EPA Scientists' Dicamba Input Went Unheeded," *Arkansas Democrat – Gazette*, November 21, 2018, https://www.arkansasonline.com/news/2018/nov/21/epa-scientists-dicamba-input-went-unhee/; "EPA Announces Changes to Dicamba Registration," EPA News Release, October 31, 2018, https://www.epa.gov/newsreleases/epa-announces-changes-dicam-

ba-registration.

〔59〕Jason Parker et al. , "Symposium Introduction," The Ohio State University Agricultural Risk Analysis Program Symposium Proceedings, The New 2,4-D and Dicamba-Tolerant Crops: October 31 to November 1, 2011, http://fingfx.thomsonreuters.com/gfx/rngs/MONSANTO-DICAMBA/010051MK3NZ/data/riskanalysis.pdf; "Special Report: The DecisionsBehind Monsanto's Weed-Killer Crisis," *Reuters*, November 9, 2017, https://www.reuters.com/article/us-monsanto-dicamba-specialreport/special-report-the-decisions-behind-monsantos-weed-killer-crisis-idUSKBN1D91PZ.

〔60〕Robert B. Shapiro, Remarks to Society of Environmental Journalists, October 28, 1995, https://web.archive.org/web/19961111115403/, http://www.monsanto.com: 80/MonPub/InTheNews/Speeches/951028Shapiro_Robert.html; Charles, *Lords of the Harvest*, 222; "Monsanto: Genetics in Farming Raises Controversy in India," *St. Louis Post-Dispatch*, November 22, 1998, A12.

〔61〕Stephen O. Duke et al. , "Glyphosate Effects on Plant Mineral Nutrition, Crop Rhizosphere, Microbiota, and Plant Disease in Glyphosate-ResistantCrops," *Journal of Agricultural and Food Chemistry* 60 (2012): 10390; 国家科学院引用杜克在三年后发表的一份报告中一个展示多种商品作物每英亩产量变化的图表,指出:"具有Bt和抗除草剂特征的棉花和玉米,或者仅具有抗除草剂特征的大豆的曲线斜度没有明显变化。"参见National Academy of Sciences (NAS), *Genetically Engineered Crops*, 102; 作者在一次对杜克的采访中讨论了这项研究,并确认了对产量的这一结论: Stephen O. Duke(美国农业部研究员), interview by the author, September 19, 2018; Marti Crouch described Stephen O. Duke as "Mr. Roundup": Marti Crouch, interview by the author, December 10, 2015。

〔62〕Fernandez-Cornejo et al. , *Genetically Engineered Crops in the United States*, 12, 16.

〔63〕F. J. Areal et al. , "Economic and Agronomic Impact of Commercialized GM Crops: A Meta-Analysis," *Journal of Agricultural Science* 151 (2013): 7; Giani Mariza Bärwald Bohm, "Glyphosate Effects on Yield, Nitrogen Fixation, and Seed Quality in Glyphosate-Resistant Soybean," *Crop Science* 54 (July-August 2014), 1737.

〔64〕"Doubts About a Promised Bounty," *New York Times*, October 30,

2016，A1. 对该文中使用的数据，参见 the Food and Agricultural Organization of the United Nations FAOSTAT website，http：//www.fao.org/faostat/en/#home. 作者感谢《纽约时报》记者丹尼·哈基姆（Danny Hakim）在通信中跟我讨论该文。科学同盟（Alliance for Science）——一家由盖茨基金会（Gates Foundation）资助，旨在推动转基因技术，设在康奈尔大学的机构——主张《纽约时报》2016年的分析具有误导性，因为该文并没有完整地呈现2016年国家科学院研究的发现。该机构指向2017年的一项研究：Elisa Pellegrino，"Impact of Genetically-Engineered Maize on Agronomic, Environmental and Toxicological Traits: A Meta-Analysis of 21 Years of Field Data," Scientific Reports 8 (2018): 1–12, 该文发现转基因玉米作物相对于非转基因玉米作物的产量优势。然而，在看过这一研究后，2016年国家科学院研究项目的主持人弗雷德·古尔德如是说："我们这个大规模分析是观察玉米、棉花和大豆的总体产量，以研究随着时间的推移，产出率是否受基因工程的影响——我们发现，没有影响。这个研究无法反驳我们的大规模发现。" Fred Gould, correspondence with the author, November 27, 2020.

［65］National Academy of Sciences (NAS), *Genetically Engineered Crops: Experiences and Prospects*, 14, 102, 154; Fred Gould（2016年国家科学院研究项目的主持人）, interview by the author, August 24, 2018.

［66］National Academy of Sciences (NAS), *Genetically Engineered Crops: Experiences and Prospects*, 14, 102, 154; Duke, interview; Allison Snow（进化、生态和生物学系艺术与科学杰出荣誉教授，2016年国家科学院研究的审稿人）, interview by the author, September 26, 2018.

［67］Gould, interview; Duke and Powles, "Mini-Review: Glyphosate," 322.

［68］"USDA Coexistence Fact Sheets: Soybeans," USDA Office of Communications publication (February 2015), https://www.usda.gov/sites/default/files/documents/coexistence-soybeans-factsheet.pdf; USDA Coexistence Fact Sheets: Corn," USDA Office of Communications publication (February 2015), https://www.usda.gov/sites/default/files/documents/coexistence-corn-factsheet.pdf; Jonathan Foley, "A Five-Step Plan to Feed the World," *National Geographic Magazine* (May 2014), https://www.nationalgeographic.com/foodfeatures/feeding-9-billion/.

［69］Roundup Ready Xtend Crop System advertisement, NorthStar Genetics

2016/2017, Product Guide, 18, https://issuu.com/intrepid604/docs/nsg_ca_product_guide_v2_20160714jf_; Monsanto Company, "New Roundup Ready ® Xtend Crop System To Extend Weed Control and Maximize Yield," PR Newswire website, March 1, 2012, https://www.prnewswire.com/news-releases/new-roundup-ready-xtend-crop-system-to-extend-weed-control-and-maximize-yield-141022713.html.

〔70〕Duke, "The History and Current Status of Glyphosate," 1030.

13 "他们正在兜售一个我们本来没有的问题"

〔1〕João Paulo Capobianco（巴西环境部前执行秘书长），interview by the author, São Paulo, Brazil, May 3, 2019; 关于卢拉总统的政治升迁史，参见 Thomas E. Skidmore, *Brazil: Five Centuries of Change*, 2nd ed. (New York: Oxford University Press, 2010), 203-4, 215-25, 229-32。

〔2〕Marie-Monique Robin, *The World According to Monsanto* (New York: New Press, 2010), 276; "Monsanto recorrerá da proibição a transgênico," *O Estado de S. Paulo*, August 18, 1999, A14; Felipe Amin Filomeno, *Monsanto and Intellectual Property in South America* (Basingstoke, UK: PalgraveMacmillan, 2014), 30-31, 54-55. 作者非常感谢费利佩·阿明·菲洛梅诺（Felipe Amin Filomeno）协助我调查了孟山都在南美的种子运营历史。

〔3〕关于20世纪60年代孟山都早期对巴西的兴趣，参见"International Operations, Long Range Plan, 1965-1969," Monsanto company document marked confidential (June 1965), 66, series 1, box 4, folder: International Division (History) (Folder 2), Monsanto Company Records, Washington University in St. Louis, Julian Edison Department of Special Collections, St. Louis, Missouri. Monsanto Company 2001 Annual Report, 13, 32; Monsanto Company 2004 Annual Report, 10; Jan Peter Nap et al., "The Release of Genetically Modified Crops into the Environment," *Plant Journal* 33 (2003): 1-2; Clara Craviotti, "Which Territorial Embeddedness? Territorial Relationships of Recently Internationalized Firms of the Soybean Chain," in *Soy, Globalization, and Environmental Politics in South America*, eds. Gustavo de L. T. Oliveira and Susanna B. Hecht (New York: Routledge, 2018), 85; 巴西被认为是孟山都扩展其种子生意的重要地区，其中有法律因素的考虑。巴西政府在1996年颁布了《工业产权法》(Law of Industrial Property)，又在1997年颁布《植

物品种保护法》(Law of Protection of the Cultivars) 为农产品提供进一步的知识产权保护。前一部法律特别为生物科技创新提供保护，后一部法律则为开发出独特品种的植物育种者提供保护。如果孟山都可以获批在巴西销售抗农达种子，它将可以从专利保护中获利，而这是在阿根廷无法实现的。参见 Filomeno, *Monsanto and Intellectual Property in South America*, 90。

[4] Filomeno, *Monsanto and Intellectual Property in South America*, 87-88; Capobianco, interview; "Rocky Outlook for Genetically Engineered Crops," *New York Times*, December 20, 1999, C8.

[5] Capobianco, interview; "A MP da sojatransgênico," *O Estado de S. Paulo*, March 31, 2003, A3; Filomeno, *Monsanto and Intellectual Property in South America*, 90.

[6] Capobianco, interview.

[7] 2006 Pledge Report, 39; Christine M. Du Bois and Ivan Sergio Freire de Sousa, "Genetically Engineered Soy," in *The World of Soy*, eds. Christine M. Du Bois, Chee-Beng Tan, and Sidney Mintz (Urbana: University of Illinois Press, 2008), 84; Craviotti, "Which Territorial Embeddedness?," 85; Herbert S. Klein and Francisco Vidal Luna, *Feeding the World: Brazil's Transformation into a Modern Agricultural Economy* (New York: Cambridge University Press, 2019), 173; Robin, *The World According to Monsanto*, 277.

[8] Capobianco, interview.

[9] Gustavo de L. T. Oliveira and Susanna B. Hecht, "Sacred Groves, Sacrifice Zones and Soy Production: Globalization, Intensification and Neo-nature in South America," in *Soy, Globalization, and Environmental Politics in South America*, eds. Gustavo de L. T. Oliveira and Susanna B. Hecht (New York: Routledge, 2018), 5-6.

[10] "我们认为，短期内，我们最大的土地应该在美洲，因为这里种植了大多数农作物。" 2004 年休·格兰特告诉记者。"Piracy on the High Plains," *Forbes*, April 12, 2004, https://www.forbes.com/forbes/2004/0412/135.html#787f03a21eb4; "Monsanto's CEO Isn't Deterred by Rival's Rebuffs," *Wall Street Journal*, June 23, 2015, https://www.wsj.com/articles/monsantos-ceo-isnt-deterred-by-rivals-rebuffs-1435026949; "Monsanto Vai-Investir US $630 milhões até 2001," *O Estadode S. Paulo*, November 21, 1998, B11; Robin, *The World According to Monsanto*, 278; Direct Testimony of

Kevin P. Lawrence Before the Public Utilities Commission of the State of Idaho, in the Matter of the Application of Rocky Mountain Power for Approval of Changes to Its Electric Service Rules, Case No. PAC-E-10-07, October 14, 2010, 作者所有。

〔11〕政府在 2008 年大幅降低了这一关税，2009 年又降低一次。Filomeno, *Monsanto and Intellectual Property in South America*, 76-77; "Mais da metade dos recursos do Finorfoiparauma só empresa," *O Estado de S. Paulo*, June 24, 2000, A4; "Prefeitovisita fábrica da Monsanto em São José," Prefeitura São José Dos Campos website, July 25, 2015, https://servicos2.sjc.sp.gov.br/noticias/noticia.aspx?noticia_id=21327.

〔12〕Stephen O. Duke, "The History and Current Status of Glyphosate," *Pest Management Science* (2018): 1029; Sylvia Bonny, "Genetically Modified Herbicide-Tolerant Crops, Weeds, and Herbicides: Overview and Impact," *Environmental Management* (2016): 34; "Brazil Boasts World's Second Largest Genetically Modified Crop Area: ISAAA," *Reuters*, June 27, 2018, https://www.reuters.com/article/us-brazil-gmo/brazil-boasts-worlds-second-largest-genetically-modified-crop-area-isaaa-idUSKBN1JN1KW.

〔13〕Klein Luna, *Feeding the World*, 243, 312; Philip F. Warnken, *The Development and Growth of the Soybean Industry in Brazil* (Ames: Iowa State University Press, 1999), 28.

〔14〕Warnken, *Development and Growth of the Soybean Industry in Brazil*, 32-33, 47, 50.

〔15〕Klein and Luna, *Feeding the World*, 39, 159, 161, 165; Filomeno, *Monsanto and Intellectual Property in South America*, 70; Warnken, *Development and Growth of the Soybean Industry in Brazil*, 42-43, 46-48, 148; Ivan Sergio Freire de Sousa and Rita de Cássia Milagres Texeira Vieria, "Soybeans and Soyfoods in Brazil, with Notes on Argentina: Sketch of an Expanding World Commodity," in *The World of Soy*, eds. Christine M. Du Bois, Chee Beng Tan, and Sidney Mintz (Singapore: National University of Singapore Press, 2008), 239; Thomas E. Skidmore, *Brazil: Five Centuries of Change*, 2nd ed. (New York: Oxford University Press, 2010), 170-71; Francisco Jose Becker Reifschneider（巴西农业研究公司的情报和战略关系部长）, interview by the author, Embrapa headquarters, Brasilia, Brazil, May 7, 2019. 如果没有独裁者热图里

奥·瓦加斯（Getulio Vargas）在20世纪40年代的"向西进军"——一个着重开发塞拉多和更远地区道路及其他关键基础设施的政府计划——这一切都是不可能的。这个过程中国际参与者也扮演了重要的角色，包括日本政府。20世纪70、80年代，日本政府向巴西提供资助，以帮助日本移民在塞拉多定居。关于"向西进军"，参见Ludivine Eloy et al. , "On the Margins of Soy Farms: Traditional Populations and Selective Environmental Policies in the Brazilian Cerrado," in *Soy, Globalization, and Environmental Politics in South America*, eds. Gustavo de L. T. Oliveira and Susanna B. Hecht (New York: Routledge, 2018), 248; Gustavo de L. T. Oliviera, "The Geopolitics of Brazilian Soybeans," in *Soy, Globalization, and Environmental Politics in South America*, eds. Gustavo de L. T. Oliveira and Susanna B. Hecht (New York: Routledge, 2018), 101。

[16] Warnken, *Development and Growth of the Soybean Industry in Brazil*, 42, 46, 48, 133. 学者赫克特（Hecht）和奥利维拉（Oliviera）指出，豆农生产率增长没有玉米种植者那么显著，主要是因为豆农从一开始就实施更加"现代化"、市场导向的农耕技术，运用先进的机械化设备和化肥，而许多玉米农则刚刚实现从自给自足的生产转向商业农耕，从而带来了农业实践的更大变革。参见Klein and Luna, *Feeding the World*, 117。

[17] "Concentração e Lógica de Mercado," *O Estado de S. Paulo*, July 22, 1998, A3; Robin, *The World According to Monsanto*, 278; Filomeno, *Monsanto and Intellectual Property in South America*, 81.

[18] "Concentração e Lógica de Mercado," *O Estado de S. Paulo*, July 22, 1998, A3; Professor Ricardo Shirota (Economics Administration and Sociology Department at ESALQ–University of San Paulo), interview by the author, Piracicaba, Brazil, April 29, 2019; Rachael D. Garrett and Lisa L. Rausch, "Green for Gold: Social and Ecological Tradeoffs Influencing the Sustainability of the Brazilian Soy Industry," in *Soy, Globalization, and Environmental Politics in South America*, eds. Gustavo de L. T. Oliveira and Susanna B. Hecht (New York: Routledge, 2018), 221–22.

[19] 参见，例如孟山都公司2017年年报第10页中关于巴西农民的讨论; "Monsanto Seeks Big Increase in Crop Yields," *New York Times*, June 5, 2008, C3。

[20] Mato Grosso Institute of Agricultural Economics (IMEA), "Custo de

Produção de Soja, Safra 2017/2018-Matto Grosso, Outubro/2016," https://web.archive.org/web/20180619052941/http://www.imea.com.br/upload/publicacoes/arquivos/CPSoja_oUTUBRO_16.pdf. 参见第 7 页底部的详细说明,"Productividade Média Ponderada Estimada para Convencional 60 sacas/ha...Productividade Média Ponder ada Estimada para Transgênico: 55 sacas/ha"。在本书付梓之际,马托格罗索农业经济研究所发布了 2020 年的数据,显示马托格罗索的某些地区,转基因作物的产量高于传统作物,但在该州的西部(oeste)地区,传统和转基因农场的生产率完全相同,为"64.78 袋/公顷"。参见 IMEA, "Custo de Produção, Soja Convencional, Região Oeste, Mato Grosso" and "Custo de Produção, Soja GMO, Região Oeste, Mato Grosso," https://www.imea.com.br/imea-site/relatorios-mercado-detalhe?c=4&s=3。

[21] Farmer, interview by the author, Rolândia, Brazil, April 26, 2019; Mauro Tribulato (farmer and proprietor of Silo Panamá grain storage facility), interview by the author, Rolândia, Brazil, April 26, 2019; Dr. Fernando Storniolo (Adegas, Pesquisador in Plantas Daninhas) and Dr. Antonio Eduardo Pípolo (Fitotecnica), interview by the author, Londrina, Brazil, April 26, 2019. 作者非常感谢圣保罗大学路易斯·德·奎罗斯农学院(ESALQ)农作物科学家菲利普·法德勒·萨托里(Felipe Fadel Sartori)博士。2019 年作者访问巴西时,他为我安排了许多访谈并充当向导; Warnken, *Development and Growth of the Soybean Industry in Brazil*, 35; Evgenia (Jenia) Ustinova (agricultural attaché, US Department of Agriculture, Foreign Agricultural Service), interview by the author, Brasilia, Brazil, May 6, 2019; Amalia Leguizamón, "Disappearing Nature? Agribusiness, Biotechnology and Distance in Argentine Soybean Production," in *Soy, Globalization, and Environmental Politics in South America*, eds. Gustavo de L. T. Oliveira and Susanna B. Hecht (New York: Routledge, 2018), 71, 72; Gustavo de L. T. Oliveira and Susanna B. Hecht, "Introduction: Sacred Groves, Sacrifice Zones and Soy Production: Globalization, Intensification and Neo-Nature in South America," in *Soy, Globalization, and Environmental Politics in South America*, eds. Gustavo de L. T. Oliveira and Susanna B. Hecht (New York: Routledge, 2018), 12, 16。

[22] Mato Grosso Institute of Agricultural Economics (IMEA), "Custo de Produção de Soja, Safra 2016/2017 Matto Grosso, Outubro/2015," http://

www.imea.com.br/upload/publicacoes/arquivos/R410_CPSoja_10_2015.pdf.

[23] Antonio L. Cerdeira et al., "Review of Potential Environmental Impacts of Transgenic Glyphosate-Resistant Soybean in Brazil," *Journal of Environmental Science and Health, Part B: Pesticides, Food Contaminants, and Agricultural Wastes* 42, no. 5 (2007), 539.

[24] Sebastião Pedro da Silva Neto, (Embrapa Innovation and Technology Department), interview by the author, Embrapa headquarters, Brasilia, Brazil, May 7, 2019.

[25] Professor Rafael Pedroso, (ESALQ), interview by the author, Piracicaba, Brazil, Monday, April 29, 2019.

[26] Pedroso, interview.

[27] "Brazil Grain Growers Wary of Dicamba as Bayer Launches New GM Soy Seed," Reuters, September 30, 2019, https://br.reuters.com/article/us-brazil-dicamba-idUSKBN1WF1UY.

[28] Klein and Luna, *Feeding the World*, 166; Filomeno, *Monsanto and Intellectual Property in South America*, 101; "Brazil's Mato Grosso Leads Push for GM-Free Soy," *Reuters*, May 11, 2017, https://www.reuters.com/article/brazil-grains-gmo/brazils-mato-grosso-leads-push-for-gm-free-soy-idUSL1N1IA0KW; "Soja Livre Institute," Embrapa website, https://www.embrapa.br/soja/convencional/sojalivre.

[29] "Brazil Grain Growers Wary of Dicamba as Bayer Launches New GM Soy Seed," *Reuters*.

[30] "Monsanto Unfazed by Legal Wrangles, Keeps Brazil Dicamba-Tolerant Seed Launch," *Reuters*, March 16, 2018, https://www.reuters.com/article/us-monsanto-gmo/monsanto-unfazed-by-legal-wrangles-keeps-brazil-dicamba-tolerant-seed-launch-idUSKCN1GS2IT; "Monsanto Wins Approval in Brazil for GM Soy Seed Intacta2 Xtend," *Reuters*, March 8, 2018, https://www.reuters.com/article/brazil-grains-monsanto/monsanto-wins-approval-in-brazil-for-gm-soy-seed-intacta2-xtend-idUSE6N1ND02K; "Agroeste Apresenta variedades de soja com tecnologia Intacta 2Xtend Ⓡ," Bayer corporate website, December 10, 2020, https://www.bayer.com.br/pt/midia/agroeste-apresenta-variedades-de-soja-com-tecnologia-intacta-2-xtend.

[31] 该叙述以作者于 2017 年 6 月对橙剂受害者协会河内办公室的访

问为基础。对越南橙剂受害者的估算，参见珍·马杰·斯特尔曼（Jeane Mager Stellman）研究团队2003年的估算，"The Extent and Patterns of Usage of Agent Orange and Other Herbicides in Vietnam," *Nature* 422（April 17, 2003）：685；Charles Bailey and Le Ke Son, *From Enemies toPartners: Vietnam, the U. S. and Agent Orange*（Chicago：G. Anton Publishing, 2018）, 1399, 2757（Kindle版本）。

〔32〕Hatfield Consultants, "Preliminary Assessment of Environmental Impacts Related to Spraying Of Agent Orange Herbicide During the Vietnam War," Full Report（January 1998）；"Development of Impact Mitigation Strategies Related to the Use of Agent Orange Herbicide in the Aluoi Valley, VietNam," Main Report（April 2000）, https：//www. hatfieldgroup. com/services/contaminant-monitoring-agent-orange/hatfield-agent-orange-reports-and-presentations/; Bailey and Son, *From Enemies to Partners*, 437, 510-701. 更多关于美国空军基地的橙剂污染和清除行动，参见Edwin A. Martini, "'This is Really Bad Stuff Buried Here,'" in *Proving Ground: Militarized Landscapes, Weapons Testing, and the Environmental Impact of U. S. Bases*, ed. Edwin A. Martini（Seattle：University of Washington Press, 2015）, 111-42。

〔33〕Trần Thị Tuyết Hạnh et al., "Environmental Health Risk Assessment of Dioxin in Foods at the Two Most Severe Dioxin Hot Spots in Vietnam," *International Journal of Hygiene and Environmental Health* 218, no. 5（July 2015）：471. 关于雪杏博士对二噁英与人类健康的更早的研究，参见Trần Thị Tuyết Hạnh et al., "Environmental Health Risk Assessment of Dioxin Exposure Through Foods in a Dioxin Hot Spot—Bien Hoa City, Vietnam," *International Journal of Environmental Research and Public Health* 7, no. 5（May 2010）：2395-2406。

〔34〕参见Arnold Schecter et al., "Food As a Source of Dioxin Exposure in the Residents of Bien Hoa City, Vietnam," *Journal of Occupational and Environmental Medicine* 45, no. 8（August 2003）：781。谢克特编纂了一本关于二噁英和人类健康的标准教科书，参见Arnold Schecter, ed., *Dioxins and Health: Including Other Persistent Organic Pollutants and Endocrine Disruptors*（Hoboken, NJ：John Wiley & Sons, 2012）。谢克特曾于2008年到国会做证，为越南橙剂受害者争取援助。参见House Hearing of the Subcommittee on Asia, the Pacific, and the Global Environment, Committee on Foreign Affairs, *Our Forgotten Responsibility: What Can We Do To Help Victims of AgentOrange?*, May 15, 2008, 110 Cong., Sess. 2, 72-73。作者非常感谢谢克特博士讨论了他参与二噁英研究的情况: Dr. Arnold Schecter, telephone interview by the author, March 8, 2017。

[35] In re "Agent Orange" Product Liability Litigation. *The Vietnam Association for Victims of Agent Orange/Dioxin et al. v. The Dow Chemical Company; Monsanto Chemical Company, et al.* 373 F. Supp. 2d 7 (2005), 1734.

[36] In re "Agent Orange" Product Liability Litigation. *The Vietnam Association for Victims of Agent Orange/Dioxin et al. v. The Dow Chemical Company; Monsanto Chemical Company et al.*, 373 F. Supp. 2d 7, Amended Memorandum, Order, and Judgement, 15-19, 27-46, https://www.courtlistener.com/opinion/2312256/in-re-agent-orange-product-liability-litigation/; 关于韦恩斯坦法官对其主审的橙剂诉讼案的思想的精彩阐述, 参见 Jack B. Weinstein, "Preliminary Reflectionson Administration of Complex Litigations," *Cardozo Law Review DeNovo* 1 (2009): 1-19 (就职文章)。由法律学者上杉武 (Takeshi Uesugi) 对该案所做的简要评价, 参见 "Is Agent Orange a Poison?: Vietnamese Agent Orange Litigation and the New Paradigm of Poison," *Japanese Journal of American Studies* No. 24 (2013): 203-22; Bailey and Son, *From Enemies to Partners*, 1734, 1858, 2784。

[37] David R. Plummer, "Vietnam Veterans and Agent Orange" (master's thesis, California State University Dominguez Hills, 2000), 68-69; 对退伍军人事务部关于橙剂的官方政策, 参见 "Veterans Exposed to Agent Orange," US Department of Veterans Affairs benefits website, https://www.benefits.va.gov/compensation/claims-postservice-agent_orange.asp。

[38] Peter H. Schuck, *Agent Orange on Trial: Mass Toxic Disasters in theCourts* (Cambridge, MA: Belknap Press of Harvard University Press, 1987), 156; Bailey and Son, *From Enemies to Partners*, 1757-68; Department of Veterans Affairs, Office of Public Affairs Media Relations, "Over $2.2 Billion in Retroactive Agent Orange Benefits Paid to 89,000 VietnamVeterans and Survivors for Presumptive Conditions," Veterans Affairs Press Release, August 31, 2011, https://www.va.gov/opa/pressrel/pressrelease.cfm?id=2154.

[39] "What To Do When Cynicism Becomes Your Political Default," *The Hill*, September 12, 2016, http://thehill.com/blogs/pundits-blog/lawmak-

er-news/295411-what-to-do-when-cynicism-becomes-your-political-default; "Tim Rieser: Senate Aide," *Politico Magazine*, Politico 50, 2015 issue, https://www.politico.com/magazine/politico50/2015/tim-rieser; Bailey and Son, *From Enemies to Partners*, 2172; Tim Rieser, email correspondencewith the author, February 5, 2018.

〔40〕Tim Rieser, telephone interview by the author, July 11, 2017; Rieser, email correspondence.

〔41〕Bailey and Son, *From Enemies to Partners*, 231. 查尔斯·贝利在2017年4月5日接受作者的采访时提供了关于橙剂清除项目的观点。

〔42〕Rieser, telephone interview.

〔43〕Rieser, telephone interview.

〔44〕Bailey and Son, *From Enemies to Partners*, 643, 2771, 2738, 2744; Rieser, email correspondence.

〔45〕Chris Abrams (USAID), interview by the author, Hanoi, Vietnam, June 7, 2017；作者于2017年6月参观了岘港遗址；USAID, *Vietnam: Environmental Remediation of Dioxin Contamination at Danang Airport*, USAID Progress Report for September 1, 2016, to September 30, 2016; Progress Report for August 1, 2013, to August 31, 2013; Progress Report for December 1, 2013, to December 31, 2013; Progress Report for October 1, 2016, to December 31, 2016, https://www.usaid.gov/vietnam/progress-reports-environmental-remediation-dioxin-contamination-danang-airport.

〔46〕Abrams, interview; Schecter, telephone interview; Bailey Son, *From Enemies to Partners*, 1427; US Congressional Research Service, "US Agent Orange/Dioxin Assistance," CRS report, January 15, 2021, frontmatter, https://fas.org/sgp/crs/row/R44268.pdf.

〔47〕五倍这个数字来自与蒂姆·里斯和克里斯·艾布拉姆斯的谈话：Abrams, interview; Rieser, telephone interview. Bailey and Son, *From Enemies to Partners*, 559, 671。

〔48〕Rieser, telephone interview; Rieser, email correspondence.

〔49〕Rieser, telephone interview; Rieser, email correspondence.

〔50〕2017 Monsanto Company SEC Form 10-K, 16.

〔51〕Dien Luong, "55 Years After Agent Orange Was Used in Vietnam, One ofIts Creators is Thriving Here," *Huffington Post*, October 31, 2017. 记者

梁奠（Dien Luong）为人和善，愿意与作者在越南会面，并分享了他对该主题的调查。没有他的报道和协助，本章节是不可能完成的。

［52］Luong, "55 Years After Agent Orange Was Used in Vietnam."长期以来，美国的种子销售商一直在使用这种在农场创造视觉奇观的策略，以兜售一种特定的现代性愿景。特别是在绿色革命期间，美国的外交政策制定者希望发展中国家令人大开眼界的农业展示能够为美国经济体系优越性的有力象征。参见，例如 Nick Cullather, "Miracles of Modernization: The Green Revolutionand the Apotheosis of Technology," *Diplomatic History* 28, no. 2 (April2004), 227-54。

［53］Luong, "55 Years After Agent Orange Was Used in Vietnam"; "Monsanto Subsidiary Launches Genuity Corn Seeds in Vietnam," *Vietnam Investment Review*, October 12, 2015, http://www.vir.com.vn/monsanto-subsidiary-launches-genuity-corn-seeds-in-vietnam.html.

［54］Luong, "55 Years After Agent Orange Was Used in Vietnam"; USDA Foreign Agricultural Service (FAS) Global Agriculture Information Network (GAIN) Report, "Vietnam Biotechnology Update 2008," July 11, 2008, GAIN Report No. VM8051, 7-8; USDA FAS GAIN Report, "Vietnam Agricultural Biotechnology Annual 2015," July 8, 2015, GAIN Report No. VM5042, 13-15.

［55］Luong, "55 Years After Agent Orange Was Used in Vietnam"; Brian Leung, "Vietnam, Agent Orange, and GMOS: An Agent Orange Maker is BeingWelcomed Back to Vietnam to Grow Genetically Modified Organisms," *The Diplomat*, November 24, 2014, https://thediplomat.com/2014/11/vietnam-agent-orange-and-gmos/; "Monsanto's Answer to Vietnam's BurgeoningNutrition Demand," *Vietnam Investment Review*, July 11, 2017, https://www.vir.com.vn/monsantos-answer-to-vietnams-burgeoning-nutrition-demand-53597.html; "Monsanto and Vietnam University of Agriculture Collaborate to Develop Talents in Agricultural Biotechnology," *Vietnam Investment Review*, December 10, 2017, http://www.vir.com.vn/monsanto-and-vietnam-university-of-agriculture-collaborate-to-develop-talents-in-agricultural-biotechnology.html.

［56］USDA FAS GAIN Report, "Vietnam Agricultural Biotechnology Annual 2015," 14-15.

〔57〕对于插入到 MON 89034 和 NK 603 的基因的描述，参见 the International Service for the Acquisition of Agri‐Biotech Applications, "Event Name: MON8934," http://www.isaaa.org/gmapprovaldatabase/event/default.asp?EventID=95; "Event Name: NK603," http://www.isaaa.org/gmapprovaldatabase/event/default.asp?EventID=86。

〔58〕Luong, "55 Years After Agent Orange Was Used in Vietnam"; 在本书即将付梓之际发表的研究指出，种植转基因作物的越南农民收入提高了，产量也增长了，至少在短期内是如此。参见 Graham Brookes and Tran Xuan Dinh, "The Impact of Using Genetically Modified (GM) corn/maize in Vietnam: Results of the First Farm-Level Survey" *GM Crops and Food* 12, no. 1 (2020), 71–83。

第五部分　丰收

结语　"恶意代码"

〔1〕2020 Bayer Shareholders' Meeting, webcast available here: https://www.bayer.com/en/annual-stockholders-meeting-2020.aspx.

〔2〕"In 1918 Pandemic, Another Possible Killer: Aspirin," *New York Times*, October 12, 2009, D5.

〔3〕Harry A. Stewart, "It's Dangerous to be Too Good a Loser!," *American Magazine*, May 1925, series 14, box 22, folder: Queeny, John F. (Misc.), Folder 1; Letter from Juanita McCarthy to H. A. Marple, May 2, 1961, series1, box 6, folder: Monsanto Company History (WWI), Monsanto Company Records, Washington University in St. Louis, Julian Edison Department of Special Collections, St. Louis, Missouri; Walter Sneader, "The Discovery of Aspirin: A Reappraisal," *British Medical Journal* 321 (December 23–30, 2000): 1591–94.

〔4〕"The Quiet Bayer Boss Hit by Germany's First Big No Confidence Vote," *Financial Times*, May 3, 2019, https://www.ft.com/content/abc5ad80-6d71-11e9-80c7-60ee53e6681d.

〔5〕"The Sobering Details Behind the Latest Seed Monopoly Chart," *Civil Eats*, January 11, 2019, https://civileats.com/2019/01/11/the-sobering-details-behind-the-latest-seed-monopoly-chart/#:~:text=History%

20shows% 20us% 20that% 20seed, seed% 20saving% 20and% 20research% 20purposes.

[6] "Bayer Pursued Monsanto Despite Weedkiller Suits and Executive Concerns," *Wall Street Journal*, November 25, 2018, https://www.wsj.com/articles/bayer-pursued-monsanto-despite-weedkiller-suits-and-executives-concern-1543147201; "With Each Roundup Verdict, Bayer's Monsanto Purchase Looks Worse," *Bloomberg Businessweek*, September 19, 2019, https://www.bloomberg.com/news/features/2019-09-19/bayer-s-monsanto-purchase-looks-worse-with-each-roundup-verdict.

[7] "Bayer Pursued Monsanto Despite Weedkiller Suits and Executive Concerns," *Wall Street Journal*; "Bayer Transforms to Pure Life Sciences Leader with Winning Ways," *Financial Times*, September 16, 2015, https://www.ft.com/content/9b8b7194-5b9f-11e5-9846-de406ccb37f2.

[8] "Bayer Pursued Monsanto Despite Weedkiller Suits and Executive's Concern," *Wall Street Journal*, November 25, 2018; "Monsanto Weedkiller-Roundup Was 'Substantial Factor' in Causing Man's Cancer, Jury Says," *New York Times*, March 19, 2019; "From Toxic to Turnaround," *Wall Street Journal*, February 10, 2020, https://www.wsj.com/articles/from-toxic-to-turnaround-bayers-ceo-fights-to-fix-a-problem-of-his-own-making-11581332607; "Bayer Execs Face Investor Heat After Rare No Confidence Vote," *Financial Times*, April 28, 2019, https://www.ft.com/content/0a6cc01c-69a3-11e9-80c7-60ee53e6681d.

[9] "$2 Billion Verdict Against Monsanto Is Third to Find Roundup Caused Cancer," *New York Times*, May 13, 2019; "Bayer CEO Has 9 Months to Overcome Shareholders' Extraordinary Rebuke of His Monsanto Deal," *Fortune*, April 30, 2019, https://fortune.com/2019/04/30/bayer-werner-baumann-shareholder-meeting/; "Will Bayer CEO Lose Another Confidence Vote?" Fierce Pharma, April 15, 2020, https://www.fiercepharma.com/pharma/will-bayer-ceo-lose-another-confidence-vote-2-top-proxy-advisers-have-different-opinions; "Bayer CEO Seeks Investor Patience as Cloud of Roundup Claims Persist," *Bloomberg*, April 28, 2020, https://www.bloomberg.com/news/articles/2020-04-27/bayer-seeks-investor-forbearance-over-lack-of-closure-on-roundup-k9ipoggd?utm_source=google&utm_medium=bd&utm

_campaign=HP&cmpId=GP.HP；关于世界上多个草甘膦禁令的地位，参见"Whereis Glyphosate Banned?", Baum Hedlund law firm website, https：//www.baumhedlundlaw.com/toxic-tort-law/monsanto-roundup-lawsuit/where-isglyphosate-banned-/；越南将草甘膦的使用延长到2021年6月，USDA Foreign Agricultural Service GAIN Report VM 2020-0045, published May 28, 2020, https：//apps.fas.usda.gov/newgainapi/api/Report/DownloadReportByFileName?fileName=Vietnam%20Extends%20the%20Use%20of%20Glyphosate%20until%20June%202021_Hanoi_Vietnam_05-14-2020#：~：text=On%20 April%2010%2C%202019%2C%20MARD，Plant%20Protection%20Products%20in%20Vietnam.&text=Accordingly%2C%20MARD%20suspended%20all%20registrations，glyphosate%20on%20June%2010%2C%202019。

〔10〕Transcript of Testimony at 2313, Bader Farms, Inc. v. Monsanto Co., and BASF Corporation, MDL No.1：18-md-2820-SNLJ, Case No.1：16-CV-299-SNLJ, US District Court, E.D. Missouri, Southeastern Division (2019)；拜耳的股票价格信息来自公司的"股东信息"页面：https：//www.bayer.com/en/investors/shareholder-information? gclid=CjOKCQiA4L2BBhCvARIsAO0SBdYfnS yW4I-JzvQ3awSmSuKlu_z1fMCLSqYWLBYBl9jk5FcJj-zHMEQaAvd-EALw_wcB。

〔11〕2020 Bayer Shareholders' Meeting, webcast available here：https：//www.bayer.com/en/annual-stockholders-meeting-2020.aspx；"From Toxic to Turnaround," *Wall Street Journal*, February 10, 2020；"Roundup Maker Agrees to Pay More Than $10 Billion to Settle Thousands of Claims That the Weedkiller Causes Cancer," *New York Times*, June 25, 2020, B1；"The Quiet Bayer Boss Hit by Germany's First Big No Confidence Vote," *Financial Times*, May 3, 2019, https：//www.ft.com/content/abc5ad80-6d71-11e9-80c7-60ee53e6681d；关于2018年孟山都并购案后的裁员，参见"Bayer to Sell Businesses, Cut Jobs After Monsanto Deal," WSAU News, November 29, 2018, https：//wsau.com/news/articles/2018/nov/29/bayer-to-sell-businesses-cut-jobs-after-monsanto-deal/。

〔12〕Opinion in the *National Family Farm et al. v. U.S. Environmental Protection Agency* case, filed June 3, 2020, at 5, https：//www.courthousenews.com/wp-content/uploads/2020/06/Dicamba.pdf；Carey Gillam, "Court Orders EPA Approval of Bayer Dicamba Herbicide Vacated；Says Regulator 'Understated the Risks,'" US Right to Know, June 3, 2020, https://usrtk.org/pesticides/court-orders-epa-approvals-of-bayer-dicamba-herbicide-vacated-says-regulator-understated-the-risks/.

[13] "EPA Offers Clarity to Farmers in Light of Recent Court Vacatur of Dicamba Registrations," EPA News Release, June 8, 2020, https://www.epa.gov/newsreleases/epa-offers-clarity-farmers-light-recent-court-vacatur-dicamba-registrations; Carey Gillam, "Big Ag Group Argue Court Cannot Tell EPA When to Ban Dicamba," US Right to Know, June 17, 2020, https://usrtk.org/uncategorized/big-ag-groups-tell-court-it-has-no-authority-to-tell-epa-when-to-ban-dicamba/; Mark Loux (Ohio State weed scientist), correspondence with the author, June 17, 2020; Email from Michal Freedhof, Acting Assistant Administrator in the EPA's Office of Chemical Safetyand Pollution Prevention, to EPA employees, March 10, 2021, https://www2.dtn.com/ag/assets/EPA-Memorandum-Scientific-Integrity.pdf.

[14] "Brazil Grain Growers Wary of Dicamba as Bayer Launches new GM Soy Seed," *Reuters*, September 30, 2019, https://www.reuters.com/article/us-brazil-dicamba/brazil-grain-growers-wary-of-dicamba-as-bayer-launches-new-gm-soy-seed-idUSKBN1WF1UY.

[15] "Suit Accusing Monsanto of Polluting Baltimore Waterways Advances," *Courthouse News Service*, April 1, 2020, https://www.courthousenews.com/suit-accusing-monsanto-of-polluting-baltimore-waterways-advances/; "Seattle Seeks Millions from Monsanto to Clean Up PCBs from Duwamish," *Seattle Times*, January 26, 2016, https://www.seattletimes.com/seattle-news/environment/seattle-sues-monsanto-seeking-millions-to-clean-up-pcbs-from-duwamish/; "AG Ferguson Makes Washington First State to Sue Monsanto Over PCB Damages," press release from the Washington attorney general's office, December 8, 2016, http://www.atg.wa.gov/print/12385; "Lawsuit: Toxic PCBs Still in Rivers, Plants, Air," *Cincinnati Enquirer*, March 5, 2018, https://www.cincinnati.com/story/news/2018/03/05/ohio-ag-mike-dewine-sues-monsanto-pay-cleanup-pcbs/396836002/; "PCB Maker Says State Lawsuit is 'Without Merit,'" *New Hampshire Union Leader*, October 28, 2020, https://www.unionleader.com/news/environment/pcb-maker-says-state-lawsuit-is-without-merit/article_5c6647e9-a88b-5ddd-af3e-

af963e622550. html; "Monsanto MustPay to Clean Up PCBs, New Suit by D. C. Says," *Bloomberg Law*, May 7, 2020, https://news. bloomberglaw. com/environment-and-energy/monsanto-must-pay-to-clean-up-pcbs-new-suit-by-d-c-says.

〔16〕"Roundup Maker to Pay $10 Billion to Settle Cancer Suits," *New York Times*, June 24, 2020, B1; Carey Gillam, "Bayer Inks Deals with Three Roundup Cancer Law Firms As Settlement Progresses," September 15, 2020, US Right to Know, https://usrtk. org/monsanto-roundup-trial-tracker/after-bayer-inks-deals-with-three-roundup-cancer-law-firms-as-settlement-progresses/.

〔17〕"United States and Vietnam Strengthen Partnership to Address War Legacies," USAID Press Release, December 5, 2019, https://www. usaid. gov/vietnam/press-releases/dec-5-2019-united-states-and-vietnam-strengthen-partnership-address-war-legacies;"USAID New Round of Agent Orange-Cleanup in Vietnam," devex(全球发展产业媒体), January 8, 2020, https://www. devex. com/news/usaid-begins-new-round-of-agent-orange-cleanup-in-vietnam-96222.

〔18〕"从80年代开始,"一位法官这样评价考威尔,"他选择了一项几乎孤独的事业:让被告为他们的行为负责。""就像罗伯特一世(苏格兰国王)注视着蜘蛛编织它的网一样,他每次都能振作起来又回去战斗。"*Zina G. Bibb et al. v. Monsanto Company et al.*, Civil Action No. 04-C-465, Final Order Awarding Attorneys' Fees and Litigation Expenses and Awarding Class Representatives' Incentive Payments, 12, filed in the Circuit Court of Putnam County, West Virginia, January 25, 2013; "A Town Embraces Its Explosive Past," *Wall Street Journal*, March 1, 2012, https://www. wsj. com/articles/SB10001424052970204571404577253610618376708;"Monsanto Plaintiffs at Odds," *Charleston Gazette-Mail*, May 19, 2012, https://www. wvgazettemail. com/news/legal_affairs/monsanto-plaintiffs-at-odds/article_818605b6-420b-552d-989c-148055a38cb5. html.

〔19〕Stefania Lombardo et al., "Approaching to the Fourth Agricultural Revolution: Analysis of Needs for the Profitable Introduction of Smart Farming in Rural Areas," Proceedings of the 8th International Conference on In formation and Communications Technologies in Agriculture, Food, and Environment (HAI-

CTA 2017), Ghania, Greece, September 21-24, 2017, https://flore. unifi. it/retrieve/handle/2158/1112565/296930/360. pdf.

[20] WEED-IT company website, https://www. weed-it. com/contact; "WEEDit Optical Spot Spray Technology," YouTube, https://www. youtube. com/watch? v=b-yTRpyYiRE; "Using Data to Drive Decisions," Bayer companywebsite, https://www. cropscience. bayer. com/innovations/data-science.

[21] "Using Data to Drive Decisions," Bayer company website.

[22] Comments by Wolfgang Nickl, Bayer Board of Management member, Bayer Shareholders' Meeting, webcast available here: https://www. bayer. com/en/annual-stockholders-meeting-2020. aspx.

[23] Bob Shapiro quoted in Joan Magretta, "Growth through Global Sustainability: An Interview with Monsanto's CEO, Robert Shapiro," *Harvard Business Review* 75, no 1 (January-February 1997): 82; "Smart Fields," Bayer company website, https://www. bayer. com/en/digital-farming-smart-fields. aspx; "Glyphosate-Based Herbicides Use in Modern Agriculture," Bayer company website, https://www. bayer. com/en/about-glyphosate-based-herbicides-and-their-role-in-agriculture. aspx.

[24] 对这些研究的全面总结，参见本书第12章。

[25] Craig D. Osteen and Jorge Fernandez-Cornejo, "Herbicide Use Trends: A Backgrounder," *Choices* 31, no. 4 (4th Quarter 2016), 1, https://www. choicesmagazine. org/UserFiles/file/cmsarticle_544. pdf; Scott M. Swinton and Braeden Van Deynze, "Hoes to Herbicides: Economics of Evolving Weed Management in the United States," *European Journal of Development Research* 29, no. 3 (2017): 565; Craig D. Osteen and Jorge Fernandez-Cornejo, *Pest Management Science* 69, no. 9 (September 2013): 1004; Sylvie Bonny, "Genetically Modified Herbicide-Tolerant Crops, Weeds and Herbicides: Overview and Impact," *Environmental Management* 57 (2016), 35, 41.

[26] 到2020年前后，Bt特征也可以在拉丁美洲少部分大豆农场上找到。Bruce E. Tabashnik, Thierry Brévault & Yves Carriére, "Insect Resistance to Bt Crops: Lessons from the First Billion Acres," *Nature Biotechnology* 31, no. 6 (June 2013), 510-21; Yves Carriére, et. al. , "Crop Rotation Mitigates Impacts of Corn Rootworm Resistance to Transgenic Bt Corn," *Proceedings of the National Academy of Sciences ofthe United States of America* 117, no. 31

(August 2020): 18385-92; CharlesM. Benbrook, "Impacts of Genetically Engineered Crops on Pesticide Usein the U. S. —The First Sixteen Years," *Environmental Sciences* Europe 24 (2012): 24; Daniel Hellerstein, et. al., USDA Economic Research Service, *Agricultural Resources and Environmental Indicators* (May 2019), 36, https://www.ers.usda.gov/webdocs/publications/93026/eib-208.pdf? v=2290.7; 关于美国杀虫剂总用量, 参见美国农业部全国农业统计服务快速统计网, https://quickstats.nass.usda.gov/。

〔27〕Monsanto Company 1980 Annual Report, 26.

〔28〕USDA Economic Research Service, *Three Decades of Consolidation in US Agriculture*, Economic Information Bulletin Number 189 (March 2018), 40.

〔29〕Department of Homeland Security, Threats to Precision Agriculture (2018), 3-7, https://www.dhs.gov/sites/default/files/publications/2018%20AEP_Threats_to_Precision_Agriculture.pdf.

〔30〕2020 Bayer Shareholders' Meeting, webcast available here: https://www.bayer.com/en/annual-stockholders-meeting-2020.aspx.

〔31〕"Behind the Monsanto Deal, Doubts About the GMO Revolution," *Wall Street Journal*, September 14, 2016, https://www.wsj.com/articles/behind-the-monsanto-deal-doubts-about-the-gmo-revolution-1473880429; "A Growing Discontent," *New York Times*, March 12, 2010, B1; 美国农业部对大豆和玉米种子成本的官方估计, 参见 "Commodity Costs andReturn," USDA Economic Research Service website: https://www.ers.usda.gov/data-products/commodity-costs-and-returns/commodity-costs-and-returns/#Recent%20Cost%20and%20Returns。考虑通货膨胀后的数据是, 从1995年到2019年, 豆农在种子上的开销增长大约是150%, 而玉米种植者大约是120%。

图表来源

各部分首图来源

第一部分：由克里斯托弗·哈斯特德（Kristofer Husted）友情提供。

第二部分：孟山都公司记录，华盛顿大学圣路易斯分校朱利安·爱迪生特别收藏部。

第三部分：由乔纳森·扎德拉友情提供。

第四部分：倾倒在孟山都苏打泉工厂附近的磷酸盐熔渣，2016年。由乔纳森·扎德拉友情提供。

第五部分：苏打泉工厂设施的入口通道，由乔纳森·扎德拉友情提供。

图表来源

图1：图表根据美国农业部农业研究局的斯蒂芬·杜克提供的数据为本书绘制。

图2和4：图表使用伊恩·希普博士2020年的研究数据为本书绘制，国际抗除草剂杂草数据库，Weedscience. org。

图3：来自美国地质调查局全国农药综合项目。

图 5a 和 5b：图表使用美国农业部国家农业统计局和美国地质调查局（USGS）全国农药综合项目的数据为本书绘制。

插图来源

图一："约翰·弗朗西斯·奎尼（1859—1933）与狗"，摄于约 1930 年。来自威廉斯·海恩斯（Williams Haynes）肖像作品集，科学史研究所（Science History Institute）第 12 箱，费城，https：//digital. sciencehistory. org/works/r207tp91k。

图二："奥尔加·孟山都与她的孩子"，来自孟山都公司记录，华盛顿大学圣路易斯分校的朱利安·爱迪生特别收藏部。

图三："埃德加·孟山都·奎尼（1897—1968），"摄于 1950—1959 年间。来自威廉斯·海恩斯（Williams Haynes）肖像作品集，科学史研究所（Science History Institute）第 12 箱，费城，https：//digital. sciencehistory. org/works/3n203z80v。

图四：奈特罗化工厂，西弗吉尼亚，20 世纪 70 年代，来自国家档案和记录管理局（National Archives and Records Administration）。

图五：奈特罗工厂的工人，《查尔斯顿公报》（*Charleston Gazette-Mail*）友情提供。

图六："大卫·贝克站在他弟弟的墓前"，由马修·阿瑟林（Mathieu-Asselin）友情提供。

图七：岘港机场清理现场，越南，2017 年。由乔纳森·扎德拉友情提供。

索 引

(页码为原版页码，请参考本书边码)

A

ALS 抑制剂抗药性（ALS inhibitors, resistance to）185-86, 186, 187, 210

阿伯纳西诉孟山都案（*Abernathy v. Monsanto*）196, 199-201, 202-3

阿根廷（Argentina）106, 199, 241-43

阿拉斯泰尔·海斯（Hays, Alastair）148

阿诺德·谢克特（Schecter, Arnold）252, 258

阿帕德·普斯泰（Pusztai, Arpad）198

阿萨·坎德勒和约翰·坎德勒（Candler, Asa and John S.）39

阿司匹林（aspirin）24, 50, 129, 267

阿斯巴甜（Nutrasweet [aspartame]）173-74, 176, 191

埃德·沃尔兹（Volz, Ed）88

埃德加·奎尼（Queeny, Edgar）

1928 年成为公司总裁（becoming president in 1928）51, 55-56

1943 年放弃总裁职位（ceding presidency in 1943）69

与可口可乐的合同（Coca-Cola contract and）35

成立中央研究部（creating Central Research Department）63

1968 年逝世（death in 1968）108

早年生活（early life）18, 26, 27, 55

身体欠佳的临终数年（final years of ill health）107-8

严重的酒徒（as heavy drinker）53-55

作为猎人、农民和野生动物爱好者（as hunter, farmer, and lover of wildlife）69-71, 91, 107

投资外国子公司（investing in foreign subsidiaries）63

军事合同与埃德加（military contracts and）68

个人品质（personal qualities）56

政治和经济信仰（political and economic beliefs）56-57, 69

收购胜过研究（preferring acquisitions over research）57-59, 81

更喜欢农业化学品（preferring agricultural chemicals）91

埃尔默·惠勒（Wheeler, Elmer）110-11, 112, 113, 114

埃里克·萨克斯（Sachs, Eric）232-33

埃里克·约翰逊（Johnson, Eric）186

埃米特·凯利（Kelly, R. Emmet）74, 110-11, 117, 152, 153

癌症（Cancer）

 鲍曼的和解提案与癌症（Baumann's settlement proposal and）272

 因多烷基苯引发的膀胱癌（of bladder caused by PAB）139, 154

 考威尔的委托人克莱奥·史密斯的癌症（of Calwell's client Cleo Smith）140-41

 二噁英研究与癌症（dioxin studies and）146, 147-48

 草甘膦与癌症（glyphosate and）10-11, 232-33

 约翰逊案（Johnson case）8-9, 11, 15, 233, 262, 269

艾伯特·皮利奥德和阿尔瓦·皮利奥德夫妇（Pilliod, Albert and Alva）269

艾格福（AgrEvo）177-78, 197

艾伦·西尔伯格尔德（Silbergeld, Ellen）148

艾玛·克利夫斯（Cleeves, Emma）33

爱达荷州苏打泉（Soda Springs, Idaho），参见"孟山都的磷酸盐设备"

爱德华·拉布（Raab, Edward L.）115

爱德华·桑福德（Sanford, Edward T.）40-41

爱德温·哈德曼（Hardeman, Edwin）269

安必恩（Ambien）176, 191

安德鲁·鲍伊（Bowie, Andrew）194, 195, 196

安德鲁·惠勒（Wheeler, Andrew）11, 235

安娜·凯尔顿（Kelton, Anna）39

奥尔加·孟山都（Monsanto, Olga）18, 22, 26, 27, 32-33

奥马尔·坎宁安（Cunningham, Omar）155

B

巴德农场诉孟山都公司和巴斯夫公司案（Bader Farms v. Monsanto and BASF）3, 5, 7-8, 249, 262, 269

巴斯夫公司（BASF）

 巴德案与巴斯夫公司（*Bader* case and）3, 8

 工厂中的氯痤疮（chloracne at

索引　451

plant) 95-96

化学时代的开端 (at dawn of chemical age) 24

在全球种子市场 (in global seed market) 178, 268

销售麦草畏 (selling dicamba) 6, 7, 235

第二次世界大战与巴斯夫公司 (World War II and) 68

巴西 (Brazil)

收购巴西种子公司 (acquisition of seed companies in) 246-47

批准抗农达 (approval of Roundup Ready) 243-44

巴西的塞拉多 (Cerrado in) 206, 245-49, 262, 271

巴西的抗麦草畏种子 (dicamba-resistant seeds in) 249-51, 262

农民使用抗农达系统初期省钱 (farmers' initial savings with Roundup Ready) 248

草甘膦抗药性的发展 (glyphosate resistance developing) 248-49

从阿根廷非法入境的抗农达种子 (illegal spread of Roundup Ready from Argentina) 241, 242-43

孟山都需要进军巴西 (Monsanto needing to expand into) 199, 242

孟山都对减少进口的投资 (Monsanto's investments to reduce imports) 244-45

为巴西研发的大豆品种 (soybean varieties developed for) 245-46

抗农达种子的产量 (yields with Roundup Ready seeds) *206*, 247

巴西农业研究公司 (Embrapa) 245-46, 249, 250

拜耳公司 (Bayer)

收购孟山都 (acquisition of Monsanto) 4, 268-69

大力推广转基因种子 (aggressive marketing of GE seeds) 212

阿司匹林与拜耳 (aspirin and) 24, 267

巴德案与拜耳 (*Bader* case and) 3

收购孟山都后的癌症案裁决 (cancer verdicts after Monsanto buyout) 269

化学时代的黎明 (at dawn of chemical age) 24

拜耳公司中合乎道德的员工 (ethical workers in) 15-16

被孟山都的遗产所困扰 (haunted by Monsanto legacy) 269-70

2020年产品研发生产系统中的除草剂 (herbicide in 2020 product pipeline) 277

拜耳给诺斯沃西的资助 (Norsworthy's funding by) 235

进行中的法律纠纷和解谈判 (ongoing legal settlement talks) 272

奎尼从拜耳手中解放美国人的愿景（Queeny's visions of freeing Americans from）16, 44

将品牌重塑为数字农业（rebranded as digital farming）273-74

拜耳的种子加工设备（seed-processing equipment of）213

把销售升级版抗农达系统作为一种解放手段（selling Roundup Ready Xtend as liberating）13

2020年股东大会（shareholders' meeting in 2020）267-68, 278

2019年股东投出不信任票（shareholders' vote of no confidence in 2019）269

出口巴西的多重转基因种质（stacked GE germplasm sent to Brazil）250

第二次世界大战与拜耳（World War II and）68

保铃棉（Bollgard）184, 242

保罗·威拉德（Willard, Paul）85-86, 88, 90

鲍勃·弗格森（Ferguson, Bob）271

鲍勃·海因兹（Hinds, Bob）53

保饲（Posilac）176-77

贝弗·兰德尔（Randles, Bev）3-4, 5, 269

贝弗利·麦克拉克莲（McLachlin, Beverley）224

比布诉孟山都案（Bibb v. Monsanto）272-73

比尔·巴德（Bader, Bill）3-5, 7-8, 234-35, 249, 262

比尔·加菲（Gaffey, Bill）148

比利·兰德尔（Randles, Billy）3-4, 5, 7-8, 269

伯特·朗莱克（Langreck, Bert）, 48

博伊德·凯里（Carey, Boyd）7-8

布里登·范·戴恩斯（Van Deynze-Braeden）229

C

草铵膦（glufosinate）178, 197

草甘膦（glyphosate），还可参见"农达"

 拜耳2020年关于草甘膦的诉讼（Bayer's 2020 claims about）274

 致癌风险与草甘膦（cancer risk and）10-11, 232-33

 中国向巴西出口仿制药（Chinese imports of generics to Brazil）245

 干扰微生物群落（disrupting microflora）132

 试图否认健康影响（efforts to deny health effects）10-11, 232-33

 生产草甘膦必需的元素磷（elemental phosphorus needed for）128

 消灭帝王蝶的食物（eliminating

monarch butterfly food）199
环保署批准（EPA approval of）132, 133
退出洗涤剂业务的撤退渠道（as exit from detergent business）131-32
弗朗茨对草甘膦的测试（Franz's testing of）131
从1992年到2017年的使用量增长（increased use from 1992 to 2017）219, 275
由孟山都在巴西生产（manufactured in Brazil by Monsanto）244-45
比2,4-D的毒性小得多（much less toxic than 2,4-D）229
降价以应对竞争（price drop to deal with competition）228
添加到草甘膦中的表面活性剂（surfactants added to）9-10
加工食品中含有草甘膦（traces in processed foods）13

草克死（Vegadex）91-92
查尔斯·埃文斯·休斯（Hughes, Charles Evans）41
查尔斯·贝利（Bailey, Charles）256, 283
查尔斯·萨默（Sommer, Charles H.）108, 110
查尔斯·托马斯（Thomas, Charles A.）63, 66, 67, 91, 92, 107, 108
查尔斯·贝尔克纳普（Belknap, Charles）58, 69
查尔斯·洛夫三世（Love, Charles, III）151, 153

产量（yield）
  数字农业主张的产量（claims for digital farming）273-74
  巴西传统大豆育种的产量（of conventionally bred Brazilian soybeans）246, 247, 250
  靠传统育种技术获得（gains from conventional breeding）239, 240, 275, 279
  转基因农作物的产出（of GE crops）236-40, 275, 276, 279
  格兰特对产量的吹嘘（Grant's expansive claims）247

超级基金修复地（Superfund sites）
  放松管制的利益与超级基金修复地（deregulatory interests and），165-66
  孟山都对其中89个负有责任（Monsanto responsible for eighty-nine）176
  磷酸盐矿（phosphate mines）171
  苏打泉工厂（Soda Springs plant）76, 137, 163, 166, 167, 170
  有毒的核研究基地（toxic nuclear research site）67

陈氏雪杏（Trần Thị Tuyết Hạnh）251-52
陈玉心（Trần Ngọc Tâm）251
橙剂（Agent Orange），还可参见"越南二噁英污染"

造成的生态破坏（ecological devastation caused by）102-4

作为肯尼迪的解决方案（as Kennedy's solution）99-100

越南老兵提起的诉讼（lawsuits by Vietnam veterans）144, 147, 151, 255, 261

孟山都作为最大的生产商（Monsanto as largest producer）12, 100

反对用于军事行动（protests against military use）105-6

对人类的毒性（toxicity to humans）12-13, 104-5

美国对退伍军人的补偿（US compensation to veterans）254-55

在越南使用（used in Vietnam）102-6

越南橙剂受害者协会帮助受害者（VAVA assisting victims）251, 253-54

除草剂（herbicides），还可参见"橙剂""麦草畏""草甘膦""农达"

  拜耳的数字农业与除草剂（Bayer's digital farming and）273-74

  2020年拜耳的新化学品（Bayer's new chemical in 2020）277

  自引入转基因种子以来的除草剂使用量增加（increased use since introduction of GE seeds）229, 230, 231, 275

  孟山都对除草剂的初期投资（Monsanto's initial investments in）72, 83, 91-92

  孟山都除了农达以外的其他品牌（Monsanto's other brands beside Roundup）135

  孟山都打败大部分竞争对手（Monsanto wiping out most competitors）218-19

除草剂抗药性（herbicide resistance），还可参见"对ALS抑制剂有抗药性""抗草甘膦杂草"

纯净食品与药品法（Pure Food and Drug Act）28-29, 38, 41, 108, 181

D

大卫·贝克（Baker, David）192-93, 195-96, 200, 201-2, 203

大卫·金斯伯里（Kingsbury, David）180

大卫·萨米拉斯（Saltmiras, David）11

大卫·西摩（Seymour, David）126

戴蒙德诉查克拉巴蒂案（*Diamond v. Chakrabarty*）178-79

丹·艾伯特（Albert, Dan）120-21

丹·毕夏普（Bishop, Dan）123

丹·金肯斯（Jenkins, Dan）232-33

岱字棉公司（Delta & Pine Land

Company) 197-98

"盗版种子"("seed piracy") 222-24

德国化学公司三巨头（Big Three German chemical firms) 24

德韦恩·约翰逊（昵称"李"）(Johnson, Dewayne "Lee") 8-9, 11, 15, 233, 262, 269

滴滴涕杀虫剂（DDT) 14, 70-71, 100, 110

帝王蝶（monarch butterflies) 198-99

第二厂（Plant B) 49, 51, 66

第二次世界大战（World War II) 65-69, 70, 82

第一次世界大战（World War I) 44-45, 46, 48, 49-50, 81

蒂姆·布伦斯菲尔德（Brincefield, Tim) 168

蒂姆·里斯（Rieser, Tim) 255-57, 258-59

杜邦公司（DuPont)

创立（founding of) 24-25

投资生物技术领域（investing in biotechnology) 143-44

在2017年与陶氏合并（merger with Dow in 2017) 268

孟山都与杜邦的资产排名比较（Monsanto's financial rank compared to) 59, 68

以石油为原料的化学制品与杜邦（petroleum-based chemicals and) 61

收购先锋种子公司（purchase of Pioneer seed company) 197, 212

奎尼向杜邦的自大提议（Queeny's cocky offer to) 63-64

赢得塑料瓶竞赛（winning plastic bottle race) 133

短回文重复序列（CRISPR) 276

多氯联苯［polychlorinated biphenyls (PCBs)］65-66, 109-26. 还可参见"亚拉巴马州安尼斯顿"

限制生产但没有全面限制使用（ban on manufacture, not on use) 122-24

拜耳对污染的责任（Bayer's liabilities for contamination) 271-72

继续威胁公共健康（continuing threat to public health) 125-26

在乳制品中（in dairy milk) 117

停止生产的经济影响（economic impact of discontinuing) 119-20, 124, 126

美国环境保护基金会与（Environmental Defense Fund and) 124

美国环保署与（EPA and) 119-20, 121-22, 123-26

食物供应中的多氯联苯（in food supply) 109, 116-17, 118

詹森对多氯联苯的揭露（Jensen's whistleblowing on)

109-10

孟山都是美国唯一的制造商（Monsanto as sole US manufacturer）66, 109

孟山都工厂应对多氯联苯问题（Monsanto plans to deal with problem of）113-16

在母乳中（in mother's milk）109, 123, 145

把责任推卸给客户（offloading liability onto client companies）118-19, 126, 194

逐步禁止在开放空间中的使用（phaseout of open applications）117

对多氯联苯损害后果的披露（publicity about damage due to）111

对多氯联苯的监管压力（regulatory pressure on）112-13, 116-17, 118-19

训练销售人员混淆视听（salespeople trained to obfuscate）122

多氯联苯的毒性（toxicity of）74, 110-11, 113

多氯联苯的使用（uses of）109-10

多烷基苯，与人类健康（PAB, and human health）139, 154

E

EPSP 合酶（EPSP synthase）132, 160-61

2,4-二氯苯氧乙酸（2,4-D）13, 82-84, 129

用以解决草甘膦抗药性问题（used for glyphosate resistance）229, 231, 275

在越南使用（used in Vietnam）13, 98, 101-2

二噁英毒性（dioxin toxicity），还可参见"氯痤疮""奈特罗工厂"

出生缺陷与二噁英毒性（birth defects and）104, 105

癌症与二噁英毒性（cancer and）146, 147-48

导致氯痤疮（as cause of chloracne）96

广受争议的由孟山都资助的研究（controversial Monsanto-funded research）146-48

越来越多的证据（mounting evidence）144-45

陶氏和孟山都的秘密（secrets kept by Dow and Monsanto）104-5

逃避责任的策略（strategy for evading responsibility）146

F

发展中国家（developing countries）12, 72, 259-60, 还可参见"阿根廷""巴西""越南"

法本集团（I. G. Farben）68

法玛西亚公司（Pharmacia）200,

203
法玛西亚普强公司（Pharmacia & Upjohn）200
放射性磷渣（phosphate slag, radioactive）127, 136-37, 162-70
非那西汀（phenacetin）36, 39, 46, 50, 267
菲利普·哈姆（Hamm, Philip）130, 131
弗朗西斯·柯蒂斯（Curtis, Francis J.）64
弗雷德·古尔德（Gould, Fred）239
弗雷德·庞德（Pond, Fred）210-15, 218

G
盖伊·沃森（Watson, Guy）197
冈内尔家族（Gunnell family）167-69, 170
跟先锋种业的交易（Pioneer Hi-Bred deal）189
工业化农业（industrial farming）72
关税（tariffs）
　对中国出口巴西的草甘膦征收关税（on Chinese glyphosate imported to Brazil）245
　保护美国的糖种植者（protecting US sugar growers）30, 42
　奎尼与国外公司的竞争和关税（Queeny's foreign competition and）38, 44, 51, 52
《国家环境政策法》（National Environmental Policy Act）112, 135
国际竞争（foreign competition）
　因石油而改变（changed due to petroleum）61-62
　大宗化学品业务的国际竞争（in commodity chemical business）126, 133, 141
　20世纪早期（in early twentieth century）33-34, 35, 38, 44
　第一次世界大战与国际竞争（World War I and）44-45, 51
　第二次世界大战与国际竞争（World War II and）68-69

H
哈罗德·杨（Young, Harold）84
哈维·威利（Wiley, Harvey）29, 38, 39, 41-42
豪尔赫·费尔南德斯-科尔内霍（Fernandez-Cornejo, Jorge）237
合成生长素（auxins, synthetic）82-84
合成纤维（synthetic fibers）61, 62, 90, 106
何塞·苏亚雷斯（Soares, José）250
赫伯特·胡佛（Hoover, Herbert）69
赫斯特公司（Hoechst）24, 68, 177-78
亨德里克·弗费里（Verfaillie, Hendrik）226
化石燃料（fossil fuels），还可参见

"煤焦油""以石油为原料的化学制品"

化学工业对化石燃料的依赖（dependence of chemical industry on）14-15, 64-65

孟山都逃离化石燃料经济的企图（Monsanto's attempt to escape economy of）276

化学公司，美国（chemical companies, American）

被石油化工产品改变（changed by petrochemicals）61-62, 68-69

煤焦油作为早期的基础（coal tar as early basis of）50

早期对欧洲的依赖（early dependence on Europe）14, 25, 32

进入合成有机化学领域（entering synthetic organic chemistry）24-25

孟山都在1932年排名第八（Monsanto ranking eighth in 1932）59

依赖化石燃料和矿藏（reliant on fossil fuels and mineral deposits）14-15

化学战争（chemical warfare）67, 82, 105

环保组织，与生物技术（environmental groups, and biotechnology）182, 184, 197

环境保护署（环保署）（Environmental Protection Agency [EPA]），还可参见"超级基金修复地"

1975年批准草甘膦（approving glyphosate in 1975）132, 133

拜登政府的环保署（under Biden）271

生物技术政策与环保署（biotechnology policy and）180

安尼斯顿的清洁工作与环保署（cleanup in Anniston and）201-2, 203-4

特朗普和拜登执政时期的麦草畏问题（dicamba issues under Trump and Biden）235, 270-72

更少挥发性的麦草畏与环保署（dicamba with less volatility and）6, 7, 233, 234, 235

认为草甘膦不致癌（finding glyphosate not carcinogenic）11, 232-33

奈特罗工厂周边的二噁英地图（map of dioxin around Nitro plant）156-57

孟山都的磷矿开采与和环保署（Monsanto's phosphate mining and）60

孟山都的磷酸盐处理与环保署（Monsanto's phosphate processing and）127, 137, 161-72

尼克松设立环保署（Nixon's creation of）112

多氯联苯与环保署（PCBs and）

119-20, 121-22, 123-26, 196, 271

1972年接管农药监管业务 (taking over pesticide regulation in 1972) 132

《有毒物质控制法》与 (Toxic Substances Control Act and) 119, 122-24

特朗普政府的环保署 (under Trump) 11, 235, 270-72

环境化学系统 (Enviro-Chem Systems) 108

环境影响评价 (environmental impact statement [EIS])

 federal law and (联邦法律与环境影响评价) 112, 135

 phosphate mining and (磷酸盐矿与环境影响评价) 136

辉瑞 (Pfizer) 25

霍华德·施耐德曼 (Schneiderman, Howard) 142, 143

J

基因工程、转基因 (genetic engineering), 还可参见"生物技术"

 开端 (beginnings of) 158-59

 潜能与问题 (potential and problems) 276-77

基于自由的市场 freedom, marketing based on) 13

吉恩·托马斯 (Thomas, Gene) 89, 153, 155

吉米·卡特 (Carter, Jimmy) 145

技术费 (technology fee) 189, 215

 在阿根廷 (in Argentina) 241-42

技术使用协议 (technology-use agreement [TUA]) 190, 211, 222

加斯顿·杜布瓦 (DuBois, Gaston) 34, 35, 36, 44-45, 58, 63

简·米勒 (Miller, Jan) 5

杰克·韦恩斯坦 (Weinstein, Jack B.) 151, 253-54

杰里米·里夫金 (Rifkin, Jeremy) 177

杰斯·罗兰 (Rowland, Jess) 233

杰西·布朗 (Brown, Jesse) 254

杰西·斯蒂尔 (Steele, Jesse) 85-86, 88

K

咖啡因 (caffeine) 34-35, 36-37, 38-41, 42-43, 68

卡尔基因 (Calgene) 159, 160-61, 178, 180, 189

卡罗尔·范·斯特鲁姆 (Van Strum, Carol) 144

卡罗尔·霍克沃特 (Hochwalt, Carroll A) 63

卡桑德拉·罗伯茨 (Roberts, Cassandra) 194, 199

康斯坦丁·法尔伯格 (Fahlberg, Constantin) 29

抗草甘膦杂草 (glyphosate-resistant weeds)

出现在澳大利亚（appearing in Australia）187

在巴西的发展（developing in Brazil）248-49

增加（increase in）221-22, 224-25, 225

孟山都最初否认（Monsanto's initial denial of）187

需要其他除草剂和抗草甘膦杂草（need for other herbicides and）229, *230*, 231, 275

抗旱作物种子（drought-resistant seeds）15, 239, 277

抗麦草畏种子（dicamba-tolerant seeds），还可参见"升级版抗农达系统"

 在巴西（in Brazil）249-51

 开发和批准（development and approval）4, 6, 231-32, 234

 在环保署批准麦草畏之前销售（sold before EPA-approved dicamba）6-7

抗农达技术（Roundup Ready technology）4, 还可参见"巴西""转基因种子"

 1996年在阿根廷获批（approved in Argentina in 1996）241-42

 20世纪90年代中期在美国获批（approved in US in mid-1990s）172

 拜耳数字农业中的抗农达技术（in Bayer's digital farming）274

 竞争市场上（in competitive market）177-78

 农民的成本（costs to farmers）211-12

 研发（creation of）161

 欧洲（in Europe）216

 帮助安尼斯顿案和解后的财务恢复（helping recovery after Anniston settlement）203

 除草剂使用量增加与抗农达技术（herbicide use increase and）229, *230*, 231

 初期在农民中大获成功（initial success with farmers）188, 190, 214-15, 218-20

 市场营销（marketing of）13, 174, 212-13, 215-18

 出售给先锋公司中的失策（misstep in sale to Pioneer）189

 种子商对种子的加工（processing of seeds by seedsmen）213

 技术使用协议禁止复种（replanting prohibited by TUA）190, 211, 222-24

 解决抗药性问题（solving resistance problem）185, 210

 技术费（technology fee）189, 215, 241-42

 在越南（in Vietnam）12, 13, 259-63

柯克·汉森（Hansen, Kirk）162, 163

科迪华（Corteva）268

可口可乐公司（Coca-Cola Company）

购买孟山都的咖啡因（buying Monsanto caffeine）35，36-37，41，68

购买孟山都的糖精（buying Monsanto saccharin）30，34，41

秘密配方（secret formula）35，39-40

因添加咖啡因引发的诉讼（trial on added caffeine）38-40

克莱奥·史密斯（Smith, Cleo）140-41

克里斯·艾布拉姆斯（Abrams, Chris）258

奎尼公司的黑人劳工（Black workers at Queeny's firm）47-49

L

拉尔夫·赖特（Wright, Ralph）34

拉尔夫·派珀（Piper, Ralph）53-55

拉斐尔·佩德罗索（Pedroso, Rafael）249

拉塞尔·特雷恩（Train, Russell）122，124

兰迪·弗拉内斯（Vranes, Randy）132

朗道克星（Randox）1-92

劳拉·布拉德肖（Bradshaw, Laura）87

雷·道森（Dawson, Ray）23

雷蒙德·苏斯金德（Suskind, Raymond）5-86，87-89，90，95，96，146-47，148

雷切尔·卡森（Carson, Rachel）100-101，106，107，110，111

黎克山（Lê Kê' So'n）57

礼来上校（Eli Lilly）5，144

里根时代的管制政策（Reagan era regulatory policy）65，180-83

理查德·克拉普（Clapp, Richard）48

理查德·马奥尼（昵称"迪克"）（Mahoney, Richard "Dick"）42-43

理查德·尼克松（Nixon, Richard）112

理查德·谢尔比（Shelby, Richard）201

《联邦杀虫剂、杀菌剂和灭鼠剂法》（Federal Insecticide, Fungicide, and Rodenticide Act［FIFRA］）101，108

联合碳化物公司（Union Carbide）59，61，62，64，65，68，81

粮食体系（food system）

另一个未来依然可能（alternative future still possible）279

促进生物技术以养活全世界（biotechnology promoted to feed the world）175，239-40

用于销售化学品的基因工程（genetic engineering used to sell chemicals for）277

被孟山都转基因种子改造的食物体系（transformed by Monsanto's

GE seeds）14，173

数字农业的弱点（vulnerability of digital farming）277-78

林登·约翰逊（Johnson, Lyndon）105

琳达·伯恩鲍姆（Birnbaum, Linda）147

磷产品（phosphorus products）59

 洗涤剂（detergents）59，128，130-31

 草甘膦（glyphosate）128，132，170，244，276

 磷酸（phosphoric acid）59-60，128

 磷矿开采（phosphate mining）59，60，136，170-71

刘文陈（Luu Van Tran）260

流行性感冒（influenza）46，50，267

硫酸（sulfuric acid）27，49，50

卢卡·科迈（Comai, Luca）160-61

路易斯·勒·罗伊（Le Roy, Louis）40

路易斯·施瓦茨（Schwartz, Louis）85

路易斯·韦隆（Veillon, Louis）21-22，31-37，44-45，47，48

路易斯·谢弗（Schaefer, Louis）39

路易斯·伊纳西奥·卢拉·达席尔瓦（Lula da Silva, LuizInácio）241，243

伦纳德·瓜拉里亚（Guararria, Leonard）181

罗伯特·弗雷利（昵称"罗伯"）（Fraley, Robert "Robb"）159，182，188，189-90

罗伯特·格迪斯（Geddes, Robert）163-64

罗伯特·霍希（Horsch, Robert）159，161

罗伯特·莱斯布拉夫（Risebrough, Robert W.）111

罗伯特·伍德拉夫（Woodruff, Robert）56

罗伯特·夏皮罗（昵称"鲍勃"）（Shapiro, Robert B.）

 积极的收购和投资（aggressive acquisitions and investments）188-89

 生物技术的信徒（as believer in biotechnology）175，178，183-84，187-88，277

 宣称转基因种子可以提高产量（claiming GE seeds would increase yield）236，274

 环境关怀（environmental concerns）175，187-88

 扩张孟山都的种子业务（expanding Monsanto's seed business）211

 希望改善世界（hoping to change the world for the better）15，173-75

 卸下有毒化学品污染的赔偿责任

（offloading toxic chemical liabilities）190-91，196

与岱字棉公司的谈判（talks with Delta & Pine）197-98

罗伯特·夏皮罗的财富（wealth of）197，203

罗斯福新政（New Deal）56，60，71，189

绿色革命（Green Revolution）72，134-35

氯痤疮（chloracne）

由多氯联苯引起（caused by PCBs）110-11

意大利爆炸事故与氯痤疮（explosion in Italy and）144

越南退伍军人（in Vietnam veterans）254

生产2,4,5-T的工人罹患氯痤疮（in workers with 2,4,5-T）79-80，84-89，90，94-96，106

M

马尔金·戴克斯（Dekkers, Marijn）268

马克·范·蒙塔古（Van Montagu, Marc）159

马克·范格塞尔（VanGessel, Mark）221

马克·洛克斯（Loux, Mark）220-22，225-26，229，231，235，271

马克·瓦纳希特（Vanacht, Marc）215-18

马拉多纳种子（Maradona seeds）241，242-43

玛丽·曼尼布桑（Manibusan, Mary）232

玛丽-戴尔·奇尔顿（Chilton, Mary-Dell）159

玛丽莲·芬格赫特（Fingerhut, Marilyn）147

玛丽-莫尼克·罗宾（Robin, Marie-Monique）146

迈耶兄弟药品公司（Meyer Brothers Drug Company）26-29，31-33，35，36

麦草畏（dicamba）

巴德农场案（*Bader Farms* case）3，5，7-8，249，262，269

拜耳谈论法律诉讼案（Bayer taking on legal cases）270，272

巴西的飘移问题（drift problem in Brazil）249-50，262，271

飘移问题已经存在几十年了（drift problem known for decades）231

利用飘移问题销售种子（drift problem used to sell seeds）6，8，13，235-36

与飘移相关的损害（drift-related damage）4-5，233，234-35

宣称挥发性更弱的配方（formulation claimed less volatile）6-7，233-34，235

2020年和2021年在美国的法律

确定性（legal uncertainties in US during 2020 and 2021，270-72

与巴西的杂草不太契合（not well suited to Brazilian weeds）249-50

麦克·迪怀恩（Dewine, Mike）271

曼多利迪斯案（Mandolidis case）149，154

曼哈顿计划（Manhattan Project）66-67，91

煤焦油（coal tar）

 合成药物（drugs synthesized from）24，25

 欧洲化工企业与煤焦油（European chemical companies and）61，68

 作为基本资源（as fundamental resource）49-50，51

 在英国投资煤焦油厂（investment in British distillery for）63

 制作中间化学品（making intermediates from）45-46

 被石油取代（replaced by petroleum）61

 合成糖精（saccharin synthesized from）29

美国环境保护基金会（Environmental Defense Fund [EDF]）124，148，182

美国农业部（US Department of Agriculture [USDA]）

 生物技术政策与美国农业部（biotechnology policy and）180，181

 影响帝王蝶与美国农业部（Bt effect on monarch butterflies and, Bt）198-99

 在越南帮助孟山都（helping Monsanto in Vietnam）260-61，262

 美国农业部推动的工业化农业（industrial farming promoted by）72

 牛奶储备（milk stockpiling）177

 研究资助被工业超过（outspent on research by industry）221

 推广2,4-D和2,4,5-T（promoting 2,4-D and 2,4,5-T）82-83

 监管杀虫剂和除草剂（regulating insecticides and herbicides）101

 1911年的糖精禁令（saccharin ban of 1911）38，41-44，46

 研究抗除草剂作物的产量（studying yields of herbicide-tolerant crops）236-37，275

 特兰普的部长珀杜（Trump's secretary Perdue）11，15

 将农药监管业务让给环保署（yielding pesticide regulation to EPA）132

美国诉40大桶和20小桶可口可乐

案（Forty Barrels case）38-41
孟山都（Monsanto），还可参见"埃德加·奎尼"；"约翰·奎尼"
  被拜耳收购（acquired by Bayer）4, 268-69
  被法玛西亚普强收购（acquired by Pharmacia & Upjohn）200
  收购许多种子公司（acquiring dozens of seed companies）211
  在公司名中去掉"化学"（"Chemical" dropped from its name）106
  公司员工的伦理复杂性（ethical complexity of people in）15
  格兰特于2003年被任命为首席执行官（Grant chosen as CEO in 2003）226
  汉利于1972年担任总裁（Hanley as president in 1972）133
  20世纪90年代初收益下降（income down in early 1990s）176
  国际扩张（international expansion）106, 108, 240
  作为世界上最大的种子销售商（as largest seller of seeds in the world）14, 211
  1980年马奥尼担任公司总裁（Mahoney as president in 1980）142
  21世纪初的合并与分拆（mergers and spinoffs of early 2000s）200
  急需在20世纪70年代获得一项成功（needing a success in 1970s）133
  急需打破对石油的依赖（need to break dependency on oil）141-42
  从未脱离化学经济（never breaking free from chemical economy）276
  "新"农业孟山都（"new" agricultural Monsanto）200, 204
  从技术造成的问题中获利（profiting from problems created by technology）275
  21世纪初利润下滑（profits sagging in early 2000s）226
  在安尼斯顿案和解后财务好转（on rebound after Anniston settlement）203, 204
  将肮脏的业务从公司核心业务中分离出来（segregating dirtier business from corporate core）92-93
  20世纪90年代中期由夏皮罗担任公司领导（Shapiro as leader in mid-1990s）173
  1960年由萨默担任总裁（Sommer as president in 1960）108
  将负债分拆给首诺公司（spinning off liabilities into Solutia）190-91
  孟山都的磷酸盐设备（phosphate facilities of Monsanto）60, 127-

28
污染周围的植物(contamination near plant)167-72
巨大的能源消耗(massive energy consumption)60,127
孟山都的生物技术(biotechnology at Monsanto),还可参见"转基因种子"
牛生长激素(bovine somatotropin [BST])176-77
至关重要的植物研究(crucial plant research)159-61
作为逃离石油化工的出路(as escape from petrochemicals)142-43,276
夏皮罗对孟山都生物技术的信心(Shapiro's faith in)175,184
孟山都环境化学系统(Monsanto Enviro-Chem Systems)108
孟山都石油化工子公司(Monsanto Petroleum Chemicals subsidiary)61
咪草烟牌除草剂(Pursuit brand herbicide)185
墨西哥农业项目(Mexican Agricultural Program [MAP])72,134
默克公司(Merck)25,26,30,44
母乳(breast milk)
母乳中的二噁英(dioxin in)145,252
母乳中的多氯联苯(PCBs in)109,123,145
"牧场之手"行动(Operation Ranch Hand)98,100,104,251

N
奈特罗,西弗吉尼亚州(Nitro, West Virginia)81-82
奈特罗工厂(Nitro plant),还可参见"二噁英毒性"
工人的氯痤疮(chloracne of workers)79-80,84-89,90,94-96,106
20世纪50年代继续污染(contamination continuing in 1950s)93-97
公司资助的研究与奈特罗工厂(corporately financed studies and)97
比竞争对手更肮脏的生产过程(dirtier process than competitors)145
奈特罗工厂中的劳工问题(labor problems at)93-95
工会与奈特罗工厂(labor unions and)86-87,90,97,140,146
奈特罗工厂生产的多烷基苯污染物(PAB contamination in)139,154
1948年开始生产2,4,5-T(starting to make 2,4,5-T in 1948)83
有毒爆炸(toxic explosion)79-80,84-86,87-88,146
工会和政府接受的条件(union

and government accepting conditions) 97
需要留在奈特罗工厂的工人（workers needing to stay）89-90
否决工人提出的赔偿要求（Workmen's Compensation denial）7, 96
奈特罗诉讼案（Nitro lawsuits）137, 140-41, 147, 148-57, 272-73
纳拉汉姆·乌帕亚乌拉（Upadyayula, Narasimham）260
能源危机（energy crisis）141-42
牛生长激素（bovine somatotropin [BST]）176-77
农达（Roundup），还可参见"草甘膦"
　拜耳对农达的依赖（Bayer's dependence on）279
　拜耳因农达惹上12000宗诉讼案（Bayer taking on 120,00 [legal cases]）270, 272
　打败其他化学产品竞争者（beating chemical competitors）218-19
　发明（creation of）131
　早期成功（early success with）133-35, 177
　收益极高（extremely profitable）217
　关于约翰逊患癌的诉讼（lawsuit on Johnson's cancer）8-9, 11, 15, 233, 262, 269
　营销（marketing of）134-35, 216-18
　农达的专利（patent on）135, 159, 217, 227-28
　用于生产农达的磷矿石（phosphate rock used for）59, 76, 137, 169
　重振孟山都的市场份额（to revive Monsanto's market share）126
　拆分出首诺公司后（after spin-off of Solutia）191
　添加进农达中的表面活性剂（surfactants added to）9-10
农业（agriculture）
　20世纪30、40年代的政府投资（government investments of 1930s and 1940s）71-72
　行业研究资助（industry funding of research）220-22, 235
农业部门（Agricultural Division）91, 108, 129-32, 135, 177
农用化学品（agricultural chemicals），还可参见"除草剂""杀虫剂"
　依赖于农用化学品的生物技术（biotechnology increasing dependence on）182
　农业劳动力下降与农用化学品（declining farm-labor pool and）92
　孟山都公司扩张到农用化学品

(Monsanto's expansion into) 72-73, 90-91

O

欧内斯特·贾沃斯基(昵称"欧尼")(Jaworski, Ernest "Ernie,") 15, 158, 159, 160-61, 188

欧文案(Owens case),参见"沃尔特·欧文斯诉孟山都案"

欧洲化学公司(chemical companies, European) 24, 33-34, 35, 44-45, 68-69

P

帕特里克·莱希(Leahy, Patrick) 255-56, 257, 258

珀西·施梅哲(Schmeiser, Percy) 223-24

Q

钱斯特兰(Chemstrand) 61

乔纳森·福利(Foley, Jonathan) 239-40

乔纳森·赫利(Hurley, Jonathan) 85-86, 88

乔治·索罗斯(Soros, George) 248

切斯特·杰弗斯(Jeffers, Chester A.) 80

《清洁水法》(Clean Water Act) 112, 120

《清洁空气法》(Clean Air Act) 112

R

日用化学品(commodity chemicals) 59, 90, 126, 133, 141-42, 143, 176

阮红兰(Nguyen Hong Lam) 259-60, 262

阮氏红(Nguyễn Thị Hồng) 102

瑞士三巨头(Swiss Triumvirate) 36, 44, 45

若昂·保罗·卡波比安科(Capobianco, João Paulo) 241, 243-44, 249, 250

S

塞尔制药公司(Searle) 173-74, 216

塞西尔·德林克(Drinker, Cecil) 73-74

桑尼·珀杜(Perdue, Sonny) 11, 15

杀虫剂(insecticides) 70-71, 72. 还可参见"苏云金芽孢杆菌基因""滴滴涕杀虫剂"

杀虫剂(pesticides),参见"除草剂""杀虫剂"

山德士(Sandoz) 24, 31-32

升级版抗农达(Xtend),参见"升级版抗农达系统"

升级版抗农达系统(Roundup Ready Xtend) 4, 还可参见"抗麦草畏种子"
拜耳公司依然高度依赖升级版抗农达系统（Bayer still deeply wedded to）264, 268
　开发和批准（development and approval）231-32, 233
　巴西的麦草畏飘移与升级版抗农达种子（dicamba drift in Brazil and）249-50, 271
　利用麦草畏飘移出售升级版抗农达种子（dicamba drift used to sell）6, 8, 13, 235-36
　与挥发性麦草畏一起使用（used with volatile dicamba）234-35
升级版无损二代转基因种子（INTACTA 2 Xtend seed）250
圣托贝恩牌滴滴涕（Santobane）70-71
生物技术．还可参见"基因工程"（biotechnology）
　与孟山都竞争的公司（companies competing with Monsanto）177-78
　生物技术公司的成立（founding of companies）159
　专利法与生物技术（patent law and）178-80
　公众对生物技术的抵制（public resistance to）182
　里根时代的管制政策（Reagan era regulatory policy）180-83
　环保组织提出警告（warning by environmental groups）182

石油公司（oil companies）90, 126, 133, 144
食腐资本主义（scavenger capitalism）50, 61, 142, 276
食品与药品监管局（Food and Drug Administration [FDA]）
　批准生长激素（approving BST）177
　禁用孟山都的塑料瓶（banning Monsanto's plastic bottles）133
　生物技术政策与（biotechnology policy and）180, 183
　食物包装中的多氯联苯（PCBs in food packaging）116
　食品中的农药残留（pesticide residues in food）101
史蒂夫·罗杰斯（Rogers, Steve）159
史蒂夫·史密斯（Smith, Steve）5-6
史蒂夫·西姆斯（Symms, Steve）163
首诺公司（Solutia）190, 191, 196, 200, 201, 202-4
数字农业（digital farming）273-74, 277-78
水合氯醛（chloral hydrate）39, 44
斯蒂芬·波尔斯（Powles, Stephen B.）226
斯蒂芬·杜克（Duke, Stephen）237, 239
斯科特·派崔吉（Patridge, Scott）233-34

斯科特·斯温顿（Swinton, Scott）229

斯图尔特·考威尔（Calwell, Stuart）138-41

 硝基案与考威尔（Nitro case and）141, 146, 148-53, 200, 272-73

斯旺化学公司（Swann Chemical Company）59, 66

苏云金芽孢杆菌（Bacillus thuringiensis），参见"苏云金芽孢杆菌基因"

苏云金芽孢杆菌基因（Bt gene）

 保铃棉中的 Bt 基因（in Bollgard）184

 将 Bt 基因植入植物的竞争（competition to incorporate in plants）160

 农作物产量与 Bt 基因（crop yields and）237, 238, 275

 减少杀虫剂的使用（decreasing insecticide use）275

 迪卡尔布越南公司玉米种子中的 Bt 基因（in Dekalb Vietnam corn seeds）261

 出现抗药性的昆虫（insects developing resistance）275

 出售给先锋公司的失策（misstep in sale to Pioneer）189

 帝王蝶与 Bt 基因（monarch butterflies and）198-99

 叠加 Bt 基因的抗农达基因盒（Roundup Ready gene cassettes stacked with）247, 250

塑料（plastics）61-62, 64, 65, 90, 106

塑料瓶（plastic bottles）133

索伦·詹森（Jensen, Sören）109-10

T

唐·拉姆斯菲尔德（Rumsfeld, Don）173

唐纳德·特朗普（Trump, Donald）11, 235, 250, 270-71

唐纳德·斯图尔特（Stewart, Donald）194, 196, 199, 200, 202

唐娜·法默（Farmer, Donna）9

糖精（saccharin）29-32

 1911年被美国农业部禁止（banned by USDA in 1911）38, 41-44, 46

 德国生产商压低价格（price undercut by German producers）33-34

 罗斯福对糖精的支持（Roosevelt's support for）41-42

 销售额被咖啡因超过（sales overtaken by caffeine）35, 39

 卖给可口可乐公司（sold to Coca-Cola Company）30, 34, 41

 糖与糖精（sugar and）30, 42, 68

 合成糖精（synthesis of）22, 32, 36, 44, 45-46

 进口关税（tariff on imports of）

30

美国农业部的限制于1925年解除（USDA restrictions lifted in 1925）44

陶氏化学公司（Dow Chemical）

　橙剂与陶氏（Agent Orange and）253-54, 258

　进入合成生长素行业（entering synthetic auxins business）83

　创立（founding of）25

　投资生物技术领域（investing in biotechnology）143-44

　在2017年与杜邦公司合并（merger with DuPont in 2017）268

　孟山都与陶氏的资产排名比较（Monsanto's financial rank compared to）59, 68

　以石油为原料的化学制品与陶氏（petroleum-based chemicals and）61-62, 64, 65

　2,4,5-T杂质的毒性与陶氏（toxicity of 2,4,5-T impurities and）80, 95, 96, 104-5

2,4,5-T（2,4,5-T）82-84, 还可参见"橙剂""二噁英毒性"

　氯痤疮与2,4,5-T（chloracne and）79-80, 84-89, 90, 94-96, 106, 144

　针对孟山都的2,4,5-T诉讼案结案（closure of legal cases against Monsanto）157

　最终禁止在美国使用（final ban on US use）106

　在越南使用（used in Vietnam）101-2

托尔伯特诉孟山都（Tolbert v. Monsanto）200, 202-3

托马斯·怀特塞德（Whiteside, Thomas）102, 144-45

W

威尔士亲王查尔斯（Charles, prince of Wales）198

威廉·阿什（Ashe, William F.）85-86, 87-88, 90

威廉·海登斯（Heydens, William）10

威廉·帕佩佐治（Papageorge, William B.）117-18, 120, 121-22

维姬·赫茨伯格（Hertzberg, Vicki）147

沃尔特·欧文斯诉孟山都案（Walter Owens v. Monsanto）194, 199-200, 201

沃里克·霍夫（Hough, Warwick）42, 43

沃纳·鲍曼（Baumann, Werner）267-70, 271-72, 278

X

西奥多·罗斯福（Roosevelt, Theodore）41-42

西班牙大流感（Spanish flu）50, 267-68

希伯德案（Ex parte Hibberd）180

洗涤剂（detergents, 59, 106）110, 128, 130-32, 133
先锋种子公司（Pioneer seed company）197, 212
先正达（Syngenta）268, 269
橡胶服务实验室（Rubber Services Laboratories）57, 81
橡胶制品（rubber products）57-58, 65, 68, 81
  生产橡胶制品过程中产生的有毒多烷基苯（toxic PAB in production of）139, 154
小杰克·克洛彭伯格（Kloppenburg) Jack R., Jr., 179
小斯蒂芬·林堡（Limbaugh, Stephen N., Jr.）3, 5, 269
小约翰·托马斯·哥本哈根（Copenhaver, John Thomas, Jr.）151, 154, 156
小约翰尼·科克伦（Cochran, Johnnie L. Jr.）200
新冠病毒（COVID-19）267, 277, 278
"新"孟山都（"new" Monsanto）200, 204
休·格兰特（Grant, Hugh）226-29, 244, 245, 247

Y
雅各布·鲍尔（Baur, Jacob）31
雅伊尔·博索纳罗（Bolsonaro, Jair）250
亚老格尔（Aroclors）109, 110, 113, 114, 117
亚拉巴马州安尼斯顿（Anniston, Alabama）192-204. 还可参见"多氯联苯"
  收购位于亚拉巴马州安尼斯顿的斯旺化学公司（acquisition of Swann Chemical Company in）59, 66
  清理工作（cleanup operations）195, 196, 203-4
  政府对多氯联苯污染的调查（government investigation of PCB pollution）112-13
  那里的健康问题（health problems in）195
  居民提起的诉讼（lawsuits by residents）194, 196, 199-201
  孟山都公司大量购买房屋和建筑（Monsanto's buying up houses and buildings）192, 194
  在亚拉巴马州安尼斯顿生产多氯联苯（PCB production in）66, 109, 117
  居民身体中的多氯联苯（PCBs in residents' bodies）193-94
  关闭多氯联苯生产线（shutting down PCB production）119, 193, 194, 201
  被当作有毒废料场（treated as hazardous waste dump）193-94
药物（pharmaceuticals）191, 197, 200, 216-17, 276
1972年《农药控制法》（Pesticide

Control Act of 1972）132
伊万·麦克拉纳汉（McClanahan, Ivan）79, 85-86, 88
移民（Immigrants）
  埃德加·奎尼对移民的蔑视（Edgar Queeny's disparagement of）57
  在约翰·奎尼的公司工作（as laborers at John Queeny's firm）48
以石油为原料的化学制品（petroleum-based chemicals）61-62, 68-69, 90, 141, 276
抑挥发型升级版麦草畏（XtendiMax with VaporGrip）6-7, 233-34, 235
《有毒物质控制法》（Toxic Substances Control Act［TSCA］）119, 122-24, 136
约翰·弗朗茨（Franz, John）15, 128-32, 158
约翰·海因（Hein, John）154
约翰·金（King, John A.）23
约翰·坎特韦尔（Cantwell, John）8
约翰·肯尼迪（Kennedy, John F.）98-101
约翰·奎尼（Queeny, John）
  童年时期（childhood）22-23
  处理化学污染问题（dealing with chemical contamination）46-47
  1933年逝世（death in 1933）62
  早期的工作生活（early work life）23-27
  家庭照片（family photo）*18*
  担心他的儿子的野心（fearing his son's ambitions）57
  节俭（frugality of）45, 52, 55
  创建孟山都的目标（goals in creating Monsanto）14
  失去硫酸厂（loss of sulfuric acid plant）27
  为西班牙大流感制造药物（making drugs for Spanish flu）267-68
  转向原料合成（moving to synthesis of raw materials）36
  战后债务与复苏（postwar debt and recovery）51-52
  寻求独立于德国公司（quest for independence from German firms）16, 268
  支持国家对药品的监管（supporting national drug regulation）28-29, 108, 181
  在迈耶兄弟药品公司工作（working at Meyer Brothers）26-29, 31-33, 36
约翰·洛西（Losey, John）198-99
约翰·斯佩齐亚莱（Speziale, A. John）129, 158
约翰·威瑟斯彭（Witherspoon, John）40
约翰·汉利（Hanley, John）133, 142-43
约瑟夫·拜登（Biden, Joseph R.）

约瑟夫·拜登政府的环保署（EPA under）271
约瑟夫·席尔（昵称"杰夫"）（Schell, Jozef "Jeff"）159
越南迪卡尔布公司（Dekalb Vietnam）259, 260, 261, 262
越南二噁英污染（dioxin contamination in Vietnam），还可参见"橙剂"
　在岘港机场清理（cleanup at Da Nang airport）257-58
　福特基金会的帮助（Ford Foundation assistance）256
　援助健康问题的资金（funds for assistance with health problems）258, 272
　美国空军基地的热点区域（hot spots at US air bases）13, 251-52
　起诉孟山都和陶氏公司（lawsuit against Monsanto and Dow）253-54
　孟山都避免承担费用（Monsanto's avoidance of costs）12, 253-55, 258-59, 261
　孟山都对信息的控制与越南二噁英污染（Monsanto's control of information and）97
　越南橙剂受害者协会救助项目（relief programs of VAVA）251, 253
　里斯和莱希在越南二噁英污染问题上的工作（Rieser and Leahy's work on）255-59
　人类健康研究与越南二噁英污染（studies of human health and）252
　美国纳税人承担清理费用（US taxpayer funds for cleanup）12, 256-57, 258, 262, 272
越南战争（Vietnam War）98-100，还可参见"橙剂"

Z

在越南种植的孟山都转基因种子（Vietnam, Monsanto's GE seeds in）12, 13, 259-63
詹姆斯·雷·博格斯（Boggess, James Ray）
　二噁英案审判与博格斯（dioxin trial and）145-46, 155
　罹患氯痤疮（suffering from chloracne）79-60, 84-85, 96, 106
　靠脏活累活赚取高薪（well paid for dirty work）89-90, 93-94, 95, 97
詹姆斯·麦基（McKee, James）54
詹姆斯·帕里（Parry, James）10
詹森·诺斯沃西（Norsworthy, Jason）233, 235
政府监管（government regulation），还可参见"环境保护署""食品与药品监管局""美国农业部"
　对生物技术的政府监管（of biotech）180-83
　20世纪70年代政治气候的变化

索引　475

与政府监管(changing political climate in 1970s and)112

环保署1972年接管农药监管业务(EPA taking over pesticide regulation in 1972)132

最终禁止在美国全境使用(2,4,5-T final ban on US uses of 2,4,5-T)106

生产多氯联苯的压力越来越大(PCBs under increasing pressure)112-13, 116-17, 118-19

对磷酸盐洗涤剂的政府监管(of phosphate detergents)130

里根时代的政策(Reagan era policy)165, 180-83

依赖公司资助的研究(relying on corporately financed studies)97

萨默与政府规制的斗争(Sommer's fighting against)108, 110

20世纪50、60年代美国农业部和美国食品与药品监管局的监管(by USDA and FDA in 1950s and 1960s)101

中国化工(Chem China)268

种子商(seedsmen)210-13

朱迪思·扎克(Zack, Judith)146, 148

朱尔斯·贝比(Bebie, Jules)36, 44-45

专利保护(patent protection)

转基因种子的专利保护(for GE seeds)178-80

孟山都种子的专利保护(on Monsanto's seeds)222, 223, 224, 242

农达的专利保护(on Roundup)135, 159, 217, 227-28

转基因食品(genetically engineered [GE] food)

宣称可消除饥饿(claims about eliminating hunger)240

欧洲和日本的进口问题(importation issue in Europe and Japan)184

大部分用以饲养牲畜(mostly fed to livestock)239-40

公众对转基因食品的担忧(public concern about)198

转基因种子(genetically engineered [GE] seeds),还可参见"保铃棉""苏云金芽孢杆菌基因""抗农达技术""升级版抗农达系统"

如今被很多农民放弃(abandoned now by many farmers)278-79

没有降低对化学品的依赖(chemical dependence not reduced by)275, 277

孟山都的竞争对手(competitors to Monsanto)177-78

逃离这个系统的困难(difficulty of escaping the system)279

抗旱与转基因种子(drought resistance and)15, 239, 277

欧洲的抵制（European backlash）197-99, 226, 242

通过将基因转移到植物细胞中（by gene transfer into plant cells）159

由孟山都于1996年推出（launched by Monsanto in 1996）184

转基因种子业务的合并与收购（mergers and acquisitions in business of）268

对转基因种子的专利保护（patent protection for）178-80

自1997年至今价格翻了两番（quadrupled in price since 1997）278-79

快速普及（rapid adoption of）173, 174

里根时代的政策与转基因种子（Reagan era policy and）180-83

想要配合农达使用（sought to go with Roundup）159-60

导致转基因种子不育的技术（sterility-producing technique for）198

在越南（in Vietnam）12, 13, 259-63

产量（yield of）236-40, 275, 276, 279

资源保护与恢复法（Resource Conservation and Recovery Act）135-36

紫剂（Agent Purple）98, 99, 101

"自由大豆"运动（Soja Livre ["Free Soy" movement]）250

自由链接牌种子（Liberty Link seeds）178, 197

自由牌除草剂（Liberty herbicide）178